성경의 말씀을 잘 알 수 있게 하신
귀중한 책이기에 (　　　　)님께
선물로 드리니
보시고 하나님의 복을 함께 받으시기를 바랍니다.
20   년   월   일
(　　　　) 드림

예수님을 만나는 길

제 1 권 (창세기)

신성엽 목사 말씀

신성엽 목사의
　　말씀과 간증 중에서

저는 진리의 영이라 세상은 능히 저를 받지 못하나니
이는 저를 보지도 못하고 알지도 못함이라 그러나 너희는
저를 아나니 저는 너희와 함께 거하심이요
또 너희 속에 계시겠음이라 (요14:17)

하나님께서 우리 속에 영으로 오신다는 것,
이것이 얼마나 큰 이적이며 얼마나 놀라운 일이며
얼마나 어마어마한 큰 복인지 아시는가요?
하나님의 영이 우리와 함께 계시고
우리 속에 계시겠다는 것 아닙니까!
바로 이 같은 복이 내게 이루어졌습니다.

하나님의 깊은 사정까지 통달하신 성령님께서 내게 오시니
성경의 말씀을 깨닫지 못할 이유도 없고
아버지의 마음을 알지 못할 이유도 없습니다.
기록하신 말씀을 통해서 아버지의 마음과 깊은 사정을 아는
이 큰 복을 받았습니다.

삼위 하나님이 내 안으로 오셨습니다. 이것이 저의 간증입니다!
세상 복으로 잘살게 해주었다. 그런 것이 나의 간증이 아니라
삼위 하나님이 내 안으로 오신 것 이것이 나의 간증입니다!
이것이 나의 영원한 간증입니다 여러분!!

일 러 두 기

이 책을 비롯해 신성엽 목사의 가르쳐 전하신 말씀을 정리하여
책으로 엮은 모든 책에는 '성령'을 **'성영'**으로 '신령'을 **'신영'**으로,
'심령'을 **'심영'**으로 표기하였습니다.

성영님은 본래 영이시며, 하나님이십니다.
그렇기에 영이신 성영님을 '령'이 아닌 '영'으로 부르는 것이 마땅합니다.

한자 문화권인 우리말의 특성상 'ㄴ' 'ㄹ' '음가 없는 ㅇ' 등의 경우
두음법칙이 적용돼 '영'을 '령'으로 표기해 불러왔고 그로 인해 '영'이신
하나님을 '신령하다.' '혼령' '죽은 사람의 혼백(넋)' '죽은 이를 높여
부르는 말' 등과 같은 뜻으로 오해하도록 한 측면이 있습니다.

그래서 예배하여 섬겨야 할 인격의 하나님이신 성영님을, 일종의
기(氣)나 기운, 능력, 신비적 현상 등의 비인격적 존재로 생각하도록
하여 하대하거나 부리는 존재로 여겨 온 경향이 있습니다.

이것은 우리의 믿음을 혼란케 하는 것으로, 잘못된 것입니다.
아버지의 영이며, 아들 예수님의 영이신, 성영님의 인도를 받는
아들 된(롬8:14) 믿음이면 이 모든 것을 분별할 수 있습니다.

'성령'을 '성영'으로 표기하는 것은 우리말 어법에는 맞지 않는 것이지만, 영이신 하나님을 바로 알고 바로 부르는 것이 마땅한 것이기에, 믿음을 바로 하기 위해서라면 관계가 우선 돼야 하는 것이니 부득이 문법 규정이라도 벗어날 수밖에는 없습니다.

바로 알고, 바로 믿고, 바로 부르는 것은 그 어떤 행위나 제사보다 더 중요합니다. 우리 믿음의 마땅한 도리이자 권리입니다. 아멘

이와 관련한 내용은 예수님의 교회 홈페이지(http://www.jesusrhema.org) 게시판 「간증의 글」에 게시된 '성령인가, 성영인가?'와 「신성엽의 글」에 게시된 '(바르게 알자) 성영님이 금하라 하신 '성부' '성자'의 호칭'을 참고하시기 바랍니다.

발 간 사

수없이 많은 이들의 설교를 듣고 서적을 탐독하고 신학 공부도
해보았지만 참진리의 말씀을 접하지는 못했습니다.

말씀을 바로 깨닫기 원하는 목마름과 갈급함으로
마음이 헤매던 중에 신성엽 목사님의 말씀을 만나게 되었고,
듣는 내내 여태껏 어디서도 들어볼 수 없었던 말씀으로
'어떻게 이런 말씀이 다 있었나?!' '왜 이제야 듣게 되었나?!'하는 놀라
움과 아쉬움의 마음을 금할 수가 없었습니다.
그동안 풀리지 않았던 성경의 내용들을 바로 알게 되면서
예수님을 만나는 영광을 얻고 영혼의 큰 기쁨을 얻게 되었습니다.
이것이 많은 이들의 한결같은 고백입니다.

전국 곳곳에서, 멀리 국외에서 말씀을 듣고 말씀이 선포된 곳으로
찾아와 서로 기쁨의 간증을 나누며, 하나님께 영광을 돌리며,
같은 마음으로 소원하게 된 것은, 우리처럼 말씀의 해갈을 얻지 못하
여 영혼이 헤매는 이들과 말씀을 깨닫기 원하는 이들에게도
이 말씀이 전해져야 한다는 거였습니다.
그러한 방법이 책으로 출간하자는 것이었고, 뜻이 모여 서로 협력하고
또한 여러 수고를 거쳐서 마침내 출간하게 되었습니다.

바른 가르침의 말씀 안에서 돌이켜보니
그저 열심히 전도하고 말씀을 말하여 왔던 것이 얼마나 잘못된
말씀지식으로 행한 것이었는지, 하나님께 얼마나 잘못 행하였는지를
보게 되니 피차 마음에 통회하고 고백하며, 뒤늦게나마 이 책을 전하는
것이 우리의 사명이라 확신하여 기쁨과 감사함으로 행하게 되었습니다.

이 책이 모든 이들에게 읽혀서 예수님을 만나는 참 복을 얻기를
우리 모두가 간절히 소망하며
책을 출간하게 하신 하나님께 감사의 영광을 돌립니다.

심 재 현 장 로

창세기 목차

제 1 장   창조주 예수님 (1:1–5) · 13
제 2 장   사람이 생영(미완성)이 된지라 (1:26–30,2:7) · 35
제 3 장   사람을 창조하신 목적 (1:26–27) · 55
제 4 장   창조 안에 넣으신 뜻과 지식의 나무 (1:1–5) · 73
제 5 장   완전케 하신, 폐지된 일곱째 날의 안식일 법 (1:31–2:3) · 99
제 6 장   하나님의 결실(알곡)이 될 자가 누구인가? (2:10–15) · 131
제 7 장   선악과는 생명과 사망을 아는 지식의 나무 (2:8–9,16–17,3:22–24) · 149
제 8 장   나는 누구인가? (내가 아담) (3:7,17) · 173
제 9 장   예수님을 돕는 배필, 예수님과 연합, 한 몸 (2:18–25) · 193
제 10 장 너희가 죽을까 하노라 하신 영적인 뜻 (3:1–6) · 217
제 11 장 자기 실체를 봐야 할 책임이 주어진 사람 (3:6–11,21) · 243
제 12 장 왜 악이 없는 욥에게 그 큰 고난이 있었나? (3:8–20) · 269
제 13 장 뱀에게 흙을 먹어라, 잉태의 고통 크게 (3:13–16,20) · 293
제 14 장 남편(하나님)은 너를 다스릴 것이라 (3:15–19,23) · 313
제 15 장 선을 택한 자와 악을 택한 자 (4:1–22) · 333
제 16 장 내 죄벌이 너무 중하여 견딜 수 없나이다 (4:10–26) · 353
제 17 장 육의 몸은 부활할 신영한 몸의 모형 (고전15:44–49) · 377
제 18 장 본토 친척 아비 집을 떠나야만 예수님이 보임 (12:1–5) · 395

제 1 장
창조주 예수님

¹태초에 하나님이 천지를 창조하시니라 ²땅이 혼돈하고 공허하며 흑암이 깊음 위에 있고 하나님의 신은 수면에 운행하시니라 ³하나님이 가라사대 빛이 있으라 하시매 빛이 있었고 ⁴그 빛이 하나님의 보시기에 좋았더라 하나님이 빛과 어두움을 나누사 ⁵빛을 낮이라 칭하시고 어두움을 밤이라 칭하시니라 저녁이 되며 아침이 되니 이는 첫째 날이니라

(창1:1-5)

성경은 창조주 하나님께서 인간에게 주시는 하나님의 말씀입니다. 인간이 만든 소설책과 같은 것이 아닙니다. 그래서 인간 이성에 맞거나, 머리로 믿을 수 있거나 받아들일 수 있는 것이 절대로 아닙니다. 영이신 성영님이 기록하게 하신 하나님의 일로서, 오직 믿음으로만 받을 수 있고, 만날 수 있는 것입니다.

태초에 엘로힘이 천지를 창조하시니라 하신 이 창조의 대선언은 오직 이 성경에만 있는, 하나님의 대선포입니다. 그래서 태초에 엘로힘이 천지를 창조하셨다는 이 말씀이 믿어진다면 그 뒤에 성경 전체를 믿을 수 있고 **태초에 하나님이 천지를 창조하시니라** 한 이 한 구절 말씀이 믿어지지 않으면 성경 전체도 믿을 수 없습니다. '하나님이 천

지를 창조하신 유일한 신이시다.' 는 것이 믿어진다면, 성경 전체에 대해서 혹 의문되는 것은 있어도 의심되는 것은 없을뿐더러, 그 외에 다른 종교나 샤머니즘 등은 다 속이는 것이요, 헛된 것들이라는 지각이 서게 되고, 창세기 1장 1이 말씀하는 엘로힘만이 창조주니 창조라는 단어도 오직 '엘로힘' 하나님께만 해당한다는 것을 당연히 알게 되는 것입니다. 세상에는 많은 종교가 있지만, 그것은 다 피조물 속에서 생겨난 것들이기에, 그래서 '내가 무에서 유로 창조했다.' '내가 인간을 지었다.' 하고 나오지 못합니다. 그러나 여기 창1:1이 유일하신 '엘로힘' 즉 하나님은 아무것도 없는 것에서 있게 하신 전능한, 유일하신 창조주라고 말씀하셨습니다.

창조주 하나님이 창조를 시작하실 때 먼저 생명체가 아닌 무생물, 이루 헤아릴 수 없는 수많은 물체 덩어리를 이 대우주 안에 가득 채우셨는데, 그것을 우리는 별이라 부르고 있습니다. 천문학자들이 발표한 바로는 우주는 끝도 없고 한계도 없다. 도무지 끝을 알 수 없다고 했습니다. 인간이 과학을 자랑하지만, 과학으로도 학문으로도 이 우주의 끝을 알 수 없으므로 계산할 방법이 없다고 했습니다. 이렇게 한계를 가진 인간이 이 우주 천체를 관측한 것만으로도 알려진 것이, 은하계라고 불리는데, 그 별의 수가 천억 개가 된다는 것입니다. 그런데 이 대우주 안에는 천억 개로 구성된 하나의 은하계가 또 있다고 했어요. 이것을 은하군, 또는 초은하군, 은하단이라고 한다는 것이지요. 이 은하계의 끝에서 끝까지의 거리가 약 십만 광년이 걸린다고 합니다. 그런데 십만 광년이 걸리는 은하계의 거리가 또 있다는 거지요. 여러분, 상상이 됩니까? 물론 여러분이 다 아는 것을 이야기합니다만, 제가 이런 쪽으로 알기 때문에 말하는 것 아니고, 단지 발표한 것들을 들은 것으로, 여러분이 하나님의 창조에 대한 광대함을 상상이라도 좀 해보라는 뜻에서 말한 것이니 참고만 하세요.

천문학에서 거리를 말하는 기본 단위를 광년이라고 하지요? 빛의 속도가 1초에 약 30만 km를 가는데 이 속도로 일 년을 가는 거리가 1광년이라고 합니다. 이 빛이 우주 끝에서 우주 끝까지 가는 거리가 32억 광년이 걸린다는 것입니다. 지금은 모르겠습니다만, 예전에 허블 망원경의 초점은 약 1억 광년에 맞추어진 것이라고 했어요. 1억 광년까지를 관측할 수 있었다는 것이겠지요. 그러니 여러분, 이 우주의 크기가 상상이 됩니까? 제가 이것을 설명하기는 쉬워도 우리의 상상을 초월합니다. 빛의 속도가 약 1초에 30만 km를 가는데, 이 어마어마한 **빠른** 속도로 우주 이 끝에서 저 끝으로 가려면 32억 광년이 걸린다고 하니, 사실 이 우주의 크기는 가늠할 수 없지요. 거기에 이제 은하계의 일부로 태양계가 있는데, 태양을 중심으로 해서 지구, 수성, 금성, 화성, 목성, 토성, 천왕성, 해왕성, 명왕성의 아홉 개의 행성으로 구성되어 있는 것이지요.

그런데 제가 메모한 자료가 있어서 말씀을 드리는데, 지난 2004년 6월 20일에 미국의 천체 물리학자들이 태양보다도 질량이 100억 배가 큰 블랙홀을 발견했다고 TV에서 발표하는 것을 제가 들었습니다. 태양의 크기는 우리 지구보다도 109배가 더 크답니다. 그런데 별들은 태양보다도 100배가 더 큰 것들이 많답니다. 그만큼 거리가 있어서, 작게 보이는 것이지 100배 그 이상 큰 별들이 많다는 겁니다. 그러니까 우리 지구보다 109배가 더 큰 태양의 100억 배가 되는 블랙홀을 발견했다고 발표했다는 말입니다. 물론 오래전부터 블랙홀에 대해서 발표한 바는 계속 있었습니다. 블랙홀이라고 하는 것은, 그 깊이는 알 수도 없고, 무슨 물체가 되었든지 빨아들이는 강력한 힘을 가졌는데, 지구도, 태양도, 태양보다 100배나 큰 별도 할 것 없이 그 힘에 닿기만 하면, 다 집어삼키는 힘을 가졌다는 것입니다. 성경학자들이 지옥이 어디에 있을까를 계속 연구를 해왔는데, 그 블랙홀이 지옥이 아닐까 생각한다는 거지요. 저도 그것에 동의하는 바입니다. 성경이 말하는 지옥은 불과 유황으로 타는 못이라고 했으니, 블랙홀의 밑이 불 못이 아닐까? 하는 생각을 해보는 겁니다.

인간 과학이 블랙홀을 발견했다는 말입니다. 상상으로 만들어낸 것이 아니에요. 지금 말한 이 같은 것들은 인간 과학으로 증명된 사실을 말한 겁니다. 한계를 가진 인간이 발견한 범위만 해도 이렇게 감히 가늠할 수 없고 상상을 초월하니, 하나님의 광대한 창조와 전능하심을 여러분이 생각에서라도 감각을 가져보라는 거예요. 과학이 미치지 못하는 부분은 얼마나 더 어마어마하겠는가? 바로 하나님께서 이처럼 대우주 안에다가 수를 헤아릴 수 없는 물체 덩어리들을 창조하셨습니다. 그중의 하나가 우리가 사는 지구인데, 인간의 거주지로 지구를 택하시고, 창조의 일을 하셨습니다.

본문 2에 땅이 '혼돈하고 공허하다' 는 것은 사람이 거할 땅덩어리가 거대한 물체 덩어리일 뿐이지, 그 표면에는 생명체도 없고 질서가 잡히지 않은 상태, 아무것도 갖추어진 것이 없는 황량함, 하늘과 땅이 구분되지 않은 혼돈의 상태였음을 말합니다. 그다음 **흑암이 깊음 위에 있고**의 '흑암'은 아무것도 구별할 수 없는 칠흑 같은 어둠의 상태를 말합니다. 그리고 이 흑암은 사단과 그 악의 영들이 관련된 곳입니다.

그다음 **깊음 위에 있고**의 '깊음'은 물을 말하면서 그 물의 양, 물의 크기를 말합니다. 어마어마한 물이 동요하고 있는 것, 어마어마한 큰 물이 물결치고 있다는 말입니다. 히브리어의 깊음에 대한 뜻이 그것을 설명해주고 있어요. 하나님이 땅과 그리고 깊음의 물을 제일 먼저 창조하셨음을 가르쳐주신 것입니다. 그러나 이때의 창조물들은 생명이 없는 물질일 뿐입니다. 이때는 혼돈의 상태입니다. 생명 없는 물질뿐이니 혼돈의 상태이고, 그렇기에 물질에 집착하면 그것은 영적으로는 혼돈한 가운데 있다는 것을 말합니다. 물질은 물질일 뿐, 창조된 물질에는 생명이 없다, 소망이 없다는 것을 볼 수가 있어야 합니다. 이같이 자연계에 바탕이 되는 재료를 먼저 창조하시고 준비하셨습니다.

그다음 **하나님의 신은 수면에 운행하시니라** 했습니다. 신약의 성영님을 구약에서는 하나님의 신이라 한다고 했지요? 하나님의 신이 그 깊음의 물 위에서 운행하시니라 해서 바로 그 신께서 창조에 함께 하셨음을 알 수 있습니다. 그다음 3, 4에 **하나님이 가라사대 빛이 있으라 하시매 빛이 있었고 그 빛이 하나님의 보시기에 좋았더라**입니다. 여기서 말씀하는 빛은 저 태양 빛을 말하는 것 아닙니다. 창조된 태양 빛을 말하는 것 아니에요. 성경은 누구를 빛이라 했습니까? 예수님을 빛이라고 했습니다. 요1:4에 **이 생명은 사람들의 빛이라** 요8:12에 **나는 세상의 빛이니 나를 따르는 자는 어두움에 다니지 아니하고 생명의 빛을 얻으리라** 요12:46에 **나는 빛으로 세상에 왔나니** 해서 예수님 자신이 바로 생명의 빛이라 하셨습니다.

그 빛이신 예수님에게 나오는 자는 예수님의 생명, 영생하는 생명을 얻게 된다고 하셨습니다. 그 빛이신 예수님이 육신으로 오셨을 때는, 죽음에 처한 사람의 영혼에 생명을 얻게 하시기 위함이고, 이 창조 때의 **빛이 있었고**는 모든 창조물, 자연 만물에 생명을 넣어 생명체들이 되게 하는 빛이 있었다는 것을 말합니다. 3의 말씀이 그것을 말하는 거예요. '빛이 있었고=창조물들에 생명을 주는 생명의 빛이 있었고'입니다. 혼돈하고 공허한 땅에 생명체들이 있게 하는 빛이 있었다는 말입니다. 그래서 각기 그 종류대로 식물, 동물 할 것 없이 생명을 주는 빛이 있게 되어 하나님께서 과목을 내라. 풀을 내라. 육축을 내라. 말씀하시는 대로 땅이 내놓은 것입니다.

 우리가 창조를 말할 때 하나님이 '말씀으로 창조하셨다'고 알고 있잖습니까? 저도 그렇게 말했으니 여러분도 그렇게 알고 있을 것입니다. 그렇지요? 그런데 하나님이 천지를 창조하실 때 하나님의 입에서 나온 말로 창조됐다는 것인 줄로 알고 그렇게 알고 있지 않나 싶습니다. 또한, 사람들이 그렇게 생각하고 말하고 있습니다. 하나님이 '말씀'으로 창조했다고 하는 것을 하나님의 입에서 나온 말로 창조됐다는 것인 줄로 알고 말한다는 말이지요. 그러나 이것은 창조와 함께 예수님이 누구신지 알지 못해서 하는 말입니다. 만일에 말씀으로 천지를 창조하셨다는 것을 하나님의 입에서 나온 말로 창조되었다는 것으로 알고 있다면, 그것은 창조와 예수님을 크게 잘못 알고 있는 것입니다.

 성경에서 예수님이 육신이 되어 오시기 전의 예수님을 말할 때 태초에 무엇이 계셨다고 했습니까? 우리 요1장으로 갑니다. 요1:1에 **태초에 말씀이 계시니라 이 말씀이 하나님과 함께 계셨으니 이 말씀은 곧 하나님이시니라** 2에 **그가 태초에 하나님과 함께 계셨고** 3에 **만물이 그로 말미암아 지은 바 되었으니 지은 것이 하나도 그가 없이는 된**

것이 없느니라 하셨으니 그러면 '이 말씀'이 누구를 말합니까? 예수님입니다. 사도 요한이 예수님이 육체로 오시기 전, 태초에 하나님과 함께 계셨던 하나님의 독생자이시라는 것을 말하기 위해 '말씀' 곧 '로고스'라고 했습니다. 예수님이 누구이신가? 하는 예수님의 본질을 말하기 위해 '말씀'이라고 했다는 말입니다. 이 부분에 대해 이전에 저에게 듣고 배운 분도 있지만, 예수님을 왜 말씀이라고 했는지, 지금 설명하기는 복잡하여 다 말 할 수는 없고, 예수님을 '말씀' 곧 '로고스'라고 한 것은 '신성'과 '인성'으로 완전한 하나님이시며 완전한 사람이시라는 것을 말하기 위해 예수님을 '로고스, 말씀'이라고 했습니다. 창조하실 때 인성(예수님)이 피조물에 생명이 있게 하셨습니다.

요1:2-4에 **그가 태초에 하나님과 함께 계셨고 만물이 그로 말미암아 지은 바 되었으니** 예수님으로 말미암아 지은 바 되었으니 지은 것이 하나도 예수님이 없이는, 즉 인성의 생명이 없이는 된 것이 없다는 말입니다. **그 안에 생명이 있었으니** 즉 인성 안에 생명이 있었으니 **이 생명은 사람들의 빛이라** 하나님 안에 계신 인성(생명)이 모든 자연만물, 피조물에 생명을 넣어 창조하셨다는 말입니다. 예수님이 모든 피조물에 생명을 넣으셨다. 로고스, 말씀이 보이지 않는 것에서 보이는 것으로 나타나게 하셨다는 말이에요. 이해됐습니까? 좀 어렵지만, 여러분이 관심을 가지고 집중하여 잘 들으면 이해가 충분히 되는 내용입니다. 그분이 바로 우리 주 예수 그리스도라고 하는 겁니다. 계3:14에서도 예수님이 **하나님의 창조의 근본이신**데, 창조와 직접적인 관련이 있는 것은 예수님이다, 하나님 품속에 함께 계셨던 하나님, 신성과 인성이신 그분을 말씀이라고 하는데 그 말씀이 창조의 근본이시오, 예수 그리스도라고 하신 거예요.

그러면 '하나님이 말씀하셨다.' 하는 말씀하고 예수님을 '말씀'이라고 하는 것은 같을까요, 다를까요? 엄연히 다릅니다. 이제는 구분하고 구별이 좀 돼야지요. 여러분의 지각에 하나님이 입으로 하신 말씀과 예수님을 말씀이라고 하는 것과는 다르다는 것이 분명히 와 있어야 합니다. 그러므로 '하나님이 입으로 과목을 내라, 빛을 내라 하니 과목이 나오고 빛이 나오게 됐구나.' 한다면, 엄청난 착각이요, 잘못 알고 있는 것이라는 말입니다. 지금 3에 **빛이 있으라** 이것은 하나님이 빛이 있으라고 입으로 말한 것입니다. 그다음 **빛이 있었고**는, 바로 신성 안에 인성의 생명이 창조물에 와 있었다는 말입니다. 하나님이 입으로 말씀하신 것과 예수님을 말씀이라고 하신 것은 분명히 다른 것입니다. 구별됐습니까?

사람들이, 예수님이 '말씀이 육신이 되어 오셨다'고 하니까 생각하기를 '그러면 하나님이 입으로 하신 말씀이 육신이 되어 오셨다는 것인가?' 하는 식이 되어 있습니다. 자기는 그렇게 알고 있지 않다고 말할 사람 없습니다. 말씀이 육신이 되어 오셨다 하니 '아, 하나님의 입으로 하신 말씀이, 하나님의 입으로 나온 말씀이 육신이 되어 오셨다는 말(것)이구나.' 로 알고 있다는 말입니다. 마음에는 왠지 그렇다고 딱 떨어지는 것은 아니지만, 도무지 깨달아 볼 능력이 없으니, 그거 뭐 그다지 자기에게는 중요하지 않으니, 그냥 그런가 보다 해버립니다. 그러니 여기 무슨 믿음의 능력이 되고 바른 믿음이 되겠습니까? 믿는다고 해도 다 이런 정도이기 때문에 그 속에 빛이 없습니다. 그래서 여전히 공허하고 혼돈함으로 분간을 못 하고 그 마음이 헤매는 것이지요.

사실 오늘 이 말씀도 여러분의 마음에서부터 정말 깨닫기를 원하고 참믿음이 되기를 원해서 듣는 것이면, 자기 영혼에 큰 생명의 유익을 얻는 보화가 될 것이지만, 하나님의 뜻대로 살고자 함이 없고, 말씀을 깨달아 보려는 마음이 없는 사람이 듣는 것이면, 무슨 소용이 있겠습니까? 아무 의미 없습니다. 하늘이 온전히 소망이 되어 있지 않으면, 자기 사는 것하고 거리가 먼 이야기일 뿐이니, 듣는 것 소용없지 않겠어요? 자기 사는 얘기와 맞는 얘기라야 하는데, 지금 하나님의 역사를 말하고 있으니 자기 역사하고는 맞지 않지 않습니까? 예수님을 믿는다고 하는 것은 무엇과 같은가? 예수님은 진주 장사가 값진 진주를 구하러 다니다가 만나게 되었을 때, 자기 소유를 다 팔아 그 진주를 사는 것과 같다고 말씀했습니다. 그러므로 예수님을 믿는 것은 진주 장사와 같습니다. 예수님을 알기 원하여 성경 알기를 원하였을 것이요, 그 원함이 있었다면 이 같은 말씀들을 들을 때에 값진 진주를 찾은 것과 같아서 기꺼이 자기 소유를 다 팔고, 예수님을 사려고 하는 믿음이 되었을 것입니다.

예수님은, 천지 만물과 사람의 창조 이전에 계시던 완전하신 참 사람입니다. 완전하신 사람! 우리처럼 몸에 형체가 있었다는 것이 아니라 신성과 인성으로 계시던 실제, 실체가 되시는 완전하신 참 사람이시라는 말입니다. 그래서 흙으로 지은 우리 사람은 완전한 참 사람이신 인성의 모양대로 지어졌습니다. 예수님을 따라 지어졌어요. 누구를 따라 지었어요? 골1:15에 **그는 보이지 아니하시는 하나님의 형상이요 모든 창조물보다 먼저 나신 자니** 16에 **만물이 그에게 창조되되 하늘과 땅에서 보이는 것들과 보이지 않는 것들과 혹은 보좌들이나 주관들이나 정사들이나 권세들이나 만물이 다 그로 말미암고 그**

를 위하여 창조되었고 17에 **또한 그가 만물보다 먼저 계시고 만물이 그 안에 함께 섰느니라** 했습니다. 만물이 누구로 말미암아 창조되었어요? 바로 예수님이 창조하셨다는 말입니다. 예수님은 보이지 않는 하나님에게서 나오신, 보이는 하나님이신데 육체로 오시기 전에 먼저 생명의 빛으로 창조하시는 일을 하셨습니다. 신성과 인성으로 계신 그 인성의 생명으로 먼저 창조하시는 일을 하셨다. 창조물 속에 생명이 있게 하셨다. 그것을 가지고 **모든 창조물보다 먼저 나신 자니** 라고 하는 것입니다.

그런데 모든 창조물보다 먼저 나신 자니 하는 이 말씀을 가지고 이단들이 '예수님은 천사 중의 하나인데 하나님이 아들이라는 명분을 주어 세상에 보내 구주의 일을 하게 하셨다. 그래서 여호와를 믿어야 한다.'라고 미혹하고 있습니다. 그래서 자칭 여호와의 증인이라고 하잖습니까? 그러나 예수님은 하나님의 참 아들입니다. 만물이 창조된 것은 예수님으로 말미암아서입니다. 그리고 창조된 것은 또 누구를 위해서라고 했습니까? **그를 위하여 창조되었고** 해서 바로 예수님을 위해서 창조되었습니다. 이제 예수님이 누구이신지 분명히 알겠지요? 십자가에서 피 흘려주셔서 우리가 죄 용서받고 구원받았다. 우리의 구주시다. 하는 것만 알고 열심히 말하고 있지만, 오늘 말씀을 찾아서 보니 예수님은 창조주이시라는 것 확실히 알게 되었습니다.

또한, 롬8:29에 **하나님이 미리 아신 자들로 또한 그 아들의 형상을 본받게 하기 위하여 미리 정하셨으니 이는 그로 많은 형제 중에서 맏아들이 되게 하려 하심이니라** 했습니다. '하나님이 미리 아신 자들'이라는 것은 하나님께서 창조 전에 사람을 미리 아시고 지으셨다는 말입니다. 이미 아시고 창조하셨습니다. 그래서 사람의 창조는 물질인 흙으로 몸을 만드는 것이었고, 그 물질은 영원할 수 없는, 완전할 수 없는 약점이기에, 즉 영이신 하나님을 따를 수 없는 흠이라는 말입니다. 그래서 이 약점(흠)을 완전하게 하려고 합력하여 선을 이루시는 데, 바로 예수님께서 죄를 대속하시고 다시 사신 생명을 얻게 하여 영생하는 사람으로 재창조하실 것으로 정하셨다. 창조 전에 이 일을 정하셨다는 것입니다. 그러므로 사람이 하나님께서 창조하신 뜻을 받아들여 죄인 된 자기를 살리신 주 예수님을 믿어 그 형상을 입은 자는, 예수님은 하나님의 맏아들이요, 맏아들이신 예수님의 형제로 영원히 아버지 하나님과 함께 사는 것입니다. 그것이 하나님의 뜻이요. 이미 창조 전에 정하신 뜻입니다. 여러분, 분명히 아십시오. 나 예수 믿는다고 하는 자가 아니라 아들의 형상을 입은 자를 예수님의 형제라 하신다는 것입니다.

그러므로 사람은 이 같은 하나님의 창조하신 뜻과 역사를 받아들이겠느냐 받아들이지 않겠느냐 할 뿐이지, 자기 생각을 동원해서 하나님과 논쟁할 수 없습니다. 이것을 사45:9-10, 롬9:19-21에서 말씀했습니다. 주인의 쓰기에 합당하도록 주인의 뜻대로 만들어진 토기가 주인에게 '당신이 왜 나를 이렇게 만들었습니까?' 하고 말할 수 있겠느냐? 할 수 없다는 것입니다. 요17:24에 예수님이 아버지 하나님께 **아버지여 내게 주신 자도 나 있는 곳에 나와 함께 있어 아버지께서 창세 전부터 나를 사랑하시므로 내게 주신 나의 영광을 저희로 보게 하시기를 원하옵나이다** 기도하셨습니다. 그러므로 믿음은, 아버지 하나님께서 창조하신 역사, 예수님을 통해 이루신 것과 우리 주 예수님이 창세 전부터 아버지 하나님과 함께 계신 하나님이신 것을 믿고,

하늘의 아버지 보좌 우편에 계신 그 영광을 보는 눈이 될 때에, 그것이 자기의 영광이 된다는 것도 깨닫게 되는 것입니다. 예수님이 보좌 우편에 계신 그 영광을 볼 수 있어야 자기의 영광도 된다는 것을 안다는 말입니다.

그러므로 오늘 본문 3에 **하나님이 가라사대**를 바꾸어 말하면 '하나님이 말씀하시되'입니다(이것은 하나님이 입으로 하신 말씀임). 무얼 말씀하셨어요? **빛이 있으라** 빛이 있으라 하시니 그다음 **빛이 있었고** 한 이것은 요1장에서 보았듯이 말씀, 즉 '신성과 인성 안에 있는 생명의 빛이 땅에 있었고'입니다. 그러니까 삼위의 하나님이 창조하시는 일을 같이 하셨는데, 아버지 하나님은 진두로 '빛이 있으라' '생물을 내라' '물과 물로 나눠라' 이런 등등을 질서 있게 지휘하시면서 말씀하여 이르셨습니다. 그렇게 이르시는 말씀을 따라서 아버지 안에 계신 인성이, 즉 생명을 주는 빛이 창조물들에 생명이 있게 하셨습니다.

그리고 **하나님의 신은 수면에 운행하시니라** 했는데 수면에 운행하신 것은 바로 물은 흙으로 지어진 만물 속에 필요한 에너지입니다. 흙에서 나온 우리 육체도, 자연 만물들도 물 없으면 살 수 없습니다. 물은 만물에 필요한 생명과도 같은 에너지입니다. 그래서 물은 흙에서 나온 모든 생명체가 살 수 있는 에너지가 되고, 하나님의 신은 생명의 씨를 넣어 일으키신 모든 창조물이 기동하며, 즉 생명체들의 기운이 되어 약동하게 하십니다. 바로 하나님의 신의 역할이 물과도 같다는 것을 의미합니다. 신을 히브리어로 '루아흐'(Ruwach or Ruach)라고 하는데 '바람, 호흡, 숨, 기운'이라는 뜻을 가졌습니다. 그래서 자연계에 인성의 생명으로 각각의 생명(씨)을 넣어 일으키신 그 모든 생물이 호흡하고, 숨 쉬고, 자라고, 씨를 맺고, 보존하게 하시는 것으로 나타나는 것입니다. 이것이 바로 삼위 하나님 (아버지와 아들과 성령)이 함께 창조하신 일입니다.

그래서 첫째 날은 자연 만물을 지으시고 만드실 재료를 창조(준비)하셨고, 그다음 둘째 날부터 창조를 질서 있게 조화를 이루며 진행해 가신 것입니다. 그리고 창2:3에 그 창조하시고 만드시던 모든 일을 마치셨다고 했습니다. 창조했다. 만들었다. 하셨단 말입니다. '창조했다'는 것은 아무것도 없는 것에서 있게 한 것, 무(無)에서 유(有)를 말하고 '만들었다' 또는 '지으셨다'는 것은 대체로 준비된 것에서 있게 했을 때를 말합니다. 그러나 또한 무에서 유로 만들었다, 무에서 유로 지었다는 말이기도 합니다.

이제 4와 5에 **하나님이 빛과 어두움을 나누사 빛을 낮이라 칭하시고 어두움을 밤이라 칭하시니라** 했습니다. 혼돈하고 공허하며 흑암만 있는 곳에 빛(예수님의 생명의 빛)이 있게 되었는데, 하나님께서 그 빛과 어두움(흑암)을 나누었다 하셨습니다. 여기서 여러분이 확실히 기억해야 할 것은, 바로 **빛과 어두움을 나누사**입니다. '빛과 어두움을 나누사'는 우리가 알고 있는 자연의 밤과 낮을 나누었다는 것이 아닙니다. 물론 자연의 밤과 낮도 나누긴 하셨지만, 여기서 '빛과 어두움을 나누사'는 그것이 아니고, 매우 중요한 영적인 것, 하나님의 의지를 표명하신 영적 세계의 대한 큰 뜻을 말합니다. 빛은 누구에게서 옵니까? (예수님) 어둠은 누구에게서 옵니까? 사단입니다. 빛은 생명이요, 어둠은 사망입니다. **빛과 어두움을 나누사 빛을 낮이라 칭하시고 어두움을 밤이라 칭하시니라** 하신 이것은 곧 예수님과 사단, 생명과 사망을 '나누사'라는 말입니다.

그래서 여기 3, 4, 5의 첫째 날은 자연계의 창조가 아니라는 것 아셨습니까? 16에 무엇을 말했나요? **하나님이 두 큰 광명을 만드사 큰 광명으로 낮을 주관하게 하시고 작은 광명으로 밤을 주관하게 하시며 또 별들을 만드시고** 해서 여기서는 낮과 밤을 주관할 해와 달과 별을 만드신 자연 창조를 말씀하시면서, 바로 5의 말씀을 연결하여 빛의 속성이 무엇인가? 어둠의 속성이 무엇인가를 깨달아 볼 수 있게 하셨습니다. 창조하신 자연의 낮과 밤을 구분하는 두 큰 광명을 만들어 낮의 밝음을 주시고, 밤의 어둠을 주신 이 자연의 조화를 통해, 바로 빛은 생명이고 어두움은 죽음, 즉 사망이라는 것을 깨닫도록 하셨습니다. 그래서 자연 창조와 우리 삶으로 경험하는 것들을 통해서, 하나님의 영적인 뜻을 깨닫는 거울이 되게 하여 알게 하셨다는 것, 여러분이 이해됐습니까? 그래서 사도 바울이 자연 만물을 통해서도 하나님의 신성이 보여 알게 된다고 했습니다. 그러나 사람으로는 이 모든 자연 만물은 분명히 누군가 지은이가 있지 않겠느냐? 는 짐작은 합니다만, 하나님께서 그 속에 뜻을 넣어 지으신 것을 볼 수 있는 것은, 사실 성영님의 눈이라야 합니다. 성영님의 눈이 되어야만 깨닫고 보는 겁니다.

덧붙여서 성경을 볼 때 참고하도록 16의 두 큰 광명, 즉 해와 달과 별에 대한 의미를 설명을 좀 하겠습니다. '두 큰 광명'하는 것은 해와 달을 말한다는 것 다 아는 거지요? 해는 바로 예수님 상징입니다. 달은 죄인을 예수님께 안내하는 율법 상징입니다. 율법은 인간이 죄인인 것을 깨닫게 하면서 또한 예수님을 말하고 있습니다. 그런데 율법이 예수님을 알게 하고 예수께로 안내하는 데 있어서 그같이 달과 같은 역할, 어두운 밤에 길을 비춰주는 것과 같은 역할임을 상징합니다. 그래서 성경은 율법을 등불로 비유하고 있습니다. 그리고 별은 아브라함에게 언약하신 자손, 즉 예수 그리스도로 구원 얻을 하나님 자녀의 상징입니다. 이것을 알면 요한 계시록을 이해하는 데도 도움이 됩니다.

자, 그래서 본문 5에 빛과 어둠이 신약 시대에 와서 빛은 긍정적이고, 어두움은 부정적으로 드러나고 있습니다. 예수님이 오신 것을 빛이 오셨다고 했고, 예수님이 오셔서 일하신 것을 낮이라고 했고, 예수님 자신을 생명이라고 했습니다. 사단을 어두움의 주관자라고 했고, 죄 아래 있는 자를 밤에 속한 자요, 어두움에 속한 자요, 사망에 처한 자라고 했습니다. 그러므로 사람이 예수님을 거절하는 자와 예수님께 나오는 자로 나누어지고, 그 안에 예수님이 있는 자는 생명으로, 없는 자는 사망으로 나누어지는 것을 '빛과 어두움을 나누사' 하신 말씀이 나타나고 있음을 알 수 있습니다.

우리가 참으로 예수님이 빛이요, 생명이요, 영생하게 하신다는 그 약속이 절대로 변치 않는, 언약의 불변성을 믿을 수 있는 것도, 하나님이 만드신 저 태양이 창조 이래 6,000년의 세월이 흘러도 변함없이 그 자리를 지키고, 인간과 자연에 유익을 주고 있는 역할을 통해서도, 변하지 않는 하나님과 그 언약을 깨달아 볼 수 있습니다. 그러므로 창1:1부터 창조물 속에서도 성경 전체를 통해서도 오직 예수님을 말하고 있으니, 우리가 예수님을 어찌 사랑하지 않을 수가 있겠습니까? 어떻게 사랑해야 할 분인지 여러분이 좀 감각이 있어야 한다는 말입니다.

하나님께서 하늘을 궁창이라 하셨습니다. 7에 **궁창 아래의 물과 궁창 위의 물로 나뉘게 하시매** 하신 것은 물을 나누어 땅에도 두시고 또 하늘에도 두셨다는 말입니다. 그런데 궁창 위의 물이 심판의 도구로 사용된 적이 있었는데 언제였습니까? 노아 홍수 때. 밤낮으로 비가 40일 동안 쏟아졌다고 했습니다. 거기 기록된 말씀을 보면 아주 깊음의 샘들이 터지고 하늘의 창이라는 창은 다 열린 것 같다고 했어요. 얼마나 쏟아 부어지는지 그 심판 때 밤낮 40일을 쏟아졌다고 했으니 여러분 상상이 됩니까? 그 물이 감하기까지 기다리는 것이 370일이 걸렸다고 했습니다.

그러면 사단이 흑암에 갇힌 자임을 상징하는 그 흑암을 보내 경고의 도구로 사용하셨는데 그곳이 어디일까요? 흑암을 경고의 도구로 사용하셨는데 언제 어디입니까? 애굽의 바로 왕이 이스라엘 백성을 놓아주지 않았을 때 몇 가지의 재앙이 있었나요? 10가지 재앙이었는데 그중 한 가지 3일 동안 흑암을 보냈습니다. 출10:21-23의 내용을 보면 얼마나 깜깜한지 한 치 앞이 보이지 않아서 애굽 백성들이 일어나지 않았다고 했습니다. 바로 죽음에 처한 인간의 영적 상태를 보인 것입니다. 시105:28에 **여호와께서 흑암을 보내사 어둡게 하시니** 했어요. 하나님이 사단과 그의 추종자들, 구약과 신약을 통틀어서 거짓 선지자, 거짓 믿음으로 하나님의 복음을 훼방하고 가린 자들을 이제 마지막 완전한 심판 때까지 이 흑암으로 던져 넣었다가(벧후2:17) 마지막 완전한 심판 때는 불과 유황으로 타는 불못에다 던져버릴 것입니다. 거기는 소금 치듯 함을 받고 벌레도 죽지 않는 불과 유황이라고 했습니다. 그러니 여러분 이런 데 가야 하겠는가 말입니다. 좀 정신 좀 차리자는 말입니다. 정신을! 예수님을 어떻게 믿어야 하는지 정신들 차려야 할 것 아니에요. 감각 없이 좀 하지들 말고요! 제발!

하나님께서, 이스라엘은 하나님의 백성이요, 하나님은 그들의 하나님이 되신다는 언약 관계를 맺고 법을 주시기 위해 시내 산으로 강림하실 때, 깜깜한 흑암과 불과 구름을 병풍처럼 두르고 강림하셨다고 했습니다(출19-20장). 신5:22-23에 **여호와께서 산 위 불 가운데, 구름 가운데, 흑암 가운데서 말씀하셨다고** 했어요. 시97:2에 **구름과 흑암이 그에게 둘렸고** 했습니다. 시18:11에 **저가 흑암으로 그 숨는 곳으로 삼으사 장막같이 자기를 두르게 하심이여** 했습니다. 하나님이 강림하실 때 왜 불 가운데 구름 가운데 흑암 가운데 계신 것입니까? 바로 인간이 죄로 죽음에 처하여 하나님을 만날 수도 볼 수도 없게 되었다는 상징으로 흑암을 두르신 것이고, 그다음 하나님과 언약을 맺은 백성이 하나님을 경외하여 말씀을 순종할 때에, 죄를 사하시는 은혜를 베푸시고 영생케 하신다는 것을 상징하여 구름을 두르신 것이고, 그다음 이 같으신 하나님의 용서의 은혜 입기를 원치 않는 자 말씀을 경홀히 여기는 자는 반드시 심판하신다는 것을 상징하여 친히 불 가운데 계신 것을 보이셨습니다. 불 가운데, 구름 가운데, 흑암 가운데서 말씀하신 이것, 바로 흑암은 죄의 표시요, 구름은 용서의 표시요, 불은 심판의 표시라는 말입니다. 이처럼 하나님은 하나님의 뜻과 의지가 무엇인지 이스라엘 백성과 온 인류에게 상징으로 나타내셨습니다. 여러분이 출19장을 좀 읽어 보십시오. 얼마나 두렵고 장엄하고 엄청난 위엄의 장면인지를 좀 보라는 말입니다.

그러나 예수님을 믿고 성영님으로 거듭나 생명을 얻고, 예수님 안에서 사는 자에겐 흑암으로 가리신 하나님이 아니라, 아버지와 자녀로 얼굴과 얼굴을 마주 대하는 관계로 계신 것입니다. 예수 그리스도 안에서 은혜로 주신 이 엄청난 이적을 여러분이 알고 계신 믿음인지는 모르겠습니다. 골1:13에 **그가 우리를 흑암의 권세에서 건져 내사 그의 사랑의 아들의 나라로 옮기셨으니** 했습니다. 하나님이 우리를 흑암의 권세에서 건져 내사, 곧 죄 용서받게 하시고 빛 가운데서 즉 빛이신 하나님의 아들 주 예수님 안에서 우리가 하나님을 아버지로 만나게 되었다는 말입니다. 우리가 이 어마어마한 복을 가진 자가 되었습니다. 그러므로 여러분이 하나님 아버지를 만나 자녀로 교제하며 사는가 하는 것입니다. 하나님이 여러분의 아버지이신가 말입니다. 여러분 영 안에서 아버지를 만나십니까?

그리고 아담이 선악과를 먹은 것은, 사단의 유혹을 받아들인 것이 되어, 창조하신 모든 것을 사단이 자기 것처럼 임의로 주장하게 되었고, 인간에게 창조물들을 섬기게 했습니다. 그래서 자연계까지 타락이 들어왔다고 했습니다. 이것을 롬8:19-22에 **피조물의 고대하는 바는 하나님의 아들들의 나타나는 것이니 피조물이 허무한 데 굴복하는 것은 자기 뜻이 아니요 오직 굴복케 하시는 이로 말미암음이라 그 바라는 것은 피조물도 썩어짐의 종노릇한데서 해방되어 하나님의 자녀들의 영광의 자유에 이르는 것이니라 피조물이 다 이제까지 함께 탄식하며 함께 고통 하는 것을 우리가 아나니** 했습니다.

인간의 필요를 위해서 자연계를 지으셨고, 아까 골로새서가 사람을 포함한 모든 피조물은 예수님을 위해서 지었다고 하지 않았습니까? 그런데 피조물의 뜻이 아님에도 사단을 위한 것이 되어 사람에게 섬김을 받는 대상이 되었다는 거예요. 인간이 태양을 보고도 절하고 뭐 좀 멋진, 그럴듯한 나무 앞에도 가서 빌고 말이죠. 그 성황당인가 뭔가 세워놓고 지나다니면서 빌고, 돌을 던지며 빌고 온갖 것들을 대상으로 하여 빌고 절하고 말이지요. 그러니 인간이 얼마나 어둡고 무지합니까. 존귀한 자로 지음은 받았으나 멸망하는 짐승 노릇 하는 것입니다.

인간의 필요를 위해 지은 자연 앞에, 코도 눈도 없는 것들 앞에서 말입니다. 세상에, 돼지머리 삶아놓고, 아니 그 푹 삶아진 돼지머리가 뭘 준다고 돈 갖다 물리면서 나 복 달라고 절하고 비는 무지한 행위들을 왜 하느냐? 그래서 피조물도 탄식한다는 것입니다. 이 썩어짐의 종노릇 하는 것이 고통이라는 거예요. 이 땅의 모든 피조물이 더러운 것들에게 썩어짐의 종노릇을 하게 되었으므로, 하나님께 지음을 받은 그 본분에 있지 못하고, 원치 않음에도 종노릇하게 되어 탄식하며 고통한다고 했습니다. 그래서 이 피조물이 하나님의 아들들, 구원받은 아들들이 속히 나타나기를 고대한다는 것입니다. 하나님이 구원하시기로 한 그 수가 빨리 차기를 원한다는 거예요. 썩어짐의 종노릇 하는 데서 속히 해방되어 그 자녀들이 들어가는 영광에 함께 들어가 자유에 이르기를 원한다는 것입니다.

그래서 구원받은 자녀들은 예수님과 함께 살 것인데, 이때 자연계도 썩어짐의 종노릇 하는 데서 해방하여 새 땅에서 함께 영광 가운데 있게 될 것입니다. 그때는 우리 눈으로 볼 수 없었던 하나님의 능력으로 새롭게 된 피조물들의 그 영광이 함께함으로써 창조 때 보이신 그 에덴동산의 행복은 비교도 되지 않는 놀라움의 극치가 될 것입니다. 그때는 피조물계가 하나님의 아들들에게 복종합니다. 지금도 예수님 안에서 하나님의 아들이 된 자에게는 자연이 해 끼치지 못합니다. 물론 이 엄청난 권세에 대해서는 하나님의 믿음을 가진 자들에게 있는 권세이기 때문에, 이 말을 하는 것이 좀 부담은 됩니다. 음부의 권세가 이기지 못하리라는 말씀이 이루어진 자에게 있는 권세입니다. 여러분, 지금 세계 도처에서 자연의 재앙이 얼마나 일어나고 있습니까? 자연에 인간이 해를 당하고 있잖습니까. 하나님께로 돌아오지 않는 인간 앞에는 자연이 인간에게 해 끼치는 것입니다.

노아 때에 모든 사람이 하나님을 떠나 먹고 쓰고 입고 장가가고 시집가고 하는 육체의 일에만 빠져 죄악이 극에 달하자, 하나님께서 인간 지으신 것을 탄식하시고, 홍수로 멸하셨잖습니까? 그리고 마음이 아프셔서 다시는 내가 물로 멸하지 않겠다고 무지개를 두시고 언약하셨습니다. 그런데 지금 왜 그렇게 홍수가 나고 해를 입습니까? 홍수 나서 왜 사람이 죽고 자연에 온갖 해들을 당하고 왜 멸함을 받습니까? 하나님은 분명히 홍수로 멸하지 않겠다고 하셨는데, 바닷물이 넘치지 못하도록 경계의 표를 정해놓으셨는데, 왜 바닷물이 정해놓은 선을 넘고, 왜 온갖 재해들을 당하는가 말입니다. 죄 때문입니다. 인간이 예수님께 돌아오지 않는 죄 때문에, 또는 믿는다 해도 예수님과 상관없는 종교인이기 때문에……. 하나님과 함께 있지 않기 때문입니다. 사람이 삼위 하나님을 알고 그 존전에서의 삶이 되지 않으면, 자연과도 정상적인 관계가 되지 않습니다. 그 때문에 자연에 해를 입는 것입니다.

그러나 여러분은 하나님이 아버지가 아닙니까? 이 관계가 되었다면 자연이 자녀에게 해 끼치지 않는 것입니다. 자기가 하나님의 자녀이면 그것을 믿으십시오. 아셨습니까? 이제 에덴동산과 같은 천 년 시대로 들어가면 그와 같이 자연도 영광 가운데 제 본분을 찾고, 하나님의 아들들에게 복종하는 관계가 되고, 그때의 몸은 신령한 부활체이니, 땅에서는 맛보지도 못한 신령한 음식들로 먹기도 하고, 먹지 않아도 되고, 잠을 자도 되고, 자지 않아도 되고, 순식간에 천 리를 갈 수도 있고……. 성경에서 부활하신 예수님의 모습을 보았잖습니까? 문이 닫혀있어도 어느 틈에 예수님이 앞에 와 계신 것 보았잖아요? 그같이 마음만 먹으면 천 리 밖이라도 어느 틈에 순간 이동할 수 있는, 얼마나 신비한 능력으로 가득 찰 것이며, 자고 나면 새롭고, 자고 나면 새로운 것으로 꽉 차 있을 것입니다. 그때는 사단도 죄도 없고, 예수님의 사랑과 행복만이 가득한 세계입니다. 보이지 않는 영의 세계에서 보이는 물질세계가 나왔고, 그 물질계를 새롭게 재창조하시고 하나님의 나라에 함께 거하는 것이 하나님의 전 역사입니다.

그래서 우리가 믿음을 갖게 되었다는 것, 너무도 귀하고 감사한 일이지만, 기회인 이때에 더욱 힘써 부활할 몸의 사람으로 자라가야 합니다. 그것이 우리가 세상에 온 이유고, 사명이라고 하지 않았습니까? 얼마나 영의 사람, 예수님의 형상을 이룬 성영님의 사람이 되었느냐? 얼마나 하나님의 마음과 뜻을 알고 뜻대로 사는 자가 되었느냐? 얼마나 오직 삼위 되신 아버지와 구주 예수님과 성영 하나님을 사랑하느냐? 이 믿음을 위해 힘쓰고 있다면, 하나님의 사랑을 받을 수밖에는 없는 것입니다. 그는 아버지 나라에 가서도 영광이 남다를 것임을 기억하시고, 이제는 하나님께서 우리에게 주신 기회를 세상 것에 얽매이는 일로, 영적인 성장을 게을리 하지 않기를 바라면서 말씀을 맺습니다.

오늘부터 창조에 넣으신 아버지의 비밀 같은 뜻이 무엇인지 말씀을 깨달아 믿음의 능력이 세워질 수 있도록, 창조의 말씀을 말할 수

있게 하신 아버지께 예수님의 이름으로 감사드리며, 모든 영광을 삼위이신 하나님께 돌립니다. 아멘

제 2 장
사람이 생영(미완성)이 된지라

²⁶하나님이 가라사대 우리의 형상을 따라 우리의 모양대로 우리가 사람을 만들고 그로 바다의 고기와 공중의 새와 육축과 온 땅과 땅에 기는 모든 것을 다스리게 하자 하시고 ²⁷하나님이 자기 형상 곧 하나님의 형상대로 사람을 창조하시되 남자와 여자를 창조하시고 ²⁸하나님이 그들에게 복을 주시며 그들에게 이르시되 생육하고 번성하여 땅에 충만하라, 땅을 정복하라, 바다의 고기와 공중의 새와 땅에 움직이는 모든 생물을 다스리라 하시니라 ²⁹하나님이 가라사대 내가 온 지면의 씨 맺는 모든 채소와 씨 가진 열매 맺는 모든 나무를 너희에게 주노니 너희 식물이 되리라 ³⁰또 땅의 모든 짐승과 공중의 모든 새와 생명이 있어 땅에 기는 모든 것에게는 내가 모든 푸른 풀을 식물로 주노라 하시니 그대로 되니라

(창1:26-30)

여호와 하나님이 흙으로 사람을 지으시고 생기를 그 코에 불어넣으시니 사람이 생영이 된지라

(창2:7)

오늘 말씀은 여러분의 믿음에 대단히 중요합니다. 마음을 집중하여 듣고 자기의 말씀으로 적용하고, 장성한 믿음의 분량이 되는 복을 얻기를 바랍니다. 오늘 본문 26에 **우리의 형상을 따라 우리의 모양대로 우리가 사람을 만들고** 해서 하나님께서 친히 '우리'라고 하는 복수 인칭대명사를 말씀하심으로, 한 하나님이 삼위로 계신 것을 알게 하셨습니다. 성경은 하나님이 삼위일체라고 콕 집어서 말하고 있지는 않지만, 그 증거가 될 만한 것은 곳곳에서 볼 수가 있습니다. 예수님의 말씀에서도, 특히 요한복음에서 '아버지와 나는 하나다.' 또 '내가 아버지 안에 아버지가 내 안에' 또는 성영님을 '하나님의 영' '그리스도의 영'이라고 말씀하고 있어서, 하나님이 세 인격으로 계신 것을 쉽게 볼 수 있습니다. 또한, 하나님이 '우리'라고 표현하신 곳이 오늘 26의 말씀뿐만 아니라, 창3:22, 창11:7, 사6:8, 요14:23, 요17:11,21,22 등에서도 찾아볼 수 있습니다.

오늘 26, 27은 하나님께서 사람을 창조하시는 일에 관하여 대화하신 내용입니다. **우리의 형상을 따라 우리의 모양대로 우리가 사람을 만들고 하나님이 자기 형상 곧 하나님의 형상대로 사람을 창조하시되 남자와 여자를 창조하시고** 하셨습니다. 그러면 여러분은 각자 자신이 하나님의 형상대로 지어졌다는 것을 분명히 인정하여 믿습니까? 하나님의 형상과 모양대로 지음을 받았다는 것을 믿는다면, 여러분이 그 형상과 모양이 무엇을 말하는지 알고 믿는다는 것인데요? 하나님께서 나를 지으셨다는 것은 곧 하나님의 형상과 모양대로 지으셨다는 것을 말씀하는 것이니, 그 하나님의 형상과 모양대로가 무엇인지 알고, 그 지식에 따라서 믿음을 갖게 되었지 않겠습니까?

그런데 사람들이 '하나님이 나를 창조하셨다는 것 당연히 믿지요' 하는 말만 있습니다. 이것은 믿음이 아니라 그냥 피상적입니다. 삼위의 하나님과 인격적 관계로 맺은 믿음이 아닙니다. '하나님이 나를 창조하셨다는 것 믿지요' 하는 이것은 믿지 않는 자들도 하는 말입니다. 그저 수박 겉껍데기 맛보는 것과 같습니다. 수박 겉만 맛보는 것이 자기에게 무슨 유익이 있습니까. 겉껍데기 맛보는 것으로 속살의 맛을 알 수 있을까요? 없지요. 그러니 그 맛에 대해 말할 수 있습니까? 말할 수 없습니다. 맛을 알 수 없으니 맛에 대해 말할 수 없고, 자기에게 아무 유익이 없습니다. 자기가 하나님의 형상대로 지음을 받은 그 형상이 무엇인지 알지 못하고 하나님이 나를 창조하신 것 믿는다는 것만 있다면 그것은 수박 겉껍데기만 혀로 맛보고 말하는 것과 똑같습니다.

성경은 그렇게 막연하게 알아도 되는 것처럼 말씀하고 있지 않습니다. 하나님이 사람을 지으신 창조주다. 나를 지으신 창조주다 할 때는, 하나님께서 온 인류를 향해서 말씀하시는 것이요, 대중을 향한 선포입니다. 대중을 향한 선포! 그 선포를 들은 나는 하나님과 직접적인 관계가 될 믿음을 위해 기록된 말씀 안으로 들어와서 아는 일(경험의 일)에 힘써야 합니다. 오늘 말씀도 자기와 연결된 것이니, 그러면 '하나님의 자기 형상과 모양대로' 자기를 지으셨다는 것이 무엇인지 알아야 바른 믿음이지 않겠습니까? 알아야 적용하여 삼위의 하나님과 연합하고, 자기 정체성이 분명해지니 누가 뭐래도 흔들릴 필요 없고, 기쁘게 믿음의 길을 갈 수 있지 않는가 말입니다.

참으로 자기의 믿음이 돼야 할 중요한 뜻을 깨달아 보려는 고민으로 몸부림하는 사람들이 그리 없다고 하셨습니다. 자주 말하지만, 믿음이 무엇인지를 도무지 이해를 못 하고 있다. 자기가 지금 누구인지 조차도 알려고도 하지 않는다는 겁니다. 그러니 믿는다 해도 하나님의 믿음, 삼위 하나님과 인격적인 관계가 되지 않고 될 수도 없으니, 자기 믿음으로 믿는 것이 되어 여전히 망할 길에 있습니다. 진짜 믿기 원하면 자기가 누구이며, 하나님은 누구시며, 믿음은 무엇인지 알기를 원하게 되어 있지, 그렇게 말씀에 무관심할 수는 없습니다. 성경은 삼위 하나님을 깊이 알게 하는 등이요, 빛입니다. 예수님의 형상을 이루게 하는 능력이요 영생입니다. 예수님께서 마4:4에 **사람이 떡으로만 살 것이 아니요, 하나님의 입으로 나오는 모든 말씀으로 살 것이라** 하셨습니다. 하나님의 입으로 나오는 모든 '레마'로 살 것이라는 말입니다. 그러면 믿는다면 레마의 말씀으로 살아야 하지 않습니까? 그래서 진짜 믿는다면 레마의 말씀으로 살려는 목마름이 반드시 있습니다. 생명과 평안을 얻기 위해 몸부림하게 되어 있습니다.

말씀이 없으면, 말씀을 모르면, 레마의 말씀으로 된 믿음이 아니면, 그에게는 생명(구원)이 없습니다. 하나님의 마음을 알 수 없으니 '하나님은 왜 선악과는 만들어 놓고 죄짓게 했느냐?' 하는 가시 같은 마음만 갖게 되는 겁니다. 무엇인가 마음에 의문이 있고 이해되지 않는 불만스러운 것이 있으면, 깨달아 보기 위해 기도하면서 구하고 찾는 진정이 있어야 하는데, 그런 인격적인 태도는 없고 '하나님은 인간이 죄지을 줄 몰랐나?' 하는 마음만 두는 겁니다. 제가 여러분에게 당부합니다. 그래도 말씀 깨달아 보겠다고 하는 것은 매우 좋은 일이지만, 혹 여기저기 쫓아다니며 이것저것 듣는 것으로 누더기 걸치지 마십시오. 사람들 말에 좌지우지되어 쫓아다니지 말고, 성영님의 도우심을 받으며 분별할 수 있는 능력을 갖추고, 말씀의 잔치가 여기에 있으니, 듣고 배워 깨달아 자기의 영적 능력을 갖추는 기회가 되십시오. 자기 속에 말씀의 능력을 갖추고, 구원의 온전한 가운데로 나가라는 말입니다. 영적으로 캄캄하면 불쌍할 것밖에는 없습니다. 오늘 하나님이 자기 형상대로 사람을 창조하셨다는 이 '형상'도 깨닫고자 고민해 본 것이면, 그에게는 단비와 같아서 해갈을 얻고 영혼에 생명의 능력으로 받겠지만, 그렇지 않다면 아무 의미 없을 것입니다. 원하기는 오늘 중요한 이 말씀을 잘 듣고 믿음의 지식과 영적 생명의 능력을 갖추기를 바랍니다.

오늘 우리 사람이 어떻게 창조되었는가? 하나님이 나를 창조하신 것을 믿기는 하는데, 그러면 어떻게 창조되었다는 것인가? 했을 때, 26에서 "우리의 형상을 따라 우리의 모양대로" 하시고, 27에 "하나님이 자기 형상 곧 하나님의 형상대로 사람을 창조하시되" 하셨습니다. 그러면 하나님 형상이 있다는 것이지 않습니까? 하나님에게 형상이 있다는 말이지요? 아니, 하나님은 영이신데 어떻게 형상이 있다는 말입니까? 그런데 하나님이 자기 형상대로 사람을 창조하셨다는 것입니다. 여기서 하나님의 '자기 형상'은 하나님의 '실체'라는 말입니다. '본체'라는 말이에요. 골1:15에 **그는 보이지 아니하시는 하나님의 형상이요** 하셨고, 고후4:4에 **그리스도는 하나님의 형상이니라** 하셨고, 히1:3에 **이는 하나님의 영광에서 나오는 광채시요 그 본체의 형상이시라**고 말했습니다. 그러면 하나님의 형상이신, 그 실체가 누구라는 겁니까? 바로 예수 그리스도입니다. 하나님의 형상이 바로 예수 그리스도이신데, 그분을 따라서 사람을 창조하셨다는 것입니다.

우리 인간이 어떻게 창조되었는가? 예수님을 본떠서 창조되었다, 예수님을 따라서 지어졌다는 것입니다. 그러니까 예수님이 육신이 되어 오시기 전에 계셨던 때, 하나님 품속에 함께 계셨던 그 하나님의 실제를 바로 '형상'이라고 했습니다. 하나님의 실제 모습 그 형상을 요1:1에서 말씀하는 것, 무엇입니까? **태초에 말씀이 계시니라 이 말씀이 하나님과 함께 계셨으니 이 말씀은 곧 하나님이시니라** 해서 예수님을 곧 말씀이라고 하셨던 것. 왜 말씀이라고 했다 했습니까? 바로 신성과 인성이시라는 것을 말하기 위해서 말씀이라고 했다 했습니다. 그러므로 완전한 신성과 완전한 인성이 '하나님의 자기 형상'입니다. 신성과 인성이 바로 하나님의 자기 형상이라는 말입니다. 하나님의 실제 모습 신성과 인성을 형상이라 하신 겁니다. 이것을 빌2:6에서 **그는 근본 하나님의 본체시라**고 했습니다. 히1:3에서도 예수님을 **그 본체의 형상이라**고 분명히 말했습니다. 하나님의 본 모습, 하나님의 실제라는 겁니다. 우리 주 예수 그리스도가 바로 하나님의 형상이요 본체라는 말입니다. 그 신성과 인성이, 하나님의 본체가, 보이는 하나님으로 오셔서 인간이 하나님을 눈으로 본 것입니다.

그러므로 우리의 믿는 우리 주 예수 그리스도를 우리가 어떻게 대우해야 합니까? 우리의 예수님이 바로 하나님 자신의 형상이요, 본체라는 거잖아요? 그 본체가 사람으로 오셨습니다. 우리와 함께 있기 위해서, 아주 연합하여 하나가 되려고, 하나님이 사람으로 땅에 오셨다는 거예요. 그렇게 자기를 비어 종의 형체를 가져 사람의 모양으로 나타나셨는데, 오히려 자기를 더 낮추시고, 그 사람을 위해서 십자가에 달려 대신 형벌을 받아 죽기까지 하신 하나님이시라는 겁니다. 죽기까지 하신 하나님! 이것이 하나님이 우리를 사랑하신 증거인데, 그러면 하나님의 본체이신 예수님을 우리가 어떻게 사랑해야 하겠는가 말입니다.

신성의 완전하신 분이요, 인성의 완전하신 분이요, 그러므로 하나님의 본체요, 진짜 사람의 실체이신, 이 땅에 육신이 되어 오시기 전에 생명을 주는 생명으로 계시던, 완전한 사람, 참 사람이신 분. 그러나 필요하면 사람으로 사람 앞에 나타나실 수도 있었던 (창14:18, 창32:25, 단3:25), 그 예수님이 바로 하나님 본체의 형상이라고 하셨습니다. 그래서 사람을 '예수님의 형상'대로 창조하셨다고 하신 것이요, 남자와 여자를 창조하시고 사람이라고 하셨다는 것이요, 사람 중에 남자를 아담이라고 하시고, 아담은 예수님의 모형으로 지음을 받았고, 오실 예수님을 미리 보여준 예수님의 예표로 지음을 받았다는 것을 분명히 가르쳐주신 것입니다. 또한, 아담의 갈빗대로 여자를 지으신 것으로 예수님에게서 여자(신앙), 곧 신부가 나올 것을 예표로 보이셨고, 그 여자에게서 생명이 나실 것을 계시하시고, 생명을 생산하는 뜻의 이름인 '하와'라 부르게 하셨습니다. 그래서 예수님은 창조의 근본이라고 계3:14에 골1:15-18에 말씀하셨습니다. 창조의 근본이시라는 말입니다. 창조의 근본!

그다음 사람을 **자기 형상대로** 하신 그 형상을 크게 세 가지로 구분할 수 있는데, 첫째는 하나님의 영을 넣으신 것이고, 둘째는 인격이 있게 하셨고, 셋째는 언어가 있게 하신 것입니다. 그래서 인간은 영적 존재요, 인격적인 존재입니다. 영은, 영이신 하나님을 인지하고 느끼며 하나님을 담는 곳입니다. 지정의의 인격은 모든 사물을 인식하고 느끼고 결정합니다. 그러므로 영과 인격, 즉 영혼이 있기 때문에, 표현하고자 하는 것을 표현하는 언어가 있는 것입니다. 다시 말해 하나님이 불어넣으신 영은, 영이신 하나님을 인지하고 담을 수 있고, 인격으로는 예수님(삼위 하나님)을 사랑하고, 교제, 교통하는 곳이고, 언어로는 찬양하고 감사드리고 의사를 소통하는 것이란 말입니다. 이것을 하나님의 형상대로 창조되었다고 말합니다.

그래서 26에 **사람을 만들고 그로 바다의 고기와 공중의 새와 육축과 온 땅과 땅에 기는 모든 것을 다스리게 하자** 하신 것이 바로 만물을 다스릴 수 있는 위치, 즉 정치적 능력이 하나님의 형상을 따라 지음을 받은 사람의 위치입니다. 통치의 권위가 바로 하나님의 형상을 따라 지음을 받은 사람의 위치라는 말입니다. 물론 이 말씀은 하나님의 형상으로 지음을 받은 사람의 위치는 그 외의 피조물을 다스려야 하지, 지배받고 다스림 받는 것이 아니라는 것을 말합니다. 그러면 만물의 주인 행세하는 자가 누구예요? 사단입니다. 그렇기에 26의 말씀이 사단과 그의 영들에 지배받고 다스림을 받는 것이 아니라는 것을 분명히 알게 하시는 계시의 말씀입니다. 그래서 예수님을 믿는 사람들이 사단과 그의 영들을 지배할 수 있는 그런 하나님의 자녀 됨의 권세와 능력의 위치로 확실히 돌아와야 자연도 인간을 거스르던 그 저주에서 놓여나 해 끼치지 않는 관계가 되는데, 그 위치로 돌아가지 못하고 있습니다. 성경이 말씀하는 하나님의 영적인 뜻을 아는 지식도 없으니 돌아갈 힘도 없고, 그것을 열어서 분명하게 가르치는 사람이 없으니, 돌아갈 능력을 갖출 수도 없고, 또한 가르친다 해도 받아들일 능력을 갖추는 데로 돌이키지 않기 때문에, 그 엄청난 복된 위치로 올라가지 못하고 있습니다.

그러므로 여러분이 자기를 창조하신 하나님의 이 같은 창조에 대한 말씀과 뜻을 받아들여 믿느냐? 하나님의 자기 형상, 신성과 인성의 형상대로 지음을 받았다고 하는 것을 분명히 받아들여 믿는 것이냐? 입니다. '하나님이 나를 창조하셨다는 것을 믿습니다.' 할 때 그러면 자기가 어떻게 창조되었느냐? 창조된 목적이 무엇이냐? 하는 것까지를 알고 받아들여 믿는 것을 말한다는 것 분명히 말씀드립니다. 우리가 예수님에 대한 믿음을 어떻게 가져야 하는지, 전 인격을 동원해서 성영님을 의지하고 말씀을 깊이 묵상해야 합니다. 제가 여러분의 믿음에 도움이 되도록 다른 부분을 좀 설명하고 가겠습니다.

하나님께서 남자와 여자를 창조하시고 계속 사람이라고 하셨는데, 창2:19에 가서는 남자를 아담이라 하시고, 그 뒤에도 계속 아담이라고 했습니다. '아담'이라고 했을 때는 하나님이 구원하시는 뜻, 영적인 뜻이 연결되었다는 것을 여러분이 분명히 인식해야 합니다. 다시 말하면 예수님과 연결해서 깨달아 봐야 하는, 하나님의 구원의 뜻이 담겨있는 것이라는 말입니다. 롬5:14에 **아담은 오실 자의 표상이라** 했습니다. 분명히 아담은 오실 자의 표상이라고 했어요. 사람의 실체이신 예수님을 그대로 본떠서 지음을 받은 시초의 사람, 아담은 오실 예수님을 모형으로 보여준 자라는 말입니다. 실체가 되시는 진짜 아담(사람으로 오신 구주)이신 예수님 자신을 표현하신 것입니다. 또한, 아담이라고 하는 것은 '자기와 똑같은 사람을 재생산하는 씨를 가진 사람'이라는 뜻을 가졌습니다. 그래서 그를 남자요, 아담이라고 했습니다. '생산의 씨를 가진 붉은 피의 사는 영이 된 시초의 사람'이라는 뜻입니다. 이 부분 이해됐습니까?

그다음 2:7에 인간 창조에 대한 말씀이니 그대로 연결합니다. **여호와 하나님이 흙으로 사람을 지으시고 생기를 그 코에 불어넣으시니 사람이 생영이 된지라** 하셨습니다. 흙을 히브리어로 '아다마'라고 하는데 이 '아다마'와 '아담'은 같은 어근을 가진 단어에요. 그래서 '아담' 하면 '흙으로 된 붉은 피가 있는 사는 영의 사람'이라는 뜻입니다. 그런데 오늘 본문 2:7에서 **흙으로** 한 이 흙은 히브리어로 '아파르민 아다마'라 하는데, '흙으로부터 나온 먼지'라는 말이에요. 우리 성경은 '흙으로 지었다'고 했지만, 원어는 '먼지로 지었다'는 뜻이에요. '아파르민 아다마'하는 것은 '먼지' 또는 '티끌'이라는 뜻이 강한 단어에요. 시편 103:14에 **우리가 진토임을 기억하심이로다** 한 그 진토도 '아파르민 아다마'라고 해서, 인간의 육체가 먼지와 같은 흙으로 된 것임을 시사해주고 있고, 시90:3에서도 **주께서 사람을 티끌로 돌아가게 하시고** 해서 육체는 티끌과 같고 다시 티끌로 돌아간다는 것을 말했습니다. 성경이 이렇게 인간 육체가 티끌 먼지로 지어졌다고 강조하는 것은 왜냐? 인간이 하나님을 떠나면, 예수님을 믿지 않으면, 하나님이 쓸어내 버릴 수밖에 없는 먼지에 불과한 존재라는 것을 말하기 위해서입니다. 태워버릴 수밖에 없는 먼지에 불과한 존재라는 것을 말하기 위해서란 말입니다. 그러므로 너 자신을 알라. 네가 잘났다고 떠들고 똑똑하다고 교만하고 자랑하고 하나님을 만홀히 여기지만, 너는 티끌에 불과하다는 것을 분명히 가르쳐주는 것입니다.

여러분은 먼지를 아낍니까? 먼지 아끼는 분 있어요? 먼지가 좋아서 그 먼지 쌓아놓고 먼지 속에서 살면서 아끼고 귀하게 여깁니까? 그렇다면 그것은 정신에 분명 문제가 있는 거지요. 정말 매일 털고 쓸고 닦고 집 안에 먼지 용납하고 싶지 않습니다. 그래서 '나는 누구인가?'를 가르쳐주시는 하나님의 말씀을 겸손히 받아들여 예수님을 자신의 구주로 믿고 구원받은 자는 새로운 영광의 몸으로 재창조해서 영원한 삶을 주시겠다는 것이요, 새로운 신영한 영광의 몸으로 재창조하시겠다. 그러나 예수님을 거절하는 자는 먼지로밖엔 보지 않겠다, 절대로 아껴보지 않겠다는 하나님의 의지를 알도록 하셨습니다.

그래서 교회에 나오면 뭘 하려고 하기보다 먼저 말씀을 통해서 '자기가 누구인가?' 하는 것과 하나님과의 관계에 대해서 자신을 깨닫는 것부터 해야지, 이거 깨닫지 못하면 '우리 집에 누가 부처를 믿고, 조상이 부처 믿었기 때문에 나도 부처 믿어야 하는데, 내가 저 천주교로 갈까 했는데, 그냥 마음 바꿔서 교회 나와 믿어주는 것이다.' 하는 식의 교만한 태도들이 있게 될 수도 있습니다. 인간은 사람의 외형만 보고 부러워하고, 명예 있고 돈 있고 학식이 있으면 부러워하지만, 하나님께선 그런 것과는 전혀 관계없고 그에게 예수님이 계시지 않으면, 먼지로밖에 보지 않으신다는 것을 말씀하는 것입니다.

그처럼 하나님께서 사람을 흙먼지로 만드시고, 그 코에다가 생기를 불어넣으시니 사람이 생영이 되었다고 했습니다. 자연 만물을 창조하실 때는 하나님이 있어라. 무엇을 내라. 과목을 내라는 명을 따라 땅이 복종하여 자연의 생명체들을 내놓았는데, 사람을 지으신 것은 땅에게 '사람을 내라.' 명하신 것이 아니고 **우리의 형상을 따라 우리의 모양대로 우리가 사람을 만들고** 하시더니 하나님이 직접 흙으로 빚으시고 코에다가 생기를 불어넣으셨다는 것입니다. 그렇게 사람을 만드시고 생기를 불어넣으시니, 사는 영이 되어 영원히 존재하는 영이 되었다고 하는 겁니다.

생기를 히브리어로 '내쉐마'라고 합니다. 내쉐마는 '살게 하는 기운' 또는 '호흡하는 힘' 또는 '영'이라는 뜻입니다. 하나님이 생기를 코에 불어넣으시니 사람이 생영이 되었다는 거예요. 생영은 히브리어로

'네페쉬 카이야'입니다. 이 말은 '호흡하는 영' '숨 쉬는 영' '생명(목숨)이 있는 영'이라는 말입니다. 목숨이 있는 영이다. 그래서 육체의 호흡, 즉 목숨은 끝나도 그 영혼은 영원히 존재한다는 거예요. 그러니까 사람이 죽으면 돌아가셨다고 하잖아요? 죽었다고 말하는 것이 아니라 돌아가셨다고……. 왜 그래요? 영이 알기 때문에, 아주 죽음으로 끝난 것이 아니라 지금 가야 할 곳에 갔다는 뜻으로 돌아가셨다고 말하는 것입니다.

하나님이 생기를 불어넣으시니 흙으로 된 사람이 육체로 기동하여 피가 흐르고 곧 혼이 발생하므로 영이 있는 목숨의 사람이 되었습니다. 그러므로 흙으로 된 육체는 무너져도 영과 혼은 하나로 합쳐져서 영원히 존재하는 것입니다. 그런데 영원히 존재하게 된 이 '생영'은 하나님의 형상(인성)을 본떠서 그 모양으로 지어진 것이므로, 예수님의 부활하신 생명을 받아들여야만 살게 되는 것이요, 영원히 하나님 나라로 들어가 영생한다고 하는 것입니다. 그래서 '생영이 된지라'는 예수님의 부활 생명을 받아들여야 살게 된 영이라는 뜻입니다. 다시 말해 여러분의 귀가 듣는 귀이기를 바랍니다. '생영'은 '하나님의 생명을 그 영에 받아들여야 살게 된, 구원이 필요한 영'이라는 말입니다. 그러니까 불어넣으신 영은 예수님의 생명을 받아들여야 살게 된 그릇과 같다는 말이에요.

그러므로 아담이 선악과 먹지 말라는 명을 어기고 먹었으므로 이제 인간의 영은 죄책감과 죽음의 두려움으로 고통하게 된, 구원(생명)이 필요한 영혼이라는 것이 분명하게 드러났습니다. 예수님의 생명으로 구원받아야 하는 영혼이라는 것이 선악과를 먹음으로 사실화

되고 드러났다는 말입니다.

그래서 천지를 창조하셨을 때와 사람을 창조하셨다고 했을 때는 하나님으로만 나타내셨는데, 창2:7에 사람을 어떻게 지었는가? 구체적으로 들어갔을 때는 누가 지으셨다고 했습니까? "여호와 하나님"이 지으셨다 했습니다. 바로 '여호와' 이름이 여기서 등장했습니다. 그 전에는 계속 하나님으로만 나타내셨는데 2:7에 와서는 여호와 하나님이 지으셨다는 것을 나타내셨어요. '여호와'는 하나님의 이름입니다. 여호와의 뜻은, '구원하시고 심판하신다.' 입니다. 구원과 심판을 가진 이름입니다. 즉 먹지 말라 하신 것을 불순종한 죄는 용서하신다는 언약의 이름입니다. 아담이 선악과 먹기 전에 이것을 미리 알게 하셨어요. 이것이 은혜입니다. 그러나 또 듣지 않는 자, 하나님께 나오지 않는 악인은 반드시 형벌하시겠다는 심판의 이름입니다.

그러니까 2:7에 여기서는 사람이 지음을 받는 중으로, 아직 선악과 먹는 죄를 짓기 전인데, 여기서 구원과 심판을 담은 여호와 이름을 드러내셨어요. 이것은 흙먼지로 된 사람은 반드시 하나님의 구원을 받아야 하는 존재, 하나님의 생명이 필요한 존재로 지음을 받았다는 것을 미리 알리신 뜻입니다. 그러므로 이것을 아시는 하나님께서(롬 8:28,29) 여호와의 이름으로 나타나, 그 이름을 통해 이 같은 창조의 뜻을 보게 하셨습니다. 아담이 선악과 먹는 죄를 지었으므로 형벌을 받는다는 그것이 주안점이 아니라, 사람의 첫 창조는 하나님의 구원을 받아야 할 것으로 지어졌는데, 선악과를 먹은 불순종의 죄를 빌미로 하여 예수님이 오셔서 죽게 되었고 다시 살게 되셨으니, 하나님의 계획대로 사람은 생명 얻는 것이 되고, 사단은 영원한 불못에 던져 넣게 되었다는 것을 알게 하셨다는 말입니다. 죄짓기 전에 하나님의 구원과 심판의 이름을 알리심으로써 하나님께서 사람을 지으신 뜻을 이같이 알게 하셨습니다.

　내가 누구인지를 알기 원하여 하나님께 '나는 누구입니까? 나를 알고 싶습니다.' 질문하는 사람에게 하나님께서 자기의 이름으로 '너는 바로 이런 존재다' 하고 알려주시는 답변이라는 말입니다. '너는 구원이 필요한 존재다. 선악과를 먹었든 안 먹었든 상관없이 너는 구원을 필요로 하는 존재라'는 것을 알려주신 거예요. 이해됐습니까? 그러니까 여러분이 성경을 읽을 때, 여호와의 이름은 구원하시겠다는 것과 심판하시겠다는 계시(뜻)의 이름인 것을 알라는 말입니다.

　사람의 첫 창조, 흙으로 된 사람으로의 창조는 완벽합니다. 땅의 사람으로는 완벽한 창조입니다. 흠이 없습니다. 그러나 **생영이 된지라** 하셨으니 사람의 이 첫 창조가 완성이 아닙니다. 사람은 예수님께서 부활하신 생명을 얻게 하려고 지으셨다는 것은 이제 다 아시지요? 그래서 일차로 하신 창조는 오늘 **생영이 된지라** 인데 바로 사람을 예수님의 형상을 입은 완전한 사람, 영원한 사람, 즉 예수님의 부활 생명으로 말미암아 거룩한 하나님의 아들로 나게 하시려고, 예수님의 생명을 받아들일 수 있는 영을 넣어서 창조하신 겁니다. 일차적 창조는! 그래서 생영으로 창조가 된 영 안에 성영께서 부활하신 생명을 가지고 들어오셔야 하나님의 창조가 완성되는 것입니다. 그러면 여러분은 하나님께서 창조하신 뜻대로 완성됐습니까? 모두 다 완성되었어요? 하나님께서 창조하신 뜻대로 완성되어야 합니다. 내가 예수님의 부활하신 생명으로 사는 능력을 갖추었으면, 이제 하나님께서 창조하신 뜻대로 완성된 것입니다.

첫 창조는 예수님의 부활 생명을 넣을 수가 없습니다. 하나님 속에 계신 그 인성의 생명으로는 창조물들에, 즉 흙(육체)에 생명(목숨)은 주실 수 있습니다. 사람도 그렇습니다. 그러나 사람이 몸으로 영생할 수 있는 것은, 예수님이 육체로 오셔서 죽으시고 부활해야만 성영님이 그 부활 생명을 가지고 영에 오실 수가 있으니, 다시 영생의 몸으로 부활하는 것입니다. 흙으로 지은 육체는 물질로 영원할 수 없는 약점을 가졌다고 하지 않았습니까? 그것이 흠이라고 말씀드렸습니다. 그래서 흙으로 먼저 사람을 예수님의 모양을 본떠지어야 그 모습 그대로 부활이 되고, 예수님께서 죽으셨다가 살아나셔야만, 부활의 형상인 생명을 주실 수가 있고, 그러므로 부활하신 예수님이 성영님으로 들어오실 수가 있는 것입니다. 그래서 사람이 예수님의 부활하신 모습 그대로 부활하기 때문에, 그 부활의 몸으로 아버지 나라에서 영원히 사는 것입니다. 영원히 영생하는 거예요. 이것이 아버지 하나님의 뜻이요, 완전한 창조입니다.

그러므로 처음에는 하나님의 형상이신 인성의 생명으로, 흙의 몸을 일으키신 것이고, 그다음은 흙의 몸 안에 예수님의 부활하신 생명을 성영님으로 받아들이게 하시고, 이제 물질로 된 흙의 몸이 무너지면 예수님의 생명이 있는 자는, 그 생명의 몸으로 성영님이 일으키시는 것입니다. 다 이해 되셨습니까? 좀 복잡하고 어렵지만, 여러분이 자기가 누구냐? 하는 하나님의 창조 뜻을 이렇게 확실하게 알려주는 것을 어디서 들을 수 있습니까? 자기가 누구냐? 하는 것, 얼마나 멋있고 신비한 일인가 말입니다. 이렇게 정확히 알려주시는데 너무너무 정말 기쁘고 즐거운 말씀이어야 하지 않습니까? '아! 하나님이 나를 이렇게 지으시고, 이런 엄청난 멋진 계획이 있으셨구나! 이런 오묘하고 엄청난 계획과 사랑이 있으셨구나!' 가슴 벅찬 기쁨으로 받는 말씀이 돼야 하지 않습니까? 그리할 때 삼위 하나님은 영광을 받으시고, 자기의 속사람은 피와 살이 되고, 강건하게 생명의 충만한 영적 사람으로 서지 않겠습니까? 어디서도 속지 않는 능력을 갖추는 것이잖아요. 아멘이지요?

처음에는 하나님 안에 계신 인성의 생명(예수님이 사람으로 오시기 전에 계시던 때)으로 육체가 기동하여 사는 목숨의 생명이 있게 하셨고, 그다음 예수님께서 부활하신 생명으로는 육체의 생명(목숨)이 영원한 생명으로 연결되어 그대로 영원하다는 것입니다. 하나님께서 이 사실에 대하여 우리에게 교리로만 말씀하신 것이 아니라, 태초에 하나님 안에 말씀으로 계시던 인성이 육신이 되어 오셔서, 예수님께 나오는 자들에게 영생하는 생명을 주시는 구주로 오셨다고 전파하셨습니다. 흙으로 된 유한한 인간의 육체가 무너지면, 예수님이 부활하신 것과 똑같이 그의 생명이 있는 자는 성영님께서 신영한 부활의 몸으로 일으키신다고 하셨습니다. 쇠하지 않고 늙지도 않고 병들지도 않고 고통도 없고 눈물 흘릴 일도, 애통할 일도 없는 아버지 나라에서 영생한다는 것을 전파하시고, 그 말씀대로 죽은 자를 살리시고 병든 자를 고치시고 눈물 흘리는 자에게 기쁨을 주시는 이적을 보이시며, 실제로 예수님께서 죽으셨다가 다시 살아나심으로써 증명해 보이셨습니다. 그러므로 이것을 믿고 받아들여 그 예수님을 사랑하고 따르겠느냐 하시는 거예요.

하나님께서는 사람을 그같이 하나님의 형상을 따라 독립적 인격체로 지으셨으니, 사람은 이제 각자 자신이 믿을 것인가? 선택할 자기에 대한 책임을 가졌으므로, 듣고 받는 자는 성영님이 예수님 생명의 영광으로 살리신다는 것이요, 거절하는 자는 사망으로 들어간다고 하셨습니다. 고전15:45-49에 **기록된바 첫 사람 아담은 산 영이 되었다 함과 같이 마지막 아담은 살려 주는 영이 되었나니** (마지막 아담이 누구예요? 바로 예수님입니다) **그러나 먼저는 신영한 자가 아니요 육 있는 자요** (첫 사람 아담은 육체로 지음을 받은 것이지 하늘의 생명이 있는 자로 지음을 받은 것이 아니라는 말입니다) **그다음에 신영한 자니라** (바로 예수님만이 하늘 생명을 가지신, 하늘에서 오신 분이시라는 말입니다) **첫 사람은 땅에서 났으니 흙에 속한 자이거니와 둘째 사람은 하늘에서 나셨느니라 무릇 흙에 속한 자는 저 흙에 속한 자들과 같고 무릇 하늘에 속한 자는 저 하늘에 속한 자들과 같으니 우리가 흙에 속한 자의 형상을 입은 것같이 또한 하늘에 속한 자의 형상을 입으리라** 했습니다.

처음 창조된 아담과 둘째 아담으로 오신 예수님을 이같이 잘 설명해주고 있습니다. 그래서 영적인 사람은 하나님과 관계를 맺고 교제하며 살아야만 사람다운 사람이요, 진정한 행복이 거기에 있습니다. 그러니까 목사 믿지 말라고 하잖아요. 교회도 믿어서는 안 된다고 하잖아요. 사람 보지 말라고 하지요? 오직 자기 자신이 하나님의 말씀으로, 또 교회도 예수님 믿으러 나왔지, 사람 믿으러 나온 거 아니니까 사람보고 괜히 시험당했네, 실족했네, 뭐했네, 그거 다 이미 시험 (사단이 주인 되어 있는 것) 중에 있고, 스스로 시험에 있기를 원하는 자인 것이지, 그 사람이 진짜 예수님을 믿는 것이면, 그런 것과 전혀 상관없습니다. 예수님 잘 믿는 사람은 주변에 아무것도 안 봐. 다만 나는 사랑해야 할 존재다. 다른 사람을 이해하고 사랑할 권리밖에 없는 것을 아는 거예요. 예수님을 정말 믿는 사람이면, 그렇다는 말입니다. 아멘입니까?

여러분이 지금 저에게 듣고 배우는 창조의 뜻에 대해서 여러분과 상관없는 먼 옛날이야기 정도로 듣는 것은 아니지요? 여러분의 이야깁니다? 믿는다는 말만이 아니라 자기가 어떻게 지음을 받았는지 알고, 확증을 가진 믿음이 돼야 한다는 것 아셨습니까? 믿음이 분명해야 세상에 대해서도 비굴하지 않고 당당할 수 있습니다. 지금 여러분이 누구라는 겁니까? 예수 그리스도의 생명을 받아들여야 사는 것이라고 하는 거잖아요. 예수님의 생명이 있어야만 영생한다는 것을 계속 가르쳐주는 거잖아요. 처음 창조는 알맹이 없는 껍데기와 같다는 거잖아요. 그런 우리가 예수 그리스도를 구주로 믿고 영접하니 하나님의 형상이신 예수님이 성영님으로 아주 우리 안으로 들어와 버렸다고 하는 것 아닙니까?

그런 우리의 위치가 어떤 것인지 생각해 볼 수 있다면 그것을 분명히 알고 믿는다면 물질을 주인처럼 대할 수 없고, 세상에 지배받을 수 없고, 사람에게 끌려다니며 종노릇할 수 없습니다. 하나님 두려워하는 것보다 사람을 두려워할 수는 없습니다. 하나님 사랑하는 것보다 사람을 더 사랑할 수는 없어요. 하나님과의 관계보다 사람과의 관계를 더 중히 여길 수는 없습니다. 엡4:13에 우리가 그리스도의 장성한 충만한 분량까지 이르는 것은, 하나님의 아들을 믿는 것과 아는 일에 하나가 되어 온전한 사람을 이루어야 하는 것이라고 했습니다. 하나님이 나를 창조하신 것을 믿는다는 것만 가지고는, 예수님은 나의 구주이심을 믿는다는 것만 가지고는, 그리스도의 장성한 분량이 될 수는 절대로 없습니다. 하나님의 창조를 통해서 예수님이 누구신가를 알고 믿는 것, 그리고 예수님을 깊이 아는 일에 더욱 하나가 되어야 하는 그것이 예수 그리스도로 충만한 믿음이 되고, 온전한 사람을 이루는 일이 되는 것입니다.

오늘 창1:26에 **우리의 형상을 따라 우리의 모양대로 우리가 사람을 만들고** 와 27에 **하나님이 자기 형상 곧 하나님의 형상대로 사람을 창조하시되** 와 2:7에 **여호와 하나님이 흙으로 사람을 지으시고 생기를 그 코에 불어넣으시니 사람이 생령이 된지라** 하신 말씀의 뜻을 여러분이 다 알게 되었으니 믿음으로 받으시리라 생각합니다. 또한, 우리 머리로는 이해할 수 없는 '왜?' 라는 의문을 가졌던 하나님의 사정도 깨닫게 되었습니다. 우리가 예수님과 연관된 너무나 밀접한 관계로 지어졌고, 예수 그리스도로 완성되도록 창조된 것도 확실히 알고, 받게 되었다는 것도 믿습니다.

그리고 '하나님께서 남자와 여자를 창조하시고 그들에게 복을 주시며 생육하고 번성하여 땅에 충만하라. 땅을 정복하라.' 하시며 생육의 복을 명하셨습니다. 인간 육체의 혈통을 잇기 위해 생육하라는 뜻이 아니고, 예수님을 믿지 않는 사람들에게 혈통을 이으려면 자녀 생산 열심히 하라는 것 아니라는 말입니다. 혈통 잇게 하는 것을 중히 여기도록 하는 것이 누구예요? 사단입니다. 또한, 인간 자신들입니다. 사단의 나라에 많은 무리를 채우기 위해서입니다. 하나님께서는 인간 혈통 때문에 후손을 생산하라고 말씀하신 적 없습니다. 바로 하나님의 사람들로 생육하고 번성하라는 말입니다. **번성하여 땅에 충만하라**는 것 사람들을 하나님의 생명으로 정복해가라는 뜻입니다.

그러므로 이 말씀을 듣는 여러분은 자녀를 낳는 것도 분명한 목적, 곧 사명이어야 함을 아십시오. 자녀 생산은 사명이라는 것 절대 잊어서는 안 됩니다. 제가 이 말을 하는 것은 자녀 낳아서 지옥 보내는 일은 하지 말라는 뜻에서 하는 말이니 새겨듣기 바랍니다. 영원, 영원, 영원히 고통받는 곳에 보낼 수도 있다는 점을 깊이 생각하여, 책임 있는 행동을 하라는 말입니다. 그래서 저는 정말 이 악한 때에 자녀를 낳지 않는 것이, 오히려 하나님께 큰 죄를 짓지 않은 복이요, 바람직하다는 것도 말할 수밖에는 없습니다.

오늘 말씀은 여기서 맺습니다. 말씀으로 우리 믿음을 세울 수 있도록 도우시는 성영님께 감사하고, 모든 영광 삼위 되신 하나님께 돌립니다. 아멘!!!

제 3 장
사람을 창조하신 목적

²⁶하나님이 가라사대 우리의 형상을 따라 우리의 모양대로 우리가 사람을 만들고 그로 바다의 고기와 공중의 새와 육축과 온 땅과 땅에 기는 모든 것을 다스리게 하자 하시고 ²⁷하나님이 자기 형상 곧 하나님의 형상대로 사람을 창조하시되 남자와 여자를 창조하시고

(창1:26-27)

26에 **하나님이 가라사대 우리의** 한 것은 복수지요. 그다음 27에 **하나님이 자기 형상** 이것은 단수입니다. 이것을 여러분이 기억하시고 오늘 창세기 1장 26, 27의 말씀을 가지고 사람을 창조하신 목적을 말씀드리겠습니다.

하나님께서 사람을 짓기 전에 먼저 엿새 동안 사람이 살아갈 조건이 되는 환경을 창조하셨습니다. 사람에게 필요한 자연 만물을 지으셨어요. 그러면 하나님께서 사람을 창조하신 목적이 무엇인가? 라는 질문에 사43:7에 **무릇 내 이름으로 일컫는 자 곧 내가 내 영광을 위하여 창조한 자를 오게 하라 그들을 내가 지었고 만들었느니라** 해서, 곧 하나님의 영광을 위하여 하나님의 이름을 가진 자기 백성을 지었고 만들었다 하셨고 사43:21에 **이 백성은 내가 나를 위하여 지었나니**

나의 찬송을 부르게 하려 함이니라 하셔서 하나님을 위하여, 하나님의 영광을 위하여 하나님을 찬송하게 하려고 지었다고 하셨습니다. 물론 우리 자신도 하나님의 영광을 위하여 지은 바 되었다고 알고 또 그렇게 말하고 있습니다. 말씀대로 사람이 창조된 목적은 분명히 하나님을 찬송하게 하고 영광을 돌리게 하기 위함입니다. 그런데 '나는 하나님께 지음을 받은 것 믿습니다. 하나님께 영광 돌리기 원합니다. 하나님을 찬송합니다.' 라고 하지만 하나님께서 참으로 영광과 찬양을 받으시느냐? 할 때 저는 '아니다!' 할 수밖에 없는 안타까움이 있기에 오늘 이 말씀을 합니다.

하나님의 영광을 위한 것, 하나님께 영광을 돌리는 것, 하나님을 찬송하는 것, 하나님께서 예수님을 믿는다는 나에게서 찬송을 받으시는 것이 무엇인가를 깨달은 믿음에서가 아니라 자기 기분에 의한 고백일 뿐이라는 말입니다. 그러므로 오늘 분명히 깨달아 보자는 것입니다. 본문에서 **우리의 형상을 따라 우리의 모양대로 우리가 사람을 만들자 하시고 하나님이 자기 형상 곧 하나님의 형상대로 사람을 창조하시되 남자와 여자를 창조하시고** 하셨습니다. 그러면 여러분이 하나님의 자기 형상을 따라 지음을 받았다는 것 믿습니까? 참으로 믿기를 바랍니다. 여기서 하나님의 자기 형상, 곧 하나님의 형상은 무엇인가? 묻는 우리에게 고후4:4에서 **그리스도는 하나님의 형상이니라** 하셨고 골1:15에서 **예수 그리스도는 보이지 아니하시는 하나님의 형상이요** 하셨고 그다음 히1:3에 예수 그리스도를 **하나님의 영광의 광채요 그 본체의 형상이시라고** 하셨으니, 그러면 하나님의 형상은 누구라는 것일까요? 바로 우리의 주이신 예수 그리스도임을 분명히 알게 하셨습니다. 하나님의 형상은 예수 그리스도요, 사람은 예수 그리스도의 형상을 따라서 모양대로 지음을 받았습니다. 그래서 사람은 절대로 하나님과 분리될 수가 없는 관계입니다. 분리될 수 없습니다.

하나님이 창조하신 사람 외에 모든 창조물은 다 자기 형상입니다. 가축도, 동물도, 하늘의 새도, 바다의 물고기도, 식물도, 아무튼 하나님이 지으신 것 중에서 사람만 빼고 다 제 형상입니다. 그런데 인간만은 제 형상이 아니고, 예수 그리스도의 형상을 따라 그 모양대로 만드셨습니다. 예수님의 형상을 따라서 만드셨다는 것은, 인간도 영이신 하나님과 같은 영적 존재요, 인격적인 독립체라는 말입니다. 그러므로 사람은 하나님과 분리되면 살길이 없습니다. 육으로 살게 되어 있지 않고 영으로 살게 되어 있기 때문에, 예수님과 관계되지 않으면 사망의 영으로 지옥으로 들어가는 것입니다. 사람은 예수님과 연합해야만 삽니다. 연합해야만 참 사람입니다. 고전15:45, 46에서 **첫 사람 아담은 산 영이 되었다** 함과 같이 **마지막 아담은 살려주는 영이 되었나니** 해서 마지막 아담은 누구예요? 예수님입니다. 그래서 46에서 **마지막 아담은 살려주는 영이 되었나니 그러나 먼저는 신영한 자가 아니요 육 있는 자요 그다음에 신영한 자**니라고 했습니다. 예수님은 살려주는 영(성영님)이라는 것입니다. 사람의 영이 살려면 살려주는 주 예수님의 영이신 성영님을 만나야 산다는 거예요. 그래서 사람은 예수님을 만나야만 삽니다.

롬5:14에 **아담은 오실 자의 표상**이라고 했습니다. 표상을 헬라어로 '튀포스'라고 합니다. 그러니까 사람은 예수님의 튀포스다. 튀포스가 뭐냐? '겉껍데기와 같다. 참 사람이신 예수님을 보여주는 모양이다.' 라는 말입니다. 그러면 모양에 생명이 있을까요? 없습니다. 그 모양에 알맹이가 들어가야 생명이 있습니다. 인간은 예수님을 만나지 않으면 모양만 있는 사람, 실체가 없는 겉모양만 있는 육일 뿐입니다. 육이 무너지면 그 영혼은 영원한 사망으로 끌려가는 겁니다. 여러분이 지금까지 들은 말씀으로 사람이 하나님의 형상이신 예수 그리스도를 만나야 산다는 것 알 수 있었지 않습니까? 예수님이 아니면 살 수 없다는 것, 분명히 아십시오.

그런데 성경을 자세히 보면, 자연의 창조는 사람을 위한 것이지만, 사람을 창조한 것은 '예수 그리스도를 위해서'라고 말씀했습니다. 골 1:16에 **만물이 그에게서 창조되되** 예수 그리스도로 말미암아 창조되되 **만물이 다 그로 말미암았고 그를 위하여 창조되었다** 했습니다. 롬 11:36에 **이는 만물이 주에게서 나오고 주로 말미암고 주에게로 돌아감이라** 했습니다. 자연도 사람도 만물이 다 예수 그리스도로 말미암아 창조되었고 예수 그리스도를 위하여 창조되었다는 것입니다. 그래서 예수님이 세상에 오시는 일에 모든 피조물이 집중되어서 알리는 역할을 했습니다. 성경을 보면 사람도, 자연도, 천사도, 다 예수님 알리는 역할에 집중되었음을 알 수 있지 않습니까?

그래서 믿는다 할 때, 사람을 창조하신 뜻과 또 '먹지 말라 먹으면 정녕 죽으리라' 하신 선악과의 문제가 믿음에서 해결되지 않으면, 하나님께서 의도하신 뜻대로 깨닫지 못하면, 하나님에 대한 오해가 커질 수밖에 없고, 죽었다 깨나도 바른 믿음이 될 수 없습니다. 이 두 가지 문제가 하나님의 의도하신 바대로 깨닫지 못하면, 믿는다는 것 잘못되게 되어 있습니다. '도대체 하나님은 왜 인간을 만드셔서 죄짓게 했느냐?' '선악과 따 먹을 줄 뻔히 아시면서 선악과는 왜 놓고 먹는 죄를 짓게 하여 죄인이라 하고, 이렇게 힘들고 고통스러운 세상을 살게 하는 것이냐?' 하는 불만을 갖게 되는 것입니다. 그래서 사람을 창조하신 목적과 먹을 줄 아시면서 선악과를 두신 이 문제가 풀리면, 하나님을 오해하던 것도 깨끗이 풀리고, 성경 전체가 다 풀리는 것입니다. 하나님의 의중을 알면 성경을 알게 된다는 말입니다. 그러므로 사람은 예수님을 만나야만 살도록 지음을 받았다는 것, 예수 그리스도를 위하여 창조되었다는 것, 여러분이 이것을 믿습니까?

하나님께서 하나님의 형상과 모양대로 사람을 지으신 것은, 예수 그리스도로 말미암은 많은 아들들을 얻고자 함입니다. 많은 아들을 두시는 것이 하나님이 가지신 꿈입니다. 그래서 지으신 사람 앞에 예수 그리스도로 말미암은 아들을 얻기 위하여 방법을 두셨는데, 그것이 선악과입니다. 사단에게는 비밀로 하신 하나님의 구원과 아들을 얻는 뜻을 담은 선악과를 사람 앞에 두셨습니다. 하나님의 이 뜻은 창조 이전에 가지셨던 것이요, 아버지와 아들과 성영이신 삼위 하나님의 뜻입니다(창1:26). 먹으면 정녕 죽으리라 하신 선악과의 일, '선악을 알게 하는 실과는 먹지 말라. 먹으면 정녕 죽으리라.' 하셨으나, 그러나 하나님의 지혜는 사람이 그것을 먹고 '죽으리라'를 받아들여야 참 사람이신 예수님이 오셔서 정녕 죽으실 것이요, 다시 사시므로 사단의 사망 권세는 깨지고, 사람은 사단의 사망에서 벗어나 죽음에서 부활하신 예수님의 생명을 얻게 되어 하늘에 들어가는 것입니다. 그러기 위해서는 사람이 '정녕 죽으리라'를 받아들이는 것입니다.

또한, 사람이 선(하나님)과 악(사단)을 아는 지식을 가져야만, 다시 말해 사람이 악을 경험하여 알아야만, 선이신 예수님께로 나올 수가 있기에 악을 경험케 하셨습니다. 그것이 선악과요, 하나님의 방법이요, 하나님의 지혜요, 하나님의 사랑이요, 하나님의 능력입니다. 그러므로 사람이 하나님의 말씀의 뜻대로 살고자 함이 뜻이 되어, 성경을 깨닫기 원하는 간절함으로 힘쓰면, 성영님께서 말씀을 보는 눈이 되시고, 하나님의 지혜와 사랑을 보게 하시고, 하나님의 능력을 알게 하십니다. 이것을 깨달은 사도 바울은 고전2:7에 **오직 비밀한 가운데 있는 하나님의 지혜를 말하는 것이니** 했습니다. 자기의 말은 비밀한 가운데 있는 하나님의 지혜를 말하는 것이다. 사람의 지혜로 말하는 것이 아니다. 바로 하나님의 지혜, 비밀한 가운데 있는 하나님의 지혜를 말하는 것이니 **곧 감취었던 것인데 하나님이 우리의 영광을 위하사 만세 전에 미리 정하신 것이**라고 했습니다. 예수님께서 선악과를 먹지 말라 하신 말씀을 불순종한 사람의 죄를 없이 하시려고 세상에 오실 것인데, 오셔서 십자가에서 피 흘려 죽으시고 다시 살아나 구원을 이루기까지는, 사단에게는 감취었던 것으로, 비밀이 돼야 했다는 말입니다. 그것이 우리의 영광을 위한 것이요, 하나님께서 영원 전에 미리 정하신 것이라는 것입니다. 그 뒤 말씀에 '이것을 보이시고 알게 하신 이가 성영님'이라고 했습니다.

롬8:28-32에 **우리가 알거니와 하나님을 사랑하는 자 곧 그 뜻대로 부르심을 입은 자들에게는 모든 것이 합력하여 선을 이루느니라 하나님이 미리 아신 자들로 또한 그 아들의 형상을 본받게 하기 위하여 미리 정하셨으니 이는 그로 많은 형제 중에서 맏아들이 되게 하려 하심이니라 또 미리 정하신 그들을 또한 부르시고 부르신 그들을 또한 의롭다 하시고 의롭다 하신 그들을 또한 영화롭게 하셨느니라**고 했습니다. 그런즉 이 일에 대하여 우리가 무슨 말 하리요 만일 하나님이 우리를 위하시면 누가 우리를 대직하리요 자기 아들을 아끼시 아니하시고 우리 모든 사람을 위하여 내어주신 이가 어찌 그 아들과 함께 모든 것을 우리에게 은사(선물)로 주지 아니하시겠느뇨 선물로 주지 아니하시겠느냐는 말입니다.

  우리는 감히 생각할 수도 없고, 가져 볼 수도 없는, 어느 사람도 가져보지 못한 그 어마어마한 행복을 주시기 위해 사람을 지으시고, 자기 아들까지도 아끼지 않으시고, 우리 모든 사람을 위하여 내어주셨는데, 그런즉 이 일에 대하여 우리가 무슨 말이 더 필요하겠느냐는 말입니다. 참으로 하나님의 이 일에 우리가 무슨 말이 더 필요하겠습니까? 뭔 말이 더 필요하겠어요. 그런데 사람들이 믿는다면서도 사실은 하나님 말씀 못 믿습니다. 예수님을 믿은 지 수년, 또는 수십 년이 되었어도, 하나님 말씀을 믿지 못하고 있습니다. 자기 생각을 더 믿고 자기 마음을 더 믿고 자기 경험을 더 믿습니다. 믿음이 자기 환경을 따라갑니다. 자기 생각을 따라가고 있어요. 그런데도 예수님은 믿는다고 말합니다. 그러면 하나님의 말씀을 믿지 못하면서 예수님을 믿는다는 것이 맞는 것인지, 여러분이 대답해보시겠습니까? 안 맞는 겁니다. 하나님 말씀 못 믿는데 예수님을 믿는다는 것 맞지 않는 겁니다. 예수님을 믿는다면, 하나님의 말씀을 믿어야 믿음이고, 예수님을 믿는 것입니다.

  사람들이 하나님이 자기 목숨 하나 지켜 줄 능력 없는 분인 것처럼 생각이 드니까 자기 목숨 어떻게 될까 봐서 그냥 목숨 부지하려고 하는 데 온 신경이 매달려 있는 겁니다. 중심이 예수님께 있는 것 같으면서도 어느새 또 세상 중심으로 돌아갑니다. 예수님 따라가겠다고 입으로 선포 해놓고 어느새 또 그 고백과는 상관없이 세상 따라갑니다. 참으로 예수님이 중심이 된 믿음에 세워지지 않고, 그저 그때그때 충동으로 고백하고, 행하고, 말하고, 기분에 의해서 고백하는 겁니다. 그러니까 하나님과의 관계가 막연하고 추상적이고, 말씀을 들으면 믿음이 충천한 것 같다가 말씀 벗어나면, 세상 것으로 자기 생각으로 또 충천해지는 겁니다. 하나님께서는 예수님을 믿는 진짜 믿음이 되라 하십니다. 하나님의 말씀을 믿고 그 말씀에 사기를 내맡겨 볼 수 있는 믿음이 되기를 원하십니다.

인간을 향하신 하나님의 뜻과 계획에는 인간을 망하게 하려는 의도나 뜻이 전혀 없습니다. 아버지와 아들과 성영이신 하나님을 진심으로 사랑하여 하나님의 뜻대로, 참으로 뜻대로 부르심을 입은 자로 살기 원하면 아들을 내주신 하나님이 그 아들과 함께 모든 것을 우리에게 선물로 주시지 않겠느냐 하셨는데, 자기 아들도 아끼지 않고 내주신 하나님이 무엇인들 주시지 않겠습니까? 그 아들 안에 있는 것, 아들 안에 뭐가 있어요? 하늘과 땅의 모든 것이 다 있습니다. 천지를 지으신 분입니다. 아들이신 예수님이 천지 만물을 지으셨습니다. 아들 안에 하늘의 모든 복이 다 있고, 땅의 모든 복이 다 있습니다. 그 아들을 내주셨는데 아들을 내주신 하나님이 그 아들과 함께 모든 것을 선물로 주시지 않겠느냐 하신 것 아닙니까? 우리가 예수님 안에서 살아가면 하나님께서 모든 것 채우십니다. 세상 사람들은 자기 능력으로 살지만, 예수님 안에서 사는 자는 예수님 안에 있는 것을 선물로 주시는 것입니다. 그러므로 성경대로 믿는 믿음이 되어 예수 그리스도 안에 있는 모든 것을 공급받아 사는 여러분이 되기를 진심으로 바랍니다.

그러면 하나님이 우리로 하여금 받으시는 영광과 찬양이 무엇인지 엡1:3-14까지 보겠습니다.

³찬송하리로다 하나님 곧 우리 주 예수 그리스도의 아버지께서 그리스도 안에서 하늘에 속한 모든 신령한 복으로 우리에게 복 주시되 ⁴곧 창세 전에 그리스도 안에서 우리를 택하사 우리로 사랑 안에서 그 앞에 거룩하고 흠이 없게 하시려고 ⁵그 기쁘신 뜻대로 우리를 예정하사 예수 그리스도로 말미암아 자기의 아들들이 되게 하셨으니 ⁶이는 그의 사랑하시는 자 안에서 우리에게 거저 주시는바 그의 은혜의 영광을 찬미하게 하려는 것이라 ⁷우리가 그리스도 안에서 그의 은혜의 풍성함을 따라 그의 피로 말미암아 구속 곧 죄 사함을 받았으니 ⁸이는 그가 모든 지혜와 총명으로 우리에게 넘치게 하사 ⁹그 뜻의 비밀을 우리에게 알리셨으니 곧 그 기쁘심을 따라 그리스도 안에서 때가 찬 경륜을 위하여 예정하신 것이니 ¹⁰하늘에 있는 것이나 땅에 있는 것이 다 그리스도 안에서 통일되게 하려 하심이라 ¹¹모든 일을 그 마음의 원대로 역사하시는 자의 뜻을 따라 우리가 예정을 입어 그 안에서 기업이 되었으니 ¹²이는 그리스도 안에서 전부터 바라던 우리로 그의 영광의 찬송이 되게 하려 하심이라 ¹³그 안에서 너희도 진리의 말씀 곧 너희의 구원의 복음을 듣고 그 안에서 또한 믿어 약속의 성령으로 인치심을 받았으니 ¹⁴이는 우리의 기업에 보증이 되사 그 얻으신 것을 구속하시고 그의 영광을 찬미하게 하려 하심이라

하나님께서 아담의 후손 가인에게 찾아오셔서 "네가 죄짓고 싶은 소원을 가졌으나 너는 그 죄를 다스릴지니라."고 명하셨습니다. 그러나 가인이 하나님의 말씀을 버리고 형제를 살인하도록 충동질하는 사단의 사주를 받아들여 형제를 살인하는 죄악을 범하고 하나님

에게서 스스로 떠난 자가 됐습니다. 그래서 하나님을 떠난 모든 인류는 가인의 길입니다. 사단을 받아들여 자기의 주인으로 삼고 종노릇하며 사는 자라고 성경은 말해주고 있습니다. 그것을 이방인이라고 말하고 전적으로 부패하고 전적으로 타락한 소망 없는 자로, 사단을 따라 지옥의 영원한 형벌로 들어갈 자들이 되었다고 했습니다.

그러나 생명(영생)을 주시려고 사람을 지으신 하나님께서는 누구든지 복음을 듣고 나와 예수님을 자기의 구주로 믿고 예수님 안에 들어와 살기 원하면, 어떤 죄가 되었든지 죄를 묻지 않고 예수님이 흘려주신 피로 용서해주시고, 받아들인 예수님 안에서 아들이 되게 하신다고 하셨습니다. 예수님을 십자가에 못 박은 자라 할지라도 그가 알지 못한 중에 행하였으니, 예수님을 하나님이요 구주로 믿어 회개하면 용서해주시겠다는 것이 하나님입니다. 이같이 하나님은 어떤 죄가 되었든지 그 죄를 묻지 않고 용서하신다고 하셨습니다. 그러면 여러분은 위에 말씀하신 대로 "우리가 그리스도 안에서 그의 은혜의 풍성함을 따라 그의 피로 말미암아 구속 곧 죄 사함을 받았으니"가 되지 않겠습니까? 6의 "이는 그의 사랑하시는 자 안에서 우리에게 거저 주시는바 그의 큰 은혜를 입은 것" 아닙니까? 그러므로 6, 7의 말씀대로 "우리에게 그 큰 은혜를 거저 주시는 것은" 무엇 때문입니까? 바로 "그 은혜의 영광을 찬미하게 하려는 것이라" 이 은혜를 무엇 때문에 주셨다고요? 그의 은혜의 영광을 찬미하게 하려는 것이라는 거잖아요? 12에 "우리로 그의 영광의 찬송이 되게 하려 하심이라" 3에 "예수 그리스도 안에서 하늘에 속한 모든 신령한 복으로 우리에게 복 주시되" 4에 "곧 창세 전에 그리스도 안에서 우리를 택하사 우리로 사랑 안에서 그 앞에 거룩하고 흠이 없게 하시려고" 즉 예수님이 죄를 대신 갚아버리셨으니, 우리가 그(하나님) 앞에 거룩하고 흠이 없게 하시려고, 5에 그것이 하나님의 기쁘신 뜻인데, 그 기쁘신 뜻대로 우리를 예정하사 예수 그리스도로 말미암아 자기의 아들들이 되게 하셨으니, 그래서 3에 찬송하리로다로 시작하여 이것을 말한 것이지 않습니까?

그러니까 찬송한다는 것입니다. 그 은혜를 찬송하게 된다는 것입니다. 예수 그리스도 까닭에 구원받은 이 사실에 대해서 하나님께 찬송한다고 말한 것입니다. 13,14에 **그 안에서 너희도 진리의 말씀 곧 너희의 구원의 복음을 듣고 그 안에서 또한 믿어 약속의 성령으로 인치심을 받았으니 이는 우리의 기업에 보증이 되사 그 얻으신 것을 구속하시고** 그러니까 무엇을 하려 하심이라고요? **그의 은혜의 영광을 찬미하게 하려 하심이라** 이처럼 하나님께서 우리에게 은혜 베푸신 것, 바로 그의 영광을 찬미하게 하려 하심이라 한 것입니다. 그러니 우리의 찬송이 무엇이어야 하는지, 하나님께 어떻게 영광을 돌려야 하는지 알 수 있잖아요? 이것을 확실히 깨닫고 영광(찬송) 돌리는 삶이 되어야 하지요.

예수님이 모든 것의 중심입니다. 예수님이 중심입니다. 예수님 벗어나면 하나님과 관계없습니다. 예수님 때문에 영광 돌리는 것이고, 예수님 때문에 감사하는 것이고, 예수님 때문에 찬송 드리는 것이고, 예수님 때문에 기뻐하는 것이고, 예수님 때문에 그의 은혜의 영광을 찬송하는 것이고, 오직 우리가 하나님께 영광 돌리는 이유, 하나님을 찬송하는 이유, 누구 까닭이에요? 예수 그리스도입니다. 지금까지 말씀드린 하나님의 이 같은 뜻을 깨닫고 믿음으로 받아들인 자가, 예수 그리스도로 말미암은 구속의 은혜를 참으로 깨달은 자가 감사하는 것입니다. 예수님 안에서 아버지 하나님께 그 감사로 영광을 돌리는 것입니다.

그런데 사람들이 사람을 향하신 하나님의 이 엄청난 뜻을 깨닫지 못하고, 그저 하나님이 자기 생활에 복 주시는 분, 자기를 사랑해서 기도하면 들어주시는 분, 예수님을 구주로 믿는다고 하면 천국에 가게 하시는 분, 그냥 좋은 분이라는 정도의 막연함에 있으면서, 예수님은 하나의 액세서리쯤으로 여기고, 그것이 얼마나 잘못 믿는 것인지 생각도 못 하고 있습니다. 자기 안에 하나님, 주님, 하는 것만 붙들고 열심히만 하면 된다는 식이 되어, 자기가 만족하는 너무나 잘못된 신앙생활을 하고 있습니다. 하나님의 형상이신 예수 그리스도를 믿고, 자기 안에 모셔 들여 그 형상을 본받은 자로서, 하나님을 찬송하고 감사하여 영광을 돌리는 것이 아니라, 예수님과는 상관없이 자기가 기도한 결과 무엇인가 좋은 일이 생겼고, 하나님이 응답해주셨고, 하나님께서 자기를 돌봐주시고 복 주셨다는 것으로 하나님께 감사한다고 말하고, 하나님께 모든 영광 돌린다고 합니다. 제 말이 이해됩니까? 그러나 그의 속에 예수님이 없으면 아무리 천만 번 영광 돌린다 해도, 감사한다 해도, 찬송한다 해도, 주 예수 그리스도의 아버지 하나님, 곧 우리의 아버지 하나님과는 상관없습니다.

하나님이 자기 형상 곧 하나님의 형상대로 사람을 창조하시되 하신 그 형상도 바로 예수님을 말하고, 예수님의 형상대로 지음을 받은 사람은 곧 예수님을 받아들여야 살게 되었으니, 하나님의 이 뜻을 깨닫지 못하면 그 믿음은 헛것입니다. 우리가 참으로 믿기 원하면 말씀을 잘 깨닫기를 원하고, 하나님의 뜻대로 믿는 믿음이 되기를 원하게 돼 있습니다. 이제 여러분의 믿음은 예수 그리스도 까닭에 영광 돌리기 바랍니다. 예수님으로 주신 그 놀라운 엄청난 은혜, 지옥에서 건짐을 받았고, 천국을 주셨고, 또 예수님 안에서 거저 주시는바 은사, 즉 선물이 있는 이 은혜를 감사하여 영광 돌리기를 참으로 바랍니다. 그러니 이 귀한 복을 좀 알고 믿자 말입니다.

참으로 예수님을 믿는 것이면 사나 죽으나 하늘과 땅의 복을 확실히 받은 것임에도, 믿지 않는 사람들 앞에 비굴한 모습으로 살고 있다는 것입니다. 왜 그렇습니까? 하나님의 말씀을 믿지 못하기 때문입니다. 삼위 하나님과 관계가 되지 않았기 때문입니다. 믿는다 해도 자기 생각을 따라가고, 환경을 따라가니 세상 사람들과 다른 바 없습니다. 세상 사람들이 보기에 비굴한 모습 구차한 모습입니다. 여러분! 우리의 믿음은 생활에 돈이 많아서 비굴하지 않을 수 있는 것이 절대 아닙니다. 재물의 넉넉한 것과 넉넉지 않은 것과는 상관없는 영적인 것입니다. 자기 영혼에 예수님께서 생명의 참기쁨으로 와 계시면, 세상과 환경은 초월하는 것이요, 있고 없고는 상관없이 세상과 사람들 앞에 당당한 것입니다. 감사와 찬송의 능력입니다. 당당한 믿음 앞에, 믿지 않는 사람이 '도대체 뭐가 그리 기쁘냐?' '나는 예수님 때문에 기뻐!' 한다면 그것이 복음 전하는 것이지 않습니까? 여러분이 예수님의 사람이면 이 믿음이 되었기를 바랍니다.

우리가 창조에서도 발견할 수 있는 것이 무엇입니까? 하나님께서 하루하루 창조를 마칠 때마다 **저녁이 되며 아침이 되니 이는 첫째 날이니라 저녁이 되며 아침이 되니 이는 둘째 날이니라……** 하셨습니다. 그런데 우리 인간의 하루 개념은 어떻습니까? 아침으로 시작하잖아요? 인간이 아침으로 시작하는 하루 개념은 변할 수 없습니다. 자고 일어난 아침으로 시작합니다. 그래서 아침을 시작으로 해서 저녁까지가 오늘 하루를 보냈다. 하루가 지나갔다고 말합니다. 인간은 죄로 시작이 되어 죽음(어둠) 아래 있기 때문에, 환한 밝음으로 시작하는 것이 좋은 것입니다. 또한, 하나님께서 사람에게 생명(빛)을 사모하는 영이 되게 하셨으므로, 그같이 환한 밝음을 맞이하는 것이 본능적으로 좋은 것입니다. 밝음으로 시작하니 잘될 것 같고, 이루어질 것 같고 보이는 것 같은 겁니다. 그래서 세상에서 무엇을 이루어보려고 안주해보려고 가져보려고 그렇게 분주히 뛰고 온 정열을 다 쏟는 것입니다. 하루도 편할 날이 없이, 마음도 몸도 쉼 없이, 이리 뛰고 저리 뛰면서 무엇인가 이루어보겠다고 뛰는 것입니다. 뒤지지 않겠다고, 지지 않겠다고, 손해 보지 않겠다고, 미워하고 싸우고 원수지고, 이 같은 약육강식의 싸움을 끝없이 하는 겁니다.

그러나 밝음이 끝날 때는 무엇으로 들어가요? 어둠으로, 죽음으로 들어갑니다. 지옥으로 들어가는 것입니다. 그날이 끝나면 어둠으로 들어가는 것처럼 어느새 밝음이 지나고 자기 인생의 어둠을 맞아 캄캄함으로 끝나는 겁니다. 죽음으로 들어가는 거예요. 바로 죽음을 피할 수 없더라는 말입니다. 밝음만 있을 줄 알았는데, 죽음을 생각지 못했는데, 어느새 죽음을 맞아 캄캄한 지옥으로 들어가더라는 것입니다. 그래서 인간은 밝음으로 시작하나 어둠으로 끝나기 때문에, 그 마음에 항상 내일에 대한 두려움이 있고 불안함이 있습니다. 왠지 모르게 두려움이 순간순간 찾아드는 겁니다. 시작이 훤하게 보였다가 캄캄함으로 끝나는 것이니 그래서 내일에 대한 불안이 있는 것입니다.

그런데 하나님께서는 **저녁이 되며 아침이 되니** 하셨습니다. 그렇기에 예수님을 믿는 우리는 이 **저녁이 되며 아침이 되니**가 되어야 합니다. 물론 자고 일어나 밝음을 맞아 하루를 시작하는 자연의 섭리는 변할 수 없지만, 하나님께서 '저녁이 되며 아침이 되니'라고 하신 이 하루에 대한 영적인 뜻을 받고 믿음이 되어야 한다는 말입니다. 자기의 고정관념, 그 사고를 깨버리고, 하나님의 영적 사고를 받아들여야 합니다. 죽음에 있는 인간의 고정관념은 자고 일어나 눈 뜨면 훤한 아침을 맞으니, 곧 어둠이 찾아온다는 것은 모르고, 무엇이든 할 것처럼 생각합니다. 그러나 하나님의 시작과 끝은 무엇입니까? 시작은 어둠이었지만, '아! 곧 밝음이다!' 밝음으로 들어가는 것, 밝음을 향해가는 것임을 아는 것입니다. 인간은 환하게 보였다가 캄캄함으로 끝나는데, 하나님께서는 그와 반대로 가르치십니다. 어둠으로 캄캄했지만, 끝나는 것은 아주 환한 밝음이라는 것입니다. 우리가 말씀을 깨달아야 하는 것이 바로 여기에 있습니다.

예수님을 믿으면 좋다고 하니까 뭔가 좋은 일이 있겠지, 하나님을 믿고 있으니까 안 믿는 것보다는 낫겠지, 하는 이런 막연함으로 믿는다 하고 있지만, 하나님께서는 참으로 믿으려면, 하나님의 말씀을 받아 그 말씀으로 사는 것이 얼마나 큰 복인지 눈을 열고 보라고 하시는 것입니다. 그런데 눈 열기 싫으니까 여기 창조에서도 "저녁이 되며 아침이 되니"로 읽기는 하는데, 자신은 그것을 '아침이 되고 저녁이 되니'로 바꿉니다. 그러니 영적인 것을 도무지 깨달아 볼 능력이 없습니다. 하나님의 말씀은 처음은 어둠이지만, 어둠으로 시작했지만, 다시 말해 육으로 지음을 받은 처음은 하늘 생명(빛)이 없다는 말입니다. 그러나 하나님의 길은 밝음으로 가는 길이니, 시작은 어렵고 힘들고 고통이 있어도, 시작은 보이지 않고(하나님의 나라, 영의 것) 어두웠어도 훤하게 보이는 곳으로 나오게 된다고 하는 것입니다. 그러므로 내일을 보는 눈을 가지라고, 그것이 하나님 아버지의 보장하시는 뜻이라고 **저녁이 되며 아침이 되니**로 가르쳐주신 것입니다. 사람의 시작은 저녁이었으나 곧 아침을 맞아 영원한 밝음으로 들어간다는 것을 하루하루 창조를 마치실 때마다 **저녁이 되며 아침이 되니라**라고 말씀하여 알도록 하셨다는 말입니다.

그러므로 여러분이 **저녁이 되며 아침이 되니라**의 말씀이 이해되어서 받을 수 있어야 합니다. 믿지 않는 자는, 믿는다 해도 예수님이 그 안에 없는 자는, 내일을 보는 눈이 없으니 어디를 향해 가는지도 모르고, 세상 불신자들과 똑같이 세상이 훤한 곳인 줄 알고 취해서 그것을 붙들려고 몸부림합니다. 그러나 강조합니다. 여러분은 환하게 시작했다가 캄캄한 것으로 끝나는 것에 속지 않아야 합니다. 하나님의 말씀과 방법을 믿고, 그 방법을 취하는 것이 사는 것이요 진정한 복입니다. 예수님을 믿기 전에는 죽음에 있었지만, 이제 예수님 안에서 죽음은 끝났고 밝음을 맞았으니 그것은 영원한 밝음입니다. 처음 믿을 때는 뭐가 보이느냐 하지만 밝음이신 말씀을 듣고 배우면 밝음으로 나오는 것입니다. 삼위 하나님을 알기를 원하고, 하나님의 영적 역사를 알기 위한 사모함으로 열심을 품고, 그 말씀을 받아 살면 점점 밝음으로 나가니, 훤하게 보이는 것입니다.

잠4:18에 **의인의 길은 돋는 햇볕 같아서 점점 빛나서 원만한 광명에 이르거니와** 했습니다. 예수님을 믿는 것이 자기의 본분인 줄 알아 마음과 뜻과 목숨을 다하면, 처음은 보이는 듯 안 보이는 듯 어슴푸

레하지만, 하나님의 속성은 밝음이고 빛이기에, 아침 해가 떠오르듯 하나님의 밝음으로 나갈 것이요, 점점 떠올라 중천에 이른 광명과 같이 온전한 밝음에 이른다고 하는 것입니다. 물론 이 말씀은 구약의 역사를 거쳐 마침내 예수님이 오심을 말한 것이지만, 우리 믿음도 마찬가지임을 말합니다. 마침내 육(어둠)의 옷을 벗고 광명에 들어가는 겁니다.

그래서 예수님은 내일 일, 우리의 장래 일을 알려주셨고, 성영님은 보여주셨습니다. 그리고 나는 포도나무요 너희는 가지니 이제 너희는 내 안에 들어와 살고 나를 따르라고 하셨습니다. 처음은 너희가 어둠이요 죽음이지만, 내가 죽었다가 다시 살았으니, 이제 너희에게 생명이 있으니, 영원한 밝음(천국)으로 들어간다 하신 것입니다. 그러므로 자신이 스스로 묶고 있는 육의 사고, 어둠의 사고를 다 깨버리고 나는 밝음이다! 나는 밝음의 길을 간다! 하는 이 영적 사고를 가지고 믿음으로 당당히 걸어가자는 것입니다. 여러분께 성경을 읽어라, 성경을 배워라, 왜 강조하겠습니까? 성경을 알면 자기의 내일을 알 수 있기에 말씀을 읽고 배우라고 강조하는 것 아니겠습니까? 신앙이라는 것은 내일을 훤히 보는 것입니다.

우리의 구하는 문제도 예수님은 뭐라고 하셨습니까? 이방인들이 구하는 세상 육체의 것들을 구하지 말고 먼저 하나님의 나라 것을 구하라, 의를 구하라, 생명을 구하라 하셨습니다. 왜냐? 예수님의 생명이 있으면 세상에 집착하지 않기 때문입니다. 영생(생명)이 있으면 무엇을 먹을까, 무엇을 입을까, 즉 세상에서 육의 사는 것 때문에 그렇게 매달려 염려하지 않습니다. 하나님은 꽃도 풀도 기르시고 참새도 먹이시는데, 하물며 아버지가 너희의 필요를 다 알고 채우신다는 말씀을 하늘이 무너지고 땅이 꺼진다 해도 믿기 때문입니다. 그래서 구하는 것도 요일5:14에 **그의 뜻대로 무엇을 구하면 들으심이라** 하셨습니다. 그러니까 돈 좀 많이 벌어서 잘살고 싶어서 예수님을 믿으러 나왔다면, 망할 그 생각부터 고쳐먹고 하나님의 뜻은 결국 예수님을 만나야만 살도록 지으셨으니, 그것이 인간의 진정한 복이라 하셨으니, 예수님을 아는 복을 얻기를 원하는 것으로 돌아서야 합니다. 예수님으로 살면 세상을 어떻게 살아야 하는지 여유가 있는 겁니다. 마음에 여유가 있고, 마음에 행복이 있고, 모든 것을 이기고 나갈 수 있는 능력이 있는 것입니다.

오늘 창1:26, 27에 하나님의 자기 형상, 곧 하나님의 형상과 모양대로 우리를 지으셨다고 하신 것, 바로 예수 그리스도를 만나지 않으면, 살 수 없는 모양으로 지으셨다는 것을 다 깨달아 받은 말씀이 되었으리라 생각합니다. 자기의 믿음이 되어서 예수 그리스도로 말미암아 하나님 아버지께 찬송과 감사의 제사를 드리는 여러분이 되었기를 바랍니다.

우리로 예수님을 더 깊이 알 수 있는 믿음이 되게 하신 성영님께 감사하고, 삼위 되신 하나님께 모든 영광 돌립니다. 아멘! 아멘!

제 4 장
창조 안에 넣으신 뜻과 지식의 나무

¹태초에 하나님이 천지를 창조하시니라 ²땅이 혼돈하고 공허하며 흑암이 깊음 위에 있고 하나님의 신은 수면 위에 운행하시니라 ³하나님이 가라사대 빛이 있으라 하시매 빛이 있었고 ⁴그 빛이 하나님의 보시기에 좋았더라 하나님이 빛과 어두움을 나누사 ⁵빛을 낮이라 칭하시고 어두움을 밤이라 칭하시니라 저녁이 되며 아침이 되니 이는 첫째 날이니라

(창1:1-5)

믿는 사람들이 가진 공통된 생각 중의 하나가, 첫 사람 아담이 하나님의 말씀을 어기고 죄를 지어서, 하나님이 그때 하는 수 없이 예수님을 구주로 보내실 것으로 하셨다는 생각입니다. 아담이 하나님의 말씀을 어기고 선악과 따 먹은 죄를 수습하시려고, 그때, 예수님을 보내실 것으로 하셨던 것처럼 생각한다는 말입니다. 사람들의 믿음이 이런 식이기 때문에, 다시 말해 자기중심적이기 때문에, 선악과도 하나님이 선악과 만들어놓고 인간을 죄짓게 한 것처럼 보는 것입니다. 물론 성경을 처음 대할 때는 자기중심의 마음과 눈으로 볼 수밖에는 없습니다. 그래서 하나님은 왜 선악과를 인간 앞에 놓고 죄짓게 했느냐? 하는 그런 의문과 함께 오해할 수도 있습니다. 그러나 성

경은 자기중심의 눈으로 보는 것을 죄라고 합니다. 자기가 중심이 되어 성경을 보고 오해하라는 데 있지 않습니다. 성경은 절대로 자기 눈으로 보고 이해하려고 해서는 안 된다는 것을 분명히 알아야 합니다. 만일에 자기 머리로 이해되어야만 믿을 수 있는 것처럼 한다면 하나님과 겨루어 보겠다는 것과 같은 것입니다. 사단과 같은 인본주의라는 말입니다. 고전12:3에 …… **성영으로 아니하고는 누구든지 예수를 주시라 할 수 없다** 하신 말씀대로 성영님으로 아니하고는 성경을 깨달을 수 없습니다. 성영님은 모든 것 곧 하나님의 깊은 것까지도 통달하신다 하셨고(고전2:10) 성영님은 진리의 영으로 너희를 진리 가운데로 인도하시고 가르치신다 하셨고(요16:13) 성영님의 기름 부음이 너희 안에 거하나니 아무도 너희를 가르칠 필요가 없고 오직 그의 기름 부음이 모든 것을 너희에게 가르치며(요일 2:27) 하셨다는 점을 분명히 알아야 할 것입니다.

그런데 오직 성영님으로 믿을 수 있다 하니까 사단의 영들이 자기중심으로 믿는다 하는 얼마나 많은 사람에게, 성영님의 역사인 것처럼 영적인 것들을 가져다주고 있어서, 자기중심인 인본으로 믿는다는 것이 확연히 드러나고 있는 때가 되었습니다. 또한, 성경을 연구하고 가르치는 사람들이나 전하는 사람들도, 사람이 바른 믿음이 되는 데 있어서 너무나 중요한 중심 기둥인 선악과에 대해서 하나님의 뜻을 바로 보고, 그 해답을 명쾌하게 제시해주는 것을 제가 들어본 기억이 없습니다. 아버지 하나님의 의도 하신 뜻을 바르게 깨달아 전해주는 것을 지금까지 들어본 적이 없다는 말입니다. 그러니 신도들이야 더 말할 나위 없는 것이고, 그냥 여기서 듣고 저기서 들은 설교들을 하나님 비위에 맞는 말인지, 맞지 않는 말인지, (자기가 맞는 거야 자기가!) 자기가 사는 말인지, 죽는 말인지 분별하지 못하는 가운데, 의존하고 있어서 믿음이 정상이 되지 못하고 있습니다.

　첫 사람 아담이 먹지 말라 하신 선악과를 먹었으므로, 하나님의 말씀을 어긴 죄가 되어 죽음이 들어온 것에 대해 '그러면 하나님은 왜 선악과를 첫 사람 앞에 두시고 먹도록 허용하셨느냐?' 하는 의문은 누구라도 할 수 있습니다. 스스로 풀 수 없는 의문에 대해서는 누구나 질문이 있어야 합니다. 믿음을 바로 갖기를 원하는 사람은 반드시 이 선악과의 질문이 있게 됩니다. 만일에 질문이 없다면(물론 어떤 불가피한 이유도 있겠으나) 하나님 말씀대로 믿고자 하는 의지가 그 자신에게 없기 때문입니다. 그런데 사람들이 '왜냐?' 는 의문이 있음에도 사실은 질문을 외면함으로써, 그에 대한 분명한 해답을 얻지도 못할 뿐만 아니라, 얻고자 하는 간절함도 없다는 것입니다. 그래서 믿음을 확실한 데 두지 못하고 그저 막연하고 어정쩡한 모습들이 되어서, 그것이 믿음인 줄로 알고 같은 무리로 흘러가고 있습니다.

　사람이 믿음에 온 마음을 두면 선악과는 왜 만들어놓고 죄짓게 했느냐? 하는 고민이 끝없이 올라오게 돼 있습니다. '왜?'라는 의문이 해결되지 않으면 속에서 일어나는 것, 올라오는 것이 무엇인가? 하나님은 모든 것을 다 아신다면서 아담이 선악과 먹을 줄 몰랐나? 선악과를 만들지 않았다면 죄 안 지었을 것 아닌가? 하나님은 왜 사단을 멸해버리지 않고 하와를 유혹하도록 버려두시고 죄짓게 한 것인가? 아무리 생각해봐도 하나님이 인간을 가지고 노는 것 같고, 하나님이 너무 이기적인 것 같다는……. 이런 등등의 생각들입니다. 믿는다는 여러분이 자기 생각 속에서 송사하면서 뭔가 하나님께 불평하고 싶은, 또한 불만이 있고 불평하고 있는 그런 답답한 마음들을 가지고 있지 않은가 말입니다.

그러니까 잠잠히 있다가도 혹 어려운 일을 만났다거나 앞날에 대해 두려움이나 불안이 있거나 하면, 뭔가 '누구 때문'이라는 꼭 물고 늘어지고자 하는 고약한 인간심사가 있잖습니까? 그래서 하나님에 대하여 풀리지 않고 자기 머리로 이해할 수 없는 것을 품고 있으니, 왠지 자기심사에 모든 책임이 하나님께 있는 것 같아 품고 있는 그 불만들이 올라오는 것입니다. 이런 불평의 마음, 분노 같은 것이 마음 속에 안개가 자욱이 낀 것처럼 너울거리고 있기 때문에, 그것이 영적으로 하나님과의 관계가 깨끗하고 투명하게 열릴 수 없는 불신의 담이 되어서, 믿음의 능력이 거기 있을 수 없고, 예수님의 말씀이 자기의 속사람을 살리는 생명의 말씀으로 들려질 수도, 깨달을 수도, 받을 수도 없게 되니 속 생명의 능력이 되지 않는 것, 당연한 것입니다.

그래서 예수님 말씀 밖으로 돌면서 사단이 가져다주는 영적인 미끼들에 걸려들어 그것들에 절하고 있는 것입니다. 이런 쪽에 걸려버린 가망 없는 사람들은 저의 전하는 말씀은 시대에 뒤떨어진 말씀으로 취급하여 듣지 않으려 합니다. '지금 주님(?)이 곧 오시는데, 지금이 어느 때라고 그 먼 창조 때 이야기나 하고 있느냐? 이제는 시대를 알아야지! 지금 주님(?)이 곧 오시는 것 준비하지 않으면 주님(?) 만날 수 없다.'라고 하는 무지한 말들로 예수님과 만날 수 없는 곳으로 기어코 따라가도록 하고 있습니다. 그러나 분명히 아십시오. 여러분! 선악과에 걸려있으면 다른 것도 다 걸려있습니다. 나무가 뿌리가 없어도 산다면 선악과에 걸렸어도 영생을 얻을 수 있을 것입니다. 그러므로 이 선악과에 걸린 문제가 반드시 열려 바른 해답을 얻고, 자기 불신에서 놓여나 확신한 영의 믿음이 되어야, 그다음 하나님의 영석인 뜻과 일하심에 대하여 기록된 성경이 열려서 깨닫게 되고, 예수님의 생명의 능력을 갖추게 되는 것입니다. 말씀의 이해가 여러분께 있기를 바랍니다.

오늘은, 지난번 창조에 대한 말씀에서 중요한 내용을 다 말하지 못한 것이 있어서 선악과에 대한 이야기와 함께 보충하려고 합니다. 영적인 열린 눈으로 창조하신 것을 들여다보면, 그 속에 하나님의 뜻을 넣으신 놀라운 비밀들을 발견하게 됩니다. 인간의 눈, 육신의 눈으로만 본다면, 인간이 살아가는 데 필요한 자연계를 창조하시고, 잘 먹고 잘 살고 남자와 여자가 만나 결혼해서 열심히 자식 낳고 잘 살라는 것으로밖에 보이지 않지만, 하나님의 눈으로 보면 예수님께서 이루실 하나님의 뜻과 역사까지 창조 안에다 담아놓으신 것을 볼 수 있습니다. 그래서 창조는 하나님의 뜻을 보이시기 위해 그려놓은 그림과 같습니다. 하나님의 마음을 표현해놓으신 그림이라는 말입니다.

하나님께서 천지 만물과 사람을 창조하시기 전에 먼저 창조된 피조물이 있는데, 바로 영적 존재인 천사들입니다. 그 천사 중에서 하나님의 영광을 찬송하는 자로, 가장 아름답고 영화롭게 지음을 받은, 지위가 높은 찬양 담당의 천사장이 하나님께 반역하여 사단이 되고, 그를 좇던 무리와 함께 하늘 처소에서 쫓겨났습니다. 그러니까 음악이 어디서부터 시작되었습니까? 음악의 기원은 하늘에서부터입니다. 인간 문화 중에서도 음악과 예술이 끝없이 발전하고 있는 것은, 그와 같이 하늘에서 쫓겨난 사단이, 인간을 지배하고 세상 속에서 자기가 찬송을 받으려고, 인간 속에 그 예술의 능력을 뿌려 넣었기 때문입니다. 그래서 음악과 예술이 끝없이 발전하고 그 힘이 큰 세력이 되어 뻗어 나가고 있는 것입니다. 그러므로 여러분의 믿음은 그것을 분별해야 하고, 또한 스스로 분별이 되어야 성영님이 함께 계시는 증거입니다.

하나님께서 천사와 사람을 지으신 목적 중 하나는 하나님을 찬송하게 하려는 것입니다. 교회는 그림으로 그리는 것, 또 손으로 만드는 것들을 금하신 것이기에, 성영님이 세우신 교회는 손으로 그리고, 만드는 그런 것을 하지 않습니다. 영으로 드리는 찬양만 발전하는 것입니다. 그러나 교회가 하나님을 찬송하고 찬양하는 것을, 세상에서 길들인 인간의 능력이나 재능 가지고 하는 것 아닙니다. 노래 잘한다고 해서 또는 목소리 좋다고 해서, 하나님께서 그것을 받으시는 것이 절대 아닙니다. 인간은 받겠지만 노래 잘하는 것과 목소리 좋은 것은 하나님과 상관없습니다. 아무튼, 무엇이든지 인간이 잘하는 것과 하나님과는 상관없습니다. 하나님이 받으시는 찬송은 성영님으로 거듭난 영혼의 찬양입니다. 신영의 찬송, 즉 예수님의 생명으로 거듭난 영에서 그 은혜와 감사로 드려지는 생명의 찬양만이, 신영과 진정의 찬양이 되어서 그 찬양을 통해 아버지 하나님이 영광을 받으시는 것입니다.

만약에 목소리 좋고 노래 잘하는 것만 하나님이 받으신다면, 목소리 예쁘지 않고 노래 잘 못 하는 사람은 하나님과 관계없게요? 그래서 하나님께서는 인간이 가진 좋은 것, 잘하는 것들로 영광을 받으시거나 찬양받으시는 것 아니고, 다만 성영님으로 거듭난 영의 찬송을 받으십니다. 하나님께는 성영님에 의해 나온 것이 아니면, 다 죄된 것들뿐입니다. 하나님을 찬양한다고 목소리 좋고 노래 잘하는 사람들을 내세우지만, 그것은 인간 자기들의 놀이일 뿐입니다. 노래 잘하는 아름다움에 스스로 도취해서 자기 기분으로 하는 것이거나, 또한 잘하는 목소리에 취해서 감동하고 도취해서 듣는 것이면 다 사단적입니다. '하나님께'라고 말하지만, 그것은 '참 하나님께'가 아니라 곧 자기 자신에게요. 거짓 하나님 노릇 하는 사단이 받는 것입니다. 왜 사단적인 것인지 여러분 다 알지 않습니까? (겔28:1-19, 사14:10-15) 바로 사단이 자기 영화로움의 모습, 자기 아름다움에 도취해 교만해져서 자기 지위를 이용하여 하나님과 같이 되려고, 하나님의 보좌를 찬탈하려고 하지 않았습니까? 그래서 자기 아름다움에 도취하고, 자기 잘하는 것에 도취한 그런 것은 다 성영님 없는 자기에게서 나는 사단적인 것이라는 것, 알기 바랍니다.

본문으로 돌아가서 창1:2에 **흑암이 깊음 위에 있고** 해서, 여기 '깊음'은 물을 말한다고 말했지요? 어마어마한 양의 물, 그런데 이 물이 창1:6, 7에 **물 가운데 궁창이 있어 물과 물로 나뉘게 하라 하시고 하나님이 궁창을 만드사 궁창 아래의 물과 궁창 위의 물로 나뉘게 하시매** 라고 하셔서 바로 하늘 전체가 물로 덮였다는 것을 알 수가 있습니다. 그런데 흑암이 깊음 위에 있다고 하셨으니, 물로 덮인 그 위가 흑암임을 짐작할 수가 있습니다. 시104:20에 **주께서 흑암을 지어 밤이 되게 하시니** 하셔서 창1:2에서 말씀하는 그 흑암이(사단을 지칭) 하나님께서 창조하신 것임을 알 수가 있습니다. 사단과 그 무리가 하나님의 창조물이라는 뜻입니다. 그래서 하늘에서 내쫓긴 사단이 그 흑암에 거하는 존재가 되었습니다. 흑암이 그 존재입니다. 그 깊음의 물 위에 흑암이 있고 해서 그 깊음의 위, 흑암이 사단의 자리(보좌)라는 말입니다.

우리가 첫째 하늘, 중간 하늘, 셋째 하늘에 대해 배워서 알고 있는 대로 셋째 하늘에, 즉 하나님이 계신 그곳, 오직 하나님의 영광과 생명과 능력이 충만한 그곳, 그 어떤 부정적인 것이 있을 수 없고, 미칠 수 없는 그 빛의 나라인 아버지 하나님이 계신 하늘에서, 사단과 그의 무리가 중간 하늘, 둘째 하늘로 쫓겨나서 거하는 곳이 되었습니다. 그곳이 흑암입니다. 이것을 유다서 6에서 정확히 말하고 있습니다. **또 자기 지위를 지키지 아니하고 자기 처소를 떠난 천사들을 큰 날의 심판까지 영원한 결박으로 흑암에 가두셨으며** 했습니다. 그러면 여기 큰 날의 심판은 무엇을 말할까요? 큰 날의 심판은 마지막의 심판, 즉 천년 시대가 끝나고 난 다음에 하나님의 완전한 심판 때를 말합니다. 그래서 그것을 백 보좌 심판이라고 하는 것, 여러분이 계시록 20장에서 보았지 않습니까? 크고 흰 보좌라고 했는데, 창조 때부터 세상 끝날까지의 전 인류를 심판하시는 것과 그 심판은 절대 흠 없는 공의와 공정한 심판이 될 것을 말합니다. 그 완전한 심판 때까지 범죄한 천사들을 결박으로 흑암에 가두었다고 하는 것입니다.

결박으로 흑암에 가두었다는 것은 꽁꽁 묶어서 감옥 같은 곳에 가두어 놓았다는 것이 아니라, 이 말씀은 비유적인 표현입니다. 꼼짝 못 하는 것을 말하는 것이 아니란 말입니다. 하나님께 지음을 받은 피조물이 하나님이 되고자 하나님께 고의로 도전하고 반역을 일으켰기 때문에 '죄의 삯은 사망'이라는 하나님 공의의 법에 정죄(결박)되어서 사망의 형벌로 판결(가두셨다) 났다는 말입니다. 어떤 여지가 없이 아예 판결이 났다는 이것을 영원한 결박으로 흑암에 가두었다고 말한 것입니다. 이해됩니까? 그러므로 가두었다는 것은 사망이 확정되었다 그 말입니다. 그 확정은 절대로, 영원히 변할 수 없는, 용서가 없는 것임을 의미합니다. 그래서 흑암이 그들의 장소요. 속성이요. 그 자체입니다.

물론, 불과 유황으로 타는 불못에 던짐을 받는 완전한 심판 때까지, 하나님이 창조하신 이 흑암이 바로, 사단이요. 그 사단과 그 무리의 거처요. 사망이요, 죽음이요, 어둠이요, 악이라는 이 부정적인 대명사의 이름을 가지고 그 권세를 행사하는 존재라는 것을, 하나님께서 하늘과 땅에 공표(公表)하신 것입니다. 그래서 우리가 이 같은 사단의 존재를 알고 믿어야 속지 않는 것이지, 모르고 믿으면 그거 암만 자기가 잘 믿는다 해도 뭐가 믿음인지도 모르고, 하나님을 섬긴다는 것이 귀신 대하듯, 귀신 섬기듯 할 수밖에는 없습니다.

벧후2:4에도 **하나님이 범죄한 천사들을 용서치 아니하시고 지옥에 던져 어두운 구덩이에 두어 심판 때까지 지키게 하셨으며** 했어요. 이 말은 영원한 불못에 던져질 것으로 확정이 난 것에 대한 표현입니다. 처음 일차 선고는 흑암에 갇혔지만, 예수님이 죽으셨으나 살아나셨음으로써, 이제 사단과 그 무리는 영원한 불못에 던져질 것으로 완전히 확정 났다는 것을 표현한 것입니다. 그것을 '심판 때까지 지키게 하셨다'고 한 거예요. 하나님의 법에 걸려서 완전한 하나님의 심판 때까지 그 법에 묶여있는 존재가 되었다 그 말입니다. 그러므로 신약에서 사단과 그의 무리를 말할 때 히2:14에 **사망의 세력을 잡은 자 곧 마귀요** 엡6:12에 **하늘에 있는 악의 영들이요** 골1:13에 **흑암의 권세요** 눅22:53에 **어두움의 권세**라고 했습니다. 그렇기에 마25:41에서 지옥의 유황불못은 **마귀와 그 사자들을 위하여 예비 된 곳**임을 말했습니다. 지옥은 인간을 넣으려고 만드신 것이 아니에요. 그럼에도 인간들이 마귀가 들어갈 지옥으로 함께 들어간다는 것입니다. 인간은 하나님을 섬기고 따라 살도록 지음을 받았고, 하나님만을 받아들여 사는 권리 외에 다른 권리를 주지 않았습니다. 인간이 하나님을 거역하고 그 권리를 자기가 거절하고 외면하기 때문에, 스스로 사단에게 소속되어서 사단이 들어갈 지옥으로 끌려가는 것입니다.

 하나님께서 인간이 지음을 받기 전, 사단과 그 무리가 하나님께 반역하여 '죄의 삯은 사망'이라는 법에 걸려, 하나님의 심판을 받은 존재가 되었다는 것을 성경의 기록으로 확실하게 알려주셨습니다. 그리고 사람이 하나님을 반역하면, 그것은 사단에게 속한 것이므로 사단이 받은 심판에 함께 들어간다는 것을 하늘과 땅의 머리 법으로 거울처럼 달아놓으셨습니다. 그러니 법을 알아야 하지 않겠습니까? 타락한 천사들을 흑암에 가두시는 것으로 하늘과 땅에 공표(公表)한 법으로 달아놓으셨으니, 하나님의 형상대로 지음을 받은 인간이, 그 법을 알고 태도를 분명히 해야 하지 않겠습니까? 왜 천사들은 타락하게 했느냐? 하나님이 능력이 없어서 천사들을 타락하게 지었느냐? 하나님이 전능하시다면서 천사들이 죄지을 줄도 몰랐느냐? 하고 별별 말로 하나님을 불신하고 대적하려 하지만, 선택할 권리의 자유의지를 가진 인간은 사단이냐 하나님이냐 하는 선택 외에는 허락된 것이 없습니다. 하늘과 땅에 공표한 법, 사망에 처한 천사들의 죄악이 어떤 것인지, 인간이 알도록 머리 법으로 두시고 어느 길에 서야 하는지, 네가 선택하라고 하셨다는 말입니다. 다시 말해 하나님이 되겠다고 하나님께 반역한 사단의 무리를 영영한 형벌의 장소 흑암에 가두시고, 인간에게 사단을 따라가면 함께 영영한 지옥의 형벌에 들어간다는 것을, 팻말과 같이 인간 위에다 달아놓으신 하나님의 법이요,

하늘의 경고와 교훈이라는 말입니다. 이해됐습니까?

그런데 아담과 하와는 하나님께 범죄한 천사들이 사망 권세를 가지고 속이러 들어오리라는 것은 전혀 모릅니다. 사단과 그 무리에게 내려진 사망의 법을 전혀 모르고 있습니다. 우리는 성경을 통해서 훤히 알게 되었지만, 하나님께서 그것을 처음 사람들에겐 말씀하지 않으셨어요. 지금까지 계속 말씀드렸다시피 사람이 영생하려면, 예수님의 부활하신 생명을 얻어야 하고, 아담이 정녕 죽으리라 하신 죽음을 받아들여야 예수님이 오셔서 죽으실 수가 있고, 부활하실 수가 있기 때문입니다. 하나님의 생명은 죽어야 얻는 법입니다. 육이 죽어야 예수님의 생명으로 영이 사는 것입니다. 그러므로 예수님이 죽고 살아나셔야 육을 죽음에 내주고, 사단의 사망 권세는 깨지고, 부활의 몸을 입게 되기 때문에, 그래서 예수님이 육체로 오셔서 죽기 위해서는, 처음 아담이 정녕 죽으리라는 말씀을 받아들이는 것입니다.

또한, 흑암의 존재가 된 사단과 그 무리는 악이 속성입니다. 존재하는 악이에요. 악이 본능입니다. 악이 사단이요, 사단이 악입니다. 그래서 흑암에 결박당한 사단의 무리는 마지막 심판 때까지 오로지 하는 일이 하나님을 대적하는 것입니다. 이것이 본능인, 흑암에 결박당한 사단은 하나님의 감추어진 뜻은 모르고, 첫 사람에게 먹으면 정녕 죽으리라 하신 것을 먹게 하여, 사람을 창조하신 하나님은 실패자가 되게 하고, 사람은 자기 반역의 동반자로 끌어들여, 자신을 섬기게 할 목적으로 에덴동산에 들어온 것입니다. 그러나 아담이 선악과를 먹음으로써 예수님께서 정녕 죽으실 것이 하늘에서 확정되었고, 죽지만 다시 살아나실 것이기에, 생명이 죽음을 이긴 것이 되어 예수님께 나오는 자는 영생의 생명을 얻게 되었고, 사단의 사망 권세는 깨어지고 이제 영원한 불못의 형벌로 던짐을 받게 된 것입니다. 먹으면 정녕 죽으리라 하신 것을 아담이 받아들임으로 인해, 예수님이 오셔서 죽으실 것이 일차는 하늘에서 확정됐고, 그리고 예수님께서 그 바통(배턴, baton)을 받아오셔서 죽으셨어요. 그러나 살아나셨으니 이제는 사단의 사망 권세가 깨지고, 완전한 형벌의 장소인 영원한 불못에 던져지게 된 것입니다.

사람의 처음 시작이 이같이 '정녕 죽으리라'를 받아야 할 어둠이었던 것은, 빛이신 예수님께서 생명으로 살게 하기 위함인 하나님의 창조 과정이요. 그러므로 하나님께서 창조하신 하루하루 마치실 때마다 **이는 저녁이 되며 아침이 되니** 하심으로 창조가 어둠으로 시작되었고, 그러나 **빛이 있었고** 를 통해 하나님께 생명이 있음을 알 수 있게 하셨습니다. 그래서 창조된 물질은 생명이 아니요, 생명 없는 것을 좇아가는 것은 흑암이요, 어둠의 일이라는 것을 알 수가 있는 것입니다. 그래서 물질은 영원하지 않다는 것을 깨닫는 지혜가 있어야 합니다. '아하! 물질은 생명이 아니구나! 영원할 수 없구나!' 깨달아야 한다는 말입니다. 하나님 인성의 생명(예수님의 생명)이 땅에 와 있으므로 모든 생명체가 있게 되었고, 하나님의 신(성영님)의 기운으로 기동하는 것이지만, 그것들은 어느 땐가 각각 수가 차면 무너진다는 그 물질의 성질을 말하기 위해 이처럼 흑암 또는 어둠, 또는 죽음이라고 표현한 것입니다.

그러면 생명은 누구에게만 있습니까? 오직 예수 그리스도만 생명(영생)입니다. 그러니 우리가 무엇을 구해야 합니까? 누구를 붙들어야 하는 거예요? 물질 붙들고 사시겠어요? 우리 육체도 물질이잖아요? 그러므로 물질을 좋아하고 사랑한다면, 육체를 위해 마음을 깊이 쓰고 갈고 닦으려는 것은 육체를 신으로 섬기는 일이고, 육체의 삶을 위한 세상 명예 얻고자 하는 것이면, 명예심을 누가 좋아했습니까? 사단이 자기 지위와 자기 아름다움에 도취해 최고의 명예가 되려고, 하나님의 보좌를 찬탈하려 하지 않았습니까? 그래서 세상 삶을 위하면, 예수님과 관계없는 것으로 절대로 구원은 없는 것입니다.

짐승은 죽으면 끝나지만, 인간은 영이 있으므로, 영적 존재인 사단과 그 악의 영들이 자기 소유물로 삼고, 끝내는 지옥으로 끌고 가는 것입니다. 그래서 하나님께서 하나님과 인간과 사단의 이 삼각관계에 대해서 계속하여 알리시고, 인간은 누구며 어떻게 살아야 하는지, 이처럼 창조와 함께 성경 전체를 통해서 끊임없이 말씀해주고 계신 것입니다. 그래서 흑암도 빛도 인간과 도무지 떼려야 뗄 수 없는 관계이므로, 하나님께서 말씀하시는 뜻을 정확히 배워 알고 확실한 믿음에 거해야 합니다. 흑암은 사단과 사망이요, 빛은 예수님과 생명임을 가르쳐주셨습니다. 흑암은 무엇으로 연결된다고요? (사단과 사망) 빛은요? (예수님과 생명)

창1:4, 5에 **하나님이 빛과 어두움을 나누사 빛을 낮이라 칭하시고 어두움을 밤이라 칭하시니라** 했습니다. 그러니까 이 말씀은 사람을 지으시기 전 창조하신 자연의 밤과 낮을 나누어 구분 지어놓은 것처럼, 영적인 세계에도 빛과 어둠으로 나뉘었다는 말씀입니다. 인간 눈에는 보이지 않지만, 인간 위에 역사하는 영적인 두 존재가 하늘에 있는데, 하나는 창조주 하나님이요, 하나는 하나님께 반역하고 내쫓긴 사단이요, 그 사단은 어둠으로, 하나님은 빛으로 구분되어 나뉘었다고 하는 계시입니다. 빛이신 하나님은 생명을 주시는 일이고, 어둠의 존재인 사단은 사망(불못)으로 끌고 가는 존재라는 것을 '빛과 어둠을 나누사'로 알게 하셨습니다.

그래서 사람이 빛이신 하나님 안에 거하면, 생명으로 들어가는 것이요. 어둠에 거하면 사망으로 들어간다는 것을, 빛을 낮이라 칭하시고, 어둠을 밤이라 칭하시니라로 말씀하신 것입니다. 빛에 거하면 생명으로 들어가고, 어둠에 거하면 사망으로 들어간다는 것을 나누셨다는 말입니다. 더 설명합니다. 인간 배후에 역사하는 두 영적 존재인 하나님이 계시고 사단이 있는데 하나님은 생명이요, 사단은 사망으로 나뉘었다. 그래서 사람이 하나님께 속하면 영을 좇아 사는 생명의 길이요, 물질적인 육의 것, 세상 것을 좇아 사는 것은 사단에게 속한 사망의 길이요, 그래서 사람 앞에는 이같이 두 길이 있다는 것을 말씀한 것이라는 말입니다. 그러므로 여러분이 **이 빛과 어둠을 나누사** 하신 말씀이 영혼에 새겨져서 푯대가 되고, 자기를 쳐 복종케 하는 말씀이 돼야 합니다.

우리 인간을 하나님께서 인격이 없는 짐승인 개와 같이 지으셨다고 하면 '나누사' 하실 필요는 없습니다. 그것을 말씀하실 이유도 없습니다. 성경이 기록될 필요도 없습니다. 하나님께서 아예 주인만 쳐다보라고 틀어놨으니 자동으로 로봇처럼 하나님께만 고정되어 줄줄 따라다닐 테니, 하나님 자기의 형상과 모양대로 창조하실 필요도 없습니다. 그렇게 되면 짐승이요. 개일 뿐입니다. 그러나 하나님은 사람을 하나님의 형상과 모양을 따라서 영원히 살아야 하는, 하나님을 담을 수 있는 영적 존재로 지으셨기 때문에, 그 사람이 '나누사' 하신 이 말씀을 알아들을 것도 다 아셨습니다. 그렇기에 저도 짐승이 아니기에 이것을 알아들은 것입니다.

이처럼 하나님께서는 창조하신 자연 만물로, 사람에게 삶이 있고 죽음이 있음을 비추어주는 역할이 되게 하셨습니다. 창조 이래 변함없이 존재하며 지은 바 된 목적대로 만물에 빛을 주어 생명의 충만한 결실과 존속의 힘을 주는 저 태양도, 예수님은 빛이요. 영생을 주시는 생명이시라는 것을 상징하여 비춰주는 것이요. 밤은 사망의 권세를 가진 어둠의 주관자인 사단을 상징하여 비춰준 것이요. 달은 인간에게 죄를 보게 하여 예수 그리스도께로 인도하는 율법의 역할을 상징하여 비춰준 것입니다. 이해됐습니까? 여러분이 말씀을 들을 땐 정신을 차리고 귀를 기울여 들어야 합니다. 조금만 정신 놓고 딴생각하면 뭘 들었는지 그냥 다 놓쳐버리는 거예요. 여러분이 영적인 방해가 있다는 것을 알고 스스로 정신을 차리고 들어야 합니다. 성경의 지식을 따라 믿음이 되어 있지 않으니 죄송한 말입니다만, 멍청한 그리스도인이 되어서 좀 어려운 일만 있으면 그냥 탄식하고 원망하고 그런 것 아니겠습니까?

롬1:19-20에 **이는 하나님을 알 만한 것이 저희 속에 보임이라 하나님께서 이를 저희에게 보이셨느니라 창세로부터 그의 보이지 아니하는 것들 곧 그의 영원하신 능력과 신성이 그 만드신 만물에 분명히 보여 알게 되나니 그러므로 저희가 핑계치 못할지니라**고 했습니다. 인간에겐 하나님의 영을 넣으셨으므로 자연 만물에서도 하나님의 그 능력이 보여 알게 되고, 만물 안에 계신 것을 볼 수 있고, 하나님의 영원한 뜻이 담겨 있는 것을 분명하게 보여 안다는 것입니다. 그러니 저도 예수님을 믿기 전에는 아주 어둠이었으니, 캄캄함에 있으니 도무지 하나님을 알기나 했겠습니까? 창조주 하나님이 계신 줄 도무지 알지 못했습니다. 그러나 예수님을 믿고 말씀의 빛이 내 영혼에 비치고, 성영님이 눈이 되어주시니 어때요? 만물 안에서 하나님의 냄새가 나고, 작은 풀 속에서도 하나님의 숨결이 느껴지고, 하나님의 사랑이 보이고, 하나님의 능력이 보이고, 창조주 하나님이 계신 것이 확실히 보이더란 말이지요. 아! 자연 만물 안에 하나님이 계시고, 하나님의 신성이 보여 알게 되는데, 그야말로 낮, 밤, 태양, 달, 별 이 모든 것들을 통해 하나님이 우리가 영적인 것들을 깨달아 볼 수 있도록 달아놓으신 거울이라는 것을 알 수 있게 되더라는 것입니다. 그러므로 창조된 자연 만물은 하나님의 살아 계심과 하나님의 뜻을 보여주는 거울입니다.

그다음 창1:2에 **하나님의 신은 수면에 운행하시니라** 했습니다. 수면에 왕래하시며 물을 다스리고 계셨다는 말입니다. 수면에 운행하신 것은 '하나님의 신은 곧 물과도 같고 물과 같은 일을 하신다.'는 의미입니다. 하나님 신의 일은 물과도 같고 그 역할이라는 것을 말씀한 것입니다. 여러분, 물질로 지어진 모든 생명체는 물이 없다면 살 수 있습니까? 살 수 없습니다. 물질로 된 사람의 육체도 물이 없으면 살지 못합니다. 인간 육체로 구성된 성분 중에는 물이 약 칠십 퍼센트 정도를 차지하고 있다고 합니다. 그래서 물로 구성된 우리 육체를 신(성영님)이 기동하게 하시는 겁니다. 모든 생물체 안에서 기동하는 힘으로 계십니다. 다시 말해 온몸의 피가 돌게 하여 모든 기관이 일하게 하는 기운, 육체의 기동하는 힘이시라는 말입니다. 이처럼 우리 육체가, 또는 모든 생물체가 물이 없으면 살 수 없는 것처럼, 우리의 영혼도 성영님이 오시지 않으면 살 수 없다는 것을 분명히 가르쳐주신 것입니다. 우리 육체의 목마름의 갈증을 해갈하여 주는 것도 물입니다. 그러므로 우리 영혼의 목마름, 생명의 목마름을 해갈하시는 분이 성영님이시라는 것을 알도록 수면에 운행하시니라로 말씀하셨습니다.

요4:13, 14에 예수님께서도 성영님의 역할이 물과 같은 것임을 분명히 말씀하셨습니다. **이 물을 먹는 자마다 다시 목마르려니와 내가 주는 물을 먹는 자는 영원히 목마르지 아니하리니 나의 주는 물은 그 속에서 영생하도록 솟아나는 샘물이 되리라** 하셨고, 요7:37-39에 **누구든지 목마르거든 내게로 와서 마시라 나를 믿는 자는 성경에 이름과 같이 그 배에서 생수의 강이 흘러나리라 하시니 이는 그를 믿는 자의 받을 성영을 가리켜 말씀하심이라** 하셨습니다. 이같이 성영님의 역할이 우리 영혼에 생수의 강으로, 생명수가 되신다는 것입니다. 그런데도 믿는다는 사람들이 목말라하는 자기 영의 욕구를 세상 것으로 채워보려고 끝없이 쫓아갑니다. 그러나 예수님은 세상이 주는 물은 또다시 목마르고 끝없는 목마름이라고 하시며 예수님께 와서 마시라 하셨습니다. 내게 와서 마시는 자마다 그 배에서 생수의 강이 흘러난다. 다시는 목마름이 없다는 말씀입니다.

그러면 여러분은 어떻습니까? 세상 것으로 목말라 있지 않습니까? '돈 좀 안 주나!' 하는 그런 목마름으로 예수님께 나온 것은 아닙니까? 그러나 예수님은 세상 것으로 만족을 주려고 오신 것 아닙니다. 정말 우리 영혼이 예수님이 아니면 살 수 없다는 것, 예수님을 만나야 살도록 지음을 받았다는 것, 우리 안에 예수님의 생명이 없으면, 그것은 껍데기밖에 되지 않아 불 속에 던져진다 하셨다는 것을 알아야 합니다. 세상 것으로 목말라하는 그것은 곧 자기 영이 생명으로 목말라 고통받고 있다는 증세입니다. 그러므로 목말라하는 자기 영혼의 그 고통을 외면하지 말고 회개하고 돌아 나와 영혼의 생수가 되시는 예수님을 만나야 합니다. 세상 것으로 목말라하는 것은 아무리 마셔도 목마르지만, 예수님이 주시는 생명수를 마시는 자는 영원히 목마르지 않은 생명의 생수, 평안의 생수, 기쁨의 생수가 되어서 절대로 마르지 않는다고 하셨습니다. 그러므로 예수님을 믿는 사람들이 생명수이신 성영님이 자기 안에 와 계신지에 대해 확신이 없으면 그것은 문제입니다.

자기가 하나님께 죄범한 죄인임을 보는 자, 그러므로 영원한 영벌에 처하였음을 아는 자는 예수님이 주시는 생명수를 받아 마시기를 사모하고 구하게 돼 있습니다. 자기 속에 목마름이 있다면 영원히 목마르지 않은 생수가 되시는 예수님이 성영님으로 와 계시지 않기 때문이라는 것을 알아야 합니다. 그러므로 세상 것으로 영혼의 것을 채워보려고 하지 말고, 생명수를 주시는 예수님을 만나 마시고, 자기 영혼에 흐르게 해야 합니다. 자기 안에 성영님이 계시면 근심이 있다가도 생명의 생수, 기쁨의 생수, 평안의 생수가 샘물이 올라오듯이 하여 근심을 덮어버리고 평안으로 주장하십니다. 그래서 자기 안에서 이런 작용이 날마다 일어나야 합니다. 우리가 육체에 있으니 때로는 나도 모르게 근심이 들어오지만, 성영님은 평안의 생수로 올라오셔서 근심을 덮어버리니 곧 평안과 기쁨이 일어나는 것입니다. 그것이 생명수가 되신 성영님이 함께 하시는 증거입니다.

그다음 창세기 1장, 창조하신 일을 마치신 일곱째 날까지는 하나님이 하나님으로만 나타나 창조주이심을 가르쳐주신 것이고, 그다음 창2:4에서부터는 창조주 하나님이 여호와란 자기의 이름을 나타내셨는데, 여호와 이름을 드러내신 것은, 아담이 '정녕 죽으리라' 하신 선악과를 먹고 받아들이면, 그 죽음에서 건지시겠다. 구원하신다는 것을 사단에게는 비밀에 부치시고, 하나님의 사람들에겐 이름으로 그 의도를 알도록 하셨습니다. 그러므로 믿음은 왜 하나님이 선악과 만들어놓고 죄짓게 했느냐는, 불평에 머무는 것이 아니라, 참으로 믿기 원하면 그 속에 뜻을 성영님의 눈으로 보고, 자기의 사건으로 받아들여야 합니다. 선악과 사건에 대해서 계속 다루겠지만, 에덴동산의 선악과는 인간 배후에 역사하는 보이지 않는 하늘의 일을 인간에게 알게 하시는 지식의 나무입니다.

그러니까 선악과를 '지식의 나무'라고 하니까 이 멍청한 사람들이 뭐라고 합니까? '무슨 지식이냐? 옳다, 그르다/ 악하다, 선하다/ 나쁘다, 좋다/ 맞다, 틀리다 이 같은 것들을 알게 하는 나무다. 그래서 선악과를 먹은 인간은 하나님만이 하실 수 있는 옳고 그른 것의 판단을 스스로 하는 자가 되었으므로 그것이 죄다. 그래서 옳다 그르다 하는 것은 인간이 판단하는 것이 아니다.' 이런 것들이나 말하고 있지 않습니까? 이것들로 하나님의 의도, 하나님의 이치를 완전히 가리는 일을 하고 있습니다. 그러니 여기 선악과에서 무슨 생명을 볼 것이며, 어떻게 하나님의 사랑을 볼 것이며, 어떻게 하나님의 뜻이신 예수님의 죽으심과 다시 사심에 대한 하늘 영광의 뜻을 볼 수가 있겠습니까? 그러니까 이기적인 좁아터진 자기 눈으로 보면서 '하나님은 왜 선악과 만들어놓고 죄짓게 하여 죄인이라 하느냐?' 하고, 얼마나 이기적인지 시선을 끝까지 자기에게 맞추어놓고, 도무지 그런 하나님을 이해할 수가 없다고 불평하는 겁니다. 그러니 가인의 생각에 분노하도록 충동하던 사단이 거기에 더 힘을 도와주고 그 자기 죄성에 충성하도록 하는 것입니다.

선악을 알게 하는 지식의 나무라고 하는 것은, 인간 배후에는 보이지 않는 영적 존재인, 창조주 하나님이 계시고, 또 사단이 있는데, 사단은 인간을 사망으로 끌고 가는 악이요. 하나님은 인간에게 생명을 주시는 선이시라는 그 두 존재에 대하여 알게 하는 나무라는 말입니다. 인간도 영적 존재로서 영으로 살아야 하기에, 하늘의 이 두 영적 존재에 대해서 알아야 하는 권리를 주셨습니다. 이 영적 지식을 가져야 한다는 뜻이에요. 창조주 하나님과 사단을 알고, 어느 쪽에 서야 하는지 스스로 택해야 합니다. 그것이 영적 존재로 창조된 인간의 권리입니다. 그래서 하나님의 형상을 따라 모양으로 지음을 받은 사람은 하나님을 알고 사단을 알아야 할 분명한 권리를 줬으므로, 동산 중앙에 그같이 선이신 하나님과 악한 자 사단을 아는 지식의 나무를 두시고 받아들이도록 하셨습니다. 여러분이 들을 귀가 있기를 바랍니다. 하나님은 사람의 창조 전부터 예수님이 육체로 오셔서 죽으시고, 다시 살아야 하는 뜻을 가지셨습니다. 흙(물질)으로 창조된 사람이 부활의 몸을 입고 하나님의 아들로 나는 뜻입니다. 그래서 선악과는 아담이 먹어야 하고 먹었다는 것은, 사람이 하나님을 알게 됐고, 사단도 알게 되었다는 것을 의미합니다.

그다음 선악과는 예수님이 죽고 사는 일입니다. 예수님의 죽으심과 사심으로 사단의 사망 권세는 깨지고 아담의 불순종한 죄의 값은 깨끗이 청산되는 것입니다. 선악과는 사단은 멸하고 사람은 완전한 데로 나갈 수 있게 하시는 하나님의 방법입니다. 이해합니까? 사람이 선악과에 두신 하나님의 이 엄청난 사랑의 프로젝트가 뚫리지 않으면, 하나님 사랑은 깨달을 방법은 없습니다. 하나님의 뜻대로 믿을 수는 절대로 없는 거예요. 그런데 예수님 오신 이후로는 비밀과 같았던 창조의 일과 구약의 사건들이 이루어져서 다 열렸습니다. 열렸음에도, 참으로 안타깝게도 오늘날 자신들도 알지 못하는 헛소리들을 하고 있습니다. 이것을 어떻게 말로 다 할 수 있겠습니까? 예수님이 데리러 올 신부가 그리 없다는 것입니다. 신부단장, 신부단장 떠들고 노래들 하지만 실제로 신랑이 원하는 신부로 단장된 자가 그리 없다고 하셨다는 말입니다. 아니, 신부 되기 원하면 성경에 공개하신 신랑에 대해서 다 알아야 하지 않겠습니까? 그 신랑과 같은 길을 가겠는가? 선택하라고, 신랑의 생각, 뜻에 대한 소개를 빈틈없이 써서 서신(성서)을 보냈는데, 신랑에 대해서는 아는 바 없고 그 신랑이 주는 선물들에만 집중하고 있으니, 신랑이 자기 신부 될 자들을 데리러 올 때 신랑 만나지겠습니까? 신랑이 오는 그 길에 있지 않고 다른 길로 갔는데 만나지겠느냐는 말입니다. 자기 착각에 빠져서 신부단장이라는 말이 입에 붙어있는 것 보면 한심스럽기 그지없습니다.

그러므로 아담이 선악과 먹는 죄를 짓기 전에 이미 아담에게 베푸실 구원도, 용서의 은혜도, 영생도, 영혼의 복도 하나님께 다 있다는 것을 에덴동산(에덴은 천국을 상징)의 창조 속에다 넣으셨어요. 이 모든 은혜와 은택을 내려주실 것에 대하여 에덴의 창조 속에 계시로 넣으셨다는 말입니다. 그리고 그 뜻을 진행하여 이루실 것을 여호와(구원과 심판)라는 이름으로 나타내셨습니다. 하나님께서 사람을 지으신 목적, 의지, 뜻을 에덴에 넣어 창설하셨다는 말입니다. 그래서 창조 전에 가지셨던 하나님의 이 계획을 모르면서 말씀을 가르치려 할 수는 절대로 없습니다. 왜냐? 그것은 자신도 모르게 하나님과 뜻을 훼방하기 때문입니다.

그러면 우리가 창조 속에 넣으신 뜻을 알고 하나님의 뜻대로 믿는 믿음이 돼야겠지요? 그것을 담고 있는 말씀이 바로 창2:10-15인데 (이 내용만 그렇다는 것 아닙니다), 우리는 이 말씀을 읽으면서 금이 많고 호마노도 있고 유브라데 강 등등에 그냥 '아! 하나님 창조에 강도 있게 하시고 금도 있고 은도 있게 하신 거구나 ……' 이런 식으로 읽고 말지만, 이것은 하나님에게서 내려오는 것이 무엇인가? '정녕 죽으리라'를 받아들인 아담(나)에게 주시는 준비된 은혜가 무엇인가 하는 것에 대한 매우 중요한 계시이므로, 이 창2:10-15의 말씀은 따로 준비하여 말씀을 드릴 것입니다.

그래서 신30:15-19에 **보라 오늘날 내가 생명과 복과 사망과 화를 네 앞에 두었나니 …… 너와 네 자손이 살기 위하여 생명을 택하라** 명하셨습니다. 이제 너와 네 자손이 생명을 택하라고 계속 명하시고 이르셨습니다. 인간 앞에는 생명과 복을 주시는 하나님이 계시고, 인간 배후에는 사망과 저주를 가져다주는 사단이 있으니, 그러므로 생명과 복을 주시는 하나님께 속하라고 하셨다는 말입니다. 잠9:6에 **어리석음을 버리고 생명을 얻으라** 하셨습니다. 하나님은 너의 생명이 되시고, 또한 너에게 생명 주시기 원하여 너를 지으셨으니 사단에게 속지 말고 생명을 택하라는 것입니다. 명했다는 것은 반드시 복종이 일어나야 함을 말합니다. '명=복종'입니다. 동의어와 같습니다. 명(命)은 반드시 복종입니다. 그러나 명하셨음에도 듣지 않으면 죽음밖에 없다는 것을 알라는 것입니다. 생명을 택하라고 말씀하실 때는 인간에게 비위 맞추어주듯, 꼬이듯 하신 말씀 아닙니다. '네가 살려면 생명을 택하고 죽으려면 사망을 택하라!'입니다.

시49:12에 **사람은 존귀하나 장구치 못함이여 멸망하는 짐승 같도다** 했습니다. 왜 짐승 같은지 그 위의 말씀을 보면, 세상 헛된 부귀영화를 위해 좇아 살면서 자기 이름을 세상에다 내고 자기 능력을 과시하고……. 그러므로 여러분, 자기 이름을 세상에 떨치려고 하지 마십시오. 자기 자식들 세상에 이름나게 하려는 목적으로 교육하지 마십시오. 그래서 세상 헛된 부귀영화를 좇아 살면서 자기 이름을 내고, 자기 능력을 과시하고 그 후손에게도 자기의 교훈을 베풀어 가르치니, 그 후손들도 그 말을 좋게 여겨 칭찬하면서 그렇게 따라 같은 길을 사니, 하나님께 지음을 받은 사람이라 존귀하긴 하나, 하나님을 외면하는 그는 멸망하는 짐승과 같다고 했습니다(시49:20).

전3:19, 20에 **인생에게 임하는 일이 짐승에게도 임하나니 이 둘에게 임하는 일이 일반이라 다 동일한 호흡이 있어서 이의 죽음같이 저도 죽으니 사람이 짐승보다 뛰어남이 없음은 모든 것이 헛됨이로다** 했습니다. 인간이나 짐승이나 다 흙으로 말미암았으므로 흙으로 돌아가는데, 사람이 하나님과 교제할 수 있는 영과 혼이 있는 것을 제해버린다면, 짐승과 같이 무가치할 뿐이라는 것입니다. 그래서 하나님과 교제가 없으면, 온 세상 사람들이 다 알 만큼 유명해도, 세상 사람들이 이름을 다 기억할 만한 인물이어도 그는 멸망하는 짐승과 같다는 겁니다. 그러므로 짐승처럼 살다가 멸망하겠느냐? 예수님을 받아들여 하나님의 형상을 한 아들이 되어 천국을 유업으로 받겠느냐? 택하라 하신 겁니다.

사람들이 말하지요, '기독교는 너무 독선적이다. 예수를 믿어야만 구원받고 안 믿으면 지옥 간다는 것, 그런 독선적인 말이 어디 있느냐? 어떻게 자기 종교만 구원이 있다고 말할 수 있느냐? 기독교가 사랑을 말하고 사랑이라 하면서 다른 종교는 무시하고 배타적이니, 기독교만큼 이기적인 종교는 없다. 그래서 아주 기분 나쁘다.' 라고들 합니다. 그러나 하나님께서는 '내가 인간을 만들었다' 말씀하시고, 그 인간 앞에 생명과 사망의 두 길이 있으니 생명을 택하라고 끊임없이 말씀하여 알려주시고 명하셨음에도, 그런 하나님의 말씀을 거역하는 너희가 기분 나쁘다고 해보았자, 하나님의 눈에 먼지로 보인다면, 눈 하나 깜짝하지 않고 불에 넣어버린다고 하셨습니다. 하나님이 사랑이라면서 어떻게 그럴 수가 있느냐고 하지만, 하나님의 사랑이라고 하는 것은 독생자를 십자가에 죽게 하신 것을 말합니다. 하나님의 아들이 죽기까지 하시면서 사람을 사랑하셨는데, 그것을 거절하면서, 거절하는 너희에게 하나님의 사랑은 없다. 거절하는 너희 속에는 심판밖에 없다는 것을 선고하셨습니다.

사람을 생명의 길로 인도하는 그 사랑 외에는, 다른 사람을 이 진리로 이끌어 주기 위한 목적, 영혼을 구원하기 위한 그 사랑 외에는 다른 종교는 절대로 인정할 수 없는 겁니다. 만일에 그것을 인정한다면 하나님을 하나님으로 알지 못하는, 또 다른 하나님도 인정한다는 것으로서 교만한 사단의 종일 뿐입니다. 오늘날 종말의 때가 가까우니 '너 하나님도 하나님이다' 하는 사단의 종들이 드러나고 있잖습니까? WCC라는 이름을 가지고 큰 기독교 단체들이 사랑이라는, 평화라는, 화합이라는 취지의 인본의 탈을 쓰고 우리 하나 되자고 불교도 받아들이고, 천주교도 받아들이고 서로 포옹하고 악수하며 화합을 다지자고 나오지 않습니까? 그러니까 '내 하나님도 하나님이고 너 하나님도 하나님이다.' 하는 겁니다. 내 하나님만 하나님이 아니라, 너 하나님도 하나님이라는 것을 인정한 것이란 말입니다. 사랑을 가장한 사단의 흉계에 다 이용물이 된 것입니다. 그러나 우리는 절대로 용납할 수 없습니다. 혹 사람의 영혼을 바른길로 인도하고자 함은 있을지언정 그러나 '우리가 손잡자' 하는 것은 절대로 있을 수 없습니다.

사람은 오직 예수님만 받아들여 섬기며 살도록 지음을 받은 것이기에 예수님만이 우리의 영적인 신랑으로서, 그 신랑만 사랑하고 그리워해야 합니다. 그래서 하나님께서 자기 남편이나 아내를 두고서 다른 남자나 다른 여자와 간음하는 자는 하나님의 나라를 유업으로 받지 못한다고 하셨습니다. 하나님은 사람 안에 하나님 자신을 넣기 원하셔서 바로 생영, 목숨을 가진 영이 되게 하시더니, 마침내 죄 용서받은 사람 안에 성영님으로 들어오셨습니다.

그래서 예수님 부활의 생명이 있는 자, 성영님이 몸의 부활로 일으켜서 새 예루살렘, 아버지 하나님이 계신 곳, 태양의 빛이 필요 없는 곳, 예수님이 빛이 되어 계신 곳, 그 영광의 빛 가운데서 날마다 새로움을 경험하며 살 것이요, 사단에게 속하여 사단을 따르는 자는, 사단을 위해 예비해놓은 그 영원한 불못으로 함께 들어가게 될 것입니다.

말씀을 맺습니다. 오늘도 우리에게 예수님을 더 깊게 알도록 말씀으로 먹이시고 양육해주신 아버지와 아들과 성영님께 모든 영광을 돌립니다. 아멘

제 5 장
완전케 하신, 폐지된 일곱째 날의 안식일 법

³¹하나님이 그 지으신 모든 것을 보시니 보시기에 심히 좋았더라 저녁이 되며 아침이 되니 이는 여섯째 날이니라 ¹천지와 만물이 다 이루니라 ²하나님의 지으시던 일이 일곱째 날이 이를 때에 마치니 그 지으시던 일이 다하므로 일곱째 날에 안식하시니라 ³하나님이 일곱째 날을 복 주사 거룩하게 하셨으니 이는 하나님이 그 창조하시며 만드시던 모든 일을 마치시고 이날에 안식하셨음이더라

(창1:31-2:3)

오늘 말씀이 하나님께서 창조하시고 지으시던 모든 일이 일곱째 날이 이를 때에 마치시고 그 일곱째 날에 안식하셨다. 그리고 하나님께서 일곱째 날에 복 주사 거룩하게 하셨다. 창조의 마지막 날이 사람을 지으신 일이요. 그리고 일곱째 날이 이르렀으므로 그날에 안식하셨다는 말씀입니다.

본문 31에, 하나님께서 창조의 계획하신 뜻대로 여섯째 날 동안 지으시고 **그 지으신 모든 것을 보시니 보시기에 심히 좋았더라**고 했습니다. 하나님의 아름다운 뜻을 담아 지으신, 눈 앞에 펼쳐진 조화가

완벽한 창조물을 보시고 매우 만족하셨다. 뜻이 이루어진 것에 만족하심과 흡족하신 마음을 표현하셨습니다. 그리고 여섯째 날까지 모든 것을 다 지으시고 일곱째 날이 이를 때에 마치니, 일곱째 날에 '안식하시니라' 하셨습니다. 안식하셨다는 것은 하나님께서 창조의 일을 하시느라, 피곤하셔서 일 마치자 쉬셨다는 말이 아니고, 지으신 모든 것을 보시니 **보시기에 심히 좋았더라** 하신 하나님의 그 기쁘심, 아주 행복하심, 매우 만족하심, 그것이 바로 안식의 뜻이요. 그래서 '안식하시니라'입니다. 보시기에 심히 좋았다고 하는 것은, 하나님은 안식이신데, 그 뜻이 하늘에서 이룬 것 같이, 땅에서도 (자기의 사람을 안식에 들게 하시는 일이) 이루어지게 되었으므로 보시기에 심히 좋았더라는 것입니다. 기쁨, 행복, 만족, 이것이 안식의 뜻이에요. 평안, 평강이라는 말입니다. 안식은 하나님 아버지 나라의 특성입니다. 바로 하나님 자신이 안식이시오. 안식하시는 분이요. 안식하게 하십니다. 그래서 하나님께서 사람을 만드신 뜻이 바로 이 안식에 들이려는 것이라서, 지은 모든 것을 보시고 보시기에 심히 좋았더라 하신 것이요. 지으신 사람을 곧 하나님의 안식 안으로 들이셨습니다.

창2:15에 지으신 그 사람을 이끌어 에덴동산에 두셨다는 에덴동산은 '기쁨' 또는 '행복'입니다. 바로 이것이 천국의 속성입니다. 그래서 에덴동산을 낙원이라고 합니다. 에덴동산은 하늘의 모형입니다. 하나님께서 에덴동산을 따로 창설하셨어요. 여러분이 하늘의 모형인 에덴동산을 따로 창설하셨다는 것을 분명히 알고 있어야 합니다. 하나님의 영적인 것, 하늘의 뜻을 말씀하신 것이 거기 있고, 온 관심을 둬야 하는 것이 거기에 있기 때문입니다. 하나님이 사람을 지으신 뜻을 알아야 하는 것이 우리에게 주신 달란트이기 때문입니다. 하나님께서 여섯째 날 동안 천지 만물을 다 지으시고 그다음 창2:8에 동방의 에덴에다 동산을 따로 창설하셨음을 말씀했습니다. 그리고 지으신 사람을 그 에덴동산에다 이끌어 두시고(창2:15) 이들이 하나님과 하나님의 안식을 경험하는 영이 되게 하셨습니다. 그래서 오늘 이 '안식'과 또 '일곱째 날에 복 주고 거룩하게 하셨다'는 것을 중점으로 말씀드릴 것입니다.

이 안식은 하나님이 사람을 지으신 뜻을 한눈에 내다볼 수 있는 아주 중요한 것입니다. 성경의 영적 역사에 눈이 열리고, 하나님의 뜻에 대하여 훤히 알게 될 것입니다. 여러분에게 너무나 귀한 복, 진짜 복을 받는 말씀이라는 말입니다. 또한, 안식교가 하나님의 백성에게 법으로 주신 안식일을 고집하며 지키고 있는, 그 안식일을 어떻게 볼 것인가? 그 해답이 여기에 있기 때문에, 오늘날 안식일을 고집하며 안식일을 지켜야 구원이 있다고 말하는 그들에게도, 만일에 구원받을만한 자가 있다면, 그에게 열리는 말씀이 되어서 구원 안으로 돌아오는 복이 있게 될 것입니다(행13:48). 예수님이 오신 이후에는 다 열린 성경임에도 아직도 비밀처럼 열리지 않은 것이면, 열린 말씀이 되기 원하면 집중하기를 바랍니다.

하나님의 안식 안에 들어간 첫 사람이 맞이한 환경은 아주 아름답고 모든 것이 갖추어져 있는 풍요로움이었습니다. 해함도 없고 상함도 없는 평화로움의 극치였어요. 그야말로 지음을 받자 바로 맞이한 환경 외에, 인간사에 대한 모든 것은 전혀 아무것도 알지 못한 상태였습니다. 앞에서 다 말씀드렸으나 오늘 말씀과 연결되는 것이기에 또 말합니다. 그들은 인간사에 대해 어떤 것도 알고 있지 않을뿐더러, 경험한 바도 없어서 마음속에 아무것도 들어 있지 않은, 아주 순수하고 깨끗한 빈 그릇과 같은 상태입니다. 그래서 그들이 처음 맞이하여 안식하시는 하나님의 임재 속에 함께한 에덴은, 그들 마음에도 행복과 평화가 넘쳐나는 경험이 되었어요. 모든 것이 새롭고, 새로움은 그들에게 놀라움이 되고 환경과 마음은 행복감으로 평안함으로 안식에 거하였습니다. 하나님과 인간과 자연이 하나로 어우러진 곳, 그래서 하나님도 행복하시고 사람도 행복하고, 자연도 행복한 그 관계가 이루어진 곳이 바로 에덴(낙원)입니다. 이것이 장차 이루어질 낙원(천년 시대)의 모형이요, 예표입니다.

하나님께서는 첫 사람을 의도적으로 하나님의 안식 안에 이끄시고 안식을 경험케 하셨습니다. 이 에덴의 안식은 몸과 마음이 평안한 상태의 안식입니다. 다시 말해 여기 에덴의 안식은 환경적 안식이지, 영혼에 이루어진 참안식이 아닙니다. 하나님이 의도적으로 사람을 안식 안으로 이끌어 경험케 하신 것으로, 이 안식은 만약에 환경이 바뀌면, 환경이 나빠지면 깨지는 안식입니다. 그러니까 여러분이 에덴의 안식은 참안식이 아니라는 것을 분명히 인식부터 해야 합니다. 하나님께서 의도적으로 그 안식 안에 이끄셨다는 것을 이해부터 하라는 말입니다. 그러나 예수 그리스도로 말미암은 안식은 우리가 예수님 안에 들어가는 것이요. 또한, 예수님이 우리 안으로 들어오시는 것입니다. 이것이 영적인 것으로 환경과 상관없는 영혼에 이루어진 영원히 깨지지 않는 참안식이요. 그래서 이 참안식 안으로 들이시기 위해 그림자와 같은 그 에덴의 안식을 경험케 하시고, 그 참안식을 향해서 걸어오게 하셨습니다.

환경과 상관없이 환경이 좋든 나쁘든, 있고 없고 하는 것과는 상관없이 우리 영혼에 이루어져야 할 참안식, 아무도 빼앗지 못하고 깨지지 않는 그 안식이 있다는 것을 미리 알려주신 것이었다는 말입니다. 그러면 그 참안식을 주시는 이가 누굽니까? 바로 예수 그리스도입니다. 하늘의 참안식을 주시는 분, 환경과 상관없이, 있고 없고 상관없이, 우리 영혼에 안식이 이루어져 자유와 평안의 영적 안식을 주시는 분이 바로 예수 그리스도입니다. 그런데 에덴동산의 안식은 그 영적 안식이 아니라 환경적 안식이다 하는 것 이해됐습니까? 참생명이시고, 참안식이신 분은 예수님이기에 하나님께서 첫 사람이 환경적 안식 안에 들어와 안식을 경험케 함으로써, 그 안식을 그리워하고 사모하는 영이 되게 하셨습니다.

그러므로 오늘날 예수님을 믿고 거듭나면, 예수 그리스도의 생명 안식이 영혼에 이루어집니다. 그래서 예수님이 그 안에 계신 자는 환경과 상관없는 그 배에서 올라오는 영적인 안식, 행복함이 있습니다. 예수님의 생명을 얻으면 안식하는 거예요. 그 안식 안에 들어가면 환경에서, 또는 세상에서, 또는 사람에게서 행복을 찾지 않습니다. 환경이 무너뜨릴 수 없고 누구도 깨뜨릴 수 없는 세상을 초월한 하늘의 평안, 예수 그리스도의 생명이 주는 영적 안식이 영혼에 이루어졌기 때문에, 세상이 가져다주는 것들에 연연하지 않습니다. 그래서 이 에덴의 안식은 사람이 하나님께 영원히 안식하러 간다는 것을 보이신 것이요. 그러므로 이 땅에서 예수님을 만나 예수님으로 사는 자는 환경과 상관 두지 않는 것이요. 안식 안에 살다가 그대로 하늘 아버지께로 가는 것입니다.

그런데 어떡하면 좋습니까? 예수님을 믿는 사람들이 믿은 지 오래든 오래지 않든, 다 환경을 통해서 만족을 얻기 위해 애쓰고 거기서 안식을 찾고 있으니 말입니다. 믿는다면서도 사실은 예수님에 관해서 관심 없음을 저는 너무도 많이 보고 있습니다. 예수님께서는 '세상은 내가 머물 곳이 아니다. 나는 하늘로서 왔다. 다시 내 아버지께로 간다.' 하시고 세상 환경이 행복한 안식을 가져다주는 것이 아님을 실제로 보이신 삶을 사시면서 예수님을 따라오라 하셨습니다. 그래서 예수님을 믿는다면 예수님을 따라야 함에도, 예수님의 삶(말씀대로 사신 삶)과는 관계없음이 돼 있습니다. 그러니 예수님이 오신 뜻, 예수님으로 말미암은 영의 생명과 평안이 없습니다. 예수님께 맞힌 믿음, 예수님과 연합을 이룬 온유하고 겸손한 믿음을 찾아볼 수가 없습니다.

다 예수님과 방향이 다른 자기 편리한 대로 믿는 믿음이 되어, 자기 길로 다니면서 환경을 통해 안식을 얻으려고 쫓아다닙니다. 한편으론 거짓 영들이 뿌려놓은 영적인 것들을 추구하고 그 마음이 따라가는데 열심을 냅니다. 여러분! 예수님이 오실 날이 가까웠습니다. 예수님이 오실 때가 곧 가까워졌습니다. 지금 예수님의 한 발 한 발 내딛는 발걸음 소리가 여러분은 들리지 않습니까? 참으로 예수님의 이름으로 여러분께 부탁하고 또 부탁하고 진심으로 당부합니다. 여러분이 이 세상이 다가 아니라는 것을 진정으로 믿는다면, 오늘 죽이시면 죽을 것이요. 살리시면 살 것이라 결단하고, 예수님을 인격적으로 모셔 들여 따르십시오. 예수님과 사귐이 되십시오.

여러분이 예수님의 신부라면 신랑이신 예수님의 말씀을 따라 살아야 하지 않습니까? 당연히 신랑만 사랑해야 하잖아요. 그런데 예수님의 신부라면서 죽은 신랑을 왜 그렇게 좋아하고 좇아 살려 합니까? 생명의 주인이신 신랑의 말을 들어야 하는 거잖아요? 그래요, 안 그래요? 만일에 예수님만 사랑하지 않고 예수님의 말씀을 따르지 않으면, 그는 예수님을 믿는 것 아닙니다. 하기야 예수님에게서 나온 것인지, 다른 신랑의 것인지, 스스로 아는 지식이 없으니, 하나님이 말씀하는 믿음에 대한 영적 이해도 없고, 분별할 영감 또한 없는 것은 당연지사요. 그러므로 자기만 아는 믿음이 되어 자기 길로 갈밖에는 없지요. 참 신랑만이 우리에게 생명이고 참평안의 안식입니다. 그 신랑의 말을 듣고 그 안에 거하는 것이 신부입니다. 신부만이 그 신랑의 말을 듣습니다. 이것을 말하기 위해 성경이 있습니다. 또한, 지금까지 창조를 배울 때 예수님이 계시지 않은 곳이 어디 있었습니까? 오늘 이 말씀도 예수님으로만 된다는 것을 계속 가르쳐주고 있지 않습니까? '신랑이신 예수님이 무엇을 주시기 원하는가? 어떻게 하기를 원하시는가?'를 말씀하는 거잖아요. 그러므로 말씀을 따르기 위해 듣고 받아들이는 것만이 복입니다.

여러분, 오늘 말씀에서 '하나님이 사람에게 복 주시고'가 아니고 무엇에다 복 주셨다 했나요? 일곱째 날입니다. 바로 일곱째 날에다 복 주사 거룩하게 하셨다. 처음 사람이 안식한 그 날을 복이라고 하셨습니다. 이것은 하나님께서 사람에게 주시는 복이 안식임을 말합니다. 사람이 지음 받자 들어간 일곱째 날을 복 주사, 사람의 복은 바로 안식임을 공포하셨습니다. 하나님께서 사람을 지으신 목적이 그 복(안식) 때문입니다. 그것만이 참된 영원한 복으로 환경을 통해서도, 세상 그 어떤 것으로도 얻게 되는 것 아니요, 오직 예수님께 있습니다. 창조 때 에덴동산에서의 안식은 앞에서 뭐라고 했습니까? 하나님이 임재하심과 함께 환경으로부터 오는 것이라고 했습니다. 환경이 바뀌면 깨지는 안식으로, 참안식에 대한 예표입니다. 몸과 마음이 평안했던 이 안식을 경험케 함으로써, 바로 참안식은 오지 예수님께 있음을 알게 하셨습니다. 그래서 사람에게 주신 참권리는 바로 행복입니다. 평안입니다. 그것이 하나님께서 주신 복입니다. 그런데 이 행복할 권리, 평안할 권리, 이 생명의 안식을 누가 주는가? 바로 예수님입니다. 우리의 신랑이신 예수님이 주는 것입니다. 그러면 여러분은 이 권리의 행복, 즉 예수님으로 행복합니까? 예수님과 함께 안식 안에 있느냐는 말입니다.

온 세상이 신종 플루니, 메르스니, 가축의 구제역이니 하는 악성 바이러스의 전염병들로 날마다 죽는 소식과 소문으로 불안하고, 두려움에 휩싸이고, 전쟁의 소문이 끊이지 않고, 또한 북한의 도발적인 행동들은 전쟁의 위협으로 불안감을 조성하고, 세계가 홍수나 지진 태풍 등으로 인해 어마어마한 재해와 재난으로 사상자들이 속출하고, 온갖 질병들이 기승을 부려 병들까 염려하지 않을 수 없는, 이런 위협적인 것들이 사방에 널려 둘러싸고 있는 이때, 여러분은 그런 것과 전혀 상관없이 예수님으로 말미암은 믿음에 의해 평안에 있는가 말입니다. 세상에 소문이 아무리 흉흉해도, 천지를 지으신 예수님, 천지의 주인이신 예수님, 나를 지으신 예수님, 나를 죄에서 구원하여 하늘의 생명 주신 예수님이 나와 함께 계시면, 안식 가운데 사는 것이지, 그런 것에 왜 두려워하고 우왕좌왕한다는 말입니까? 물론 짐승처럼 감각 없는 것을 말하지 않습니다. 우리의 믿는 예수님을 확실히 알고 믿는 분으로, 한 몸을 이뤘기 때문에 염려가 없다는 것입니다. 그러면 여러분이 이 안식에 있는가 말입니다. 모형으로 창조하신 에덴의 안식이 아닌 그 에덴으로 보이신 진짜 하늘의 안식이신, 예수님 안에 자기가 있고 예수님이 자기 안에 계신 관계로 있는 안식, 영원히 깨지지 않는 참안식이 있으므로, 어떤 경우라도 안식에 있느냐는 말입니다.

그다음 3에 **하나님이 일곱째 날을 복 주사 거룩하게 하셨으니** 했습니다. '거룩'의 뜻, '거룩'을 다른 말로 뭐라고 한다 했습니까? '구별'이라고 했습니다. 창조된 육 일과는 구별되었다는 말입니다. **거룩하게 하셨으니** 하나님의 날로 구별되었다. 하나님의 것, 하늘의 것을 복 주신 날로, 구별되었다는 말입니다. 하나님께서 창조의 날마다 하루하루 창조를 마치시고 **저녁이 되며 아침이 되니 이는 첫째 날이니라, 저녁이 되며 아침이 되니 이는 둘째 날이니라** 라고 여섯째 날까지 그 날의 시작과 끝을 분명히 말씀하셨습니다. 이 의미는, 창조하신 우주 만물은 시작이 있었듯이 또한 끝나는 때가 있다. 하나님의 뜻이 이루어지는 때, 끝나는 날이 있다는 의미입니다. 그런데 일곱째 날은 시작과 끝을 말씀했습니까? 말씀하지 않았습니다. 시작과 끝을 말씀하신 것이 아니라 **일곱째 날에 안식하시니라** 했습니다. 그러니까 일곱째 날은 끝이 없는 영원한 것임을 말합니다. 그러면 영원한 것은 무엇입니까? 바로 영이신 하나님의 나라입니다. 사람이 땅에서 하나님이 주신 달란트의 사명을 마치고, 하나님께로 들어가 영원히 산다는 의미입니다.

그래서 여섯째 날까지의 창조는 물질세계에 대한 것이고, 창조된 것은 시작과 끝이 있다는, 그래서 자연 세계는 유한하다는 것과 일곱째 날은 하나님이 계신 곳, 하나님의 나라, 영원히 존재하는 영적 세계라는 것과 그리고 **일곱째 날을 거룩하게 하셨다**는 것은, 하나님의 이 안식 안에 들어가는 것이 하나님이 사람에게 주신 복이요. 복 주신 날로, 여섯째 날과 구별되었음을 말합니다. 안식의 날은 창조된 세상과 구별된 하나님의 영원한 나라임을 의미한다는 것 이해됐습니까? 유한과 무한의 것으로 구별되었다는 말입니다. 바로 에덴동산이 창조된 자연 세계와 구별되었다. 사람이 하나님께로 들어갈 것으로 구별되었다. 안식하시는 하나님이 사람에게 주시는 복이 해함도 상함도 부족함도 없는 에덴임을 구별하셨습니다.

오늘날 성경을 말하는 많은 사람들이 하나님의 뜻을 왜곡되게 전함으로써 듣는 사람들에게 하나님을 오해하고 잘못 알도록 하고 있습니다. 그중의 하나가 인간은 죽지 않고 영원히 살도록 지음을 받았는데, 첫 사람이 하나님의 말씀을 어기고 선악과 먹는 죄를 지었기 때문에, 그 벌로 하나님의 저주를 받아 영에 죽음이 들어왔고, 육체까지 죽게 된 것이라고 말하고 있습니다. 그러나 선악과 먹은 것은 영적인 것을 말하는 것이지, 육체가 영원히 사는데 살지 못하고 죽게 되었다는 것을 말하지 않습니다. 아담이 선악과 먹는 죄를 범하지 않았다면, 인간은 육체의 죽음을 보지 않고 영원히 살 수 있었다. 죄 때문에 죽음이 들어온 것이지 죄를 짓지 않았다면, 그대로 영원히 살았을 것이라는 말이 인간이 듣기에는 합리적인 말 같지만, 사실은 이것은 성경이 말씀하는 뜻도 아니고, 선악과 안 먹었으면 육체가 죽지 않고 영원히 산다는 것은, 하나님에게는 없는 거짓말입니다.

창조 전, 사람이 지음을 받기 전, 하나님이 사람을 구원하시기로 정하신 뜻에는 육체로 영원히 사는 뜻은 없습니다. 그것은 인간이 하나님 아버지의 사정에 대하여 전혀 알지 못한, 인간 머리에서 나온 무지한 말입니다. 인간이 하나님을 뛰어넘어, 안 먹었으면 영원히 육체로 산다는 것을 아는 능력이 있는지는 모르겠으나, 하나님은 전혀 아시는 바 없습니다. 사람의 육체는 선악과 먹지 않을지라도, 이미 말했듯이 죄와 상관없이 흙으로 된 것이기에, 백 년이든 이백 년이든 천 년이든 존재할 수는 있어도, **저녁이 되며 아침이 되니 이는 여섯째 날이니라**가 되는 것입니다. 창조의 하루하루 시작과 끝을 말씀한 것은, 흙으로 된 육체는 언젠가 끝나는 것을 의미합니다. 죄와는 상관없는 것으로써, 흙으로 되었으니 흙으로 돌아가라는 하나님의 정하신 창조의 이치입니다. 육체는 물질이기에 완전할 수 없으므로, 하나님의 지혜는 완전한 사람, 영원히 살게 하는 사람으로 재창조하시려고, 흙으로 육체를 먼저 지으시고, 그 안에 하나님의 영을 넣으시고, 불완전한 그 육체의 사람이 먹지 말라는 말씀을 불순종하여 죽음이 들어오면, 예수님께서 생명으로 살리시고, 영원히 사는 신영한 몸으로 재창조하시겠다는 것이, 창조 전에 가지신 뜻입니다.

그래서 첫 창조는 그 완전한 창조로 나가기 위한, 예수님의 생명을 받아들일 그릇과 같이 지었다고 하지 않았습니까? 히8:13에 **첫 것은 낡아지게 하신 것이니 낡아지고 쇠하는 것은 없어져 가는 것이니라** 했고, 그러니까 낡아지는 것 때문에 그렇게 목숨 걸지 말자 말입니다. 히1:10-12에 **태초에 주께서 땅의 기초를 두셨으며 하늘도 주의 손으로 지으신 바라 그것들은 멸망할 것이나 오직 주는 영존할 것이요 그것들은 다 옷과 같이 낡아지리니 의복처럼 갈아입을 것이요 그것들이 옷과 같이 변할 것이나 주는 여전하여 연대가 다함이 없으리라**고 했습니다. 이같이 지은 것은 멸망할 것이요 낡아지는 것이라고, 변하는 것이라고 분명히 말했습니다. 또한, 고후4:16-18에 보이는 우리의 겉 사람은 낡아지는 것이라고 했습니다. 보이는 이 육체는 낡아지는 것인데 보이지 않는 속사람, 예수님의 생명을 얻은 성영님의 사람은 날로 새롭다고 했습니다. 그러므로 육체에서 떠날 속사람은 날로 새로워야 합니다. 예수님을 참으로 믿으면 영의 사람으로 나날이 새로워져야 합니다. 우리의 주목하는 것은 보이는 것이 아니요, 보이는 것 가지고 거기에 온 마음 다 쓰고, 생각 다 쓰고 사는 것이 아닙니다. 주목해야 하는 것, 바로 보이지 않는 것이니, 보이는 것은 잠깐이요. 보이지 않는 것은 영원함이라고 했습니다. 그래서 사람에게 주시는 참평안, 참행복, 그 안식은 오직 예수 그리스도의 생명 안에 있습니다.

여섯째 날에 창조된 사람이, 일곱째 날 하나님의 이 안식에 들어간 것은, 창조된 사람, 즉 모든 인간은 다 육(육체와 정신)으로 태어나서 그다음 영(성영님)으로 다시 나 하나님께로 들어가야 하는 존재로 지음 받았음을 의미합니다. 이것을 여섯째 날까지의 창조와 일곱째 날의 에덴(안식)으로 구별하셨습니다. 그러므로 사람은, 죄짓지 않았다면 육체로 영원히 살았을 것이라고, 아담이 하나님 말씀을 불순종하여 육체에 죽음이 들어왔다고, 그렇게 아담에게 죄를 물으며 하나님의 뜻을 왜곡하여 속이는 자들의 말을 듣고 따라다니다, 그들이 받을 심판의 자리로 똑같이 들어갈 것이 아니라, 하나님의 뜻은 하나님께로 들어가 안식하게 하는 것이요. 그 안식의 주인이신 예수님으로 살게 하려는 것이니, 이것을 깨달아 예수님으로 사는 믿음의 능력을 갖춰야 할 것입니다.

아담은 **오실 자의 표상이요**(롬5:14) 아담은 사람으로 오실 예수님을 예표한 사람이요. 처음 여자는 예수님으로 구원 얻을(얻은) 사람의 예표요. 여자가 아담의 갈빗대로 지어진 것은, 예수 그리스도의 생명으로부터 나올 교회(생명 얻은 나)의 예표입니다. 또한, 일곱째 날은 예수님의 생명으로부터 나온 교회(신부)가 들어갈 영원한 하나님 나라의 예표입니다. 그러므로 일곱째 날을 복 주사 거룩하게 하셨으니, 이날에 들어오는 자가 참안식에 든 것이요. 세상과 구별된 나라요. 물질과 구별된 영적인 것임을 의미합니다. 흙으로 된 우리 육체도 먼저 주신 장막 집입니다. 그러면 장막 집에 영원한 소망이 있을까요? 없습니다. 예수님이 죽으셨다가 부활하신 것처럼, 흙인 우리 육체는 무너지고, 예수님의 생명(성영님)으로 부활해야만 영원한 몸입니다. 흙으로 된 육체는 신영한 몸을 입기 위한 임시 거처하는 장막 집입니다.

인간은 흙의 기질 때문에 영의 본능보다 육의 본능이 더 강합니다. 그것이 흙으로 지은 인간의 약함입니다. 하나님이 '먹지 말라. 먹으면 진짜로 죽는다.' 하셨음에도 선악과를 먹은 그것이 증명입니다. 그러므로 하나님께서는 인간 자기가 누구인가를 알아야 하기에, 선악과를 먹게 되니 눈이 열려 영혼이 벌거벗은, 수치 가운데 있는 자기 실체를 보게 되었고, 보는 그 순간 마음도 몸도 안식이 깨지고, 죽음에 대한 두려움이 엄습한 영이 되었습니다. '죽으리라'는 말씀이 그의 영에 임하니 두려워하는 영이 된 처음 사람은, 하나님과 함께 가졌던 에덴에서의 관계가 평안함이요. 큰 행복임을 경험으로 알게 되었고, 에덴을 쫓겨나 그 안식을 사모하는 영이 되었습니다.

첫 사람의 안식이 깨졌음을 창3:24에서 하나님이 에덴에서 그 사람을 쫓아내셨다는 것으로 알 수 있습니다. 그다음 안식의 동산에서 쫓겨나 땅이 쉬지 않고 가시와 엉겅퀴를 내주는 속에서, 즉 자연도 아담(사람)을 도와 순조롭게 내주지 않는다는 말입니다. 허리가 휘도록 땀 흘리는 수고를 해야 하게 되었습니다. 그것은 육이 안식을 깼다는 뜻입니다. 이제 지음을 받은 육으로는 하나님을 만날 수도 없으며, 하나님께로 들어갈 수 없다는 것이 확연히 드러났습니다. 또한, 행하는 것으로 하나님을 만날 수 있지 않다는 것도 확연히 드러났습니다. 그리고 가인의 죄악으로 인해 이후 사람은 하나님과 원수가 되었고, 완전히 단절돼 버렸습니다. 그래서 아담으로부터 사람의 영은 안식을 사모하는 영이 되었고, 하나님께서는 사단에겐 감추어진 길로 아담(하나님을 따르는 사람들)을 참안식 안으로 들이시기 위해 둘째 아담이신 예수님을 보내셨습니다. 그래서 예수님이 오시기 위해 일을 행하시는 데, 다시 말해 하나님께서 이제 안식이신 예수님을 이 땅에 오시게 하는 데 그 역할을 감당해야 할 이스라엘에 십계명을 주시고, 큰 안식일 법을 주신 것입니다.

출20:8-11에 **안식일을 기억하여 거룩히 지키라 엿새 동안은 힘써 네 모든 일을 행할 것이나 제칠 일은 너의 하나님 여호와의 안식일인즉 너나 네 아들이나 네 딸이나 네 남종이나 네 여종이나 네 육축이나 네 문 안에 유하는 객이라도 아무 일도 하지 말라 이는 엿새 동안에 나 여호와가 하늘과 땅과 바다와 그 가운데 모든 것을 만들고 제칠 일에 쉬었음이라 그러므로 나 여호와가 안식일을 복되게 하여 그 날을 거룩하게 하였느니라** 하셨습니다. 하나님께서 여섯째 날 동안 자연계를 창조하시고 일곱째 날에 쉬셨으므로, 안식하신 그 날을 복되게 하여 거룩하게 하셨으니, 하나님의 백성이 엿새 동안은 힘써 모든 삶의 일을 행하여 일하되, 일곱째 날은 하나님의 큰 안식일인즉 모든 가족도 남종이나 여종이나 손님일지라도, 집의 가축도 물론 하고 아무 일도 말고 쉬라 명하셨습니다.

그래서 구약의 안식일 법은 성전이나 어디 가까운 제단에 가서 제사를 드린다거나 하는 것이 아니라, 쉬라 하신 대로 처소에서 아무 일도 안 하고 그냥 쉬었습니다. 그것이 안식일의 일이요, 하나님을 섬기는 일이었습니다. 말씀을 순종함이 삶을 얻는 것이라 여겨 몸과 마음을 쉬면, 하나님께서 그것을 하나님의 일 하는 것으로 보셨다는 말입니다. 하나님께서 자기의 백성에게 주시기 원하는 복이 바로 하늘 안식이요. 그러므로 이 땅에서 엿새 동안을 지나면, 하나님께로 들어가는 것을 의미하여, 안식일을 지키라 하셨습니다. 그래서 백성이 안식일을 지키는 것은, 하나님께 들어가는 것을 의미합니다. 쉬라 하신 날을 살리라(레18:5, 겔20:11,21, 롬10:5, 갈3:12)하신 하나님의 살리는 법인 줄 알고, 마음을 다하고 뜻을 다하고 목숨을 다해 지키면, 그것이 하나님의 안식에 들어가는 것이었다는 말입니다. 그같이 안식일 법을 준수하여 하나님의 안식 안에 들어간 자는, 하나님께서 그들과 함께 있다는 증거로 엿새 동안 하는 모든 일에 형통함이 따랐습니다.

  그러므로 성경은 이스라엘이 말씀을 순종하여 계명을 잘 지키면, 그 나라가 다 평안하였더라. 하나님께서 복 주사 평안하였더라고 했습니다. 안식일 복은 환경으로 나타나 보이더라는 얘기예요. 하나님이 함께하신 안식일의 복은, 삶의 환경까지 평안했다는 말입니다. 그래서 이스라엘은 쉬라 하시는 안식일을 잘 지켜 하나님을 섬기느냐 안식일을 범하느냐에 따라 복과 저주로 나누어졌습니다. 만일에 안식일에 쉬라 하신 하나님의 명을 받고도, 자기의 사는 세상 것을 위해 안식일에 일하는 자는 하나님께서 돌로 쳐 죽이라 명하셨습니다. 안식일은 말씀 그대로 쉬라는 것인데, 그날에 육신을 위한 여섯째 날의 것을 끌어들여 일하는 자는 안식일을 더럽힌 사단과 같기 때문입니다. (사단이 하나님의 안식에 침범하여 여자를 속여 죄짓게 하여 안식을 깨고 더럽힘) 하나님 말씀을 무시하는 것은, 곧 하나님을 무시하는 것이요. 육체의 것 때문에 안식을 범하는 것은, 하나님께 도전하는 사단의 교만과 탐욕이요, 그러므로 하나님의 회중에 둘 수 없으니 그를 돌로 쳐 죽이라 하셨습니다. 안식일에 엿새 동안의 것을 끌어들여 범하는 것은, 하나님께서 친히 죽이겠다고까지 하셨습니다.

여러분! 하나님께서 한 사람의 영혼이 천하보다 귀하다고 하셨다고 성경에 없는 거짓말로 사람들을 미혹하는데, 그러면 하나님이 자기 백성으로 삼으신 귀한 영혼을 돌로 쳐 죽이라 하십니까? 한 영혼이 천하보다 귀하다고 해놓고……. 한 영혼이 천하보다 귀하다고 하셨으면, 그냥 몰라서 그랬을 수도 있으니 좀 봐주시고 '안식일 지키면 복 주신다고 했잖니?' 하면서 좀 깨달을 때까지 기회를 주시고, 그 옆의 지도자한테 '야, 저 영혼을 위해서 네가 기도해주면서 잘 이끌어주어라.' 하셔야 맞는 것 아닙니까? 하나님이 한 영혼을 천하보다 귀한 영혼이라고 여기신다면 말입니다. 그러나 하나님은, 하나님의 말씀을, 하나님의 법을 존중하지 않고 어기는 것은, 하나님의 백성이 아니기 때문이다. 하나님의 사람이 아니라는 것을 스스로 보이는 것이니, 그들을 돌로 쳐 죽이라 하셨습니다.

출31:14,15에 **너희는 안식일을 지킬지니 이는 너희에게 성일이 됨이라**(하나님과 백성이 안식하는 날, 세상과 구별된 날, 하나님의 복 안식에 들어가는 날) **무릇 그 날을 더럽히는 자는 죽일지며 무릇 그 날에 일하는 자는 그 백성 중에서 그 생명이 끊쳐지리라 엿새 동안은 일할 것이나 제칠 일은 큰 안식일이니 여호와께 거룩한 것이라 무릇 안**

식일에 일하는 자를 반드시 죽일지니라 하셨습니다. 안식일에 일하는 것은 안식일을 더럽히는 것이니 반드시 죽이라 명하셨습니다. 일곱째 날은 큰 안식일로, 하나님과 쉬는 날, 하나님과 안식하는 날이라는 말입니다. 하나님의 날로 구별된 하나님께 거룩한 날이니, 그러므로 그날에 사단이 지배하고 있는 세상과 육체의 것들을 끌어들여 안식일을 더럽히는 자는 반드시 죽이라는 것입니다. 하나님을 섬기는 날로 온전히 구별되었으니, 이날을 더럽히는 자는 안식하기를 거부한 것이니 죽이라는 거예요. 심지어 안식일 날에 처소에서 음식 만드는 데 필요한 불 피우는 것도 금하셨습니다(출35:3). 불 피우는 것이 일하는 것이 된다면, 먹는 것도 일하는 것이 됩니다. 그런데 음식은 안식일 전날 준비하였다가 안식일에 먹도록 하셨습니다. 불 피우지 말라 하신 것은 왜냐? 불은 성경이 심판에 관계된 것들을 말하고 있기 때문입니다. 그러므로 하나님께 안식하러 들어간 자는 심판이라는 것이 없으니 불 피우지 말라 하셨습니다.

그래서 안식일은 복 주신 날로 백성에게 복이 있게 하셨습니다. 에덴의 평안으로 복 주시니 복 있는 사람이 되어 그 사람이 있는 곳과 환경에도 복이 따랐습니다. 하나님과 함께 안식 안에 있는 자는 들어가도 복 받고 나가도 복 받고 가는 곳마다 복 있다고 신명기에 말씀하셨습니다. 하늘의 복이 있으니 땅의 복이 있더라는 말입니다. 땅의 복이 있다는 것은 하나님이 함께하는 안식의 복이 사람에게 있으니, 그 사람의 가축도 땅의 소산물도 다 저주 아래 있지 않게 되었다. 사단의 저주를 받은 땅의 것들이 안식의 복에 들어와 함께 복이 있게 되었다는 말입니다. 그러므로 피조물들에 복을 베푸시는 날로 구별하셨습니다. 하나님이 창조를 마치고 사람과 함께 안식에 들어가셨음에 대한 기념의 날로 구별하셨습니다. 세상과 절대적으로 구별된 날입니다. 그래서 안식일을 복되게 하사 거룩하게 구별하신 하나님의 날이라 하여 엿새 동안에 하던 모든 일 다 내려놓고, 오직 이날은 하나님만 섬겨 거룩히 지킬 때, 안식이신 하나님이 함께하시니, 엿새의 삶도 형통함이 따랐습니다. 이것이 하나님이 말씀하시는 복입니다.

구약 백성은 안식일에 말 그대로 아무 일 안 하고 쉬었습니다. 그날 성전이나 회당에서 제사하는 것이 아니라 집에서 쉬는 것입니다. 몸과 마음을 하나님 품에서 평안히 쉬는 겁니다. 이것이 구약의 안식일 지키는 법입니다. '참으로 하나님을 경외하며 섬기는가? 참으로 순종하는가? 하나님의 말씀을 생명이라 믿고 존중하는가?'는 '엿새 동안 하던 일 미련 없이 다 놓고, 안식일에 그 어떤 것도 끌어들이지 않고, 하나님 품에서 몸과 마음이 쉬는 거였습니다. 그까짓 것 쉬는 것 누가 못 하겠느냐? 하고 쉬는 것을 우습게 여길 수도 있지만, 그 마음이 어디에 있고 무엇에 있느냐? 즉, 온전히 하나님께 있느냐? 육체가 사는 육 일의 것들에 있느냐? 만일에 마음이 육 일의 것들에 있다면, 그것은 안식하는 것이 아니요. 안식일을 마음으로 범하는 것입니다.

그다음 안식일을 복되게 하여 거룩하게 구별하셨다는 것은, 하나님의 사람들을 죄에서, 죽음에서 구원하심입니다. 안식을 다른 말로 하면 자유입니다. 해방입니다. 예를 들어 말도 행동도 구속받고 있다면, 거기서 자유를 참으로 갈구하지 않겠습니까? 옥에 갇힌 몸이면 자유를 얼마나 소망하겠습니까? 바로 이 안식일이 사단의 사망 권세와 죄와 죽음에서 놓여나기를 원하는 하나님의 백성에게 자유를 얻게 하시는 언약의 날입니다.

하나님께서 아담에게 창조된 물질세계, 즉 하늘과 땅과 바다 가운데 있는 모든 생물을 다스리라 명하셨습니다. 그런데 다스려야 할 하등 짐승의 말을 듣고, 하나님이 먹지 말라 하신 선악과를 먹었으므로, 진 자는 이긴 자의 종이 된다고 하신 말씀대로, 아담의 통치권이 마귀에게로 넘어갔습니다. 그래서 사단이 엿새 동안 창조된 물질세계를 지배하여 주인 행세하는 것입니다. 사단이 피조물계의 주인 노릇 하면서 물질계를 타락시키고 더럽혔습니다. 하나님께서 이스라엘에 엿새 동안 창조하신 날 수대로, 힘써 네 모든 일을 하라고 하셨습니다. 바로 엿새 동안은 사단이 주인 노릇 하는 세상임을 말합니다. 이것은 첫 사람이 먹는 것 때문에 사단의 말을 받아들여 하나님의 말씀을 범하였으므로, 에덴에서 쫓겨나 사단이 주인 노릇 하는 세상으로 나가게 되었고, 그곳은 가시와 엉겅퀴요(안식할 곳이 없다는 뜻) 땀 흘리는 수고의 날이요. 안식이 없는 고달픈 곳이라는 것을 말합니다. 엿새 동안 힘써 네 모든 일을 행하라는 것은, 평안 없는 수고와 고생이 있는 곳, 사단의 엉겅퀴와 가시들로 찔리고 아프고 상처로 고통을 겪으며, 인간에게 왜 이런 고통이 있는가를 고민하며, 결국 안식을 사모하게 하는 데 있었습니다. 그래서 엿새 동안 사단이 주인 노릇 하는 그 가운데서 사는 것을 위해 땀 흘리며 힘써 수고하고 제칠 안식일에 들어와 그 쉼을 가지므로, 그날의 쉼이 얼마나 평안한지를 경험하도록 하셨습니다. 힘써 네 모든 일 하라는 것이 바로 그 수고로움을 겪으며 안식을 사모하는 영의 소원을 따라, 그 안식에 들어가기를 또한 힘써 알도록 하신 뜻입니다.

그러나 하나님의 거룩한 큰 안식일인즉 지키라 명하신 말씀을 순종하여 안식일을 거룩히 지킬 때, 힘써 네 모든 일을 하라 명하신 그 육 일 동안도 하나님께서 함께하실 수 있는 근거가 되었습니다. 다시 말해 하나님의 이 안식일을 거룩히 지키는 것은, 곧 에덴의 풍요와 평안의 복이 따르는 것이었단 말입니다. 그러나 안식일에 몸은 쉬면서도 마음은 육 일의 것들에다 두고 염려와 근심을 하고 있으면, 그것은 거룩히 지키라 명하신 하나님의 말씀이 그에게 없는 것이어서, 육 일도 함께하실 수 없는 근거가 되었습니다. 이 영적 원리는 오늘날 우리에게도 그대로 적용됩니다. 율법 속에 들어있는 영적 원리는 세상 끝날까지 이어지는 것이란 말입니다. 이것은 변하지 않습니다. 그래서 깨달아야 합니다.

그러나 이스라엘은 한편으론 안식일을 지키면서도, 자기도 언제 안식을 범하여 돌에 맞아 죽을지 모르는 불안한 가운데 있었습니다. **안식일에 일하는 자는 그 날을 더럽히는 자니 반드시 죽일지니라** 하셔서 안식일 법을 어긴 자를 죽이면서 자신도 안식일에 일하지 않는 것이 어디까지인지, 혹 알지 못하는 중에 범하는 것은 아닌가? 하는 조바심 속에서 지켜야 했습니다. 그러니 여러분, 이 안식일 법이 완전한 것입니까, 불완전한 것입니까? 절대로 불완전한 것입니다. 지킨다 해도 그 법에는 자유롭지 못합니다. 그래서 메시아가 속히 오셔서 지키지 못하면 죽는 이 불안한 법에서 구원해주셔야 했습니다.

그러므로 여러분! 구약에 지키라 주신 그 안식일을 오늘날에 와서도 굳이 지켜야 한다고 고집한다면, 구약 백성이 지키던 것과 같아야 합니까? 같지 않아야 합니까? 같아야 합니다. 금요일 해 질 무렵부터 다음 날 토요일 해 질 무렵까지, 어느 장소로 예배한다고 가는 것이 아니라, 집에서 아무 일도 안 하고 평안히 쉬어야 합니다. 그리고 일하지 않아야 하는 것이 어디까지고 무엇인가를 분명히 알아내서 꼼짝없이 그 모든 규제 사항들을 지켜야 하고, 안식일 날엔 음식을 요리하기 위해 어떤 불이 되었든지, 불을 사용해서도 안 되고, 또한 메시아가 오셔서 불안한 안식일 법을 자유의 법으로 완성해주기를 기다려야 합니다. 그러나 예수님은 이천 년 전에 오셔서 이미 완성하셨으니, 또다시 되풀이하지는 않으십니다. 그러므로 오늘날 구약의 안식일을 지켜야 한다고 고집한다면, 그것은 분명히 예수님을 믿는 것 아닙니다. 안식일의 주인이신 메시아가 오셔서 안식일 법을 완성하셨으므로, 이제 그 법에 매였던 것에서 자유하게 되었다는 것을 깨닫지 못한다면, 그것은 절대로 성영님의 가르침도 아니요, 성영님께 속한 것이 아닙니다. 예수님과 관계없는 속는 것이요 속이는 자입니다. 이 부분은 뒤에서 더 나누겠습니다.

이스라엘은 메시아가 속히 오셔서 이 불안한 사망의 법에서 건져주시기를 고대하며 기다렸습니다. 엿새 동안은 힘써 일하라 하신 그 세상으로부터, 사단의 참소와 가시와 엉겅퀴의 고통과 두려움에서 구원하여 완전한 자유를 주실 그 언약이 이루어지는 날을 기다려야 했습니다. 그래서 이 안식의 날은 안식일의 주인이신 예수님이 오셔서, 엿새 동안에 있는 사단의 훼방과 참소에서, 사단의 사망에서 구원하신다는 언약의 날입니다. 그러므로 하나님께서 너희가 종을 샀느냐, 부리기 위해 종을 샀으면 일곱째 해, 칠 년 해에는 놓아주어 자유인이 되게 하라 하셨고(출21:2), 땅도 여섯 해 동안에는 파종하여 소산을 거두되 일곱째 해는 파종하지 말고 땅도 쉬게 하라(출23:10,11) 하시고, 그때 씨앗이 떨어져서 나는 곡물들이 있거든 네가 거두지 말고 나그네나 가난한 이들이 거두어 먹게 하라고 하셨습니다.

그다음 칠 년의 안식년을 일곱 번 계수하여 사십구 년이 된 그다음 해, 오십 년 되는 해는, 거룩한 희년, 즉 온전하게 구별하신 희년이니, 안식과 자유를 온 이스라엘에 선포하고, 종 된 자는 종의 문서까지 폐기하여 자유를 주고, 빚진 것들은 다 탕감하라고 명하셨습니다. 또한, 만일에 가난한 자가 살기 힘든 일로 돈을 빌렸을 경우 갚으려는 마음과 의지는 있지만, 갚을 능력이 되지 않으면 다 탕감해주고, 죄수들도 다 풀어주고, 땅도 안식을 누리고 모든 것에 자유가 있게 하라고 하셨습니다. 바로 이 '희년'의 의미는 안식이신 예수님이 오셔서 이같이 마귀의 속박 가운데, 죄에 묶여 죽음 아래 있는 온 인류, 즉 안식을 사모하여 얻기를 원하는 영혼들을 구원하여 참자유의 안식을 주실 예표였습니다.

그러므로 예수님이 오셔서 십자가에서 이 모든 뜻을 이루어 마귀와 죄에서 자유를 얻게 하시고, 참으로 예수님을 믿는 자기의 사람들에게 예수님의 생명 안으로 들어와 안식하게 하셨습니다. 예수님께서 죽음에서 부활하시고, 사십 일 동안 땅에 계시다가 하늘 보좌로 가셨는데, 하늘로 올리신 지 열흘 후에, 즉 부활하신 오십 일째가 되는 날, 성영님이 오순절 날에 하늘에서 오셔서, 온 땅과 온 하늘에 구원이 완성되었음을, 마귀와 죄와 죽음과 저주에서 해방되었음을 선포하셨습니다. 또한, 예수님을 믿는 자에겐 성영님이 내주하신 날입니다(행2장). 보혜사 성영님이 하늘에서 오실 때, 구원하시는 일을 돕는 하늘의 천군 천사들이 동원됐습니다. 이스라엘에 지키라고 주신 그 희년의 해, 칠 년을 일곱 번 계수한 그 뒤 오십 년이 되는 해, 그 희년에 있었던 자유의 역사가 마침내 실제로 이루어졌다는 것을 성영님이 오심으로 선포되었습니다.

이제는 구약의 그림자와 같은 그 한 날의 안식일을 지키는 것이 아닙니다. 그 한 날 안식일 지키는 것이 아니라, 너희 죄를 갚아주실 피 흘릴 메시아가 오리라, 마귀의 속박에서 건지실, 죄에서 건지실 메시아가 오리라, 그가 오시면 너희에게 영원한 자유와 참평안을 주실 것이라는 언약의 말씀을 가지고, 안식일을 지키게 하시다가 바로 일곱째 날의 주인이신, 계명에 완전하신 그 예수님께서 오셔서 그날에 대한 언약을 온전히 이루셨습니다. 그러니까 예수님도 안식 후 첫날에 죽음에서 다시 사셨고, 또한 예수님께 나오는 사람들에게 구원을 주시려고 성영님이 오신 것도 안식년 후 첫해입니다. 행2장에 오순절 날이 이르매 하늘로부터 성영님이 오셨음을 말하고 있잖습니까? 오순절이라고 하는 것은, 구약에서 칠 년을 일곱 번을 계수하여 사십구 년이 된 그다음 해, 오십 년의 해를 말합니다. 그것을 희년이라고 했습니다. 희년은 성영님께서 오순절에 오실 것에 대한 예표입니다. 말하자면 안식 후 첫날과 같은 것입니다. 저는 예수님이 성도들을 데리러 공중 강림하실 때도 안식 후 첫날, 이 예수님의 날에 오실 것으로 생각하고 있습니다.

자, 그러니 이 같으신 하나님의 안식의 뜻, 곧 예수님을 알게 하고 예수님으로 안식을 주시는 뜻을 이루시려고 점진적으로 역사하신 것을 깨닫지 못하고, 오늘날 구약의 안식일을 지킨다는 것이 상식으로라도 맞는 것인지 여러분이 좀 생각해보기 바랍니다.

구약의 안식일은 한 주간이 끝나는 토요일입니다. 예수님이 오셔서 십자가에 죽으심은 그 전날 금요일입니다. 그러면 금요일은 무슨 날입니까? 창조의 여섯째 날, 사람이 지음을 받은 날입니다. **하나님이 지**

으시던 일이 일곱째 날이 이를 때에 마치니 그 지으시던 일이 다하므로 일곱째 날에 안식하시니라** 하신 그 일곱째 날, 안식의 날에, 첫 사람(아담)이 들어갔고, 하나님께서 "선악과는 먹지 말라 먹는 날에는 정녕 죽으리라" 하신 것을, 사단이 그 안식의 날에 들어와 유혹하여 먹었습니다. 그러므로 사단이 하나님과 사람과의 안식을 깨고 그날의 질서를 어지럽혔습니다. 또한, 하나님께서 첫 사람에게 하늘과 땅과 바다의 모든 생물을 다스리고 통치하라 명하신 권세를 사단에게로 넘겨준 것이 되어, 사단이 여섯째 날 동안 창조하신 자연계를 지배하고, 주인 행세하게 되었습니다. 또한, 처음 사람이 육(육체와 정신)의 것을 위해 사단의 말을 듣고 말씀을 불순종했으므로, 이제 그 육(혼의 지정의, 즉 자기, 자아)은 죽음에 내주게 되었고, 그 후손 가인에게서부터는 사단이 육체와 함께 육을 지배하게 되었습니다. 그래서 창조된 육(자아)은 죽음에 내줘야 합니다. 그것이 하나님의 뜻입니다.

그렇기에 사람이 지음을 받은 그 여섯째(금요일) 날, 육의 것 때문에 안식하시는 날 죄를 지었으므로, 사단이 주권을 행사하게 된 여섯째(금요일) 날에, 죄지은 그 육의 자아를 못 박아 죽음에 내주려고, 예수님께서 십자가로 올라가셨습니다. 여섯째 날 금요일에 십자가에 처형을 당하시고, 토요일 그 안식일에, 안식이신, 안식일의 주인이신 예수님께서 죽어서 무덤 속에 장사 되었습니다. **인자는 안식일의 주인이니라**(마12:8, 막2:28, 눅6:5)고 말씀하신 안식일의 주인이신 예수님이 안식의 날 무덤 속에 장사 되었다는 말입니다.

그러면 선악과를 먹으면 정녕 죽으리라 하신 것은 누가 죽는다는 말입니까? 바로 예수님이 오셔서 반드시 죽을 것이라는 말씀입니다.

그러나 예수님이 오셔서 죽기 위해서는 사단에게는 감춰져야 하기에, 하나님께서는 예수님을 예표한 아담에게 말씀하시는 것처럼 하셨다고 말씀드렸습니다. '정녕 죽으리라'는 것은, 예수님이 오셔서 죽는다는 것이므로, 아담은 죽음을 받아들여야 했고, 예수님은 오셔서 아담이 지음을 받던 여섯째 날에 못 박혀 죽으시고, 안식일에는 무덤에 장사지낸 바가 돼야 했습니다.

그런데 이스라엘이 안식일을 거룩히 지키지 않으면 죽는 법 앞에 두려움을 가지고 있었을까요, 없었을까요? 두려움 가운데 있었다고 했습니다. 구약은 안식일을 지켜도 온전한 자유가 없습니다. 혹시 잘못 지켜서 죽임당하면 어쩌나 하는 불안감으로 자유롭지 못한 가운데 지킨 아주 불완전한 법입니다. 그러므로 죽는 법과 사는 법을 가진 것이 바로 안식일입니다. 예수님이 안식일의 주인이라 하신 것은 예수님 자신이 죽는 법이 되신 분이라는 말이요 또한, 사는 법이 되신 분이라는 말입니다. 그래서 죽임을 당하는 이 법을, 죽음이 없는 생명의 법으로 완전케 해주실 메시아(예수님)가 오시기만을 기다려야 했습니다.

그러므로 안식일의 주인이신 예수님께서 안식일에 장사 돼버렸으니, 그러면 그 안식일도 함께 죽었습니까, 죽지 않았습니까? 아니, 여러분! 안식일의 주인이 죽었는데, 안식일이 어떻게 있는 것입니까? 그 날은 예수님과 함께 죽어서 장사 돼버렸습니다. 이제 안식일을 범하여 죽임당하는 그 법과 그 날도 함께 죽었으므로 구약의 안식일은 끝났습니다. 그러면 죽는 법이 되신 예수님이 안식일과 함께 죽으셨으나, 또한 사는 법이 되신 예수님이 언제 다시 사셨습니까? 생명으로 부활하신 날이 언제입니까? 바로 안식 후 첫날에 죽음을 이기시고 생명의 부활로 나오셨습니다. 예수님을 믿는 자에겐 영원한 안식이 되신다는 것이 증명됐습니다. 그러므로 예수님을 믿는 자는 에덴으로 보이신 그 안식, 예수 그리스도로 말미암아 영원히 깨지지 않는 참안식에 들게 된 것입니다. 이것이 하늘 안식에 들이시려고 에덴으로 보이신 안식의 뜻입니다.

창조 때부터 안식을 사모하는 영이 되게 하시고, 사천 년을 거쳐 하나님의 뜻을 그 영들에 알리시고 또 알리시면서, 마침내 예수님께서 오셔서 이루심으로 완성이 되었습니다. 그 일이 마침내 저와 여러분에게까지도 알리신 바가 되었습니다. 그래서 날은 끝났습니다. 불완전한 그 날은 죽음에 들어갔고, 예수님은 다시 살아나셨습니다. 이제 안식일을 지키느냐, 안 지키느냐가 아니라, 예수님 안에 들어와 안식하느냐? 안식하지 않느냐? 이지, 만일에 안식일을 고집한다면, 그는 예수님 안에 들어온 것이 아니요, 예수님을 온전히 부인하는 자입니다. 예수님이 안식 후 첫날, 다시 한 주가 시작되는 첫날에 살아나셨으니 이날은 곧 예수님의 사신 날이요, 예수님의 날입니다. 이제 부활하신 주 예수님을 믿는 우리는 주중 첫날 예수님이 다시 사신 이 날에 모여서 떡을 떼며 예배드리고, 말씀을 듣고 그 말씀으로 복을 받고, 또 성영님이 우리 안에 부활의 생명을 가지고 들어와 계시니, 예수님의 이 생명 얻게 하는 복음을 가지고 나가서 한 주를 승리하며 사는 것입니다.

우리는 우리 안에 예수님의 생명이 있으니 또한 평안함이 있습니다. 예수님이 성영님으로 와 계시면 당연히 안식, 즉 평안함이 있습니다. 안식 안에 있어야 그것이 예수님과 연합된 믿음입니다. 그러므로 마귀가 지배하는 세상을 능히 이기는 것입니다. 구약은 육체만 쉬었지만, 예수님을 믿는 사람들은 그 영에 생명이 들어와 평안이 임하였으므로, 세상의 어려운 일을 당해도 담대할 수 있고, 하늘나라의 소망을 확실히 가지고 아버지 나라를 향해 가는 것입니다. 엡2장에 **그리스도 예수 안에서 함께 하늘에 앉히시니** 했습니다. 나중이 아니라, 미래의 것이 아니라 하늘에 '앉혔다'고 했습니다. 예수 그리스도와 함께 하늘에 들어가 있다는 말입니다. 이미 우리는 하늘에 들어간 것입니다. 이 땅에 있는 동안 육체 안에 있지만, 영으로는 하늘에 들어간, 생명책에 기록된 자들입니다. 여러분이 이 믿음입니까? 하늘의 생명책에 기록된 자, 하늘에 앉은 자가 되었느냔 말입니다(고후13:5). 죽어봐야 안다고 하는 것은, 구원받지 못했다는 말입니다. 이 **앉히시니** 원어 뜻이 '평안에 들어갔다. 안식에 들어갔다'는 말입니다. 이미 하늘에 앉힌 바 되어 평안한 상태, 안식에 들어간 상태를 말합니다. 그러므로 자기 안에 예수 그리스도로 말미암은 평안함이 있다면 구원받은 증거요. 하늘에 앉힌 바 되었음을 의미합니다. 어떤 문제를 만났든 또는 고난 가운데 있다 해도, 누구도 빼앗지 못할 영적인 평안함이 자기 안에 있는가? 없는가? 하는 것에서 예수님과 하늘에 함께 앉힌 바인지 아는 것입니다.

그래서 구약 안식일은 예수님의 죽음과 함께 끝났습니다. 예수님이 오신 이후에는 날이라는 것에 의미가 없습니다. 구약에서 지키라 하신 날에 대한 불완전한 법은, 예수님이 다 완성하시고 폐해졌으므로 이제 날이나 절기, 규례 등 의문에 속한 법은, 이천 년 전에 끝났습니다. 그러나 영원한 규례라. 대대로 지킬지니라. 영원한 언약이라고 하신 그 속에 넣으신 의미는, 영적인 본뜻은, 이제 예수님 안에서 강화

되었습니다. 예수님 안에서 행해야 할 믿음의 법입니다. 하나님의 계시와 언약은 곧 생명입니다. 그러므로 생명을 위한 계시와 언약을 이같이 연결하여 깨달아 예수 그리스도 안에서 믿음이 되고 행함이 돼야지, 성경은 반드시 짝이 있다 했을 때, 이것을 말하는 것이지, 도대체 이스라엘 백성에게 안식일에 일하는 자는 반드시 죽일지니라. 거룩히 지키지 않는 자는 돌로 쳐 죽이라. 하신 것을 신약에서도 지켜야 한다고 나오는 이것이 말이 되는가 말입니다. 도대체 이 무지함이 왜 있습니까? 그런데 오늘날 안식일 지켜야 구원 있다고 고집하고 나오는 자들이 안식일에 하지 않아야 할 것은 다 하고 있으니 다 돌로 맞아 죽을 일이지 살아남을 자 한 사람이나 있겠습니까?

그러므로 신약에 와서 예수님께서 예수님의 날(주일)을 지켜라. 십일조를 해라. 환난 전에 들림 받는다. 이런 말씀을 하셔야 할 이유도, 필요도 없습니다. 신약에 와서 무엇 때문에 그런 뜻을 다시 재현하여 말씀해야 할 이유가 있습니까? 성영님에 의하여 믿는 참믿음은 뿌리가 되는 구약의 말씀에서 그에 대한 본질이 뭔지, 근본 뜻이 뭔지, 연결하여 하나님의 뜻으로 된 그 열매에 대하여 성영님으로 자기 안에서 깨달아 알고, 이미 성영님과 함께 기쁘게 행하는, 확실한 열매로 맺은 믿음이 되는 것이지, 안다고 자부(바리새인 서기관 같은 자들)하는 거짓 믿음(인본)들에 뭐 하려고 신약에서 다시 언급할 이유 0.1%도 없는 것입니다. 성영님에 의한 참믿음은 성영님으로 알기 때문입니다. **미련한 자를 곡물과 함께 절구에 넣고 공이로 찧을지라도 그의 미련은 벗어지지 않는다**는 잠언의 말씀이 있듯이 예수님의 사람은 다 알아듣는 것이니, 여러분이 알아듣는 예수님의 사람이면, 그런 미련한 자 앞에서는 떠나야 할 것밖에는 없다는 것 알기 바랍니다(잠14:7).

그러므로 '신약에 주일을 지키라고 한 곳이 어디 있느냐? 있으면 찾아와 봐라' '신약에 십일조 내라 한 곳이 어디 있느냐? 있으면 찾아와 봐라' '안식일을 지켜야 구원받는다.' '십일조는 십자가에서 폐지됐다.' 하는 이런 귀신의 가르침의 말들로 성경의 뜻, 하나님의 생명 얻게 하시는 뜻을 갈라놓고 잘라내고 토막 내고 하는 짓들을 왜 하는 것인지를 여러분이 심각하게 생각해봐야 할 것입니다. 그것이 하나님과의 사이를 갈라놓는 이간질임에도, 죽을 짓들을 열심히 하고 있는 것입니다. 이제 오늘날 날이나 절기 등 안식일을 가지고 나오는 것, 십일조 폐지됐다고 나오는 것, 다 미혹이요. 그 말에 미혹되는 것은 성경(하나님)의 뜻을 전혀 모르는 무지에 속한 종교인이요. 인본으로 성경을 알고자 한 불쌍한 자일 뿐이라는 것을 알기 바랍니다.

하나님이 생명 얻는 영원한 뜻을 법으로 주신 것은, 바로 예수 그리스도로 말미암아 이루셨고, 이루신 뜻은 이제 예수님 안에서 행할 믿음의 법이 되었습니다. 오늘 이같이 안식일을 완전케 하신 하나님의 전 뜻을 확실하게 열어서 전혀 의심할 여지가 없는 말씀을 드리는 것임에도, 받아들이지 못한다면, 그것은 더 어느 누가 되었든지 상종해서는 안 된다는 것을 분명히 말씀드립니다. 우리는 예수님이 생명으로 부활하신 이 주의 날, 즉 죽음에서 살아나 생명을 얻게 하신 이 '예수님의 날'로 시작합니다. 우리는 이제 예수님 안에서 생명으로 시작해서 영원한 영생으로 들어가는 것입니다. 우리 영혼에 이루어졌습니다. 하나님께서 그것을 우리가 깨달아 알 수 있도록, 이미 창조하신 날부터 예표로 보이셨습니다. 사람들이 눈이 가려 보지 못해서 그 같은 온갖 잡다한 설들을 가지고, 하나님의 뜻을 어지럽히고, 복잡한 성경이 되게 하는 것이지, 성경은 절대로 복잡한 것이 아닙니다. 짝이 있다는 말입니다.

예수님이 생명으로 부활하여 믿는 자에게 생명이 있게 하실 것도, 창조 때 예표로 보이셨습니다. 여섯째 날 동안 창조하시고, 일곱째 날에 안식하셨는데, 그러면 그 날 중에 창조물에 생명이 있게 하신 날이 있었습니까, 없었습니까? 그것이 언제였습니까? 바로 첫째 날입니다. 창1:3-5에서 **하나님이 가라사대 빛이 있으라 하시매 빛이 있었고 그 빛이 하나님이 보시기에 좋았더라 하나님이 빛과 어둠을 나누사 빛을 낮이라 칭하시고 어두움을 밤이라 칭하시니라 저녁이 되며 아침이 되니 이는 첫째 날이니라**고 했습니다. 이 말씀은 여러분이 다 들었으니 설명은 안 합니다만, 여기 **빛이 있었고**는 무엇을 말씀한다고 했습니까? (예수님) 바로 예수님이 창조의 첫째 날에 모든 창조물에 빛을 보내셨다. 즉 흙에서 나는 창조물들에 생명이 있게 하려고 '빛이 있었고' 했습니다. 그러므로 안식하신 일곱째 날은 영원한 하늘나라를 의미하지만, 안식 후 첫째 날은 창조물들에 생명을 부여한 날로써, 바로 예수님께서 부활하신 생명을 주실 것에 대한 예표입니다.

그러므로 예수님이 부활하신 이 주의 날, 즉 주중 첫날인 예수님의 이날에 우리를 죄와 마귀와 사망에서 구원하여 하늘의 생명, 예수 그리스도의 부활 생명을 주신 삼위 하나님께 감사로 예배하기 위하여 모이는 것입니다. 삼위 하나님을 더 깊이 아는 관계가 되고, 말씀대로 사는 능력을 갖추고자 말씀을 듣고 배우려고, 이날에 모이는 것입니다. 생명을 주신 날, 생명의 날, 바로 예수님의 이 날에 우리가 예배하면서, 예수님의 말씀으로 더욱 생명의 풍성함을 얻고 나가서,

한 주간을 살 때 세상에 지배받는 것이 아니라, 이기며 생명을 전하는 것입니다. 세상 믿지 않는 사람들에게, 예수님을 믿고 생명 얻도록 교회로 이끌어 함께 자라가게 하시는 거룩하게 구별된 예수님의 날입니다.

교회들이 부활주일이다, 고난주간이다, 성탄절이다, 하고 열심히 지키는 데 힘쓰고 있지만, 그런 것 또한 하나님의 뜻하신 바가 절대로 아닙니다. 그런 것은 예수님의 뜻엔 없습니다. 그저 인간이 그렇게 하는 것이 마땅한 것 같으니까 하는 것일 뿐, 예수님의 날의 예배가 바로 부활이요 생명이신 예수님을 만난 날이요, 부활하신 예수님의 생명을 우리 영혼에 충만히 얻게 된 날이요 이날에 예배를 드리므로 더욱더 생명의 충만을 얻는 날입니다. 위로부터 내리는 신영한 복을 받는 날이요. 그러므로 점점 더 예수님의 안식 안으로 들어가므로, 하늘 보좌 우편에 계신 예수님과 함께 앉는 복을 얻는 것입니다.

그러므로 이날에 우리 믿는 성도들이 말씀으로 생명을 공급받고, 예배의 복을 받고, 속사람을 능력으로 강건하게 성장시켜 나가도록 마음을 다하고 뜻을 다하고 목숨을 다하여 예배와 예배의 삶이 되도록 힘써야 합니다. 오늘 우리가 예배하는 이 날이 누구의 날이라 했습니까? 예수님의 날입니다. 예수님이 곧 안식입니다. 예수님이 곧 생명입니다. 그래서 이제는 안식일이 필요한 것이 아니라, 예수님 안에 들어가는 것이 바로 안식입니다. 이제는 날과 상관없습니다. 이 예수님의 날은 예수님 밖이 아닌, 예수님 안에 있는 것으로서 영원한 안식을 말합니다. 구약의 안식일은 예수님 밖에 있는 날입니다. 이해가 되기 바랍니다. 그래서 네가 예수님 안에 들어가 예수님으로 말미암아 안식하느냐? 안식 가운데 있느냐? 이것이 오늘 본문 말씀에서 '안식하시니라' 하신 안식의 뜻입니다.

　그러면 한 부분만 정리해보겠습니다. 창조 첫날에, 한 주 시작의 날에 창조물들에 인성(예수님)의 생명을 넣으시는 '빛이 있었고' 했습니다. 그다음 안식 후 첫날에, 한 주 시작의 날에 예수님이 죽음에서 다시 살아나셨습니다. 그다음 안식년 후 처음 해에, 성영님이 예수님의 구원과 생명을 얻게 하시려고 하늘에서 오셨으니, 그러므로 우리는 예수님의 사람이니, 예수님 안에 모여서 예배하고 떡을 떼며 예수님의 죽으심과 사심을 기념하는 것, 절대로 변할 수 없는 성영님으로 된 믿음임을 여러분 모두 아멘으로 받습니까? 또한, 예수님이 다시 오심도 이 예배의 날이 되리라는 것도 여러분 믿어집니까?

　이제 안식과 안식일과 주의 날, 즉 예수님의 날에 대한 관계가 어떻게 되는가에 대하여 여러분이 알게 되었습니까? 여러분의 분명한 지식이 되었나요? 여러분의 믿음이 되었습니까? 그렇다면 '안식하시니라' 하신 예수님의 이 안식에 들어가 안식하는 여러분이 되었기를 바랍니다. 이것이 하늘 아버지의 전 뜻입니다.

　우리로 깨닫도록 도우신 성영님께 감사드리며 말씀을 맺습니다. 오늘도 예수님의 안식이 우리의 안식이 되게 하신 삼위 하나님께 온 영광을 올려드립니다. 아멘

제 6 장
하나님의 결실(알곡)이 될 자가 누구인가?

¹⁰강이 에덴에서 발원하여 동산을 적시고 거기서부터 갈라져 네 근원이 되었으니 ¹¹첫째의 이름은 비손이라 금이 있는 하윌라 온 땅에 둘렸으며 ¹²그 땅의 금은 정금이요 그곳에는 베델리엄과 호마노도 있으며 ¹³둘째 강의 이름은 기혼이라 구스 온 땅에 둘렸고 ¹⁴셋째 강의 이름은 힛데겔이라 앗수르 동편으로 흐르며 넷째 강은 유브라데더라 ¹⁵여호와 하나님이 그 사람을 이끌어 에덴동산에 두사 그것을 다스리며 지키게 하시고

(창2:10-15)

사람이 나이 먹어 늙으면 생기는 것은 자기 고집입니다. 나이가 들면서 노쇠해지면 활발했던 뇌의 기능이 떨어지면서 생각이 좁아집니다. 그래서 자기 고집만 세집니다. 자기 생각이 옳다는 것이 강하게 세워져 버리기 때문에, 자기 생각에 맞지 않은 것들은 받아들이지 않으려는 완고함이 있습니다. 또한, 인지능력이 떨어지니 새로운 것을 받아들인다는 것이 어렵고, 새겨들어지지 않게 됩니다. 듣는 것을 쉽게 잊어버립니다. 돌아서면 잊어버리는 거예요. 그래서 예수님에 대한 믿음을 받아들이기가 어렵습니다. 예수님을 믿지 않겠다고 해서 어려운 것이 아니라, 예수님을 믿는다고는 해도, 예수님을 하나님의 뜻대

로 깨달아 믿는 믿음이 되기가 어렵다는 말입니다. 물론 사람 나름으로 예외는 있겠습니다만, 일평생 살아오면서 이루어진 자기의 완고한 생각의 틀이 그 자신이 되어서 바뀌지 않습니다. 말씀으로 자기 마음을 다스리고, 말씀대로 사는 힘이 되지 않아요. 혹 믿으려고 마음을 다한다 해도 '나는 이제 다 살았으니까, 나는 어떻게 돼도 좋으니 우리 자식들이나 좀 잘되게 해주세요.' 자식들만 잘되게 해주시면 나는 죽어도 괜찮다는 이런 샤머니즘에 있게 되는 겁니다.

그래서 인생 말년에 그것을 깨달은 솔로몬은 전12:1에 **너는 청년의 때 곧 곤고한 날이 이르기 전 나는 아무 낙이 없다고 할 해가 가깝기 전에 너의 창조자를 기억하라**고 했습니다. 정신이 어두워지기 전에 흐려지기 전에 너의 창조자를 기억하라는 것입니다. 기억하라는 것은 하나님을 창조주라는 정도만 머릿속에 기억하라는 말이 아니라, 창조자와 창조자의 행하신 일과 깊은 관계를 맺으라는 말입니다. 사람이 몸이 늙어지면 마음은 원하나 몸이 안 따라줍니다. 모든 것이 곤고해지고 그것을 막을 수도 없고 바꾸어 볼 수도 없습니다. 눈도 귀도 치아도 기능이 쇠하고, 망가지고, 허리도 팔도 다리도 힘이 떨어지니 사는 것이 힘들고 어렵습니다. 정신도 흐릿해지고 어두워집니다. 그래서 사람이 헛되고 헛된 것을 붙잡으려고 일생 거기에 매여 쫓아가다가 늙게 되면, 곤고한 날이 이르게 되면, 그때는 예수님을 믿으려 해도 이미 때는 늦었습니다. 믿음이 되지 않습니다. 예수님을 알 수도 깨달을 수도 순종할 수도 없게 돼 버리는 것입니다. 그래서 청년의 때, 정신이 건강하여 힘이 있고 활발할 때에, 내려놓을 힘이 있고, 받아들일 수 있고, 깨달을 수도 있고, 새겨들을 수도 있고, 새김질할 수도 있는 그 청년의 때, 젊을 때에 너의 창조자를 기억하여, 영혼으로 하나님을 아는 지식을 가지고 하나님의 뜻대로 사는 것에 전념하라는 것입니다. 그것이 사람의 본분이라고 했습니다.

신17:19에 **평생에 자기 옆에 두고 읽어서 그 하나님 여호와 경외하기를 배우며 이 율법의 모든 말과 이 규례를 지켜 행할 것이라** 하셨고 신6:4-5에 **이스라엘아 들으라 우리 하나님 여호와는 오직 하나인 여호와시니 너는 마음을 다하고 성품을 다하고 힘을 다하여 네 하나님 여호와를 사랑하라**고 했습니다. 또한, 자녀에게도 부지런히 가르치라 하셨고 엡6장과 골3장에 "아비들아 너희 자녀를 노엽게 하지 말라 격노케 하면 낙심할까 함이니 오직 주의 교양과 훈계로 양육하라." 명하셨고 또한 그 가르침을 받는 자녀들은 주 안에서 모든 일에 부모에게 공경하여 순종하라고 했습니다. 그것이 옳은 일이요. 주 안에서 기쁘게 하는 일이요. 땅에서 잘되고 장수하는 일이라고 하셨습니다. 그래서 젊을 때에 예수님을 믿는 것은 진짜 복 중의 복입니다. 그런데 문제는 젊을 때에 믿었다고 해서 무조건 다 복 중의 복을, 복으로서 결실하는 자가 그리 있을까 하는 겁니다. 예수님을 믿는다는 것은 예수님으로 결실이 돼야 함을 말합니다. 믿음은 그 결실을 향해가는 것입니다. 그래서 하나님께서 창조를 통해서 우리 믿음은 결실이라는 것, 결실이 있게 하시는 것에 대해서 오늘 본문에 네 개의 강으로 말씀하여 주신 것입니다.

하나님께서 천지 만물을 창조하신 후 에덴동산을 따로 창설하셨습니다. 사람의 눈으로는 볼 수 없는 영적 세계, 그 하나님의 나라, 오직 성영님에 의해서만 보고 아는 하나님 아버지 계신 나라, 육체를 벗고 가야 하는 그 천국이 있음을 알게 하시려고, 그같이 천국을 예표한 에덴동산을 이 땅에다 모형으로 창설하셨습니다. 그래서 낙원이요, 기쁨이요, 행복의 동산으로 불리는 그 에덴을 창설하시고, 그곳에 첫 사람 아담과 하와를 이끌어 들이셨습니다. 그들로 그 안식을 경험케 하시고, 이제 사람이 하늘에 들어가 안식하려면, 하나님이 주시는 은혜가 있는데, 그 은혜를 받아들여 그 안에 들어와야 함을, 창조 속에 넣으신 것으로 알게 하셨습니다. 그리고 그 에덴을 경작하라, 가꾸어 나가라고 하셨습니다. 하늘로부터 주시는 것을 사모하여 깨달아 알고, 받아들여 믿음을 잘 가꾸고 경영함으로써 영적인 결실이 있게 하라는 것입니다.

하나님께서 천국의 모형인 에덴동산을 창설하시고, 희미하게나마 그 천국을 경험케 하시더니, 그다음 진짜 천국이신 예수님께서 오셔서 천국의 문을 여시고, 그다음 성영님으로 오셔서 예수님을 믿는 자들 안으로 들어오시니, 천국의 영생으로 들어갈 결실이 되고, 그다음 육체의 장막을 벗으면 아버지 계신 그곳, 영원히 거하는 진짜 천국에 들어가는 것을 알게 하셨습니다. 오늘 본문이 바로 영적 결실에 대한 말씀입니다. 우리가 참으로 믿으면 하나님의 결실이 됩니다. 그러므로 여러분이 하나님의 결실인지 오늘 말씀으로 자신을 점검해보기 바랍니다.

창설하신 에덴 안에 네 개의 강이 있고, 강마다 각각 이름을 주셨습니다. 땅에서 사는 모든 피조물은 물이 없으면 살지 못합니다. 모든 나무도 가물어 메마르면 말라죽거나 열매를 맺지 못합니다. 그러나 물가에 심긴 나무는 가뭄이 들어도 시들지 않고 열매를 맺듯이, 그같이 물가에 심긴 나무처럼, 오늘 이 생명수와 같은 네 개의 강으로 하나님께 심긴 자는 최고, 최대, 최상의 복된, 하나님의 결실이 된다는 것을 가르쳐주고 있습니다.

10에 **강이 에덴에서 발원하여**는 이 생명수와 같은 네 개의 강이, 창조된 모든 생명체에 살게 하는 에너지로 풍성한 결실을 주고 있는 것같이, 우리 사람도 하나님에게서 오는 것을 받아들여야만 살게 되었는데, 그 하나님께 뿌리를 내려야 한다는 말입니다. 그리할 때, 하나님으로부터 참생명을 얻고, 그 생명의 참안식으로 행복함을 얻고 영생하게 한다는 것을 알도록 하셨습니다.

그다음 **동산을 적시고**는 문자 그대로 하면, 천국의 모형인 '에덴동산을 적시고'입니다. 이 네 개의 강에 대한 뜻이 바로 결실하게 하는 천국의 요소입니다. 결실하는 천국의 요소를 알게 하려고 에덴동산을 창설하셨으니, 이제 우리가 '에덴동산을 적시고' 하신 하늘로부터 흘러와 적시고 뿌리를 깊게 내리게 하는, 그 결실하는 천국의 요소를 알아야 합니다. 그것이 바로 우리에게 남기라고 주신 달란트(마25장)의 일이기 때문입니다. 여기 '에덴동산을 적시고' 하는 것은 이제 하나님께서 사람을 구원하시는 뜻을 넣으시기 위해, 친히 세우시고 기르신 이스라엘에 대한 예표요 계시입니다. 하나님께서 세우신 이스라엘에 대한 계시라는 말입니다.

하나님께서 죄인을 구원할 뜻을 세우시고, 그 일을 이루시려고, 섭리하신 점진적인 역사에 관하여, 성영님께서 가르치시고 보이시니, 에덴을 창설하여 뜻을 넣으신 것은 바로 이스라엘을 세워 사람을 구원하시는 뜻을 넣으실 예표라는 것을 곧 알 수가 있습니다. 에덴동산은 천국의 모형이요. 또한, 이스라엘을 세워 천국의 뜻을 넣으시고, 넣으신 그 뜻이 온 세상으로 흘러들어 가게 하여, 인류가 구원 얻게 하시는 하나님의 전 우주적인 뜻임을 말한다는 말입니다. 에덴동산이 천국을 상징하면서 이스라엘에 대한 계시라는 것 알아듣습니까? 하나님께서 그 뜻을 넣어 믿음의 조상이 될 아브라함을 불러 세우시고, 그 후손에게 흘러 적시고 또한 온 땅으로 흘러가게 할 것에 대한 예표요, 계시입니다. 젖는 것이 무엇인지 여러분 이해하지요? 더 설명합니다. 이스라엘이 바로 하늘의 뜻을 심으신 하나님의 동산입니다. 하나님의 동산 안에 넣으신 하나님의 포도원이에요. 성경에 포도원 비유 있잖습니까? 바로 하나님의 동산 안에 심긴 포도원을 의미합니다. 그래서 이스라엘에 심으신 에덴동산의 뜻, 바로 예수 그리스도이신데, 예수님으로 주시는 결실이 구체적으로 나타난 것이 바로 성전입니다. 성전이 되는 것이 하나님의 뜻임을 정확히 보이셨습니다. 그래서 성전이 돼야 하는 것이 하나님의 결실입니다.

그다음 **동산을 적시고 거기서부터 갈라져 네 근원이 되었으니**는 하나님께서 세우신 그 이스라엘을 중심으로 하여 땅의 동서 사방 온 인류에게로 흘러가게 됨을 의미합니다. 그래서 온 땅, 온 인류에게로 흘러갈 그 하나님의 것이 무엇인가를 네 개의 강으로 정확히 알게 하셨습니다. 네 개의 강의 근원지는 하나님이요, 그 강마다 두신 하늘에서 오는 뜻을 이스라엘에 넣으시고, 넣으신 그 뜻이 동서 사방으로 흘러가서 사람들 속에 이루어지는 것임을 말한다 하는 것 이해됐습니까? 그러면 **첫째 강의 이름은 비손이라** 했는데 히브리 단어 '비손'의 뜻은 '부유' 또는 '풍부'입니다. 그리고 강은 '충만' 또는 '흘러넘친다.'입니다. 하나님의 영적인 부유가, 하나님께 있는 그 풍부함이 오직 하나님으로 사는 자, 하나님께 심긴 자에게로 흘러들어 가 풍족하게 적시게 되니 부유를 이룬다는 말입니다. 하늘의 참 것을 풍부하게 소유한다는 의미입니다.

그리고 비손이라는 그 강이 **금이 있는 하윌라 온 땅에 둘렸으며** 12에 **그 땅의 금은 정금이요** 했습니다. 그 같이 하나님의 것으로 부유를 이루는 것이 바로 금입니다. 금으로 부유하고 금으로 풍부하게 된다는 것입니다. 여기서 금이라고 한 것은, 우리가 아는 그 금을 비유한 것인데, 영적인 믿음, 우리 믿음을 말합니다. 하나님께서는 우리가 아는 것, 삶의 밀접한 것을 들어서 하나님의 일을 말씀한다는 것, 다 알고 들으신 줄로 생각합니다. 여러분도 금이 재물로서 든든한 가치를 둔 것이기에, 소지도 했을 것입니다. 그런데 그 금이 많아서 부유라고 하는 것이 아니고, 하나님에 대한 우리의 믿음입니다. 세상에서도 금은 재물로 최고의 가치를 둡니다. 왜 가치를 둡니까? 풀무 불에 몇 번 들어가 단련되어 나온 금은 어떤 경우에도 변하지 않기 때문입니다. 그렇듯이 **그 땅의 금은 정금이요** 한 금은 영원히 변치 않는 하나님의 믿음을 말합니다. 또한, 하나님에게서 오는 믿음은 단련이 있다는 것을 의미합니다. 믿음은 반드시 단련되어 나오는 것인데, 그 단련의 과정을 거치고 나오는 것을 정금(영적 부유), 순금이라고 합니다.

하나님께 죄를 범하고 떠나 산 인간은 스스로 하나님께 돌아올 수가 없게 되었습니다. 하나님 쪽에서 찾아오시지 않으면, 하나님을 만날 길은 도무지 없게 되었습니다. 그래서 하나님께서 사람에게로 찾아오셨는데, 그것은 하나님 자신을 계시하신 말씀, 성경입니다. 인간이 하나님을 만날 방법은 오직 성경 말씀을 받아들여 믿는 것입니다. 하나님을 믿을 수 있는 것, 하나님을 만날 수 있는 것, 다른 방법으로는 없습니다. 하나님이 주신 방법, 바로 성경 말씀을 믿는 그 믿음으로만 하나님을 알고 만나고, 나를 알고 하늘의 복을 얻는 것입니다. 말씀을 믿고 받아들여 삶이 될 때에, 하나님의 풍부한 복이 흘러들어와 나에게서 나타나는 것입니다.

그 영적 부유의 복은 그저 하나님 말씀을 믿는다는 것에 있는 것이 아니라, 단련되어 나온 믿음에 있습니다. 앞에서 말한 대로 정금은 금을 말하는 것이지만, 그 의미상으로는 조금 다릅니다. '정금'하는 것은 풀무 불에 몇 번 들어갔다 나오는 과정을 통해 모든 불순물이 깨끗이 제거되었다. 제련되었다는 뜻에서 정금이라 하듯이, 하나님께서 주신 믿음은 그 같은 연단을 거쳐서 나온다는 것을 의미합니다. 하나님이 세우신 이스라엘이 그 믿음을 위해서 풀무 불에 단련된 정금 같은 연단을 받았습니다. 그 연단으로 이스라엘이 정금 같은 믿음(신앙)으로 나온 것입니다. 그러면 그 믿음의 결실, 열매가 무엇입니까? 바로 예수님이 결실, 열매입니다. 예수님이 이스라엘의 연단된 신앙에서 나온 열매입니다. 그래서 예수님을 믿는 것은 여러분! 믿는다는 말로 되는 것이 아니라, 육에서 나와 하나님의 믿음(영적 믿음)이 되는 연단에 있습니다. 예수님과 연합을 이루는 믿음이 되는 연단이 있습니다. 영적 부유의 믿음을 위해 하나님께서 연단하십니다. 오늘 네 개의 강과 강이 에덴에서 발원하여 하신 말씀을 통해서, 곧 하나님의 보좌로부터 흘러내리신 믿음으로 땅(마음)을 적시고 그 믿음이 부유토록 풍부의 복을 얻게 하시는 연단이 있다는 것을 가르쳐주신 것입니다. 육이 죽고 영으로 사는 연단이 있는 것입니다.

그다음은 **베델리엄과 호마노도 있으며** 인데 "베델리엄"은 '영적인 행복, 하나님에게 있는 풍성한 생명과 그 생명 안에 있는 천국의 충만한 모든 빛 된 요소들'을 말합니다. 그 엄청난 복이 하나님께 있어 그 복을 얻게 하시는 믿음의 연단이, 하늘로부터 내려온다는 뜻입니다. 사람이 하나님께로 들어가는 하늘 생명, 인간이 추구해야 하는 것은, 그 영적 생명이요, 그 생명 안에 있는 행복으로써, 하나님 안에 감춘 것처럼 있는 그 복은 연단된 믿음에서 얻는 것이요, 그 생명을 얻는 것이 하나님께로 들어가는 영원한 행복임을 말합니다. 또한 "호마노"는 '하나님의 의로움'입니다. 인간이 의가 있었는데 선악과 먹고 죄지어서 의를 잃은 것이 아닙니다. 이렇게 말하는 것 듣고 받아들이면, 다 사단의 편에 서서 있는 것으로서 지옥 자식이 됩니다. 사단이 선악과를 먹도록 속인 것과 비중이 같기 때문입니다.

인간은 죄짓기 전부터 하나님께 들어가는 의가 없습니다. 여러분에게 이것이 확실하게 이해가 돼서 마음에서부터 동의가 일어나야 바른 믿음이 됩니다. 마음에 거부 있으면 하나님과 관계없는 자기 믿음입니다. 인간이 하나님께 지음을 받았어도, 하나님의 형상과 모양을 따라(닮은 자로)서 지음을 받은 것이지, 하나님과 같은 것이 아닙니다. 그러므로 하나님께 들어갈 의는 창조된 인간에겐 없습니다. 피조물이므로 하나님의 의가 없다는 말입니다. 하나님께로 들어가는 의는 오직 하나님께만 있습니다. 그래서 사람이 하나님께 들어가는 의가 있어야 하는데, 그 의가 하나님께 있다는 것을 '호마노도 있으며'로 가르쳐주신 것이고, 또한 하나님 자신이 '의'요, 사람의 의가 되어주신다는 의미입니다. 사람이 하나님께 들어가는 의를 내려주신다는 의미라는 말입니다. 아셨습니까?

그다음 13에 **둘째 강의 이름은 기혼이라** 했습니다. "기혼"의 뜻은 "은혜"입니다. 하나님이 거저 주시는, 값없이 주시는 은혜가 있는데, 그 은혜를 차고 넘치게 주신다는 뜻입니다.

창2:9에서 **동산 가운데는 생명 나무와 선악을 알게 하는 나무도 있더라** 하셨고 17에 **선악을 알게 하는 나무의 실과는 먹지 말라 네가 먹는 날에는 정녕 죽으리라** 하셨습니다. 그러면 생명 나무는 누구를 상징합니까? 생명이신 예수님입니다. 그래서 동산 가운데 생명 나무를 두신 것은, 첫 사람이 선악을 알게 하는 실과를 먹고 '정녕 죽으리라'를 받아들이면, 동산 가운데, 즉 하늘 보좌에 살리는 은혜가 있는데, 그것이 곧 생명입니다. 다시 말해 먹지 말라는 말씀을 어긴 죄는 하나님이 대신 값을 깨끗이 치르시고, 용서와 생명을 주시는 은혜를 베푸시고, 영원한 하나님의 나라로 들여 함께 산다는 뜻을 기혼강에다 넣으심으로써 그 은혜가 충만하여 차고 넘치는 은혜인 것을 알게 하셨다는 말입니다.

그다음 **셋째 강의 이름은 힛데겔이라** 했습니다. '티그리스'라고도 합니다. '힛데겔'은 '능력'입니다. 하나님께서 능력을 주신다는 말입니다. 빌4:13에 **내게 능력 주시는 자 안에서 내가 모든 것을 할 수 있느니라** 했습니다. 엡3:16에 **그 영광의 풍성을 따라 그의 성영으로 말미암아 너희 속사람을 능력으로 강건하게 하옵시며** 했습니다. 고전 4:19,20에 **하나님의 나라는 말에 있지 아니하고 오직 능력에 있음이라** 했습니다. 말만 하는 것이 아니라 나타나는 것이라는 말입니다. 그래서 믿는다는 사람이 따라 나타나는 능력이 없으면, 하나님의 나라가 그 안에 없든지 희미하든지 하기 때문이라는 것 그냥 알 수 있습니다.

그러면 능력이 무엇입니까? 믿는 자에게서 나타나야 하는 것, 죄를 이기는 능력입니다. 세상을 이기는 능력, 세상을 사랑하지 않는 능력입니다. 원수를 용서하는 능력입니다. 원수, 즉 악한 마귀의 모든 능력을 제어할 권세입니다(눅10:19). 믿음의 능력입니다. 돈을 사랑하지 않는 능력입니다. 영혼을 사랑하는 능력입니다. 병이 치료되는 능력입니다. 최소한 자기 몸의 병을 물리치는 능력이에요. 귀신을 쫓아내는 능력입니다. 세상에 속지 않는 능력이에요. 삼위되신 하나님을 사랑할 능력입니다. 말씀을 순종할 능력입니다. 성영님의 열매가 나타나는 능력이에요. 그래서 쭉정이가 되지 않는 능력입니다. 하나님의 나라는 능력의 연속입니다. 그래서 **그 영광의 풍성을 따라 그의 성영으로 말미암아 너희 속사람을 능력으로 강건하게 하옵시고** 하셨습니다. 이 모든 능력이 '성영으로 말미암아서'라고 했습니다.

그다음 **넷째 강은 유브라데더라** 했습니다. '유브라데'의 뜻은 '결실'입니다. 바로 하늘의 하나님은 결실을 위해 사람을 지으시고, 일하신다는 의미입니다. 인간이 땅의 삶으로 끝나는 것이 아니라, 하나님이 창조하신 이 땅은 알곡을 얻기 위해 곡식을 심으신 밭과 같은 곳인데, 이 땅에다가 하늘 생명의 씨를 심어서 자라게 하여 알곡이 되면, 그 알곡은 모아 하늘 창고로 들이시고, 쭉정이는 불에 태우신다는 것입니다. 그래서 하나님의 역사를 자세히 들여다보면, 농부가 농사짓는 이야기와 같습니다. 씨 뿌리고 싹이 나 자라서 알곡을 내는, 그 결실의 목적을 위해서 일하고 계심을 알 수 있습니다. 그렇기에 하나님께서는 이 같은 하나님의 뜻을 잘 배우고 깨달아, 하나님의 결실이 되기를 원하신다는 것을, 결실이라는 이름의 유브라데를 통해서 알게 하셨습니다. 오늘날 믿음을 위해 사는 자에게 하늘의 것으로 결실이 있게 하시려고, 성영님께서 오셔서 믿는 자 안에서 일하시는 것이요, 돕고 계십니다. 그러므로 우리가 참으로 믿으려면, 믿음의 색깔을 분명하고 명확하게 해야 합니다. 검은색인지 흰색인지 색깔이 분명해야 한다는 말입니다.

그리고 창2:15에 **여호와 하나님이 그 사람을 이끌어 에덴동산에 두사 그것을 다스리며 지키게 하시고** 했습니다. 에덴 안에 있는 것들을 다스리며 지키게 하셨다는 말입니다. 하나님께서 에덴의 것들을 다스리며 지키라고, 창조한 사람에게 일을 주셨습니다. 에덴 안에 들어 온 사람에게 일하라 명하셨습니다. 그러면 여러분은 에덴 안에, 즉 천국의 터 안에 들어오지 않았습니까? 그래서 천국이 온전케 되려면 일하라고 일을 주셨으니 명대로 일을 해야 하잖아요? 그러면 누구를 천국이라 합니까? 예수님입니다.

그러므로 천국이신 예수님으로 온전히 세워지려면, 예외 없이 일하라는 것입니다. 에덴은 일하는 곳이라고 하는 것을 '다스리며 지키게 하셨다'는 말씀으로 확실히 가르쳐 주셨습니다. 하나님께서 이스라엘도 에덴의 일 하라고 부르셨어요. 그리고 하나님의 포도원이 되어 일하라고 보내셨습니다.

그러면 무슨 일을 하는 것입니까? 이 땅에서 잘 먹고 잘살기 위해, 성공하고 부귀명예 얻기 위해 열심히 일하라는 것일까요? 만일에 그런 일에 인생을 걸면 그것은 영원한 불못으로 들어갈 것밖에는 없습니다. 제자들이 예수님께 하나님의 일을 어떻게 하느냐 물으니 예수님이 뭐라고 하셨습니까? **하나님의 보내신 자를 믿는 것이 하나님의 일이니라** 하셨어요(요6:29). **영생은 곧 유일하신 참 하나님과 그의 보내신 자 예수 그리스도를 아는 것이니라**고 하셨습니다(요17:3). 그러므로 예수 그리스도를 믿고 아는 것, 이것이 하나님이 일하라는 것입니다. 예수 그리스도를 아는 것에는 오늘 말씀이 가르치는 이 모든 뜻이 여러분에게 그대로 받아들여져야 합니다. 창조의 모든 뜻이 여러분의 믿음의 말씀이어야 합니다. 그러면 이 일을 안 하는 것은 그에게 천국이 있겠습니까? 없는 것입니다. 제가 여러분에게 예수님을 믿고 아는 일에 하나가 되기 위해서, 이같이 열심히 말씀을 가르친다 해도 듣지 않으면, 함께 일하지 않으면 그에겐 예수님 없습니다. 천국 없는 것입니다. 그래서 오늘도 우리가 하나님의 명을 따라, 열심히 말씀을 배우는 것으로 일하는 것입니다.

여기서 **다스리며 지키게 하셨**다고 하는 것은 여기 에덴을 가꾸어 나가라는 뜻입니다. 에덴으로 주신 하나님의 뜻이 너 자신에게 온전케 되도록 경작하라, 일하라, 말입니다. 이 네 강을 통해서 주시는 하나님의 뜻을 알고, 즉 하나님이 믿음을 주시고, 그 크신 은혜를 주시고, 능력이 있게 하시고, 결실하게 하시는 이 같은 뜻을 잘 깨달아 알고 받아들여 능력이 되도록 자기의 믿음을 잘 가꾸고 경작함으로써 영적인 결실이 있게 하라는 말입니다. 에덴의 믿음, 에덴을 소유한 성소의 믿음, 하나님과 같은 믿음이 되라는 것입니다. 영적으로 부유할 수 있는 생명의 풍성을 얻을 권리, 하나님의 믿음을 가질 수 있는 권리, 의로 살 수 있는 권리, 영적인 행복을 소유하고 그 기쁨을 누리며 살 수 있는 권리를 줬다는 것입니다. 그러므로 이 권리가 내게 주어졌으므로 하나님의 이 모든 뜻이 성영님으로 내 것이 되었으니 나는 거룩한 자요, 나는 왕 같은 자요, 나는 존귀한 자가 된 것입니다. 내가 예수님 까닭에 당당한 주인 된 능력이 되었으니, 쫓아야 할 것은 쫓아버릴 수 있고, 받아들이지 않을 것은 받아들이지 않을 수 있고, 받아들일 것은 받아들일 수 있는 능력, 가야 할 곳과 가지 말아야 할 곳을 아는 능력, 먹어야 할 것은 먹고, 먹지 않아야 할 것은 단호히 먹지 않는 능력, 세상이 나를 조종할 수 없고, 환경도 나를 무너지게 할 수 없고, 물질이 나를 유혹할 수 없고, 그런 것들을 지배하는 것입니다. 세상에, 사람에게, 물질에, 사단에 끌려 다니지 않고 종노릇하지 않는다는 말입니다.

영적 부유가 이루어진 것은 바로 주인 되는 능력입니다. 하나님의 것을 소유한 능력, 하나님의 생명을 소유하고, 치료를 소유하고, 하나님의 평안과 기쁨을 소유하고, 하나님의 능력과 자녀의 권세를 소유한 능력입니다. 그것은 세상과 귀신을 지배하는 능력이요, 주인 되는 능력입니다. 성영님으로 말미암아 모든 것을 판단하고 분별하는 능력이고, 당당한 주인 되는 것입니다. 그러므로 세상 물질을 많이 가지기를 원하기 보다는 영적 능력을 원하는 것입니다. 이처럼 자기의 믿음을 잘 경작하고 가꾸어 나가는 자는, 나이 먹어 늙었을 때도 지혜가 살아 있고, 의와 평강과 희락의 그 영적 결실로 사는 것입니다.

고후 4장에 나이가 들어가면 겉 사람은 후패하지만, 속사람은 날로 새로워진다고 했습니다. 영의 사람, 속사람은 늙는 것도, 기력이 쇠하는 것도 아니요, 죽는 것도 아닙니다. 영의 사람 속사람은 영원히 존재합니다. 우리의 믿음이 예수님으로 뿌리를 내리고, 예수님의 진액을 받아들여 자라면, 믿음을 가꾸고 경작해 나가면, 영적 부유가 이루어져 하나님의 것으로 결실하여 늙어도 그 속사람의 영광으로 사는 것입니다. 자기의 고집으로 살지 않습니다. 날로 새로워진 속사람이 그 자신이니, 속사람의 능력으로 사는 큰 복이 있는 것입니다. 백발이 성성해도 그 속에 하나님의 지혜가 있고, 의의 능력이 있고, 평안과 희락의 행복이 있으니, 다른 사람에게도 그 영향을 끼쳐 줌으로써 하나님을 드러내는 것입니다. 시편 92편에 여호와 하나님께 심긴 자는 늙어도 결실한다고 했어요. 진액이 풍족하고 빛이 청청하여 여호와의 정직하심을 나타낸다고 했습니다. 바로 영적인 속사람에 이루어진 영적 부유의 복을 말씀한 것입니다. 겉 사람은 늙었어도 영적인 사람은 하나님의 것으로 받아들인 진액이 풍족하여 그 빛이 늙어서 퇴색된 빛이 아니라 아주 청청하다고 했습니다. 그래서 하나님께서 말씀하신 복을 그대로 드러낸다고 하는 것입니다.

시편 1편에 복 있는 사람이 누구냐? **악인의 꾀를 좇지 아니하며 죄인의 길에 서지 아니하며 오만한 자의 자리에 앉지 아니하고 오직 여호와의 율법을 즐거워하여 그 율법을 주야로 묵상하는 자**라고 했습니다. 그러니까 복 있는 사람의 복이 어떻게 나타나고 있습니까? **저는 시냇가에 심은 나무가 시절을 좇아 과실을 맺으며 그 잎사귀가 마르지 아니함 같으니 그 행사가 다 형통한다**고 했습니다. 그러므로 복이 따르는 이유가 뭡니까? 복 있는 사람이기 때문이라는 것 아닙니까. 그래서 자신을 보지 못하면서 무조건 복, 복 하는 것은 다 종교인입니다. 하나님께서는 믿는다는 사람들이 모양만 있는 껍데기로 있는 것을 원하지 않습니다. 그것은 저주입니다. 속사람의 능력을 갖춰야 합니다. 교회도 모양만 갖춘 것이 아니라 능력이 흘러넘치는 교회가 되어야 합니다.

그러면 첫째 강 비손이 말씀하는 영적 부유이신 분이 누구입니까? 예수님입니다. 하늘의 풍부이신 분은 누구입니까? 예수님입니다. 생명이시며 생명 안에 평안과 기쁨의 행복을 주시는 분이 누구십니까? 우리의 의가 되시고 의로 사는 능력을 주시는 분이 누구세요? 둘째 강 기혼이 말씀하시는 그 은혜를 우리가 입은 것은 누구로 말미암은 것입니까? 넷째 강 유브라데가 말씀하는 결실에서 하나님의 처음 결심이 누구입니까? 바로 예수님입니다. 그래서 우리도 예수님 안에서 하나님의 결실이 되는 것입니다. 예수님과 하나 된 알곡이어야 합니다. 셋째 강 힛데겔로 말씀하는 능력이신 분이 누구입니까? 예수 그리스도입니다. 그러므로 예수님으로 말미암아 능력을 갖춘 것이 하나님의 결실, 알곡입니다.

하나님께서 따로 창설하신 에덴동산으로 가르치시는 이 모든 것은 첫째, 예수님을 말씀하는 것이요, 그래서 동산 중앙에 생명 나무를 두신 것은 에덴(천국)의 중심은 바로 예수님이라는 것을 가르치는 것이요, 그 예수님을 이스라엘 성전(예수님)으로 알도록 하셨습니다. 그렇기에 성전이 곧 예수님이신 것을 알아야 하고, 그 성전에서 보이신 번제단의 믿음과 물두멍의 행함(회개)을 거치고, 성소로 들어가 하나님의 이 모든 뜻이 이루어진 능력이 돼 있어야 합니다. 그래서 믿음의 결실이 백 배 육십 배 또는 삼십 배라고 하신 것 아니겠습니까?

우리는 이스라엘 밖의 이방인입니다. 이방인으로 예수님을 믿게 된 우리는 예수님께 접붙여진 가지입니다. 이스라엘 중에 예수님을 메시아로 영접한 그들은, 예수님에게 접붙여진 가지가 아니라, 메시아 언약을 가지고 자라 왔으므로 예수님께 붙은 가지라고 했습니다. 그런데 우리 이방인은 접붙여졌다는 것입니다. 그래서 접붙여진 가지가 살기 위해서는 뿌리로부터 올라오는 그 나무의 진액을 받아들이고 빨아들여야 합니다. 받아들이지 않고 빨아들이지 않으면, 그 가지는 그냥 말라붙어 저절로 떨어져 버립니다. 그러니까 접붙여진 가지가 몸살을 앓더라도, 힘이 들어도 뿌리로부터 올라오는 진액을 빨아들여야 후에는 그 나무의 가지가 되어서 열매를 맺게 되지 않겠습니까? 이방인인 우리가 예수님을 믿는 것은 접붙여진 가지의 이치와 똑같은 것이니, 이 창조에서부터 말씀하는 예수님, 전 성경이 말씀하는 예수님의 진액을 자꾸 받아들이고, 계속 빨아들여야 합니다. 이스라엘에 넣으신 하나님의 성전을 통해 보이신 예수님을 받아들여서 사는 힘이 되고 마침내 튼튼하게 붙은 가지가 되고, 예수님의 가지로 하나가 되어서 열매를, 즉 과실(예수님과 예수님 안의 것들)을 맺어야 합니다. 성영님의 아홉 가지 열매인, 예수님의 성품의 열매를 맺어야 합니다.

그래서 자기가 예수님께 잘 붙어서 그 진액을 공급받고 있는지, 간당간당하게 붙어서 마른 가지와 같은 것은 아닌지, 성영님의 열매로 비춰볼 수가 있잖습니까? 사랑과 희락과 화평과 오래 참음과 자비와 양선과 충성과 온유와 절제(갈5:22), 이 성영님의 열매는 예수님의 성품으로 변화를 받아 나타나는 것을 말합니다. 예수님의 말씀을 깨달아 알고 내게 적용하므로 나타나는 것입니다. 그것은 또한 하나님의 성품입니다.

오늘 에덴에 있는 네 개의 강을 통해서, 우리에게 주시는 결실이 무엇인가를 알아보았습니다. 그래서 자기 믿음을 가꾸고 경작함으로 자라가야 하는 것, 오직 하나님이 원하시는 뜻대로 믿음이 되어야 한다는 것, 여러분이 이제 분명히 아셨습니다. 이 믿음을 위해서 더욱더 수고하고 노력하여 하나님 아버지의 뜻대로 된 믿음이 되고, 하나님의 결실, 알곡이 되기를 바랍니다.

오늘 말씀은 여기서 맺습니다. 말씀을 깨닫게 하시고 전하게 하신 아버지와 아들 예수님과 성영님께 영광을 돌립니다. 아멘

제 7 장
선악과는 생명과 사망을 아는 지식의 나무

⁸여호와 하나님이 동방의 에덴에 동산을 창설하시고 그 지으신 사람을 거기 두시고 ⁹여호와 하나님이 그 땅에서 보기에 아름답고 먹기에 좋은 나무가 나게 하시니 동산 가운데에는 생명나무와 선악을 알게 하는 나무도 있더라

(창2:8-9)

¹⁶여호와 하나님이 그 사람에게 명하여 가라사대 동산 각종 나무의 실과는 네가 임의로 먹되 ¹⁷선악을 알게 하는 나무의 실과는 먹지 말라 네가 먹는 날에는 정녕 죽으리라 하시니라

(창2:16-17)

²²여호와 하나님이 가라사대 보라 이 사람이 선악을 아는 일에 우리 중 하나같이 되었으니 그가 그 손을 들어 생명나무 실과도 따 먹고 영생할까 하노라 하시고 ²³여호와 하나님이 에덴동산에서 그 사람을 내어 보내어 그의 근본 된 토지를 갈게 하시니라 ²⁴이같이 하나님이 그 사람을 쫓아내시고 에덴동산 동편에 그룹들과 두루 도는 화염검을 두어 생명나무의 길을 지키게 하시니라

(창3:22-24)

오늘 말씀 제목이 〈선악과는 생명(하나님)과 사망(사단)을 아는 지식의 나무〉입니다. 오늘날 기독교가 선악과에 대한 하나님의 생각과 의도를 바르게 깨닫지 못한 일로 인해, 잘못 믿고 있는 큰 병폐가 되어 있습니다. 너무나 안타까운 일이 아닐 수가 없습니다. 여러분은 이제 선악과에 대한 분명한 뜻의 바른 가르침을 받게 되었으니 복을 크게 받은 영혼입니다. 하나님의 형상을 따라 지음을 받은 사람은 영과 혼과 육체로 구성되었습니다. 영과 혼과 육체는 받아들여야만 살게 된 존재로 창조됐다는 것, 모두 다 아십니다. 창2:7에서 **사람이 생령이 된지라**의 생령이 이것을 말한다고 말씀드렸습니다. 흙으로 된 육체는 흙에서 나는 것을 받아들여야 힘을 얻어 살게 되었고, 정신, 즉 혼은 지식을 받아들여야 살게 되었고, 영은 하나님의 말씀을 받아들여야 살게 되었습니다. 하나님께서 영과 혼과 육체로 된, 받아들여야만 살 수 있는 생령을 지으시고 창1:29에 육체를 위해서는 모든 열매와 채소를 먹으라 하셨고, 혼, 정신을 위해서는 창1:26-28에서 하늘과 땅에 움직이는 생물 동물 할 것 없이 창조된 모든 것들을 다스리라고 하셨습니다.

창2:15에 **여호와 하나님이 그 사람을 이끌어 에덴동산에 두사 그것을 다스리며 지키게 하시고** 하셨는데, 여기 '다스리며 지키게 하셨다'는 것은 '경작하라'는 것이기도 합니다. 창1장은 물질적인 창조를 말했으면, 2장은 영적인 것입니다. 그래서 여호와 하나님이 그 사람을 이끌어 에덴동산에 두사 그것을 다스리며 경작하며 지키게 하셨다고 했어요. 하나님께서 보이지 않는 하늘의 영적인 일을 사람이 깨달아 알 수 있도록 창조 속에다 뜻을 넣어 지으셨다는 말입니다. 창조물로 하나님의 뜻과 하늘의 일을 깨닫는 방편이 되게 하셨습니다. 그러므로 하나님의 형상대로 지음을 받은 우리는 에덴과 신약과 구약을 연결하여 잘 살피고, 성령님의 눈이 되어 깨달아 하늘의 지식을 가져야 합니다. 그것을 말씀하기 위해 '다스리며' '경작하며' '지키게 하시며' 하셨습니다. 하나님과 인간과 사단과 보이지 않는 삼각관계에 대한 영적 세계를 알고 믿음을 경영해가야 함을 말합니다. 바로 이것이 받아들여야만 힘을 얻고 살게 된 혼(인격)이 가져야 할 영적 지식이요, 영적 문화입니다.

그다음 영에는 오늘 무엇을 먹지 말라 했어요? **선악을 알게 하는 나무의 실과는 먹지 말라 네가 먹는 날에는 정녕 죽으리라** 하셨습니다. 그러니까 육체는 땅에서 나는 모든 실과나 채소를 먹으라 하셨고, 혼은 창조된 만물을 다스리는 속에서 문화생활과 보이지 않는 영적 세계, 하늘에 대한 영적 지식을 가지고, 하나님의 사람으로 자신을 잘 경영해 나가라 하신 것이고, 영에는 '선악과를 먹지 말라, 먹으면 정녕 죽으리라'입니다. 그러니까 영에 주신 말씀 앞에 인간은 질문하고 싶은 것이 있잖아요? 그러면 아담이 선악과 안 먹었으면 죄도 없고, 영원히 죽지 않고 산다는 것 아니냐? 먹었으므로 죄가 되었고 죽음이 들어왔으니, 그러면 안 먹었으면 죽지 않고 영원히 산다는 것인데, 왜 하나님은 선악과를 먹게 버려두셨느냐? 하는 질문이 있잖습니까? 풀리지 않는 것을 질문하는 것은 좋습니다. 그런데 사람들이 그 해답을 얻지 못하고 첫 아담에게 자꾸 죄를 묻고 정죄하고 있습니다. '왜 선악과는 먹고 죄가 들어오게 했느냐? 안 먹었으면 죄도 없고 죽지 않을 텐데 왜 먹어서 죄짓고 죽음이 들어오게 한 거냐?' 하는 불평과 정죄하는 마음을 가지고 있습니다.

그러나 여러분! 누가 아담이라고요? 첫 사람만 아담입니까? 바로 내가 아담이에요. 우리도 아담과 똑같은 길을 가는 겁니다. 그래서 아담에게 죄를 묻고 정죄하는 것은, 곧 자기 자신을 정죄하는 행위입니다. 또한, 사람을(자기를) 지으신 하나님은 실패했다는 것을 스스로 시인하는 것이 됩니다. 그것이 인간 이성(인본)을 이용한 사단의 작전입니다. 뜨지 못한 눈으로 아담을 보니, 아담이 자신에게 해 끼친 원수와 같다는 생각이 드는 것이지요. 하나님께서는 보지 못하는 눈가지고 보는 것처럼 하여 하나님의 뜻을 방해하는 자들을 사단과 함께 유황불에 던져 넣으리라 하셨습니다. 제가 창3:7과 17의 말씀 가지고 〈나는 누구인가?〉의 제목으로 드린 말씀에서 내가 아담이라는 것을 다루었으니, 그것을 들으면 좀 더 이해가 될 것입니다.

우리가 하나님의 과녁에 맞히는 믿음이 되려면, 반드시 선악과에 걸리지 않아야 합니다. 오늘날 기독교가 다 여기에 걸려있다 해도 과언 아닙니다. 선악과를 안 먹었으면 죽음이 없이 영원히 산다는 것 아니냐? 하는 것은 하나님께는 없습니다. 전혀 모르시는 일입니다. 그쪽은 성경에 언급한 바 없습니다. 첫 사람이 육체로 영원히 살 수 있었는데, 선악과 먹는 죄를 지어서 살 수 없게 되었다는 것, 선악과를 먹지 않았다면 영원히 죽지 않고 산다는 것, 하나님에게는 없는 사실이요, 하나님은 그것을 뜻으로 하신 적이 없으니, 모르시는 일이란 말입니다. 그런데 왜 그렇게 성경의 뜻도 아니요. 말씀하지 않은 것을 가지고, 속이는 말들을 하겠습니까? 왜 사람들 마음에 거짓말을 참말처럼 뿌려 넣는가 말입니다. 사단이 뿌린 가라지이기 때문입니다. 그러므로 살려면 거짓말에서 나와야 합니다. 이 말은 성영님의 경고입니다.

생영이 된지라의 '생영'은 받아들여야만 사는 영이라고 누누이 말했습니다. 다음에 왜 생영이냐? 물으면 대답 못하고 어리둥절 하는 일 없기를 바랍니다. 자기가 누구인가 하는 자기의 이야기이지 않습니까? 그래서 '생영'은 받아들여야만 살게 된 영이라는 말로서, 좀 어려운 말이긴 하지만 '정녕 죽으리라'를 받아들여야 생명으로 사는 것입니다. 하나님의 진리(예수님)의 법은, 죽어야 사는 것으로, 아담이 '정녕 죽으리라'를 받아들여야 영이 생명을 얻게 되는 것입니다. 사람의 본능 중의 하나는 먹는 것입니다. 그래서 먹지 않으면 죽잖습니까? 그런데 먹는 것이 본능인 육체 앞에 선악과를 두시고, 먹지 말라고 하셨다는 것은 무엇인가 숨은 뜻이 있다는 것을, 충분히 알 수 있습니다. 어떤 가능성을 두었다는 것을 생각해 볼 수 있다는 말입니다. 받아들여야만 살게 된, 그러므로 먹는 것이 본능인, 사람 앞에 먹지 말라 하시며 선악과를 두셨다는 것은, 하나님께서 아시는 어떤 이유가 있다는 것을 생각해 볼 수 있다는 말입니다. 또 사단의 유혹이 있을 것을 아시는 하나님께서, 사람 앞에 선악과를 놓고 '너 이거 먹으면 정녕 죽는다. 먹지 마라!' 하시고 '이것들이 먹나 안 먹나, 내 말을 잘 듣나 안 듣나?' 이런 시험이나 하시려고 했겠는가? 생각해 볼 수 있습니다. 또한, 사람이 선악과를 먹지 않음으로써 영생하는 것이 아닙니다. 하늘에 들어갈 영광의 몸을 입을 수가 없습니다. 예수님의 부활하신 생명으로만 영생하는 것이니, 그 생명을 얻게 하는 선과 악을 아는 나무를 사람 앞에 두시고 먹도록 허용해야 합니다.

다시 말해 이 우주 안에는 하나님을 흉내 내어 인간을 사망으로 끌고 가는 사단이 있습니다. 사단은 하나님을 반역하고 흑암이 되어 쫓겨나 자기가 창조주 하나님인 것처럼 가장하여 온 세상 사람을 지배하고 궁극적으로 지옥으로 끌고 가는 일을 하고 있습니다. 그래서 사단에 속지 않아야 하는, 사단의 존재와 그 속임에 대하여 창조를 통해 가르치시는 것을 여러분이 배워서 알게 되었잖습니까? 그러므로 사단의 사망 권세를 깨뜨리고, 사람을 하늘의 영생하는 생명으로 재창조하여 완전한 사람, 거룩한 사람, 영원한 사람으로, 하나님의 형상을 한 많은 아들을 두는 방법은, 하나님 안에 있는 인성이 육신이 되어 오셔서 죽으셔야 하는 것입니다. 그것이 하나님께서 예정하신 것이요. 사단에게는 감추신(비밀) 일입니다. 그 선악과의 뜻, 죄와 죽음과 용서와 생명을 넣은 선악과를 먹는 것으로 뜻이 이뤄지는 것이기에, 그래서 정녕 죽으리라는 말씀을 이루시기 위해 먹어야 했고, 예수님이 오셔야 했고, 죽으러 오실 그 길을 열어놓아야 했습니다.

먹는 본능 앞에 선악과 두시고, 먹지 말라 했지만, 결국 본성에 끌려갈 수밖에 없는 피조물이라는 한계를 가진 약함을 하나님께서 모르실 일입니까? 먹는 본능을 유혹하는 것은 본성(사단이 이용)입니다. 항상 먹도록 끄는 사단의 유혹하는 본성 앞에 놓였으니, 결국 져서 먹게 돼 있습니다. 이것이 지음 받은 피조물의 한계입니다. 그래서 하나님을 거스르는 육체의 본성(육)은 죽음에 내주고, 완전한 재창조를 이루기 위해 그 육(본성)이 원하는 것을 행하게 하셨습니다. 이것이 사단은 멸하고 하늘에 들어갈 생명 얻게 하시는 하나님의 방법입니다. 예수님이 죽으셔야 한다는 말입니다.

롬5:14에 **아담은 오실 자의 표상이라**고 했습니다. 바로 하나님이 자기 형상을 따라 모양대로 아담을 지으시고, 그 아담, 그 모습 그대로 오실 것을 보이신 것이라고 말씀드렸습니다. 실체가 되시는, 참 사람이신, 그 형상과 모양대로, 사람은 창조된 것이지 진짜 참 사람이 아닙니다. 그래서 진짜 참 사람이신 신성과 인성이신 그분을 본떠서 아담을 지으시고, 그 아담 안에 자신을 넣으시고, 그를 또 사람이라 하시고, 참 사람의 형상을 입게 하시려고, 둘째 아담으로 오실 것을 보이신 것입니다. 아담은 오실 예수님에 대한 표상(예표)입니다. 앞에서 언급한 대로 아담의 모습은 예수님이 사람으로 오실 것을 미리 보인 모형입니다. 그래서 그 모형에게 **네가 먹는 날에는 정녕 죽으리라** 하셨으니, 아담(모형)이 먹으면 누가 죽는다는 것이겠습니까? 예수님이 반드시 정녕 죽는다는 말씀입니다.

하나님은 지금 사단에게는 완전히 감추신, 하나님의 믿음만이 알아듣는 정녕 죽으리라는 것, 그것은 아담을 향한 것이 아니라, 바로 예수님을 향한 것입니다. 이것이 여러분의 영혼에 아멘과 동의가 되는 말씀이 되기를 바라고 또한 반드시 돼야 합니다. 속에는 거부가 있는데 입으로만 아멘 하는 것이 아니라, 뭔 말이 뭔 말인지도 모르면서 그냥 아멘 하는 것이 아니라, 자기 속에서 알게 됐음으로써 '아 맞습니다! 이제 알았습니다! 그 뜻이군요! 아버지가 나를 낳으시는 뜻이었군요. 이젠 알았습니다!' 이처럼 자기 속에서 마음이 동하고 벅찬 동의가 일어나니, 그래서 아멘 하는 것입니다. 아십니까?

하나님의 이 계획은 사단에게는 비밀에 부쳐졌어요. '왜 하나님은 그때 즉시 사단을 심판해 버리지 무엇 때문에 그냥 놔두고 그러시냐? 사람과 아예 관계없이 가두어 두든가 하면 되지, 왜 사람을 괴롭히도록 버려두신 것이냐?' 하고 불평들을 합니다. 그러나 하나님이 창조주라고 해서 무조건 멸하시는 것 아닙니다. 자기가 자기 꾀에 빠

제7장 선악과는 생명과 사망을 아는 지식의 나무 • **155**

져 하나님의 심판 자리로 스스로 들어가는 것이지, 하나님께서 창조주라고 해서 무력으로 처단하시는 것이 아닙니다. 그것이 하나님이요. 하나님 자신의 법입니다. 그리고 사람이 자기 본질을 알게 하고, 완전함으로 올리시는 데 사단을 도구로 쓰십니다. 사단이 사람의 구원을 위한 도구로 사용되고 있다는 말입니다. 또한, 흙의 본성을 죽음에 내주고 세상을 따르지 않게 하는 데, 사단을 가시처럼 연단의 도구가 되게 하셨습니다. 육에서 나와 영의 사람이 되기 위해서는, 찌르는 가시로 사단이 사용되어야 한다는 말입니다.

하나님께서 사단에게 감추신 것은 바로 아담이 선악과 먹는 일입니다. 먹지 말라 하신 말씀을 어기고 먹었으므로 아담도 **죄의 삯은 사망**이라는 법에 걸렸습니다. 죽는 법에 걸렸다는 말입니다. 그러나 예수님께서 사망에 들어가셨으나 다시 살아나셨으니, 사망의 권세는 완전히 깨지고 에덴(하나님)의 언약인 영생의 생명을 얻게 되었습니다. 이것이 하나님의 예정하신 뜻입니다. 골1:26에서 **이 비밀은 만세와 만대로부터 옴으로 감취었던 것인데 이제는 그의 성도들에게 나타났고** 했습니다. 이 비밀은 창세 전부터, 천지 만물과 사람을 짓기 전부터 사단에겐 비밀로 된 것, 비밀에 부친 일, 예수님이 육신이 되어 오셔서 십자가에서 죽을 때까지 감췄던 것인데, 이제는 그의 성도들에게 나타났다, 바로 사단에겐 비밀이었던 구원하시는 일을 이루었다는 것입니다.

엡1:4-6에 곧 창세 전에 그리스도 안에서 우리를 택하사 우리로 사랑 안에서 그 앞에 거룩하고 흠이 없게 하시려고 그 기쁘신 뜻대로 우리를 예정하사 예수 그리스도로 말미암아 자기 아들들이 되게 하셨으니 이는 그의 사랑하시는 자 안에서 우리에게 거저 주시는바 그의 은혜의 영광을 찬미하게 하려는 것이라** 창조 이전에 사람을 예수님 안에서 거룩하고 흠이 없게 하셔서, 흠이 뭡니까? 물질이 흠이라는 말입니다. 물질은 영원할 수 없는 약점이라 했잖아요. 그러므로 흙으로 지어진 이 육체는 물질이니 흠이라는 것입니다. 영원할 수 없는 흠으로 흙이니 흙은 흙으로 돌아가는 것이고, 이 흠이 있는, 약점인 육체를 벗고 흠 없는 완전한 예수님의 형상의 영광된 몸을 가진 아들들로 낳으신 그 은혜의 영광을 찬송하게 하려고 예정하신 비밀이었다는 것입니다.

고전2:6-10에 **그러나 우리가 온전한 자들 중에서 지혜를 말하노니 이는 이 세상의 지혜가 아니요 또 이 세상의 없어질 관원의 지혜도 아니요 오직 비밀한 가운데 있는 하나님의 지혜를 말하는 것이니** 했습니다. 오직 비밀한 가운데 있는, 예수님이 오시기 전까지는 비밀한 가운데 있는 하나님의 지혜를 말하노니 **곧 감취었던 것인데 하나님이 우리의 영광을 위하사 만세 전에 미리 정하신 것이라** 이 모든 것을 '미리 정하신 것'이라고 분명히 말했습니다. **이 지혜는 이 세대의 관원이 하나도 알지 못하였나니** 예수님 오신 당시의 성경 율법 학자들이라도, 머리 똑똑하여 성경을 많이 안다고 말해도, 성경에 능통한 박사라 할지라도, 사람으로서는 알지 못했다는 말입니다. **만일 알았더라면 영광의 주를 십자가에 못 박지 아니하였으리라** 만일 십자가의 죽음이 구원인 줄 알았다면 예수님을 십자가에 못 박지 않았을 것이라는 말입니다. 그러니까 선과 악을 아는 실과를 아담이 먹어야 하는 이유를 사단이 알았다면, 예수님이 오신 그 사정을 알았다면, 예수님을 십자가에 못 박지 않았습니다. 그렇기에 사단에겐 비밀에 부쳐진 것입니다. 예수님이 십자가에 죄를 못 박고 죽으셨다가 다시 살아나셔야 사람은 구원되고, 사단의 권세는 깨지는 것이니, 사단이 이것을 알면 예수님을 십자가에 못 박지 않는다는 말입니다. 사람을 죄에서 구원하여 영생을 주시는 일이기에, 비밀에 부쳐진 것이라고 말한 겁니다.

하나님이 자기를 사랑하는 자들을 위하여 예비하신 이 같은 모든 일은, 사람의 눈으로도 볼 수 없고, 귀로도 들을 수 없고, 사람의 마음으로도 도무지 생각지 못하는 것이라고 했습니다. 그러니까 사람으로는 예수님을 알 수도 없고 믿을 수도 없는 거예요. 양심으로도 믿을 수 있는 것 아닙니다. 전 인류의 머리를 다 합쳤어도 그 머리 높은 것 가지고 아는 것 아닙니다. 그 머리로 성경을 천 독을 했어도 모르는 것입니다. **오직 하나님이 성영으로 이것을 우리에게 보이셨으니** 성영님으로만 본다는 것입니다. **성영은 모든 것 곧 하나님의 깊은 것이라도 통달하시느니라** 해서 이 성경의 비밀들은 성영님의 눈이 아니고는 보지 못합니다. 아무리 세계 최고의 학문을 했어도 그 학문으로 보는 것 아닙니다. 아무리 수양을 많이 하고 도를 닦았어도 도덕적이고 윤리적이라 해도 하나님의 영적인 비밀은 볼 수 없는 겁니다. 오직 성영님으로만 봅니다. 딤후1:9-10에 **하나님이 우리를 구원하사 거룩하신 부르심으로 부르심은 우리의 행위대로 하심이 아니요 오직 자기 뜻과 영원한 때 전부터 그리스도 예수 안에서 우리에게 주신 은혜대로 하심이라 이제는 우리 구주 그리스도 예수의 나타나심으로 말미암아 나타났으니 저는 사망을 폐하시고**(바로 사단의 권세와 사망을 폐하시고) **복음으로써 생명과 썩지 아니할 것을 드러내신지라** 했습니다.

자, 그러니까 본문에서 선악과가 선악을 알게 하는 것이라고 말했습니다. 분명히 선악을 알게 하는 것이라고 했지요? 이 실과 자체가 선악을 알게 하는 효력이 있다는 것이 아니라, 먹었더니 선악을 알게 되었다는 것이니, 그러면 그 선악은 무엇인가를 우리가 고민해야 하는 일입니다. 그래서 선악을 알게 하는 그 선은 무엇을 말하는가? 여기서 말하는 '선'을 히브리어로 '토브'라고 합니다. '토브'를 성경에서 찾아보면 대하30:18에 **선하신 여호와여** 해서 여호와를 '토브' 선이라 했고 눅18:19, 마19:17에 같은 말씀인데 **하나님 한 분 외에는 선한 이가 없다** 해서 하나님을 선이라 했고 시86편 등등 성경 전체 속에서 하나님이 선이라고 했습니다. 그다음 왕상8:56, 왕하20:19, 히6:5에서 하나님의 말씀이 선이라고 했습니다. 하나님의 말씀을 '토브'라고 했어요. 그다음 마20:15에 예수님을 선이라고 했어요. 그다음 시143:10, 느9:20에 하나님의 신, 바로 성영님을 선이라 했어요. 그다음 느9:13, 시119:39, 롬7:12 등등 성경에 많습니다만 바로 하나님의 율법과 계명을 선이라고 했습니다. 죄인인 줄도 모르고 사는 인간에게 죄인으로 정죄 받은 것을 알게 하고, 죄인임을 깨닫게 하여 죄인을 구원하러 오신 예수님에게로 인도하는 역할을 하는 이 율법과 계명을 선이라고 했습니다.

그다음 선악에서 '악'은 히브리어로 '와라'라고 합니다. '와라'라고 한 이 악은 전7:25에 악한 것, 즉 와라가 얼마나 어리석은가 했어요. 왜 어리석음이 악인가. 시14:1에 하나님이 없다고 하기 때문이라고 했습니다. 하나님이 없다고 하니 어리석은 악이라는 것입니다. 하나님이 없다고 하는 자, 또 하나님이 계신 것 안다고 하면서도, 하나님께 구속받지 않으려고 하는 자들은 어리석은 자요, 악이라고 했어요. 그다음 마13:19에 '악한 자가 와서 말씀을 듣지 못하게 빼앗아 버린다.' 그 악한 자는 그 뒤 38, 39에서 마귀를 말하는데, 바로 마귀를 악한 자라고 했습니다(막4:15, 눅8:12). 그다음 마12:45에 귀신이 악이라고 했습니다. 그다음 엡6:12에 마귀의 궤계, 즉 마귀의 하는 일이 악이라 했습니다. 귀신들이 악이다. 사단과 귀신들이 하는 그 일들이 다 악이라고 했습니다.

그렇다면 선악이 무엇인지 분명히 알 수 있잖아요? 이제는 눈치를 확실히 채야지요. 그럼 선은 누구예요? 바로 선은 삼위 되신 하나님을 말합니다. 악은 누구예요? 사단과 그의 무리를 말합니다.

창조 시초에 '흑암이 있었고' 또 '빛이 있었고' 해서 그 빛과 어둠을 나누셨다. 빛은 생명이요, 어둠은 사망인데, 그러면 생명의 주인은 누구예요? (예수 그리스도) 죽음의 주인은 누굽니까? (사단) 그래서 우리 눈에 보이지 않는 하늘에는 이같이, 창조주로 인생에 생명을 주시는 하나님이 계시고, 인간을 속여서 사망으로 끌고 가는 사단이 있으니, 인간이 이와 같은 지식, 하나님을 알고 사단을 아는 지식, 영적 지식을 가지고 생명을 택할 것이냐? 사망을 택할 것이냐? 선택해야 하는 영적 존재임을 흑암과 빛으로 이미 가르쳐주셨잖아요? 그러므로 인간 눈에 보이지 않는 영의 세계, 그 하늘에는 선도 있고 악도 있는데, 선은 하나님이요, 악은 사단으로 바로 이 선이신 하나님과 악의 존재인 사단을 경험하여 알도록 하셨습니다.

사람이 지음을 받은 자체가 그렇습니다. 그러므로 사람은 자기 자신이 누구인가? 하는 자기 실체를 보아야 하는 권리를 가졌습니다. 자기가 누구인가를 알아야 할 권리를 가진 자로 지음을 받았습니다.

그러니 알아야 하지 않겠습니까? 자기가 누구인지 알지 못하면 결국 짐승하고 다를 바 없습니다. 짐승은 자기가 누구인지 모르잖아요. 자기가 곰인지 사자인지 자기를 모르잖아요. 그저 먹는 본능과 새끼를 생산하는 본능밖에는 없습니다. 그래서 알아야 하는 권리에 의해서 선악을 알게 하는 선악과를 받아들여야 했습니다. 하나님께서 사람 속에 하나님의 영을 넣어 인격이 있는 존재가 되게 하셨지만, 그러나 흙먼지로 지어진 사람은 하나님의 말씀을 받아들이는 힘보다는, 육의 본능이 더 강하므로 결국 눈에 보이는 깃을 쫓아가고, 마음도 세상과 물질에 두게 되어 있습니다. 이것이 흙으로 된 사람의 약점입니다.

육체의 본능에 붙어서 지배하는 것이 육의 본성입니다. 이것은 육체의 피에 가진 기질, 성질로서 이것을 한마디로 '자아'라고 합니다. 자기라는 말입니다. 이 자아가 영에 붙은 자아가 아니라 흙에 붙은 자아로, 그래서 이것을 흠이라고 말합니다. 사람이 죄를 지었기 때문이 아니라, 흙으로 된 육체의 본능과 본성에 의해서 감각적인 것과 자기를 만족케 해줄 것들을 쉽게 좇게 되어 있다는 말입니다. 그러므로 하나님께서 사람은 하늘의 요소와 땅의 요소로 된 존재라는 것을 알게 하시고, 이제 사람이 육을 위해 산다면, 그것은 사단에게 권리를 주는 것이 되어, 사망으로 함께 들어가게 된다는 것을, 경험한 영이 되게 하시고 선택하게 하셨습니다. 네가 영을 좇겠느냐 육을 좇겠느냐 택하라는 것입니다. 이 선악과가! 그래서 사람에게 자유 의지를 주셨다고 하는 것입니다.

그러니까 물질은 생명이 아니므로, 아담이 다스릴 권한을 넘겨주게 된 피조물계를 사단이 지배하는 영역이 되고, 피조물로서는 자기가 하늘에서 첫 창조라는 교만한 권리를 내세워, 사망 권세를 가지고, 사람을 유혹하여 이간질하는 아주 악한 존재라는 것을 사람이 알아야 하고, 사람이 육은 무익하고, 살리는 것은 영이라는 것을 스스로 경험하며 깨달아, 하나님을 바라고 온 마음과 뜻을 하나님께 둬야 할 것임을, 알리시는 것, 알도록 하시는 것이 바로 선악과를 먹는 것입니다. 이해가 됩니까? 이해가 되기를 진심으로 바랍니다. 그래서 사람이 선과 악을 아는 일을 받아들였지요? 사람이 먹었으므로 선악을 아는 일에 동의가 되어서 하나가 되었습니다. 하나님도 알게 되었고 사단도 알게 되었고 자신도 알게 되었다는 말입니다. 그러므로 물질을 주인으로 하고 세상을 사랑하고, 삶의 목적이 세상 물질이요, 세상 명예요, 이런 세상 것이 목적이면 그것은 사단을 주인으로 모신 것이 되어서, 사단에게 주인의 권리를 주게 되는 것입니다. 사람 자기가 권리를 주는 것입니다. 그래서 이 같은 것을 알게 되었으면, 하나님의 지으신 목적대로 물질은 살아가는 데 필요한 하나의 수단으로만 여기고, 목숨처럼 주인처럼 좇아 살지 말라는 얘깁니다. 물질에 집착하지 마시란 얘기예요. 물질에 집착하여 좇아 살면, 사단에게 내 주인이 되시라고 자신을 내주는 것입니다. 물질은 사는 데 좀 필요한 것일 뿐, 절대 목적이 되어서는 안 됩니다. 만일에 세상에서 잘 살아 보기 위해, 땅의 복을 받기 위해 예수님을 믿는다고 한다면 그것은 저주입니다.

　남들이 잘 살든 못 살든 그런 것 바라보지 마십시오. 사는 동안 밥 먹고 잠잘 곳 있고 걸칠 옷 있으면 되는 정도로만 여길 수 있어야 합니다. 그리고 삼위 하나님 아는 일에 최선을 다하십시오. 마음과 뜻과 목숨을 다하란 말입니다. 삼위 하나님을 알고 함께하는 그것이 얼마나 마음에 평안함이요 행복이니, 세상 것 다 준다 해도 안 가집니다. 가지고 싶지 않은 겁니다. 하나님만 계시면 된다고, 예수 그리스도만 계시면 된다고 하는 신앙 고백이 자기 속에서 저절로 나오게 되는 것입니다. 물질은 사는 데 좀 필요한 것일 뿐으로 여기고, 물질에 집착하지 않고 오직 삼위 하나님만을 추구하는 것이면, 하나님이 함께하시는 것이니 사단이 절대로 권리 주장을 할 수 없습니다. 이 선악을 알게 된 것이 그것을 가르쳐주는 것입니다.

그래서 우리 속의 물질이냐? 예수님이냐? 너무나 중요합니다. 그것은 지옥이냐? 천국이냐? 이기 때문입니다. 자기 속에 물질을 좇아 사는 것으로 찼느냐, 그것을 추구하는 것이냐? 자기가 정말 예수님으로 살기 원한 그 소원으로 가득한 것이냐? 너무나 중요하다는 말입니다. 이처럼 하나님께서 인간이 누구인가? 하는 것을 여러 모양으로 가르쳐주시면서 경험케 하시고 보게 하시고, 이제 선에 속할 것인가? 악에 속할 것인가? 하는 그 선택의 권한이 있다는 것을 가르쳐주신 것입니다. 그러니 사람이 얼마나 멋있고 존귀합니까? 자신이 누군지도 모르는 짐승이 아니고 인격이 있어 선택의 의지를 가진 사람으로 지으셨다는 것을 좀 생각해보세요. 사람을 얼마나 존중하셨는지를……. 로봇처럼 짓지 않으시고, 영이 있는 인격으로 지으시고, 사단 쪽이냐, 하나님 쪽이냐, 그 선택은 네가 해야 한다고 하시니 말입니다.

그러나 사람은 내가 지었으니 내가 창조자요. 나만이 구주요. 나만이 생명이니 내게로 오라고 하셨습니다. 예수님은 생명을 주시기로 하늘에서 확정되었고, 사단은 사망으로 확정되었으니 그러므로 사람은 생명이냐? 사망이냐? 선택해야 하는 이 두 길밖에 없다는 것입니다. 다른 종교들은 자기가 구원받겠다고, 물론 세상 복을 받고자 하는 것이기도 하지만, 구원받아 보겠다고 종교들을 따라가는 겁니다. 고행을 통해서, 선행을 통해서, 또 수양을 통해서 구원받아 보겠다고 하는 것입니다. 사람 안에는 구원을 받고자 하는 영의 소원, 하나님을 바라는 그 영의 소원이 있기 때문에, 그것이 구원받는 길인 줄 알고 종교들을 따라갑니다. 그러나 두 길밖엔 없습니다. 하나님(생명)이냐? 사단(사망)이냐?

그다음 선악을 알게 하는 실과를 **먹으면 정녕 죽으리라** 하신 것은 하나님의 언약입니다. 즉 아담 네가 이것을 먹으면 둘째 아담이 와서 반드시 죽으리라는 언약입니다. 네가 먹는 날에는, 먹는 그 시에, 먹음과 동시에, 예수님이 죽으실 것이 '확정'이라는 거예요. 그런데 예수님이 오셔서 죽는 것으로 끝나는 것이냐? 다시 살리신다는 생명의 언약이 있습니다. 성영님의 눈으로 보면 이미 하늘에서는 그것이 이루어졌어요. 다만 예수님이 현장에 오셔서 그 일을 행하시는 것일 뿐입니다.

창2:9하반에 **동산 가운데에는 생명 나무와 선악을 알게 하는 나무도 있더라** 했습니다. 하늘에는 선이신 하나님과 악한 자 사단이 있는데 사람이 사단의 유혹을 받아 죽는 법에 걸렸지만, 하나님에게는 살리는 생명이 있다는 것을 선악과와 생명 나무를 동산 중앙에다 두시는 것으로 알게 하셨습니다. 거기에 생명 나무도 있다 했습니다. 바로 생명 나무는 예수님과 예수님으로 얻게 되는 생명입니다. 그래서 창3:22에 선악과 먹은 아담이 생명 나무 실과 따 먹고 영생할까 하노라 했는데, 그 생명 나무 실과를 따 먹으면 부활의 생명으로 영생한다는 것이 아니고, 생명 나무가 예수님의 생명을 말하지만, 죄를 가졌고 죽음의 법에 걸린 상태에서 생명과를 먹게 되면 어떻게 되겠습니까? 그 저주를 영원히 가지고 존재해야 하기에, 생명과를 먹지 못 하게 에덴동산에서 내보내고 그룹들을 두고, 두루 도는 화염검을 두어 생명나무의 길을 지키게 하셨습니다. 이것이 하나님의 사랑입니다.

아담이 **정녕 죽으리라**는 것을 받아들이니, 거기엔 생명의 언약이 들어 있어서, 선(하나님)을 알게 된 아담으로부터 그 후손들이 삼위일체 하나님을 알고 하나님께 속하여 하나님을 경험하는 일이 열리게 되었고, 예수님의 부활하신 생명을 얻게 된 길이 열리게 되었고, 성영님이 예수님의 부활하신 생명을 가지고, 사람 안에 들어오셔서 하나님의 아들이 되는 엄청난 복을 얻는 길이 열리게 되었다고 하는 겁니다. 그래서 반드시 알고 믿음이 돼야 하는 것은, 이처럼 아담이 선과 악을 아는 실과를 먹고, 선도 알고 악도 알아야 하는 것이요. 그러나 먹으면 **정녕 죽으리라** 하셨으니 죽음을 받아들여야 예수님의 부활하신 생명을 얻게 된다는 것, 사람이 영원히 사는 몸이 되려면, 먼저 그림자와 같은 모형인 육체가 있어야 한다는 것, 그러므로 흙(육체)으로 사람을 만들어 그 안에 영을 넣어야 성영님이 예수님의 부활생명을 가지고, 그 영에 들어오실 수가 있다는 것, 너무나 멋지고 신비한 하나님의 이 깊은 사정의 뜻을 여러분이 반드시 알고 믿는 믿음이 돼야 한다는 말입니다.

인간이 인간 위에 역사하는 하나님과 사단을 알고, 하나님의 뜻을 하나님의 뜻으로 창조된 사람도, 그 뜻에 동참하여 하나님의 뜻을 이뤄가야 하는, 하나님과 인간과의 역사인 것을 알아야 한다는 말입니다. 이것이 돕는 배필의 뜻입니다. 이 선악과 사건이 하나님과 하나님의 형상대로 창조된 사람이 하나님의 뜻을 함께하여 이뤄나가야 할 하나님과 사람의 역사라고 하는 것, 여러분이 믿음으로 받습니까? 얼마나 멋지고 신나는 일입니까? 그러므로 선악과는 왜 두었느냐고 불평하며 스스로 무식을 드러낸 불신을 회개해야 합니다. 이제 흙에 붙은 육은 죽고, 영을 좇아 사는 능력이 되기 위해, 첫 사람이 선악을 아는 실과를 먹지 않으면 안 된다는 것, 다 알게 되었습니다. 우리가 살려면 밥을 먹어야 하겠지요? 그 밥을 먹기 위해서는 쌀이 있어야 하잖아요? 분명한 사실이지요. 아무리 배가 고파도 쌀이 없으면 밥을 지어 먹을 수 없는 것처럼, 마찬가지로 선악을 알게 하는 것이 밥 짓기 위해 쌀 준비한 것과 같습니다. 반드시 아담이 선악과를 받아들여야 하고, 받아들여야만 아담의 후손들이 예수님의 부활하신 생명을 받아들일 수가 있게 되어서 밥을 먹은 것과 같은 것입니다.

오늘날 안타까운 것은 이 선악과에 대한 하나님의 뜻을 하나님의 뜻에 맞게 풀어서 가르치는 자가 없다는 것입니다. 하나님의 생각에 맞힌 것이 아니라 사람의 생각, 인본에서 나는 것으로 가르칩니다. 선과 악을 아는 것이라 하니까 물론 선악을 아는 지식의 나무라는 것은 알고 있습니다. 그래서 지금까지 제가 말씀드린 하늘을 아는 지식(하나님과 사단), 영의 세계에 대하여 알아야 하는 지식의 나무인 것은 분명히 맞습니다. 나를 알고 하나님을 알고 사단을 알아야만 우리 자신을 믿음으로 잘 경영해 갈 수 있기 때문에, 지금까지 말씀드린 그 영적 세계에 대한 지식을 말하는 것으로서 바로 그 지식의 나무입니다.

그런데 문제는 선악을 아는 지식의 나무라고 말하면서 이 영적 지식은 도무지 접근하지 못하고, 기독교의 선생 된 모든 자가 하나같이 어디로 맞추는가 하면, 좋은 것이다/나쁜 것이다, 옳다/옳지 않다, 착하다/악하다, 죄다/죄가 아니다 하는 쪽으로 갖다 맞추는 것입니다. 이 같은 도덕적인 것들의 기준은 하나님만이 판단하는 것이요, 하나님의 주권인데 사람이 선악과를 먹고 그 판단의 지식이 들어와 선이냐/악이냐? 의 판단을 하고 있다. 이런 판단은 하나님만 하실 수 있는 것임에도 인간이 하나님이 되려고 선악과를 먹었다. 그것은 하나님의 주권을 침범한 것이다. 선악과 먹은 인간은 자기가 하나님이 되어 선이냐 악이냐를 판단하는 죄를 짓고 있다. 하나님이 먹지 말라 했으면 먹지 말아야 하지 그것을 왜 먹는 것이냐? 그래서 아담이 선악과 먹는 죄짓고 이 지식이 들어오니까 '아, 내가 죄를 범했구나.' 하고 알게 되어서 수치를 느끼고 하나님의 얼굴을 피하여 숨은 것이다. 숨은 것 아니냐?……. 이런 빗나간 오만한 누룩들로 가르치고 말하고 있습니다.

아니, 그러면 사람이 선악과 먹기 전엔 양심 없는 짐승처럼 지음을 받았는데, 죄짓고 나니 양심이 생겼다는 논리밖에 더 되겠습니까? 죄짓고 죄지었다는 것도 몰라야 한다는 말밖에 더 되겠습니까? 그리고 선악과에 대한 지식이 이 같은 도덕적인 기준을 말한다면, 그러면 그 자신들은 죄다/아니다, 옳다/그르다, 하는 등등의 기준을 판단하는 말은 절대 갈라 말하거나 입에 담지 않아야 맞는 말이 될 텐데, 그런데도 또 열심히 말하고 있으니, 이런 모순이 어디 있습니까? 그런데 앞뒤가 맞지 않는 말을 하면서도, 사실 부끄러운 줄도 모릅니다. 그래서 인간 자기의 말은 끝없이 모순이 따라붙는 것입니다.

생영이 된 사람 안에는 마음이 있고, 마음 안에 양심이 있습니다. 아담이 하나님의 말씀을 어기고 죄를 짓고 나니, 그 양심의 기능이 발휘되어서 '아, 내가 하나님이 먹지 말라 하신 것을 내가 먹었구나. 하나님의 얼굴을 어떻게 대하지?' 하는 생각이 들자 피해 숨게 되었습니다. 이처럼 송사와 변명을 자기 양심 안에서 하게 된 겁니다. 잠재해있던 양심의 역할이 나타난 것입니다. 그래서 롬2:14에 양심이 자기 자신에게 법이 된다고 했습니다. 사람들이 영적인 하나님의 뜻과 구원과 생명을 담고 있는 하늘의 것을, 윤리나 도덕 또는 교훈으로 올려놓으니, 하늘의 것이 깨끗이 가려졌습니다. 방향이 완전히 돌아가 버렸습니다. 하나님의 생각과 완전히 반대 방향입니다. 하나님의 생각은 하늘인데 선악과 지식의 나무에 대한 해석들은 다 자기 생각, 자기 지식을 냅니다.

그러니 영적인 능력, 영의 생명은 없고, 인간 중심만 개발되고, 정신적인 사람으로만 키워져가는 것입니다. 교회가 지적인 사람으로 키우고, 양심적인 사람이 되라고 열심히 키우고 있다는 말입니다. 교회가 세상의 가르침과 다를 바가 없으니, 하나님의 답답하심이 여기에 있고, 사단의 쾌재가 여기에 있습니다. 사단이 쾌재하고 좋아하는 겁니다. 왜? 자기 존재도 알지 못하고 옳다/옳지 않다, 착하다/악하다, 이런 것들이나 말하고 있으니 사단이 얼마나 신이 납니까? '야, 맞다 맞아! 그것이 변할 수 없는 진리다!', '야, 잘한다!' 하고 쾌재를 부르니, 자기 인본의 지식에서 절대로 돌이킬 수 없는 개와 돼지가 되는 것입니다.

사단의 존재에 대해서는 희미하니, 사단의 영들이 얼마든지 가지고 놀고 말입니다. 그런 영적 지식이 없고 사단의 정체를 모르니, 사단의 이용물이 되어 하나님의 뜻을 땅의 것으로 돌려놓는 일을 하는 것입니다. 다시 말해, 인간 자기들에게 맞는 성경이 되게 하고 있다는 말입니다. 사람들이 양심하고 신앙하고 구별하지 못하고 있습니다. 사람들의 칭찬을 받는 삶을 사는 것이, 하나님에 대한 신앙인 줄로 착각하고 있습니다. 사랑하라 하니까 열심히 좋은 일 하고, 감싸고돌고 이런 것이 사랑인 줄로 착각합니다. 하나님이 말씀하시는 사랑은 인간끼리 좋아하고, 주고받고 하는 그것을 말하는 것이 아닙니다. 하나님의 생각과 인간 생각은 그 의미가 죽음과 생명으로 갈라지니 너무나 중요합니다. 그래서 우리는 속지 않아야 하기에 성경을 구체적으로 배우는 것입니다.

그다음 오늘 말씀과 연결되는 것이 창3:22-24입니다. **여호와 하나님이 가라사대 보라 이 사람이 선악을 아는 일에 우리 중 하나같이 되었으니 그가 그 손을 들어 생명나무 실과도 따 먹고 영생할까 하노라** 하셨습니다. 지금 이 말씀은 삼위 되신 하나님의 대화입니다. 여기서 '이 사람'은 누구를 말할까요? 아담입니다. 그다음 '우리 중 하나같이 되었으니'에서 그 하나는 바로 인성이신 예수님을 말합니다. 인성이신 예수님이 선악을 아시는데, 그것을 아담도 알게 되었다는 말입니다. 지금까지 말씀드린 바와 같이 죄 없으신 예수님이 사람에게 영생의 생명을 주시고, 하나님을 반역하고 사람을 죄짓게 하여 하나님과 분리시키고, 땅을 더럽힌 그 사단을 잡아서 완전히 멸하시기 위해, 죄 있는 사람처럼 육신으로 오셔서 피 흘려 죽으시고, 다시 사실 것에 대한, 예수님 자기 일을 예수님이 아시니, 그래서 선이신 예수님이 악도 아시게 되었다, 악을 경험하시게 되었다는 말씀입니다. 예수님 자신이 선이지만, 인간은 구원하여 영생을 주고, 사단은 멸하셔야 했기 때문에, 악을 경험해야 한 것입니다. 사단의 권세 아래, 사망의 권세 아래로 들어오셔서 율법의 저주를 담당하시고 죽으셔야 한다는 말입니다.

그래서 선악과 문제는요, 이런 하나님의 사랑의 지혜를 알지 못하고, 인간 이성의 눈으로 보면, 부정적일 수밖에 없습니다. 인간 편에서 인간 사고로 보면 절망밖에 없습니다. 그러니까 비관이 나오는 것인데, 이것은 아담이 선악과 먹는 죄를 짓지 않았으면, 육체로 영원히 살 줄 알고 있는 사람들의 비관입니다. '아담은 먹으라는 것이나 먹고 살지, 먹지 말라 한 선악과는 왜 따 먹고 죄를 지었느냐?' 아담이 밉다 하고 '하나님은 왜 또 선악과 만들어서 죄짓게 한 거냐?' 하나님의 처사가 마음에 들지 않은 것 같으니 불평하는 겁니다. 그러나 하나님의 편에서 볼 때는, 사람이 예수님으로 살도록 지어졌으니, 인간 자기가 누구인가를 보고, 예수님을 받아들이게 하신 방법이었다는 것을 확실히 아는 것입니다. 그러므로 하나님은 너희 죄를 용서받고 살길이 있으니, 죄 때문에 고민하지 말고, 너희는 생명의 길을 택하라 하셨습니다. 너희가 할 일은 생명의 길을 택하는 것이라고, 너희 앞에 생명과 복과 사망과 화를 두었으니, 너희는 살기 위하여 생명과 복을 택하라고 계속 말씀하셨습니다.

암5:14에 **너희는 살기 위하여 선을 구하고 악을 구하지 말지어다** 하셨습니다. 너희가 살려면 예수님 안에 들어오라. 그러면 죽음에 지배받고 있던 너희에게 죽음은 끝나고, 생명으로 영원히 산다는 말입니다. 고후5:4에 **죽을 것이 생명에게 삼킨바 되게 하려 함이라** 하였으니, 예수님을 영접하면, 예수님의 부활 생명을 가지신 성영님이 내주하시는 거잖습니까? 그러므로 생명이 생성하고, 생명이 존재하고, 생명이 작용하되 영원히 작용하니 죽음은 온전히 끝났습니다. 이 귀한 사실을 확실히 알고 믿는 자가 바로 예수 그리스도의 생명에 자유가 있는 것 또한 아는 것입니다. 죽음의 두려움, 병의 두려움, 가난의 두려움, 세상의 두려움, 이 모든 두려움에서 자유한 것입니다. 세상에서 떠나 아버지 나라갈 때, "내 할 일 다 마쳤으니 이제 난 하늘 아버지께 간다. 너희도 할 일 다 마치고 오라" 하고 하늘 내 집에 기쁨으로 가는 것입니다. 하늘이 내 집이라는 것을 알기 때문에 기쁘게 가는 거예요. 그냥 죽음이 두려워 벌벌 떠는 것이 아니라, 오늘이라도 아버지가 나를 부르시면 기쁘게 가는 거예요. 여러분이 얼마나 기쁘게 갈 수 있을지, 자신을 살펴보세요.

이렇게 사람에게 예수님의 생명을 주어 영생케 하시려는 하나님의 사랑을, 인간이 예수 그리스도를 만나기를 원하시는 하나님의 간절하신 뜻을, 선악과에서 알아야 하나님의 뜻대로 믿음을 갖게 되는 것입니다. 그러니 영생이냐? 지옥이냐? 두 길밖에 없는데, 영원한 생명이냐? 영원한 지옥이냐? 하는 두 길밖에 없는데, 무엇 때문에 예수님을 거절해야 하겠습니까? 무엇 때문에! 도대체 무엇 때문에! 다른 길은 없는데! 이제 하나님의 역사에 대한 뜻을 여러분이 듣게 되었으니, 참믿음이 되기를 간절히 바라며 말씀을 맺습니다.

선악과에 넣으신 뜻을 깨닫게 하신 성영님께 감사드리고 모든 영광 삼위 하나님께 돌립니다. 아멘

제 8 장
나는 누구인가? (내가 아담)

이에 그들의 눈이 밝아 자기들의 몸이 벗은 줄을 알고 무화과나무 잎을 엮어 치마를 하였더라

(창3:7)

아담에게 이르시되 네가 네 아내의 말을 듣고 내가 너더러 먹지 말라 한 나무의 실과를 먹었은즉 땅은 너로 인하여 저주를 받고 너는 종신토록 수고하여야 그 소산을 먹으리라

(창3:17)

인간은 지금까지 인간 자기가 누구인가? 도대체 어디에서 와서 무엇 때문에 살며 어디로 가는가를 끝없이 연구하지만, 명쾌하게 답변해주고 있지는 못합니다. 기껏 찾았다는 것이 짐승이 조상이다, 과학적으로 증명되었다고 하는 것인데, 그런데 조상이 짐승이라 하는 것에는 수치심도 느끼지 못하고, 그것을 받아들이고 있습니다. 그래서 내가 누구인가? 인간이 누구인가? 하는 것은 오직 인간을 지으신 하나님만 말씀하실 수 있기에, 오늘 우리는 성경을 통해 '나는 누구인가?' 하는 자신에 대해 너무나 확실한 해답, 명쾌한 답변을 주신 것

을 받고, 자기에 대한 정체성을 바로 갖는 기회가 되겠습니다.

처음 사람이, "선악을 알게 하는 나무의 실과는 먹지 말라" 하셨음에도 먹은 것은, 하나님의 말씀을 불순종하고 죄를 범하면 반드시 죗값이 따른다는 것이고, "네가 먹는 날에는 정녕 죽으리라" 하신 것은 죄지은 사람을 죄에서 구원하여 영생 얻게 하신다는 언약입니다. 선악과의 한편은 구원의 큰 엄청난 비밀이 들어 있고, 또 한편은 무엇을 다룬 거라고요? 하나님께 죄를 범하면, 반드시 죄의 대가가 따른다. 그래서 선악과의 사건에서 이 두 측면을 봐야 하고, 그 눈으로 하나님의 역사를 따라 내려가 볼 수 있어야 합니다.

창1~4장까지는 하나님의 창조와 인류의 시작이 어떻게 되었는가에 대한 기록입니다. 사람에게 향하신 뜻이 무엇이며, 사람이 하나님 앞에서 어떻게 사는 것인지 잘 가르쳐주고 있습니다. 사람의 시작과 하나님과 사람의 관계와 하나님께서 사람을 지으신 뜻과 사람의 역사가 어떻게 흘러가는지와 인간에게 두 길이 난 것과 그것이 인류 역사의 길이 되었음을 보여주고 있습니다. 사람의 창조목적은, 이 땅에서 잘 먹고 잘 살게 하자는 데 있지 않습니다. 바로 영의 것, 영적인 것에 있습니다. 그런데 오늘날 사람들이 믿음의 대주제가 되는 하나님의 그 뜻을 깨달아, 뜻대로 믿는 믿음이 돼야 하는데, 이 땅의 것들로 성공하느냐 성공하지 못하느냐? 잘사느냐 못사느냐? 돈이 많은 부자가 되느냐 되지 않느냐? 명예를 얻느냐 못 얻느냐? 하는 세상의 것들로 믿는 초점을 두고 있어서, 다 하나님의 과녁에서 여전히 빗나간 화살이 되고 있습니다. 죄의 것들로 표적을 삼고 그런 것들이 잘돼야 하나님이 자기를 사랑하신 증거요, 복 주셨다는 믿는 것의 증거로 삼고 있는 겁니다.

그러니 얼마나 우스꽝스러운 일들이 벌어지고 있는지 말입니다. 자기를 볼 눈도 갖지 못한 사람들에게 하나님을 위해서 무엇을 열심히 하라 하니까 ……. 아니 여러분, 율법으로 자기를 비춰볼 눈도 되지 못하고, 구원받지 못한 사람들에게 하나님을 위해 무엇을 열심히 하라, 그것이 달란트 감당하는 것이라 하고 있으니 심지어 어떤 부작용들이 있는지 아십니까? 자기 밥벌이하는 재능의 일들을 가지고도 하나님이 주신 달란트라고 말하고 있습니다. 예를 들면 연극, 노래, 연기, 개그 이런 등등의 것들을 가지고, 하나님께서 자기에게 주신 달란트라고, 그런 무지한 말을 하고 다니더란 말입니다. 남을 웃겨주고 남을 즐겁게 해주는 것이니, 남에게 좋은 영향을 끼쳐주는 것이라서, 그것이 하나님이 주신 재능, 달란트라고 갖다 붙이고, 성경이 말씀하는 달란트에 대한 하나님의 뜻을 우롱하듯 한다는 것입니다. 왜 그렇습니까? 가르침 받는 것이 문제이기 때문입니다. 그런 것을 달란트라 한다면 그것은 사단이 준 달란트입니다.

성경이 말씀하는 달란트는, 우리가 배워야 하는 성경의 뜻, 에덴동산에 넣으신 뜻, 선악과에 대한 뜻을 각자 자신과 연결하여 깨달으라는 것을 말합니다. '달란트'하는 것은 하나님이 사람에게 주신 사명이라는 말입니다. 예수님을 믿으러 나온 모든 사람에게 주신 사명입니다. 무슨 사명입니까? 이윤을 보기 위해서 열심히 장사하는 장사꾼처럼, 바로 성경은 삼위의 하나님이 누구이신가? 인간은 누구인가를 알게 하고 그 하나님의 뜻을 알게 하신 것이니, 그것을 배우고 깨달아서 자기에게 적용하여 능력을 갖추는 것으로 믿음의 이윤을 남겨라, 이윤이 있게 하라는 거예요.

하나님의 영적인 뜻을 깨달아 자기에게 남겨야 한다는 것을, 돈을 가리키는 달란트로 비유하여 말씀한 것입니다. 돈은 필요를 위해 사용하는 거잖아요. 팔고 사는 일에 사용되는 것이 돈이잖아요. 그래서 그 의미에서 달란트라는 비유를 들어 우리에게 성경을 상고하여 봄으로, 팔아버려야 하는 것이 무엇인지, 사야 하는 것이 무엇인지 알고 그것을 장사하여 하나님의 것이 너에게 있게 하라는 뜻입니다. 그 장사는 인간 자기 머리로 되는 것이 아니라 오직 성영님으로 되는 것이니, 성영님이 오셨으니 성영님을 너의 유익으로 삼아 가르침을 받으라는 뜻입니다. '달란트' 하는 것은 하나님이 주신 재능, 즉 하늘에서 오신 성영님에 의하여 하나님의 뜻을 깨닫고 행하는 것을 말씀합니다. 아셨습니까?

하나님께서 이스라엘을 통해서 죄를 모르는 흠 없는 그 많은 소나 양에게 죄를 전가하여 죽여 흘린 피로 하나님께 화해의 제물로 가지고 나오게 하셨던 것, 인간은 하나님께 죄 범한 존재로 사망 아래 있는 죄인이요. 예수님은 그 죄인을 구하기 위해 오신 구주요. 예수님이 십자가에 못 박혀 죽으신 것은 나도 같이 못 박혀 죽은 것이요. 이제 예수님을 믿는 믿음 안에서 이 같은 하나님의 모든 뜻을 깨달아 자신에게 적용하여 남기는 것이, 능력을 갖추는 것이, 자신에게 달란트 남기는 일입니다. 성영님과 함께 예수님을 따르고 증거하는 삶이 달란트와 므나를 남기는 일입니다.

사람들이 하나같이 하나님을 위해 달란트 감당해야 한다, 또는 감당한다고들 말하는데, 그러나 달란트는 남기라는 데 의미를 두셨지, 감당하라는 데 있지 않습니다. 자기에게 남기면 다른 사람에게도 남기도록 하게 돼 있습니다. 그런데 다 하나님을 위해서 감당하라는 것이 되어서, 그같이 자기에게 있는 육의 재능들을 달란트라고 하여, 사명 감당한다는 것으로, 아주 굳어버렸습니다. 하나님의 표적에서 빗나간 타락한 오해들로 넘쳐나 행하고 있습니다. 기독교가 달란트에 대하여 이것으로 아주 딱 맞추어버렸습니다. 이유는 믿는다는 것을 하늘의 것인 영에 두기보다, 땅의 것인 육의 것들에다 두었기 때문이요. 말씀을 보는 것도, 자기가 기준이 돼서 보기 때문입니다. 그러니 '무엇을 열심히 감당해야만 복을 받는 것이지, 하지도 않고 어떻게 복을 받겠느냐', '하지도 않는 데 어떻게 함께하시겠느냐' 하는 인본의 지극히 합리적인 것이 나오고, 그것을 열심히 따르고 있습니다. 그것을 거부할 이유 뭐 있습니까? 아무도 이유 없습니다.

이같이 자기가 중심이 되어 믿는다 하고, 육의 것들을 위해 믿는다 하니 달란트를 감당한다는 것으로 보게 됩니다. 성경을 읽으면서도 그렇게 돌아갑니다. 보이지가 않습니다. 예수님을 믿는 것은 자기의 소유를 다 팔아야만, 즉 육의 것과 세상 것을 다 팔아야만 밭의 보화(예수님)를 사게 되는 것인데, 그런데 도리어 팔아버려야 할 육의 것들로 하나님을 위해 달란트 감당하라고, 또 감당한다고 하니 이 얼마나 소경이 소경을 인도하는 것인가 말입니다. 달란트 비유뿐입니까? 성경의 모든 것을 다 그렇게 보는 겁니다.

저도 처음에, 땅에 것, 육신적인 것을 얻고자 하여 교회 열심히 출석했습니다. 모르니 그런 가치관으로 교회 나올 수는 있습니다. 그러나 바른 믿음이 되고자 하는 간절함으로, 말씀을 듣고 부지런히 읽으며 점차 깨우치므로, 땅의 것이 아니라 하늘의 것이라는 것으로 바꿔어야 합니다. 영적 사고로 확실히 고쳐져야 합니다. 저도 살아야 하는 가치를 땅의 것에 두었을 때는, 하나님께 내가 무엇을 열심히 해야, 나에게 잘되는 복을 주시지 않겠느냐? 잘사는 복을 주시지 않겠느냐는 것을 끈질기게 붙들고 있었습니다. 모르니까……, 예수님을 믿는 것은 죄 때문에 하나님께 들어갈 수 없게 되었다는 것 때문이라는, 이 영적인 것을 전혀 영혼으로 깨달은 바가 되지 못하니 그렇게 땅에서 사는 것을 위해 믿어야 하는 줄만 알았습니다. 그런데 그것으로 믿음을 두었을 땐 절대로 행복하지 않았습니다. 그야말로 행복이 깨알만큼도 내 마음에 없었습니다. 앞이 어둡고 깜깜하고, 내가 무얼 열심히 하지 않아서 그런가 하여, 두렵고 괴로운 마음밖에는 없었습니다. 마음이 항상 썰렁하고 공허함이 휘몰아치곤 했습니다.

그런데 예수님을 믿는 것은 세상 것에 있지 않고, 하나님 아버지 나라의 것, 천국이신 예수님이 믿는 뜻이 되어야 한다는 것을 깨닫게 되었고, 그렇게 아등바등하며 붙들고자 했던 세상 것들을 내 마음에서 다 내려놓으니, 말씀 속에 넣으신 하나님 아버지의 영적인 뜻이 보이게 되었습니다. 그것이 너무 신나고 기뻐서 내 소유라고 하는 것들, 머리에서 나는 인본의 것들을 마귀에게 다 넘겨줘 버리니, 그것이 마귀 것인 줄 내가 알더란 말입니다. 세상과 옛사람이 비워진 내 마음에 오직 예수님만 계시기 원하고, 지배해주시기 원하여 삶의 가치, 내가 사는 이유와 목적을 오직 예수님께만 둬버렸습니다. 어떤 상황이 되었던지 내 관심은 삼위 하나님, 예수님께 두었다는 말입니다. 말씀에 두었습니다.

어려운 생활이긴 했으나 그렇게 결단하고 세상을 마음에서 내려놓으니, 지금까지도 아버지가 따라다니시며 필요를 채우시고, 일을 성사시키는 것을 경험하고 있습니다. 아등바등하던 세상 것들을 마음에서 다 비워버리니, 마음이 너무 가볍고 행복했습니다. 복잡하던 마음이 단순해지고 삶도 단순해지니, 얼마나 가볍고 좋은지 기쁜 겁니다. 오직 예수님 한 분만으로 만족하고, 예수님만 자랑하고 말하고 싶은 소망으로 가득한 것이지, 내 속에 세상 것 담고 싶은 생각이 추호도 없는 겁니다. 그러므로 저는 아버지가 나와 함께 계시고, 내가 하나님의 자녀라는 이것만으로 충분히 행복한 사람입니다. 여러분도 이 믿음으로 행복(천국)을 소유하기를 진심으로 바랍니다. 아버지께서는 나를 절대로 비참하게 두지 않으신다는 것을 확실히 믿고 경험하며 살고 있습니다. 너무나 분명합니다. 세상에 대하여 전혀 두렵지 않습니다. 내일에 대한 두려움이나 걱정 염려가 있을 이유 없습니다. 과거에 왜 그렇게 살았는가? 억울한 마음만 들었습니다. 아버지의 마음이 보였습니다. 아버지의 뜻이 무엇인지 확실히 보였습니다. 말씀을 통해 아버지의 생각이 줄줄이 열려 보였습니다.

성경 히브리어의 뜻이 뭐냐? 연구 안 해도, 헬라어 뜻을 연구 안 해도 연구해서 아는 것이 아니라, 아버지의 뜻 영적인 것은 성영님께서 '그것은 이것을 말한다.' '그것은 무엇이다' 하고 알려주시니 다 알게 되더라는 말입니다. 제가 세상 것 마음에서나 머리에서 내려놓았다고 해서 밥 굶고 할 것 못하고 삽니까? 세상이 나에게 굴복하고 들어올 것을 확실히 알고 믿기 때문에 누리는 것입니다. 그리고 아버지의 일도 하잖습니까? 성영님께서 '너 이 길을 가라' 해서 따르는 이것, 바로 예수님 사랑하는 이 길 따라가는 겁니다. 억지로 하는 것이 아니라, 안 하면 벌 받을까 두려워서가 아니라, 안 하면 아버지가 내게 복 안 주실까 봐, 두려워서가 아니라, 아버지 뜻이기에, 아버지의 기쁘심이 곧 내 기쁨이기에, 내가 참으로 아버지를 사랑하는 마음을 올려 드리고자, 기쁨으로 성영님을 따라가는 것입니다.

그래서 달란트는 이같이 성경의 뜻을 깨달아 자기 자신에게 적용하여 믿음의 능력을 갖추는 것으로 남겨야 하는 것을 말하는데, 사람 속에 하늘의 생명이 없어서 사망으로 끌려가게 되었으니, 그 생명 얻는 영적인 것이 있게 하라고 주신 사명인데, 그같이 자신에게 남겨야 하는 것은 전혀 무시하고, 하나님을 위해서 또는 교회를 위해서 직분 받아 일해야 한다는 것으로, 그것이 달란트(사명) 감당하는 것이라고 하는 것으로 나가 버렸습니다. 그러나 분명히 아십시오. 자신에게 남기라 하신 것을 남기는 자가, 다른 사람도 남기게 할 수 있다는 것을 말입니다. 제가 달란트 비유에서도 말했지만, 오늘날 사람들이 예수님을 믿기 위해 나와서, 인본이 가르치는 거짓된 말씀들로 그 마음에 뿌리내려져, 멸망의 길로 가고 있는 것을 보고 있어서, 달란트에 대한 오해가 없기를 바라 다시 또 언급하였으니, 깨닫는 은혜가 있기를 바랍니다. 아셨습니까?

자, 그래서 선악과에 대한 뜻을 확실히 깨달아 아는 것은, 예수님께서 이루신 십자가의 구원과 신약의 말씀을 통해서입니다. 창조 때의 사건들을 연결하여 깨달을 수가 있습니다. 신약은 구약이 드러난 구약의 열매입니다. 구약은 베일에 가려진 것과 같아서 잘 보이지 않습니다. 희미하던 것이 신약에서 드러났기 때문에, 신약을 통해 구약을 확실하게 아는 겁니다. 하나님께서 아담에게 먹으면 **정녕 죽으리라**고 하셨음에도, 아담이 선악과 먹은 것은 두 가지 뜻을 담은 것으로, 하나는 구원입니다. 예수님의 죽으심과 사심으로 인해 사단의 사망 권세가 깨지고, 믿는 자들에게 더는 사망 권세를 펼 수 없게 되었어요.

아담이 선악과를 먹자 구원의 뜻이 하늘에서는 이뤄졌습니다. 우리 눈에는 선악과 사건 이후 수천 년을 거쳐서 비로소 예수님이 오셔서 십자가에 달려 피 흘려 죽으시고, 부활하심으로 구원받게 되었다고 보지만, 성영님의 눈으로 보면 아담이 선악과 먹었을 때, 사단은 이미 패배하였고, 하나님 구원의 뜻은 이루어졌다는 것을 보는 겁니다. 보이지 않던 선악과의 일, 하늘 생명을 얻게 히여 영생케 하시는 재창조의 뜻이 담긴, 하나님의 뜻은 이뤄졌음을 보는 거예요. 하나님 아버지와 같은 높은 수준으로, 아버지의 일하신 전 역사를 한눈에 보는 것입니다.

첫 사람을 유혹하여 선악과 먹게 했던 사단은, 아담이 지음을 받기 전에 이미 피조물 중에서는 사망의 첫 열매가 된, 하나님께 저주를 선고받은 존재입니다. 그래서 사망의 권세 잡은 자라고 합니다. 예수님이 부활의 첫 열매가 되신 것처럼, 사단도 사망의 첫 열매가 되었습니다. 그래서 사람이, 먼저 창조된 사망의 첫 열매인 사단 아래 있으므로, 유혹을 받게 되었어요. 사단의 유혹은 곧 창조주 하나님을 실패자가 되게 하여 자기가 하나님 자리에 앉겠다는 것이지 않습니까? 하나님과 사람 사이를 이간질하여 사람에게 하나님의 말씀을 대적하게 하여 자기의 소유물로 끌어들이려는 간계를 부린 것입니다.

'아담'이라는 것은 생영이 된 사람이라는 뜻으로, 하나님의 생명을 얻어야만 살게 된 영이라는 말입니다. 그 생명을 담을 그릇으로 창조되었다는 것과 같습니다. 오늘 7에 **여호와 하나님이 흙으로 사람을 지으시고 생기를 그 코에 불어넣으시니 사람이 생영이 된지라** 하셨잖습니까? '생영'은 흙으로 지은 사람 안에 하나님의 영을 불어넣으시니 영이 있는 혼의 사람, 자아의 사람이 되었다. 영이 있는 목숨의 사람이 되었다는 말입니다. 그러면 목숨은 한계가 있습니까, 없습니까? 목숨은 한계입니다. 그러나 목숨이 끊어지면 아주 끝나서 없어지는 것이 아니라 영이 있으므로, 그 영혼이 끝나거나 사라지는 것이 아닙니다.

하나님께서 사람을 지으신 목적이 있다고 하지 않았습니까? 사람을 아들로 낳으시는, 자녀로 낳으시는 것이 하나님의 뜻이요, 목적입니다. 그런데 사람을 만들어 그 속에 하나님의 영을 불어넣으신 것으로는, 영을 불어넣은 것일 뿐이지, 아들로 낳은 것이 아닙니다. 처음 창조 때는 아들로 낳을 수가 없습니다. 아들로 낳는 것은 아들이신 예수님의 부활하신 생명으로만 됩니다. 그래서 일차적으로는 하나님 자신(예수님)의 생명을 넣으실 수 있는 영을 불어넣으셨습니다. 생명을 받을 그릇과 같은 영을 넣으셨습니다. 영이 없으면 생명을 받을 수 없습니다. 영은 영원한 것입니다. 그래서 불어넣으신 영원한 영에 예수님의 생명을 받으면 영생하는 것입니다. 그 영에, 영이신 성영님이 아들이신 예수님의 부활 생명으로 오시는 것이 아들로 나는 것입니다. 그래서 사람 안에 불어넣으신 영은, 부활의 생명을 받는 집과 같은, 그릇과 같은 이치로 이해하시면 됩니다. 그릇은 무엇을 담기 위한 것이잖아요. 그러므로 사람이 생영이 된지라는, 하나님의 생명을 받아들여야 살게 된 영이라는 뜻이니, '아, 처음 사람으로는 미완성이라는 것이구나!' 하는 것을 얼마든지 알 수 있는 것입니다. 그래서 성경이 '산 영이 되었다. 목숨의 영이 되었다.' 말하고, 영은 예수님의 부활하신 생명을 얻어야 영생한다고 하는 겁니다.

그다음 육체는 영혼을 넣은 영혼의 집과 같습니다. 우리도 살려면 거처가 있어야 하듯이, 우리 육체는 영혼이 거처하는 집입니다. 그래서 영에 예수님의 부활하신 생명이 있으면, 그 생명으로 육체의 모습과 같은 몸으로 부활하는 것입니다. 그래서 그 영원한 몸을 주시려고, 먼저 모형으로 몸을 만드셨습니다. 처음 흙으로 된 몸은 바로 모형이고 그림자다. 그래서 흙으로 된 몸은 흙으로 들어가고, 그 몸 안에 예수님의 생명이 있는 자는 그 생명으로 몸의 모습과 똑같은 몸으로 부활하여 영원히 산다고 하는 것입니다. 우리 육체는 다시 살 몸의 모형이고 그림자입니다. 그러면 그림자에 생명 있습니까? 생명이 있으면 그림자가 아닙니다. 얼마나 멋있고 흥분되는 일입니까? 하나님의 이 뜻, 이 역사가, 이 목적이 얼마나 신비스럽습니까, 여러분!

그래서 흙으로 된 육체는 한계가 있다. 땅의 흙먼지와 같은 티끌로 되었기에 한계에 이르면 무너집니다. 그것이 창조된 물질의 약점이요. 속성입니다. 물질의 속성은 한계가 있다. 그래서 고후4:18에 **우리의 돌아보는 것은 보이는 것이 아니요 보이지 않는 것이니 보이는 것은 잠깐이요 보이지 않는 것은 영원함이니라** 했습니다. 바로 보이는 것 물질은 잠깐 있다가 없어지는 것이지만, 보이지 않는 비 물질인 영은 영원한 것이라고 분명히 말했습니다. 그래서 흙의 티끌로 된 사람의 육체는 어느 날인가 끝나는 날, 한계점에 도달합니다. 저의 이 모든 말씀은 아담이 죄짓기 전, 창조된 사람의 이야기입니다. 고후4:18의 말씀이 이것을 말하는 것입니다.

제가 과거에 성경을 알고 싶어서, 많은 사람의 책도 보고 설교를 듣게 되었는데, 모두가 다 하나같이 사람은 죽지 않게 창조됐는데, 죽게 된 것은 아담의 범죄 때문이다. 육체로 영원히 살 수 있었는데,

아담이 선악과 먹은 죄로 육체가 죽는 형벌이 들어오게 되었다고 했습니다. 그러나 여러분은 이 말이 이치에 맞는다고 듣고 말하겠습니까? 상식으로도 맞지 않습니다. 지금까지 저에게서 들은 말씀에 의하면 하나님의 표적에서 빗나간 것 아닙니까? 물질은 한계가 있습니다. 창3:19에 아담이 죄짓고 난 뒤에 **너는 흙이니 흙으로 돌아갈 것이니라** 하셨습니다. 그러니까 죄지어서 육체가 죽게 됐고 다시 흙으로 돌아가라 하셨다고 열심히 말하는 겁니다. 그러나 이것은 '육체로 영원히 살도록 창조됐는데 내 말 안 듣고 불순종하여 죄지었으니, 그 죄로 육체가 죽어서 흙으로 돌아가는 형벌이 내려졌다.', '흙이니 흙으로 돌아간다.' 는 말씀이 절대 아닙니다.

하나님께서 선악과 먹은 아담의 눈을 열어 자기의 실체를 보게 하셨습니다. 흙(육)밖에 되지 않는 벌거벗은 자기의 모습을 보게 하셨어요. 사람이 지음을 받은 것은 죄와 상관없이 육체는 흙으로 되었기에, 아담에게 자기 실체를 보게 하신 뒤 너는 흙에서 취했으니, 즉 네 눈으로 보이는 것은 흙이니, 흙으로 돌아간다는 그 사실을 말씀하신 겁니다. 너는 흙에서 왔으니 흙으로 돌아갈 것이라는 사실에 대해서 알려주신 거예요. 육체는 흙이니 흙으로 돌아가는 것이 이치라는 말입니다. 흙으로 된 육체는 영원하지 않다는 선언입니다. 아담에게 선악을 알게 하는 실과를 먹으면 정녕 죽는다 하신 것은, 육체에 해당이 아니라, 바로 영에 해당입니다. 아담이 선악과 먹은 것은 먼저 영에 죽음이 들어왔고, 그다음 가인이 하나님께 죄악을 범하고 하나님 앞에서 떠나 나간 것은 혼이 범한 죄악입니다. 이후 그 후손에게서 영혼의 죄악이 드러난 것이 바로 육체의 질병, 온갖 병입니다.

하나님께서 아담이 선악과 먹는 것을 허용하신 것은, 사람을 향한 사랑과 구원의 뜻을 담은 것이요. 사단에겐 감추신 비밀입니다. 사람을 예수 그리스도의 생명을 얻게 하여 아들로 나시는 하나님의 방법이 그 속에 있고, 사단을 멸하시는 방법이 그 속에 있습니다. 선악과는 구원의 뜻을 담은 것이요. 사단의 사망 권세를 깨고 멸하시는 방법이요. 아담을 온전한 창조 안으로 들어오게 하시는 하나님의 지혜요. 뜻입니다. 그래서 사람이 예수 그리스도의 생명을 얻어 하나님의 아들로 나는 것은, 첫 사람이 선악과를 먹고 '정녕 죽으리라'는 말씀을 받아들여야 합니다. 그러니 저의 이 같은 밀씀들은 인간의 지혜로는, 자기 머리로는 절대로 깨달을 수도 없고, 알아들을 수 있는 것 아닙니다. 거부감 들고 부딪칠 것밖에는 없습니다. 예수님이 **들을 귀 있는 자는 들으라**(막4:9,23, 눅8:8) 하신 것은 죄를 알고 회개하여 성령님이 계신 자는 알아듣는다는 말입니다.

아담이 '정녕 죽으리라' 하신 말씀을 받아들인 것은, 영에 죽음(두려움)이 들어왔고 (선악과 먹지 않아도 예수님의 생명을 얻지 못하면 다 사망임), 더 큰 의미는 예수님께서 육체로 오셔서 죽으심이 확정된 것이요. 십자가에 못 박히신 것은 불순종의 죄를 못 박은 것이요. 예수님이 죽음에서 살아나신 것은, 사단의 사망 권세가 깨어져 예수님을 믿는 사람들을 사망으로 끌고 갈 수 없게 된 것이요. 그러므로 사망은 끝나 버렸다는 선포입니다. 선악과는 사람을 온전한 삶으로 들어오게 하시는 하나님의 엄청난 비밀이 담긴 뜻이요. 사람이 하나님도 알고 사단도 알아야 하는 권리를 부여받은 것을 드러낸 것입니다. 이 선악과의 뜻이 열려야 성경의 모든 사건도 줄줄이 열리는 것입니다.

사람들이 영생의 생명 얻는 뜻을 담은 이 선과 악을 아는 지식을 보는 눈이 없으니, 다 엉뚱한 말 합니다. 아담이 선악과 먹는 죄를 짓지 않았으면, 인간은 죽지 않고 영원히 살 수 있었는데, 육체에 죽음이 들어오지 않았을 텐데, 정녕 죽는다고 했음에도 불순종하고 먹었기 때문에 죄인이 되고, 육체가 죽는 형벌을 받게 되었다는 말밖에는 할 것이 없는 겁니다. 눈이 없으면 성영님이 안 계신 증거니, 말씀 전한다는 사람들이 이런 지경이면, 거짓 교사이니 그리 아십시오. 선악과 먹지 않아도 육체는 언젠가 무너집니다. 첫 사람 아담은 죽음의 경험이 없으니 **정녕 죽으리라**가 무엇인지 모릅니다. 죽는 것이 무엇인지 모른다는 말입니다. 그러나 오늘날 우리는 너무나 잘 압니다. 하나님의 전 역사가 기록된 성경이 있고, 혈통으로 타고 온 영적 육적의 것들과 경험을 다 하며 살고 있기에 확실히 알고 있습니다.

　선악과는 사람이 하늘 가는 길이요 사단은 영원 형벌로 들어가는 하나님의 사랑과 공의입니다. 하나님은 창조주로서 피조물의 주인이지만, 그 주권으로 사단을 멸하시는 것조차도 원치 않으셨습니다. 하나님께서 주권을 내세워 사단을 처단하셨다면, 사람의 죄악도 용서하실 수가 없습니다. 사단을 즉시 처단하면, 사람도 죄를 짓자마자 그대로 지옥에 던져버려야 합니다. 그러면 사람을 지으신 하나님의 뜻은 없는 겁니다. 하나님께서는 사단이 자기가 판 무덤에 자기가 스스로 들어가게 하셨습니다. 사람 또한 존귀함으로 지으시고, 그의 의지에 맡기셨어요. 선악과는 하나님의 사랑이요 공의입니다. 그래서 사람이 하나님의 사정을 볼 줄 모르면, 아담에게 자꾸 죄를 묻게 됩니다. 그것은 하나님께 '당신은 왜 아담을 지어놓고 그렇게 실패했느냐?'고 하나님을 질책하는 것임에도, 미련함에 잡힌 인간은, 아담에게 먹으라는 것이나 먹지 왜 선악과 따 먹고, 죽음이 들어오게 한 것이냐고 계속 묻고 원망하는 겁니다.

　그러나 우리가 다 아담입니다. 첫 사람만 아담이 아니라 우리가 아담이에요. 첫 사람에게 죄를 묻는 것은 곧 자기가 자기를 정죄하는 것이요, 자기를 지은 하나님께 '당신은 사람을 지어놓고 실패밖에 한 것이 없다.' 하는 것을 말하는 것과 같습니다. 그러나 처음 아담이 곧 나 자신임을 아는 것이 성영님의 믿음이요 예수님의 사람입니다. 아버지의 사정을 아는 예수 그리스도로 말미암은 신영한 아들입니다. 사람이 하나님의 속사정을 무엇으로 알 수 있다 했습니까? 하나님의 깊은 것이라도 통달하시는 성영님에 의해서입니다. 성영님에 의해 하나님의 깊은 속사정을 다 알 수 있음에도, 성영님과 함께 그 깊은 사정까지 가지 못하는 것은, 지금 인본 위에 역사하는 사단에게 딱 걸려 있던지, 속고 있던지, 사단의 종자이기 때문입니다. 선악과는 사람에게 고통을 주기 위한 것이 아닙니다. 육으로는 하나님께 들어가지 못하는 것이기에, 그것을 알게 하시는 하나님의 방법입니다. 그래서 자기 마음이 힘든 고난이 있는 것은, 육이 깨지지 않기 때문입니다.

　하나님께서는 아담에게 자기를 보게 하셨어요. 그래서 우리는 아담으로 자기가 누구인가를 봐야 합니다. 아담이 선악과를 먹고 눈이 밝아져 벌거벗은 자기를 보게 되었지 않습니까? 벌거벗은 자기 실체를 보게 되었어요. 죄짓기 전에 동산에서 하나님의 임재 속에 있었을 때는 벌거벗은 것이 보이지 않았습니다. 선악과를 먹자 곧바로 눈이 열려 벌거벗은 자기가 보였고, 즉시 두려움이 있게 되었습니다. 이로써 사람은 하나님의 생명이 없으면 벌거벗은 것이요. 영원한 수치요. 부끄러운 존재로 있게 된다는 것을 알게 하셨습니다. 아담이 선악과를 먹자 그 즉시 두려움이 들어왔습니다. 그 두려움은 하나님을 바라볼 수 없게 했습니다. 그래서 하나님의 얼굴을 피해 숨고, 무화과 나뭇잎을 엮어 자기의 수치와 두려움을 가려보려고 한 것입니다. 하나님의 말씀을 어기고 죄를 지은 양심은, 두려움으로 가득 차서, 하나님의 낯을 피해 숨을 수밖엔 없었는데, 하나님께서 아담을 찾아오셔서 친히 양을 잡아 피 흘리고, 그 가죽으로 옷을 지어 벌거벗은 수치를 덮어 가려주시고, 이제 하나님께 나오는 자, 죽음의 두려움이 있어 살기를 원하는 자, 죄 때문에 고통 하는 자의 벌거벗은 수치를 가려줄 옷이 되고, 그곳에서 구원하신다는 그 사랑을 보이셨습니다.

그러므로 아담을 통해 자기를 보고 하나님께 죄 범한 죄인임을 통감하고, 자기의 그 수치를 고백할 때, 예수 그리스도의 피로 죄를 씻어 옷 입게 하십니다. 죽음은 곧 두려움인 것을 경험하며 그 두려움에 휩싸인 아담을 통하여, 사람의 실체가 바로 아담이라는 것을 보이시고, 이제 사람은 하나님만 바라고 말씀에 순종하여 따르는 것이 살 길이라는 것과 생명을 주시는 예수님이 아니면 살 수 없는, 예수님의 생명이 없으면, 무가치하여 영원히 수치 가운데 있게 된다는 것을 알게 하셨습니다. 사람은 다 아담입니다. 그래서 예수님을 믿으러 나온 모든 사람은 처음 사람 아담과 그 후손 가인을 통해서 자기가 누구인지 그 실체를 똑똑히 볼 수 있어야 합니다. 이것이 바로 하나님께서 사람에게 주신 달란트, 자신에게 유익이 되도록 남기라 하신 사명입니다.

그런데 그 사명에 대해 여러분은 얼마나 관심이 있습니까? 처음 사람을 통해서 자기에게 예수님의 생명이 없으면 영원한 수치요, 사단을 따라 살던 죄악으로, 사단과 함께 영원히 멸망에 떨어지게 된 자기에 대하여 얼마나 관심을 가지고 깨닫는 것이 되었느냐는 말입니다. 그것은 자기의 영원한 운명이 걸린 문젠데, 관심이 없다면 한 달 란트를 땅에 묻어놓은 악하고 게으른 종입니다. '아! 뭐, 나는 죄인이요. 예수님이 구주시니 내가 예수님을 믿는데, 그러니 하나님이 어련히 알아서 구원하실 거 아니냐? 구원은 하나님이 하시는 것이지, 뭘 하라는 것이냐?' 하는 변명이나 한다면, 그것은 한 달란트 받은 악한 종입니다. 그렇기에 저는 여러분이 먼저 하나님과 자신을 아는 일에, 열심을 다하여 성영님으로 깨달아 자신에게 남기기를 원하는 것이지 뭐 이거 해라, 지거 해라, 봉사해라, 하는 것 히지 않습니다. 물론 해야 할 일들은 자발적으로 하는 것이 돼야 하지만, 강요하거나 부담 주지 않는다는 말입니다. 성영님으로 거듭나면 무엇을 해야 할지를 스스로 알기 때문입니다.

이처럼 '나는 누구인가?'를 묻는 우리에게 하나님께서 처음 사람을 통하여 확실히 가르쳐 보이셨으니, 이제 우리가 예수님이 아니면 살 수 없는 존재로 지음을 받은 아담이라는 것과 예수님을 확실히 아는 관계가 돼야 한다는 것 알아야 할 것입니다. 자기가 누구인지 모르면서 예수님을 믿는다고 할 수는 없습니다. 그 믿음은 하나님의 뜻이 아닙니다. 그러므로 오늘 이 권고의 말씀을 여러분이 받는 말씀이길 바랍니다. 사람은 예수님으로 살도록 창조되었으니 예수님 만나지 못하면, 예수님의 생명이 없으면, 하나님을 두려워하여 피할 수밖엔 없고, 영혼이 벌거벗은 수치 가운데서 헤매다, 결국 불못에 떨어집니다. 예수님이 얼마나 중하신지 알아야 하는 것과 예수님과 동고동락하라는 것이 우리에게 주신 사명입니다. 예수님을 알면 알수록 나를 알게 되는 거예요.

오늘날 믿는다는 사람들 속에 예수님은 희미할 뿐 그 사명 의식이 없습니다. 예수님이 구주라니까, 그 예수님 믿고 구원은 받았으니까, 이제 잘살아야 한다는 것을 사명으로 아는 겁니다. 이 땅에서도 잘되고 성공해야 한다는 쪽으로 달려갑니다. 참으로 예수님 한 분으로 만족하는 믿음을 사모하는 것이 아니라, 예수님 믿고 구원받았으니 땅에서도 잘살고 성공해야 한다는 것을 사모하여 달려가는 겁니다. 그것이 예수님을 믿는 자에게 주시는 복이라는 것으로, 자기가 세워 놓고 달려가는 것입니다. 그러나 자신은 구원받았는지는 모르겠으나 예수님은 그를 모르십니다.

하나님이 흙으로 사람을 만들어 그 속에 생기, 사는 영을 불어넣으시니 육체가 기동하며 혼이 발생하였습니다. 혼이란 지성과 감정과 의지를 갖춘 인격의 집합체입니다. 생각과 감정이 있어 사랑하고 느끼고 알고, 의지가 있어 결단하여 행하는 지정의를 가진 기관입니다. 바로 육체로 있는 동안에 삼위의 하나님을 아는 지식으로 충만하고, 하나님을 사랑하고 말씀으로 사는, 하나님을 닮은 인격이 있게 하셨습니다. 그 인격에 세상 것 채우고, 알고 담으라고 있게 하신 것 아닙니다. 예수님을 믿기 전에는 세상 것으로 충만하려고 했지만, 하나님의 형상을 따라 지음을 받은 인격(혼)은 삼위 하나님을 알고, 그 하나님과 인격적인 관계를 맺도록 하시려는 것이기에, 지정의가 하나님을 채운 인격이 되어야 한다는 말입니다. 세상 것 많이 아는 것이 능력 아닙니다. 세상 정보들을 많이 알아야 성공하는 것 아닙니다. 우리 인격(혼)은 오직 삼위의 하나님을 알고, 충만해야 하는 것이요, 그것이 사람의 성공이요, 능력입니다.

사람을 영이 있는 인격으로 지으신 하나님께서는, 예수님을 받아들이겠느냐, 사단을 받아들이겠느냐 하는 것은 각 사람의 의지에 두었습니다. 각자 개개인 의지에 맡겼어요. 억지로 집어넣지 않으셨습니다. 그래서 하나님을 경험한 아담에게, 사단도 경험케 하심으로써, 사람은 자기가 예수님을 받아들이겠느냐? 사단의 지배를 받겠느냐? 선택해야 한다는 것을 알게 하셨고, 또한 오직 예수님의 생명을 받아들여야 산다는 것을 알게 하셨으니, 그러므로 우리 인격이 삼위 되신 하나님께 지배받아야 합니다. 사람을 인격으로 지었다는 것은, 자기 의지가 기쁘게 동의하여 영접하고, 하나님과 인격적 관계가 되어야 함을 말합니다. 하나님은 거룩하신 인격체입니다. 사람도 하나님의 형상(인성)을 따라 지어졌기에, 자기에 대한 책임을 져야 합니다. 다시 말하면 예수님을 믿고 삼위 하나님을 전 인격으로 사랑하도록 지으셨다는 말입니다.

사람을 짐승으로 짓지 않았습니다. 사람을 하나님의 개로 짓지 않았어요. 사람을 하나님의 로봇으로 짓지 않으셨어요. 사람은 존귀한 하나님의 형상을 따라 지음을 받았습니다. 그래서 하나님께서 사람을 존귀한 자로 대우하시는 것입니다. 사랑하는 관계, 사랑을 나누는 관계가 되길 원하십니다. 저는 이 하나님의 엄청난 사랑, 하나님이 내 아버지이신 것을, 온 영과 혼과 육체로 깨닫고 알아버렸기 때문에, 짐승이 되는 것 절대로 거절합니다. 주인만 쳐다보도록 아예 꼭지가 틀어진 인격 없는 개가 되는 것 원치 않습니다. 조종으로 움직이는 로봇이 되는 것도 원치 않습니다. 하나님은 모든 것 다 준비하셨고 열어놓으셨고 취하여 가질 수 있도록 하셨으니, 이제는 네가 이것이 귀한 줄 안다면, 스스로 취하여 가질 수 있어야 한다고, 그것이 하나님의 형상을 따라 지음을 받은 인격의 일이라고, 분명히 가르쳐주셨으니 저는 이 같은 인격과 인격의 관계로 끝없는 사랑의 관계이길 원합니다. 그런데 사람들은 하나님의 개가 되기를 원하는 것 같습니다. 인격 없는 개가 되어 졸졸 따라다니게 했으면 좋았을 것이라고 합니다. 그러나 한편으로는 마음은 원이로되 육신이 약한 인간적인 연약함이 마음에 짐이 되어 나오는 탄식이라는 생각이 들어 안타깝기도 합니다.

그다음 선악과 먹은 또 다른 뜻은 앞에서도 말했지만, 물론 선악과 먹은 것은 하나님이 오셔서 친히 죗값을 치르실 것이지만, 불순종은 죄요, 죄는 반드시 대가가 따른다는 것을 알게 하셨습니다. 그러므로 우리는 죄가 하나님과의 관계를 막고 사단과 관계가 열려버리는 문이 된다는 것을 알아야 합니다. 죄는 하나님과의 관계를 단절케 한다는 것을 잊지 않아야 한다는 말입니다.

오늘 선악과 사건에서 '나는 누구인가?'에 대한 분명한 정체성을 갖게 된 줄로 믿습니다. 또한, 선악과를 통한 하나님의 깊은 사정을 이처럼 깨닫게 되었으니, 이제 어떤 것에도 흔들리지 않고 하나님은 사람이 선악과 따 먹는 죄를 지었다는 이유로 벌주시려고, 지옥 보내시려고 선악과를 두신 것이 아니라, 바로 그것이 생영이 된 사람을 생명을 얻게 하여 아버지 나라에 들이시는 방법이요. 사단을 멸하시는 방법이요. 하나님의 놀라운 사랑의 계획이요. 하나님의 지혜라는 것을 자기 영혼으로 받아 알게 되었고, 이제 그 믿음으로 확실히 서게 된 줄로 믿습니다. 말씀을 맺습니다.

나는 누구인가? 질문하는 나에게 확실한 답변을 주셔서 나를 알게 하시고, 예수님을 알게 하신 삼위 하나님께 감사 올려드리고, 모든 영광을 돌립니다. 아멘

제 9 장
예수님을 돕는 배필, 예수님과 연합, 한 몸

[18]여호와 하나님이 가라사대 사람의 독처하는 것이 좋지 못하니 내가 그를 위하여 돕는 배필을 지으리라 하시니라 [19]여호와 하나님이 흙으로 각종 들짐승과 공중의 각종 새를 지으시고 아담이 어떻게 이름을 짓나 보시려고 그것들을 그에게로 이끌어 이르시니 아담이 각 생물을 일컫는 바가 곧 그 이름이라 [20]아담이 모든 육축과 공중의 새와 들의 모든 짐승에게 이름을 주니라 아담이 돕는 배필이 없으므로 [21]여호와 하나님이 아담을 깊이 잠들게 하시니 잠들매 그가 그 갈빗대 하나를 취하고 살로 대신 채우시고 [22]여호와 하나님이 아담에게서 취하신 그 갈빗대로 여자를 만드시고 그를 아담에게로 이끌어 오시니 [23]아담이 가로되 이는 내 뼈 중의 뼈요 살 중의 살이라 이것을 남자에게서 취하였은즉 여자라 칭하리라 하니라 [24]이러므로 남자가 부모를 떠나 그 아내와 연합하여 둘이 한 몸을 이룰지로다 [25]아담과 그 아내 두 사람이 벌거벗었으나 부끄러워 아니 하니라

(창2:18-25)

18의 '돕는 배필' 24의 '연합' '한 몸을 이룰지로다'를 중심으로 말씀을 드리겠습니다. 오늘 본문이 남자와 여자가 만나 결혼하고 결혼

한 부부는 헤어지지 말고, 하나 되어 잘살아야 한다는 남녀의 결혼에 대한 말씀이면, 사실 들을 필요도, 말해야 할 이유도 없습니다. 이 말씀은 남녀의 결혼을 말씀하는 것이 아닙니다. 하나님께서 남자와 여자를 지으시고, 그들을 친히 연합하게 하신 것으로, 그 속에서 하나님의 계획과 뜻과 생각과 마음과 사랑을 깨닫게 하시는 것에 있습니다.

성경을 말하는 사람들이 말씀을 인간 생각에 맞춰 해석해버려서, 그 속에 넣으신 하나님의 생각과 뜻을 다 놓치고 있어서, 하늘의 생명과 능력을 얻지 못하고 있습니다. 하나님의 뜻을 도덕 윤리에다 초점을 둬버리는 것으로, 성경이 그저 도덕적이고 윤리적인 것을 가르치는 최고의 책인 줄로 아는 겁니다. 하나님의 말씀에서 윤리, 도덕만 만나면 사람의 양심을 수양시키는 것은 될지언정, 그래서 양심적인 사람이 되게 할 수는 있겠으나, 그 속에는 예수님도 용서도 구원도 천국도 생명도 없습니다. 하나님께서 하늘에 들게 하시려는 말씀은 도덕, 윤리를 만나야 하는 것이 아니라, 반드시 생명의 복음을 만나야 합니다.

오늘 말씀도 남자와 여자가 만나 결혼하고, 부부로 한 몸 이루어 살라는 것이 하나님의 뜻이구나 하는 정도로 본다면, 그것은 하나님의 뜻을 본 것이 아니라, 인간 부부의 강령, 즉 부부의 윤리나 도리 책 만난 것일 뿐으로, 복음도 생명도 뜻도 아닙니다. 남자가 부모를 떠나 그 아내와 연합하여 둘이 한 몸을 이룰지라 하신 것은, 인간 결혼의 말씀이 아니에요. 더 높은 하나님의 일입니다. 그래서 남자가 부모를 떠나 그 아내와 연합하여 둘이 한 몸을 이룰지라고 하신, 하나님의 본뜻을 깨달아 영의 사람에게 생명과 능력의 충만함이 돼야 합니다. 이 말씀의 뜻은 곧 '연합'입니다. 연합! 연합하라는 거예요.

그러면 연합의 본뜻을 깨달아야 하겠지요? 연합을 알려면 먼저 '돕는 배필'을 하나님의 의도대로 깨달아 봐야 합니다. 그래야 '한 몸'이 되는 것도 압니다. 그래서 하나님은 하늘의 생명의 뜻을 말씀한 것이라는 것을 눈이 열려서 봐야 해요.

예를 들면 아가서가 8장으로 된 짧은 내용인데, 이것은 젊은 남녀가 만나서 사랑을 경험하는 이성 간의 이야기입니다. '아가'는 최고의 아름나운 사랑의 노래라는 뜻으로, 솔로몬이 술람미라는 여인을 만나서 사랑을 나눈 기록입니다. 사람들이 아가서가 예수님과 인간이 나누는 사랑인 것처럼, 이상하게 해석하고 말들을 하는데, 그것이 아니라는 것, 저는 분명히 말씀을 드립니다. 아가서는 이성 간의 사랑으로 인간이 경험하는 사랑이에요. 그래서 이런 인간 최고의 이성적 사랑보다 더 위, 더 크신, 하나님의 사랑이 있다는 것, 그 하나님의 사랑은 자기의 목숨도 내주시는 사랑으로 영생을 주시는 영원한 사랑이라는, 인간사랑 그 위에 더 높고, 크신 하나님의 사랑이 있다는 그것을 알게 하시려고, 아가를 성경에 넣은 거예요.

그래서 하나님의 사랑을 사모하고, 하나님을 사랑하게 하려고, 그처럼 인간이 경험하는 그 속에서 하나님을 깨닫는 방법이 되게 하셨습니다. 인간이 삶의 경험 속에서 하나님의 사랑을 더욱 뚜렷하고 확실하게 깨달아 알게 하시는 것이 하나님의 방법입니다. 사람이 육체를 위해서 밥을 먹어야 살 수 있게 하시고, 이제 먹지 않으면 살 수 없는 것을 경험케 하시면서, 그같이 인간이 예수님으로 살지 않으면 도무지 살 방법이 없다는 것을 깨달아 볼 수 있게 하셨다는 말입니다. 그러니까 살 수 없다는 것이 뚜렷하고 확실하잖아요? '아~ 예수님이 없으면 인간은 살 수 없구나!' 하는 것을 자기가 경험하는 것, 누구나 겪는 삶의 것들은 누가 일일이 설명하지 않아도, 자기가 아는 것이니 깨달을 수 있잖아요? 그러므로 육체를 위해 살게 하려는 것이 아니라 먹어야 살도록 하시면서, 바로 인간이 예수님의 살과 피를 받아먹고 말씀을 받아먹어야 사는, 예수님으로만 산다는 것을 가르치는데 뜻이 있고, 깨닫게 하시는 방법입니다.

옷을 입으려는 것도 예수님으로 옷 입어야 한다는 것을 알라는 데 있습니다. 목마름을 통해서, 육체의 주린 것을 통해서, 인간의 영도 그같이 하나님을 목말라하고, 주리고 있다는 것을 깨달아 알라는데 있습니다. 주리는 자가 먹을 것을 찾고, 목마른 자가 마실 물을 애타게 찾듯이, 오늘날 사람들은 손만 뻗치면, 마실 수 있고 먹을 수 있으니, 뭔 소리인지 알아듣는지는 모르겠습니다만, 바로 그같이 의에 주리고 목마른 자로 예수 그리스도의 말씀을, 하나님의 말씀을 사모하고 찾아야 한다는 것을, 알게 하신 방법이란 말입니다. 그럼, 여러분은 그처럼 하나님의 말씀을 찾습니까? 예수 그리스도를 사랑하고 사모함을 정말 목마른 자같이 배고픈 자같이 하는가 말입니다. 하나님께서는 사람을 그같이 목마름으로 사랑하시면서, 또한 사람도 하나님을 그같이 사랑하기를 원하십니다. 따라서 하늘의 것, 하나님의 사랑과 마음을 깨달아 볼 수 있도록 하시기 위해 우리 삶에서 경험하는 것이 바탕이 되어 쓰였다는 것을 전제하고 성경을 볼 수 있어야 합니다.

오늘 18에 **여호와 하나님이 가라사대 사람의 독처하는 것이 좋지 못하니** 하신 말씀에서는 '사람'이라고 했습니다. 그리고 **내가 그를 위하여** 즉 사람을 위하여 **돕는 배필을 지으리라** 하셨습니다. '돕는 배필'을 히브리어로 '에젤 크네그도'라고 하는데 '에젤'은 '돕는 자' 또는 '구원자'라는 뜻이고, '크네그도'는 '그 사람과 동등한' 또는 '그와 같은' 이라는 뜻입니다. 그러니까 내가 거울을 들여다보면 거울에 누가 비칩니까? 마주 보는 내 모습이 있잖아요? 마주 보이는 나를 보는 것입니다. 그것처럼 마주 보고 있는 나와 똑같은 사람이라고 하는 것이 '크네그도'의 뜻이에요. 그래서 '사람'에게 서로 돕는 관계로서의 배필이 있어야 하겠다는 말씀입니다. 그런데 "여호와 하나님이 가라사대 사람의 독처하는 것이 좋지 못하니 내가 그를 위하여 돕는 배필을 지으리라" 하신 이 말씀은, 말씀 그대로 사람을 위한 배필을 말씀한 것입니다. 여러분이 분명하게 구별을 하세요. 18의 말씀에서 하나님이 '아담'이라 했습니까? 아니지요? '사람'이라고 했습니다. 아담이라고 했을 때는 영적인 것과 연결되는 것이라고 이미 말씀드렸습니다. 여기서 '사람의' 한 것은 영적인 뜻이 있지 않고, 단순히 그 사람입니다. 그러면 여자는 사람이 아니고 남자만 사람일까요? 반대로 남자는 사람이 아니고 여자만 사람입니까? 남자도 여자도 사람 맞습니까? 그러면 여기서 '사람'하는 것이 남자니 여자니 하는 특정의 구분을 할 수 있습니까? 없다는 것 분명히 아셨지요?

그다음 20하반에서 **아담이 돕는 배필이 없으므로** 했습니다. 여기서는 '아담'이라고 했습니다. 21에 **여호와 하나님이 아담을 깊이 잠들게 하시니 잠들매 그가 그 갈빗대 하나를 취하고 살로 대신 채우시고** 22에 **여호와 하나님이 아담에게서 취하신 그 갈빗대로 여자를 만드시고 그를 아담에게로 이끌어 오시니** 23에 **아담이 가로되 이는 내 뼈 중의 뼈요 살 중의 살이라 이것을 남자에서 취하였은즉 여자라 칭하리라 하니라고**, 여기서는 여자를 만드시기 위해 아담의 갈빗대를 취하였다고 했습니다. 아담이라고 했을 때는 영적인 뜻과 연결된 것이라고 했지요? 아담의 갈빗대를 취하여 여자를 만드신 것을 말씀하시면서, 바로 사람이 하나님 안에 계신 인성(육체로 오시기 전에 계시던 예수님)으로부터 나왔고, 또 만드신 그 여자는 육체로 오신 예수 그리스도의 부활하신 생명에서 나오고, 생명에서 나온 생명들의 교회가 나올 것을 예표한 것입니다. 바로 영적인 뜻을 담은 것입니다.

다시 말해 18에 "사람의 독처하는 것이 좋지 못하니 내가 그를 위하여 돕는 배필을 지으리라" 하신 것은, 하나님이 지으신 사람에 대하여 하신 말씀이고, 그다음 20 이후에서 돕는 배필을 말씀하신 것은, 예수 그리스도와 연관된 영적인 뜻을 담은 것이라는 말입니다. 예수님과 그 예수님으로 구원 얻을 영혼들과의 관계를 다루고 있는 것, 즉 예수 그리스도로 교회가 탄생할 것에 대한 내용입니다.

그런데 문제는 사람들이, 또는 말씀을 말하는 사람들이 하나님이 남자와 여자의, 더 나아가서는 부부의 관계, 즉 남편이 우위니, 남편이 주도권이 있으니, 아내는 그 남편에게 복종해야 하는 관계로 지으신 것처럼 오류를 범하고 있습니다. 여자는 오로지 남자를 위해서 지음을 받은 것처럼, 하나님이 그렇게 정해놓으신 것처럼 말한다는 말입니다. '아! 여자는 남자를 위해서 지음을 받았구나. 그래서 여자는 남자를 위해 존재하게 되었구나!' 하는 것으로 큰 오류를 범하고 있습니다. 그래서 사람들, 특히 남자들 마음속에 스스로 우월적인 의식을 두고 있습니다.

심지어 어떤 폐단이 있는가 하면, 창3:16에 **너는 남편을 사모하고 남편은 너를 다스릴 것이니라** 하신 말씀도, 여자가 선악과를 따 먹고 자기 남편에게도 줘서 죄짓게 했기 때문에, 하나님께서 여자에게 벌을 내려 여자의 위치, 남편에게 다스림을 받아야 하는 여자의 신분을 정해주신 말씀인 것처럼 해석을 내리고 설파하고 있다는 겁니다. 여자는 남자를 위해서, 남자 도우라고 지음을 받았는데, 거기다가 그 남자를 죄짓게 했기 때문에 그 벌로 이제 남편의 말만 들어야 하고, 남편에게 복종하고, 남편에게 다스림을 받아야 하는 할 말 없는 여자가 된 것처럼, 말하고 있다는 말입니다. 이런 열리지 않은 눈 가지고 부끄러운 줄도 모르고 교회서도 여자는 잠잠 하라. 여자는 안 된다. 여자가 먼저 꼬임에 빠져 남편에게도 줘서 먹게 했으니, 여자는 집에 가서 자기 남편에게 배우라 사도 바울도 그렇게 말했다 하고 나옵니다.

   제가 과거에 설교를 많이 들었을 때 이런 사상들이 담긴 설교가 많았습니다. 그런데 제 마음에 동의가 되지 않고 반감만 계속 일어났습니다. 이후 성영님이 저를 친히 가르치신 말씀으로, 설교들의 방향이 얼마나 크게 잘못되었는지를 알게 되었습니다. 뜨이지 못한 눈들 가지고, 성경을 보고 말한다고 했기 때문에, 자기도 구덩이에 빠지고 남도 구덩이에 빠지게 하는 거짓말들 열심히 한 것입니다. 참으로 하나님 앞에 얼마나 두렵고 부끄러운 일인지 두려운 일입니다. 더 분명히 말하면 사단을 도와 사람들의 영혼을 구덩이에 빠지게 하는 사단과 같은 일을 한다고 하셨습니다.

   남자들이 말씀을 가르치는 위치에 올라서서, 그 속에 사단이 뿌려 넣은 더럽고 추한 우월의식을 가진 상태, 자기가 남자라는 특이한 우월의식이 피 속에 그대로 살아있는, 예수님 십자가의 죽으심과 함께 죽지 않은 더러운 오만과 자만, 예수님의 온유와 겸손으로 속사람의 능력이 되지 못한, 그 관점에서 말씀을 대하니 오늘 본문도 여자는 남자의 수발들도록 지었다는 것을 말씀한 것처럼 볼 수밖에 없고, 남자인 자기(우월의식)를 대변하는 말씀으로 볼 수밖에 없는 겁니다. 남자라는 특이한 우월의식(사단)이 피 속에 살아있으면, 하늘이 무너져도 그 이상은 볼 수 없습니다. 자신 속에 있는 우월의식의 관점에서는 그것이 맞는 것이기 때문입니다. 그리고 은근히 속에다 우월감과 자만의 힘을 더 두고 세우는 것입니다. 그래서 하나님의 말씀을 죽었다 살아나도 하나님 처지에서 볼 수 없습니다.

이런 하나님의 의도에서 벗어난 인본 중심의 해석들로 하나님의 뜻을 얼마나 왜곡하여 놓았는지 말로 다할 수 없습니다. 남자들 속에 사단의 속성인 여자에 대한 우월의식이 예수님을 믿는다 해도 여전하고, 그런 눈으로 성경을 보니, 여자가 남자를 돕기 위해 지음을 받았다는 것을 말씀한 것으로, 그것을 합당하게 여겨버린다는 말입니다. 자기에게 스스로 속고, 영적 저주, 사단의 저주를 스스로 품고 있어 자기에게 내려질 심판을 더 크게 부르고 있는 것입니다.

사람이 성경을 말하려면, 성경의 뜻을 하나님의 의도대로 깨닫는 영적 이해부터 해야 합니다. 남자라고 하신 '남자'의 영적인 뜻에 대해서, '여자'를 말씀하시면서 무엇을 깨닫게 하시는 것인가? '남편'으로 무엇을 말씀하시는가? 하는 깨닫는 눈부터 돼야 합니다. 그렇게 열리지 않은 눈 가지고 성경을 보니 여자는 열두 지파에도 없었고, 제자들도 여자는 없었으니 여자가 가르칠 수 없다, 목회할 수 없다는 것으로 못 박듯이 하여, 성경을 전하고 가르치는 것이 남자들에게만 주어진 특권인 것처럼 하는 겁니다. 그래서 남자들이 주도하여 성경을 가르치고 전한 것이 되었으니, 지금까지 언급한 바대로 자기 피 속에 깔린 우월의식으로 성경을 대하였고, 말씀에 큰 오류를 범하고 왜곡하였습니다.

그러니 하나님의 생각에서 벗어난 그 모순 앞에, 생명에 목마른 영은 거부감으로 고통 해야 하고, 여성은 따라붙는 반발심과 불만의 마음으로 인해 고통 하는 것입니다. '먹지 말라는 것은 아담에게 직접 하신 말씀인데 그럼 그것은 뭐냐?' 는 반발이 일어납니다. 하나님은 절대로 그런 오해가 될 뜻을 갖지 않으셨는데, 특권인 것처럼 하는 남성들의 그 같은 잘못된 해석으로 여성의 마음에 반발심이 들게 한다는 말입니다. '아담에게 먹지 말라고 하셨는데 왜 아담은 받아먹고 여자만 잘못한 것처럼 남자에게 지배받아야 하느냐? 이건 불공평한 처사라'는 억울한 마음과 항의하고 싶은 생각이 있게 되지 않느냔 말입니다. '누가 여자를 지어 달라 했느냐? 왜 하나님은 여자를 지으시고 이런 비천한 모멸을 당하게 하시는 거냐?' 하는 원망 조의 반발심이 드는 것입니다.

그러니 '그것은 너무나 불공평하다.' 는 질문 앞에 답변이 궁지에 몰리고 궁색해지면 '하나님의 주권'이라는 것을 내세워서 입막음 합니다. 주권 운운하는 그것이 마음에서 전혀 동의는 안 되지만, 하나님의 주권이라고 하니까 할 수 없이 입 다물 뿐, 그러나 마음은 의문과 불평들로 올라오는 것입니다. 위에 말은 성경의 뜻을 깨닫기 전 제 모습이었습니다. 제 속에서 풀리지 않는 불쾌한 의문이 싹 터 '도대체 그러면 여자는 뭐냐? 누가 언제 지어달라고 했느냐? 왜 하나님은 여자를 지어놓고 이렇게 비천하게 하느냐?' 가 저의 질문이었습니다.

그런데 사단은 자기 머리를 상하게 할 자가 여자의 후손으로 올 것이라는 말씀을 들었기 때문에, 이미 불의한 죄를 짓고 하나님을 떠나 나간 가인의 후예 속에, 그렇게 여자를 남자의 소유물과 같은 존재로 경시하도록 뿌려 넣었습니다. 사단은 자기의 유혹을 받아들여 선악과를 따 먹고, 자기와 함께한 남편에게도 줘서 먹게 한 여자를 '남편을 죄짓게 한 여자'라는 구실로 하여 남자들이 여자를 무시하고 소유물과 같은 존재로 여기도록 교만한 죄의 기질을 성품(피)에 심었습니다. 그것은 하나님이 심지 않으신 가라지요, 죄의 오만한 속성이요, 이스라엘의 남자들이 그같이 사단이 뿌려준 우월의식의 이기심으로 여자를 대하고 홀대하며 흘러왔으므로, 예수님이 오셨을 땐 예수님을 만나지 못했습니다. 그들 속에 그런 저주의식을 가졌으므로, 모두가 사단의 후손이 되어 여자의 후손인 예수님을 만나지 못하고, 사단의 요구대로 십자가에 못 박아 죽인 것입니다.

그것을 예수님께서 마13장에서 분명히 말씀하셨습니다. '하나님은 이스라엘에 좋은 씨, 생명의 씨를 뿌렸는데 사람들이 잘 때에 원수가 와서 곡식 가운데에 가라지를 덧뿌리고 갔다. 사단은 그같이 자기의 소유인 인본을 세워서 하나님의 말씀을 왜곡하여 사람들 속에 뿌려 넣는 존재'라는 것을 알게 하셨습니다. 그렇기에 사단은 자기 사람을 이용하여 하나님이 심지 않은 흡사한 것들을 하나님의 말씀인 것처럼 사람들 속에 뿌려 넣는 일을 창세 때부터 해왔습니다. 그래서 남자라는 특권 의식을 가진 자들이 말씀 말한다고 하는 것, 다 거기에 속했으니 알아듣기 바랍니다. 그러므로 예수님의 재림을 눈앞에 두고 있는 이때, 하나님께서 알곡을 모아 곳간에 들이기 전에, 지금 이미 가라지들을 묶는 일을 하고 계십니다. 예수님의 교회에서 말씀을 선포하시면서부터 어마어마한 가라지 단체들을 속속히 드러내시고, 지금 단으로 묶으시는 일을 하고 계십니다. 그래서 때를 보는 눈을 가져야 합니다.

다시 18에 하나님이 사람의 독처하는 것이 좋지 못하니 내가 그를 위하여 돕는 배필을 짓는다고 하셨는데 '아담이 독처하는 것이' 입니까? 그러면 '남자가 독처하는 것이' 입니까? '사람의 독처하는 것이 좋지 못하니'입니다. 지금 아담을 놓고 말씀하시는 것이지만, 아담에게 사람이라 하시며, 하나님이 지으신 사람이 혼자 있는 것이 좋지 못하니, 돕는 배필을 지으리라. 상호 간에 돕는 관계, 아담과 똑같은 사람이 있어서 서로 돕는 관계로서의 배필을 지으리라는 말씀을 하신 것입니다. 이것이 '에젤 크네그도'의 뜻입니다. 누가 누구를 지배하고 주인이 종을 다스리는 것과 같은, 그런 관계를 말하는 것 아닙니다. 하나님께서 남자를 위해서 여자를 짓겠다. 오직 남자 시중을 들게 하려고 여자를 지으신다는 말씀은 성경 어느 곳에도 없습니다. 남자가 여자 위에 있어서 그 권위를 가지고 여자를 종처럼 지배하고 부리게 하려고, 그 남자의 배필을 지으셨다는 말씀 없다는 말입니다. 남자 육신의 삶을 도우라고 여자를 남자의 시녀처럼, 종처럼 지었다는 말씀은 성경에는 없다 그 말입니다. 바로 사단이 뿌려 넣은 것입니다. 서로 인격도 동등하고 서로 존중하는 관계로서의 사람, 사람이 혼자 있는 것이 좋지 못하니, 사람을 위하여 돕는 배필을 지으신다고 하셨습니다.

혼자 있는 것이 왜 좋지 못합니까? 남자들이 빨래 못 하고, 밥 못 해 먹어서 좋지 못합니까? 창1:28에 뭐라 했습니까? **하나님이 그들에게 복을 주시며 이르시되 생육하고 번성하여 땅에 충만하라 땅을 정복하라** 하신 것, 이 말씀은 여러분이 이미 다 들었습니다. 이 말씀을 이루는데, 온 땅에 하나님의 사람들로 충만한 수가 되려면, 혼자서 생육할 수 있습니까? 없습니다. 생산할 수 있어요? 없으므로 '사람의 배필을 지으신다.' 고 하신 겁니다. 하나님께서 애초에 아담 한 사람만 창조하려고 했는데, 창조 해놓고 보니 아담이 혼자 있는 것이 쓸쓸해 보이고, 혼자 사는 것이 보기 안쓰러워서, 그때야 '아! 안 되겠다. 아담을 위해 여자를 만들어서 시중 좀 들게 하고 심심풀이 도구가 되게 해야겠다.' 이런 유치한 뜻도 아니고, 즉흥적인 생각으로 여자를 지으신 것 아니라는 말입니다. '아! 아담 혼자 사는 것이 참 쓸쓸해 보이구나. 아담이 혼자 있는 것이 외로워 보이는구나.' 하는 이런 유치한 따위가 아니라는 말입니다. 지난날 이런 식으로 해석해주고 있는 징그러운 사람들, 징그러운 말들이 많아서 제가 일부러 그것을 들추는 것입니다.

삼위로 계시는 하나님께서도 누가 누구를 지배하거나 지배당하는 관계로 계시지 않습니다. 또한, 창조주라고 해서 인간의 지배자처럼 폭군처럼 행하시지도 않습니다. 다스리시는 것이지 지배하시는 하나님이 아닙니다. 하나님은 인격이십니다. 사람도 하나님의 인격으로 지으셨기에 인격으로 대해주십니다. 사람도 누가 누구를 지배할 수 있도록 지으신 적도 없고, 지배하라고 권리를 주신 적도 없습니다. 그래서 사람이 지배하려고 하는 그 지배욕은 하나님에게서 온 것 아닙니다. 사단에게서 온 것입니다. 지배욕은 하나님에게서 온 것이 아니라 사단으로부터 온 것이라는 말입니다. 이해되고, 아셨습니까?

그러므로 남성이 여자를 하찮게 여겨 무시하는 마음이 있어 남존여비를 가지고 있으면, 그것은 자기 속에 지배욕에서 오는 것으로,

여자를 지으신 하나님을 무시하는 것이요. 결국, 자기 자신이 사단의 지배를 받고 있음을 드러내는 일입니다. 남편이 아내를 지배하려고 하는 것, 아내가 남편을 지배하려고 하는 것, 자녀를 지배하려고 하는 것, 다 사단의 대리자 역할을 하는 악한 행위요 교만입니다. 또한, 자기 자녀라고 해서 그 자녀에게 명령하듯 하는 것 지배욕에서 나오는 것입니다. 사단의 영향 아래 있는 세상은 그렇게 살아왔습니다. 사단이 그렇게 남성들 속에 지배욕과 우월의식을 뿌려 넣었습니다. 죄의 성품, 죄의 기질들을 뿌려 넣었습니다. 그래서 예수 그리스도를 구주로 영접한 사람들은 성영님의 도우심으로 하나님이 말씀하는 자기가 누구인가의 죄의 본질(본성)을 보게 되어서, 돌이키므로 예수 그리스도의 품성으로 변화를 받아가게 되는 것입니다.

그다음 20에 **아담이 돕는 배필이 없으므로** 라고 시작하여 25까지는 여자를 아담의 갈빗대를 취하여 만드신 것을 말씀하시면서, 바로 예수님과 예수님으로 구원 얻는 것의 대한 말씀이요. 예표입니다. 아담은 예수님을 예표합니다. '아담'이라고 했을 때는 예수님과 연결된 것으로서 예수님이 누구이신지 깨달아 알 수 있습니다. 또 '여자' 했을 때도 그렇습니다. 여자는 누구를 예표한다고 했습니까? 이스라엘의 신앙입니다. 예수 그리스도의 신앙을 넣으신 이스라엘 예표요. 또한, 예수님으로 생명 얻는 신약의 교회입니다.

20 하반에 "아담이 돕는 배필이 없으므로" 했습니다. 그동안 하나님께서 창조하신 것과 에덴과 선악과를 통해서, 우리 인간 눈에는 보이지 않는 하늘과 하늘의 일을 알리시고, 이루실 뜻에 대하여 예표로 보이신 것이었다는 것을 여러분이 다 들었고 알게 되었습니다. 오

늘 아담이 돕는 배필이 없으므로 하신 것도 바로 하나님 안에 계신 인성에게, 하나님의 뜻이 되신 분에게, 뜻이 되신 분이 누구예요? 바로 예수 그리스도입니다. 지금 육신이 되어 오시기 전에 계셨던 때를 말씀드리는 거예요. 하나님의 뜻이 되시는 그분과 함께할 돕는 배필을 지으셨습니다. 자기의 형상을 따라 영과 인격을 넣어 아담과 여자를 지으셨습니다. 그러니까 아담과 여자가 바로 예수님의 배필입니다. 예수님을 돕는 배필로 지으셨다는 뜻이에요. 알아듣습니까? 여러분이 항상 남자 여자관계로만 돕는 배필의 이야기를 듣고, 여자는 아담을 돕게 하려고 지었다는 말만 듣다 보니까, 이상한 말 듣는 것처럼 하시는데……. 왜? 아담과 여자가 예수님을 돕는 배필로 지어졌다니까 이해가 안 됩니까?

다시 설명합니다. 하나님과 함께 계신 하나님 그분이 예수님이신데, 예수님이 육신이 되어 오시기 전, 말씀(신성과 인성)으로 계셨다고 사도 요한이 말했잖습니까? 만물이 그로 말미암았고 인성이신 그가 사람을 창조하셨습니다. 하나님의 인성은 사람의 본체요. 예수님이 사람의 본체라는 말입니다. 그래서 예수님이 참 사람입니다. 참 사람으로 실체이신 그를 하나님의 형상이라고 한다고 했습니다. 아버지 하나님의 꿈은 하나님의 형상을 한 아들을 많이 두시고, 아버지 나라에서 영원히 함께 사는 것입니다. 그렇기에 실체이신 인성의 형상대로 사람을 지으시고, 그다음 하나님의 형상이신 인성이 하나님에게서 나와 육신으로 오셨고, 그분이 바로 하나님의 아들로 오신 것이요, 십자가에서 죽으셨다가 다시 살아나 부활의 첫 열매로 하나님의 맏아들이 되시고, 그 맏아들의 부활 생명을 얻은 자는 아들의 영, 맏아들의 영(성영님)을 받았으니, 하나님의 아들로 났다고 하는 것입니다. 그래서 아버지 하나님의 이 같은 뜻을 이루시는 데, 돕는 배필이 될 사람, 즉 남자와 여자를 하나님의 형상대로 지으셨습니다. 예수님의 일을 돕는 자로 지음을 받은 예수님의 배필입니다. 하나님의 일을 돕는 하나님의 배필이라는 말입니다. 그래서 성도를 예수님의 신부라고 말하는 것입니다.

지금까지 에덴동산의 말씀을 들었을 때, 아담과 여자가 돕는 역할을 분명히 하지 않았습니까? 인간의 눈으로 겉의 표면만 볼 때는 '여자가 선악과 따 먹고 아담에게 줘서 그야말로 죄짓게 했기 때문에, 뭐 남편보고 다스려라.' 그런 뜻으로 받아들여 엄청난 모순이 따르고 있지만, 영의 눈을 열어서 보게 하신 말씀을 듣고 보니, 바로 아담과 여자가 하나님의 일을 돕는 배필의 역할이었다는 것, 그것이 곧 사람이 지음을 받은 뜻이요. 영원히 행복한 아버지 나라에 가는 길이라는 것, 우리가 알 수 있었잖습니까? 그러므로 우리 마음이 불편한 것이 아니라, 아멘의 동의가 기쁘게 일어나지 않았습니까?

또한, 사람은 하나님의 돌보심으로 살아가야 하게 되었고, 하나님께 생명을 공급받지 않으면, 살 수 없게 되었음을 알게 되었지 않습니까? 그래서 성경 전체가 말하는 것은, 하나님만이 인간에게 선이 되시고, 생명을 주시는 분이라는 것을 말씀하는 것이고, 모든 인간은 선이신 하나님께 나와 생명을 얻으라고 말씀하는 것입니다. 그래서 오늘 본문과 창3:16에 **너는 남편을 사모하고 남편은 너를 다스릴 것이니라**는 말씀을 이처럼 하나님의 생각과 의도하신 뜻을 보지 못하면 어디로 흐르느냐, 곧 사람끼리만 생각하고 남자 여자만 중심이 돼서, 하나님의 뜻과 전혀 상관없는 인간 도덕, 윤리나 도리로 흘러버리고 만다는 걸 이제 알게 되었지 않습니까?

앞에서도 말했다시피 '아, 여자는 남자를 도우라고 지음을 받았으니' 하는 남존여비의 사상을 그대로 가지고 자기 아내에게 당연하게 하인 부리듯 하는 태도를 고수하게 되는 것입니다. 지금 믿는다는 사람들이 목회자고 신자고 남자고 여자고 간에 할 것 없이, 하나님이 주신 권리를 전혀 알지 못하면서 믿는다고 말하고 있습니다. 남자는 명령하고 지배하는 존재요, 여자는 남자에게 잘 보이려고 어떻게 해서든지 예뻐 보이려고 얼굴을 분장하고, 옷차림으로 분장하고, 아양을 떨고, 이런 음욕 적이고 세상 적이고 정욕에서 나는 더러운 죄들을 여전히 풍기고 있습니다. 참으로 믿는다면 하나님이 주신 권리, 예수님의 돕는 배필의 관계의 권리를 찾아야 하는데, 찾을 능력들을 갖추지 못하고 있습니다. 하나님이 주시지 않은 이기적이고 교만하고 더러운 권리, 육체의 욕망에 붙들려서 그것을 목적처럼 여기고 있는 겁니다.

그래서 교회라고 하는 곳에서 하나님 말씀의 뜻, 본뜻을 보지 못하면 여전히 타락 가운데서 벗어날 수 없고, 겉으로만 거룩한 척 탈만 바꾸어 쓰는 것입니다. 영적인 간음, 영적인 음란의 처소가 되는 것입니다. 예수님의 배필의 권리는 예수님 안에 들어오는 것입니다. 그가 바로 신부의 자격입니다. 그것은 곧 오늘 하나님의 의도인 돕는 배필의 뜻에 걸리지 않아야 합니다. 여기는 단연코 남자들 쪽이 더욱 깨닫는 것이 되어야 한다고 생각합니다. 저는 남성 편도 여성 편도 아닙니다. 이 말씀은 편 가르자는 말씀이 아닙니다. 그런 뜻 전혀 없습니다. 하나님 편에 서서 말하고 있다는 것을 아십시오.

그래서 21, 22에 **여호와 하나님이 아담을 깊이 잠들게 하시니** (구원의 하나님이 아담을 깊이 잠들게 하시니) **잠들매 그가 그 갈빗대**

하나를 취하매 살로 대신 채우시고 여호와 하나님이(구원의 하나님이) 아담에게서 취하신 그 갈빗대로 여자를 만드시고 그를 아담에게로 이끌어 오시니 하셨습니다. 그러니까 구원의 하나님이 아담의 갈빗대로 여자를 만드신 과정입니다. 아담을 깊이 잠들게 하셨다는 것은 죽었다는 것과 같습니다. 하나님께서 의도적으로 아담을 깊이 잠들게 했다, 죽은 것과 같게 했다는 말입니다. 아담의 갈빗대로 만들어진 여자는 교회의 예표입니다. 예수님이 십자가 위에서 운명하셨을 때, 그러니까 숨이 끊어지셨을 때 '한 군병이 창으로 옆구리를 찌르니 곧 피와 물이 나오더라.' 했습니다(요19:34). 피는 죄를 대속하신 것이요. 물은 영생수가 되시는 성령님이 죄 씻음을 받은 자 안에, 예수님의 생명을 가지고 오신다는 것이요. 그래서 요일5:5-8에 예수님이 물과 피로 임하셨는데, 이것을 성령님이 증거하신다고 했습니다. 그러므로 아담을 깊이 잠들게 하여 갈빗대 하나로 여자를 만드신 것은, 예수님이 물과 피를 쏟으신 것을 의미하고, 자기의 신부가 되는 배필, 즉 교회가 나올 것을 예표한 것입니다.

아담이 하나님이 이끌어온 자기 몸의 일부인 여자를 보자 **이는 내 뼈 중의 뼈요 살 중의 살**이라고 아주 감격하며 감탄을 했습니다. 아담의 이 감탄사는 남자의 뼈 중의 뼈로 살 중의 살로 만들어진 흠이 없는 최고의 배필이라는 말입니다. 곧 자신에게서 나온 가장 아름다운 유일한 배필이라는 뜻이에요. 생육의 능력을 갖춘 완벽한 짝이라는 말입니다. 생육의 능력을 갖춘 짝! 하나님이 말씀하신 생육의 능력을 갖춘 아주 완벽한 배필이라는 말입니다. 그리고 아담이 말하기를 **이것을 남자에게서 취하였은즉 여자라 칭하리라** 했습니다. 이것이 다 예수님과 예수님으로 생명 얻은 교회와의 관계를 의미합니다. 그러면 남자는 누구예요? (예수님) 여자는 누구예요? (생명으로 난 교회) 신부입니다. 아셨지요?

그러니까 아담이, 하나님께서 동물들을 전부 아담에게로 이끌어다가 이름을 짓게 하셨잖아요? 그 많은 동물의 이름을 지으면서 보니, 전부 암수 짝이 있어서 새끼가 생산된다는 것을 안 겁니다. 그래서 '혼자서는 생육을 못 하는구나!' 하는 것을 알게 되었어요. 그러니까 아담 마음속에 (이것은 성경에 기록되지 않았지만, 성영님께서 주신 감동으로 드리는 말씀인데) '아, 생육하려면 짝이 있어야 하는구나.'를 안 겁니다. 하나님은 아담이 이것을 자기 의지로 바라기를 의도하셨습니다. 그냥 무조건 하나님께서 주신 것이 아니에요. 오늘날도 우리가 바라지 않으면, 주지 않으십니다. 믿음의 기도를 통해서 역사하신다고 가르쳐주시잖아요. 아담에게도 생육할 수 있는 생육을 돕는 배필을 바라게 하시고, 아담의 갈빗대를 취하여 여자를 만드셨습니다. 이것을 아담이 뭐라고 했습니까? **이것을 남자에게서 취하였은즉** '아, 남자에게서 자기와 똑같은 사람이 생산되는 것이구나! 아, 남자에게 사람이 나는 씨가 있구나!' 하는 것을 아담이 알았다는 말입니다. 그리고 씨를 받아 키워내는 것이 여자라는 것을 아담이 영감(직감)으로 알았습니다. 그래서 아담이 자기 몸에서 나온 또 다른 사람을 받이라는 뜻을 가진 여자라 칭한 것입니다.

아담이 **이것을 남자에게서 취하였은즉** 한 것은 남자 홀로 있는 것은, 생육할 수 없는 불완전한 것이었으나, 그 생육을 돕는 여자가 있어, 완전케 되었다는 말입니다. 또다시 말하면 남자에게서 여자가 나왔고, 여자에게서 남자가 나올 것이라는 뜻입니다. 그럼 남자에게서 여자가 나왔다고 할 때 남자는 누구를 의미하겠습니까? 바로 예수님입니다. 그러면 여자는 누구예요? 예수 그리스도로 말미암아 구원받은 교회를 말합니다. 신앙입니다. 그러면 여자에게서 남자가 나온다는 것은 무엇일까요? 바로 생명의 뜻을 가진 하와 즉 여자의 신앙에서 예수 그리스도가 나신다는 것을 말합니다. 이처럼 첫 사람인 아담과 여자가 예수님을 돕는 배필의 역할입니다. 사단에게는 비밀이었던 예수 그리스도의 신부를 맞으러 오시는 그 뜻에, 아담과 여자에게 예수님 오실 길의 돕는 배필의 역할이 되게 하셨습니다.

제가 이 짧은 시간에 많은 것을 설명할 수는 없지만, 말씀에 관심 있었다면, 이제는 영적 이해가 따라오게 되어 있습니다. 그러니 인간이 예수님 없이 살 수 있다고 생각하십니까? 절대로 없습니다. 예수님 없이 살 수 없어요. 하나님께서 사람을 예수님 없이 살도록 짓지 않으셨어요. 그래서 빠져나갈 구멍이 없습니다. 이제 육체가 이 땅에서 떠날 때는 정말로 핑계 댈 것이 없습니다. 이처럼 성경 말씀 한 구절 한 구절 속에다가, 예수님이 아니면 살길이 없는 인간의 모습을 그려놓고, 이것을 교회가, 오직 예수님으로 살게 하는 데에 목적을 두도록, 가르쳐 전하게 하셨으니 절대로 핑계치 못합니다. 하나님 앞에 설 때는 아무도 핑계할 수 없습니다. 아무도 핑계 댈 수 없어요. 아셨습니까?

또한, 부부에게도 적용해야 합니다. 24에 **남자가 부모를 떠나 그 아내와 연합하여 둘이 한 몸을 이룰지로다**는 부부의 의무와 책임과 권리도 부여된 것을 알고, 정신적으로나 물질적으로나 부모에게 의존하던 것을 떠나서 독립된 의무와 책임을 다하며, 부부가 서로 존중하며 예수님을 중심으로 한 사랑으로 하나 되어서, 어려움도 이겨나가

제9장 예수님을 돕는 배필, 예수님과 연합, 한 몸 • 211

고 성실함으로 연합하고, 육체로도 정신적으로도 영으로도(예수 그리스도로) 연합하고, 오직 예수 그리스도를 중심으로 한 몸을 이루라는 뜻입니다. 그래서 남자와 여자가 결혼하는 것은 굉장한 책임입니다. 이 책임에 관해서는 제가 여러분에게 누누이 말했습니다. 결혼은 사명입니다. 그러니까 여러분이 자녀를 혼인시켜도, 혼인 안 하는 것이 좋지만, 육체적으로나 현세적으로 잘돼서 잘 먹고 잘살라고 하는 것들을 넣어줘서 그것을 옳은 것으로 받아들여 일생을 육체를 위해 살게 하는 것이 아니라, 바로 결혼이란 굉장한 책임이요, 사명이요, 하나님의 일을 돕는 배필로서, 두 사람의 결합 속에 사명을 부여하여 세운 것이 결혼인 것을 분명히 해줘야 합니다. 오늘날 예수님 안에서 부부에게 주신 사명, 가정에 주신 사명이 회복돼야 합니다.

아담과 하와는 하나님을 돕는 배필, 예수 그리스도가 이 땅에 오시도록 하는 일에 하나님을 도와 그 영적인 일을 수행했고, 그다음 생육하고 번성하라는 생산하는 복의 명을 받은 구약의 결혼은, 예수님 오실 때까지 예수 그리스도께서 태어나게 하시는 사명을 감당하는 것이었습니다. 이 같은 하나님의 뜻도 모르는 인간끼리의 결혼을 말할 것이면, 성경이 기록될 필요는 없습니다. 성경이 이것을 말하지 않아도 본능으로 알아서 다 결혼합니다. 만일에 '남자와 여자가 한 몸을 이룰지라.'만 말씀했다면 이것이 짐승하고 다를 것이 뭐 있습니까? 가정이 한 몸이 되었다는 것은, 하나님께 무릎 꿇어 섬기는 사람들로 충만하도록 생육하고 번성하라는 말입니다. 그래서 오늘날 이처럼 하나님과 더불어 한 몸을 이루는 사명을 깨닫고, 오직 그 목적이 되어 결혼하는 사람이 있을까 생각해 볼 때, 참 안타깝고, 결혼의 의미를 깨닫지 못한 결혼은 짐승과 일반이라는 것을 생각할 때 두려운 감마저 들지 않을 수가 없습니다.

성경에서 교회의 머리가 되시는 분이 누구라고 했습니까? 예수 그리스도입니다(골1:18, 엡1:22, 엡5:23). 그러면 교회는 예수님의 무엇이라 했습니까? 예수님의 몸이라고 했습니다(엡1:23). 그렇다면 누구를 교회라 했습니까? 예수님 안으로 들어온 믿음이 교회다. 그 믿음들이 있는 곳, 모인 곳이 교회입니다. 그러면 예수님을 믿는 믿음이 교회라 했으니 이 교회가 예수님의 무엇이 된다고 했습니까? 지체가 됨이라고 했습니다. 예수님을 믿는 우리가 예수님 몸 안에 들어온 지체요 한 몸입니다(고전12:27, 골2:17). 그러니까 예수님을 믿는 우리가 한 몸입니까? 아닙니까? 바로 예수님과 우리가 **한 몸을 이룰지로다**가 된 것입니다. 이렇게 성경은 연합하여 한 몸을 이루는 것이 인간 남자와 여자의 관계가 아니라 하나님의 뜻으로 연합한 관계, 예수님은 신랑이요, 우리는 그의 신부니 예수님과 연합하고 **한 몸을 이룰지로다**인 것입니다.

오늘 본문 창2:24에 남자가 누구를 떠나서 아내와 연합하라고 했나요? (부모를 떠나서) 그래서 하늘 아버지를 떠나서 이 땅에 신부를 맞으러 오신 예수님을 만나 연합하여 한 몸을 이루는 것입니다. 그러면 여러분은 예수님과 한 몸을 이뤘습니까? 아버지 뜻으로 연합하여 예수님과 한 몸이 되어야 하는 것이 아버지 뜻입니다. 그것이 인간이 사는 길입니다. 그것이 오늘 24의 말씀의 뜻입니다.

호2:19에 **내가 네게 장가들어 영원히 살되** 하셨습니다. 하나님과 언약 관계를 맺은 신앙 가진 이스라엘에, **내가 네게 장가들어 영원히 살되 의와 공변됨과 은총과 긍휼히 여김으로 네게 장가들며 진실함으**

로 네게 장가들리니 네가 여호와를 알리라 하셨습니다(호2:19-20). 장가들리니 네가 여호와를 알리라 즉, 네게 장가들리니 나를 경험하게 될 것이라는 말씀입니다. 하나님이 누구이신지 확실히 경험한다는 말입니다. 부부는 경험의 관계잖습니까? 부부의 귀중함은 바로 사랑인데 육체적 정신적 이런 사랑이 귀중한 것이 아니라, 바로 끝없이 용서가 필요한 것, 지속하는 것은 용서인데 이것이 바로 사랑입니다. 성경은 용서가 없으면 사랑이 아니라고 했습니다.

이처럼 하나님께서 우리에게 은총을 베푸시는데, 긍휼히 여기시겠다, 용서해주시겠다는 말입니다. 그리고 진실함으로 너에게 장가들리니, 네가 나를 경험하게 될 것이라 하셨습니다. 말씀대로 예수님께서 이 땅에 장가들러 오셨잖아요. 하나님 아버지를 떠나서 신부 될 자들에게 오셔서 장가들어 영원히 살 것이라고 오셨습니다. 그러니까 신약 성서에 혼인 잔치 이야기들이 나오지요. 계3:20에는 아주 구체적으로 표현하셨는데, **누구든지 내 음성을 듣고 문을 열면 내가 그에게로 들어가 그로 더불어 먹고 그는 나로 더불어 먹으리라** '너희가 내 안에 들어오고 나는 너희 안에 들어가서 같이 먹고 생활하겠다.' 하셨으니 이 이상의 연합과 한 몸 이룬 일이 어디 있겠습니까?

이렇게 하나님께서 사람과 연합하기 원하는 그 간절하심을 남자와 여자를 지으시고 둘을 연합시키고, 그 속에서 하나님 자신을 알도록 하셨습니다. 이제 신약은 예수님 자신이 오셨기 때문에, 예수님과 연합의 관계를 중심으로 하여 말씀을 하셨습니다. 사도 바울도 결혼하는 것도 안 하는 것도 죄는 아닌데(바울도 결혼하지 않았습니다.), 신약 때는 결혼 안 할 수만 있으면 안 하는 것이 좋다고 했습니다. 왜냐? 구약은 생산의 사명이었는데, 더 큰 목적은 가정을 통해서 예수님이 태어나게 하시는 일이었습니다. 그것이 이루어졌으니 이제 너희가 복음 전하는 사명을 가졌으면, 그냥 혼자 지내면서 복음 전하는 것이 좋다고 말했습니다.

남편을 섬기려면 또는 아내를 섬기려면 가정과 자녀를 돌보려면, 고난이 있고 거기에 묶여버릴 수밖에 없으니, 시집가고 장가간 자는 세상일에 염려에 매일 수밖에 없으니, 그냥 지내는 것이 더욱 복이 있다고 한 겁니다. 더욱 복이 있으리라. 장가가고 시집가는 것 죄는 아니지만, 묶일 수 있기에 너의 영적인 것이 손해가 되지 않겠느냐? 시집가고 장가가는 것이 목적이 아니라고 바울이 말했습니다. 혼자 지내면 영과 몸을 거룩하게 하면서, 어찌하여야 하나님을 기쁘시게 할까에 마음을 둘 수 있는 것 아니냐, 혼자 지내면서 하나님만 사랑하는 것이 낫다고 말한 것입니다. 저도 그 말에 전적으로 동의합니다. 참으로 동의합니다. 정말 오늘날은 날이 가면 갈수록 아주 심각하게 실감하고 있습니다. 사실 사람들이 믿는다 해도 믿음보다는 인간 혈통 잇기 위한 데다 두고 있는 것 보면, 너무 안타까울 뿐입니다.

결론적으로, 믿는다는 것은 하나님께서 계시하신 말씀을 믿는 것입니다. 오늘 아담과 여자를 통해서 예수님과 교회를 예표하고 연합하여 한 몸을 이루는 하나 됨을 가르치신 것이었다는 것을 깨달아 보았습니다. 이 엄청난 비밀, 그래서 하나님은 인간과 만남의 관계를 '연합한다. 한 몸을 이룬다. 장가든다.' 라고 표현하시면서, 바로 우리의 영도 혼도 예수님을 사랑하고, 생각도 의지도 감정도 다 예수님께 두고, 예수님을 전인격으로 사랑하여 연합을 이루라는 뜻을 주셨습니다. 바로 이것이 하나님께서 말씀하신 복입니다. 아멘입니까?

　말씀을 맺습니다. 말씀을 깨닫게 하시고 우리 믿음을 바르게 인도하신 삼위 하나님께 모든 영광을 돌립니다. 아멘

제 10 장
너희가 죽을까 하노라 하신 영적인 뜻

¹여호와 하나님의 지으신 들짐승 중에 뱀이 가장 간교하더라 뱀이 여자에게 물어 가로되 하나님이 참으로 너희더러 동산 모든 나무의 실과를 먹지 말라 하시더냐 ²여자가 뱀에게 말하되 동산 나무의 실과를 우리가 먹을 수 있으나 ³동산 중앙에 있는 나무의 실과는 하나님의 말씀에 너희는 먹지도 말고 만지지도 말라 너희가 죽을까 하노라 하셨느니라 ⁴뱀이 여자에게 이르되 너희가 결코 죽지 아니하리라 ⁵너희가 그것을 먹는 날에는 너희 눈이 밝아 하나님과 같이 되어 선악을 알 줄을 하나님이 아심이니라 ⁶여자가 그 나무를 본즉 먹음직도 하고 보암직도 하고 지혜롭게 할 만큼 탐스럽기도 한 나무인지라 여자가 그 실과를 따 먹고 자기와 함께한 남편에게도 주매 그도 먹은지라

(창3:1-6)

오늘 본문 6에 **선악과 열매를 여자가 따 먹고 자기와 함께 있는 남편에게도 주매 그도 먹은지라** 했습니다. 여기서는 아담이 아니라 남편입니다. 여자의 남편이라고 했을 때는 하나님과 직접적인 관계, 이스라엘을 남편처럼 돌보시겠다는 여호와 하나님과 예수님과의 관계를 의미합니다. '선악을 알게 하는 실과를 먹으면 정녕 죽으리라'고 말씀하신 대상은 여자가 아니고 아담입니다. 그런데 여자가 따 먹고 아담에게 줄 때, 아담이 거절도 거리낌도 어떤 반응도 없이 즉시 받아먹었습니다. '여자'의 의미는 설명 생략합니다. 아직 모르면 앞에 드린 말씀들에서 듣기 바라고요. 그 여자가 선악과를 따 먹고 남편인 아담에게 건네준 것은, 선악과를 따 먹은 죄를 예수님께 전가한다는 의미입니다. 아담이 반응 없이 받아먹은 것은, 예수님이 선악과를 먹은 죄의 짐을 지신다는 뜻입니다. 아담이, 여자가 선악과를 따 먹고 자기에게 주는 것을, 어떤 반응도 거절도 없이 순순히 받아먹은 것이 바로, 예수님께 죄를 전가한 뜻이요. 죄를 전가 받은 예수님께서 죄를 지고 십자가로 올라가 값을 치르실 뜻을 보인 행동입니다. 여러분이 이렇게 세미하신 아버지의 마음을 좀 들여다본다면 얼마나 좋겠습니까? 다시 반복합니다. 아담이 여자가 주는 선악과를 받아먹은 것은, 여자가 선악과 따 먹은 죄를 예수님 자신이 지은 죄처럼 받아들여서 그 죄를 지고 십자가에서 죗값을 치르실 것에 대한 의미라는 말입니다.

그다음 1에서 들짐승 중에 가장 간교하다는 뱀이 등장해서, 이제 영의 생명(구원)이 필요한 사람 앞에 나타나, 선악과를 먹도록 유혹하는 장면입니다. 다시 말하지만, 죄를 지어서 구원이 필요했던 것이 아니라, 사람이 지음을 받은 그 순간부터, 흙으로 된 육체가 영생하는 신영한 몸으로 부활하기 위해서는, 예수님의 부활하신 생명을 받아들여야 하는 것으로, 선악을 알게 하는 실과를 먹어야 합니다. 이것이 사단에겐 비밀입니다. 먹게 되니 이제 사람은 구원이 절대로 필요한 존재임이 드러났고, 육은 죽고 영으로 살아야 하는 것이 확실해졌습니다. 선악과 먹은 것으로 육체의 사람이 하늘에 들어가려면,

육의 자아(죄의 몸)에서 구원받아야 한다는 것이 확연히 드러났다는 말입니다. 뱀의 등장은, 사단이 뱀을 통해 나타났다는 것은 우리가 잘 아는 바입니다.

먼저 사단의 정체와 특성에 대해서 다시 살펴보겠습니다. 하늘에는 하나님이 지으신 영적 존재인 천사들이 있는데, 지으신 목적이 있고 그 목적대로 주신 사명이 있습니다. 크게 세 분야로 나누어지는데 하나는 하나님의 메시지를 인간에게 전달해주는 하나님의 사자, 하나님의 말씀이나 계시 또는 경고를 전달하는 메신저 임무를 맡은 천사들로 이 분야에서의 천사장은 가브리엘이라는 이름을 가졌습니다. 성경에 가브리엘 천사장의 이름이 나오지요? (단8:16, 단9:21-27, 눅1장)

또 하나는 하늘의 군대로, 사단과 그 무리와 맞서 싸우는 일을 하는 천사들로서, 이 무리의 군대 장관이요 천사장은 미가엘이라는 이름을 가졌습니다(단10장, 단12:1, 계12:7, 유9).

그다음 하나님의 성소에서 하나님을 찬양하며 영광 돌리는 하늘의 찬양 그룹입니다(사6:1-4). 이 찬양 그룹이 가장 영광스러운 직임입니다. 그런데 이 찬양을 맡은 무리의 천사장이 하나님께 반역하여 사단이 되었어요. 사단이라고 하는 것은 '반역자' 또는 '대적자'라는 말입니다. 사단에 대해서 구체적으로 알아보기 위해 에스겔 28장으로 갑니다. 제가 시간이 가더라도 함께 찾아보는 이유는 여러분이 기억하게 하기 위함입니다. 시간상 다 읽을 수는 없고 먼저 2를 봅니다. **인자야 너는 두로 왕에게 이르기를 주 여호와의 말씀에 네 마음이 교만하여 말하기를 나는 신이라 내가 하나님의 자리 곧 바다 중심에 앉**

앉다 하도다 네 마음이 하나님의 마음 같은 체할지라도 너는 사람이요 신이 아니어늘

그 뒤 이어서 죽 읽어보면, 두로 왕의 교만을 드러내시면서 바로 사단을 가리키는 것으로 전개되고 있습니다. 하나님은 이 두로 왕을 사단과 동질로 여기시고 사단의 표본으로 등장시키셨어요. 두로 왕의 나라가 해상 지역에 있는 왕국인데, 상업과 무역이 대단히 발달해서 부강함을 이룬 나라입니다. 이 두로 왕이 자기 능력에 취해서 교만이 들어와 스스로 자기를 하나님처럼 높였습니다. 사단은 이처럼 세상 권력을 잡고 부와 명예를 가져다주고, 자신을 최고의 신이라 칭하여 사람들을 지배하고 있습니다. 사람 위에 앉아 권세와 권력을 이용해서 자기가 신이요. 하나님 자리에 앉은 자라고 자신을 하나님으로 높이고 있습니다.

그다음 겔28:13입니다. **네가 옛적에 하나님의 동산 에덴에 있어서 각종 보석 곧 홍보석과 황보석과 금강석과 황옥과 홍마노와 창옥과 청보석과 남보석과 홍옥과 황금으로 단장하였었음이여 네가 지음을 받던 날에 너를 위하여 소고와 비파가 예비되었었도다**

이 내용은 사단이 하나님에 의해 얼마나 아름답고 영화롭게 지음을 받았는지, 위에 열거한 모든 보석으로 단장했다고 했습니다. 그러니까 사람들이 보석들 좋아하고 자기 몸에 단장하여 아름답게 보이려고 하는 치장은 다 육에서 나오는 것이요. 사단을 영화롭게 하는 일입니다. 아셨습니까? 우리 그리스도인들은 절대로 겉의 그런 것들로 치장하여 도취하고, 자기의 즐거움으로 삼을 것이 아니라, 속의 사람, 영의 사람을 하나님의 보화들인 말씀들로 생명의 풍성을 얻고 치장해야 한다는 것 분명히 말씀드립니다.

사단이 얼마나 아름답게 지음을 받았는지 하나님을 찬양하는 자로 지음을 받던 날 그를 위하여 소고와 비파, 즉 악기들이 다 준비되어 있었다는 것입니다. 악기들이! 여기서 홍보석, 황보석 등의 각종 보석으로 단장했다고 하는 것은 또 다른 의미가 있는데 피조물로서는 가장 뛰어난 하나님의 지혜로움과 갖가지의 재능적인 능력을 받아 지음 받았다는 것을 의미합니다. 피조물로서는 가장 아름답게 영화롭게 지음을 받았다는 의미입니다. 그런데 자기의 영광을 위하여, 지기가 세상 속에서 영광을 받고자 그 지혜와 재능과 능력을 사람들 속에 넣어줌으로써 자기의 세상, 코스모스의 세상을 세우고 구축해 나간 것입니다. 그래서 사단은 예수님이 오셔서 상대해야 할 만큼 하나님 다음으로 능력을 갖춘 자입니다. 세상의 문화, 문명, 예술, 정치, 경제 등의 세상 권세를 잡은 자요, 그래서 세상 임금이라고 말하는 것입니다.

그다음 14를 읽습니다. **너는 기름 부음을 받은 덮는 그룹임이여 내가 너를 세우매 네가 하나님의 성산에 있어서 화광석 사이에 왕래하였었도다**

이 내용은 하나님의 보좌, 그 영광 안에서 하나님을 찬양하는 가장 영화로운 자로 그 직임에 기름 부음을 받았다는 말입니다. '덮는 그룹임이여'는 많은 무리의 천사들을 자기 수하에 두고 부리는 자라는 뜻이에요. 가장 높은 지위의 천사장으로 수하에 있는 천사들을 지휘하고 부리는 권세를 가졌음을 말합니다. 그리고 '화광석'은 '불타는 돌'이라는 말인데 하나님의 성산에 아름다운 온갖 보석들이 서로 찬란한 빛을 내니 그 빛이 얼마나 찬란한지 불이 타는 것과 같다는 표현인데, 사단의 그때 가진 영광스러운 위치를 말합니다. '하나님의 성산에' 하는 것은 하나님을 보좌하는 자로 지위가 높고 영화로운 최고의 경지에 있었는지를 잘 나타내주는 말입니다.

그다음 15를 읽어 봅니다. **네가 지음을 받던 날로부터 네 모든 길에 완전하더니 마침내 불의가 드러났도다**

그러니까 피조 된 하늘의 모든 천사보다도 지혜에 있어서나 아름다움에 있어서나 지위에 있어서 가장 뛰어난 자였다고 하는 겁니다. 그런데 그에게서 마침내 불의가 드러났다는 것입니다. 무슨 불의냐? 17을 읽습니다. **네가 아름다우므로 마음이 교만하였으며 네가 영화로우므로 네 지혜를 더럽혔음이여 내가 너를 땅에 던져 열왕 앞에 두어 그들의 구경거리가 되게 하였도다** 그 아름다움, 자기 위에 뛰어난 자는 아무도 없다는 자기의 아름다움과 자기의 영화로움에 도취하여, 교만해져서 하나님과도 같은 그 지혜로움을 더럽혔다는 겁니다. 그래서 사람이 자기 아름다움에 도취하고 아름다움만 추구하는 것, 그것은 곧 교만에서 나는 것이기에 사단적입니다. 교만해져서 **나는 신이라 내가 하나님의 자리 곧 바다 중심에 앉았다**(겔28:2), '바다 중심에'라는 것은 온 세상 위에 앉았다. 또는 세상 모든 사람의 마음 중심에 앉았다는 말입니다. 이같이 사단은 자기가 세상 모든 인간을 (세상 종말의 때까지) 지배하는 권세와 능력을 갖춘 하나님이라고 했다는 겁니다. 그러므로 사람에게서 이런 모습들이 있는 것은 다 사단적입니다.

16을 봅니다. **네 무역이 풍성하므로 네 가운데 강포가 가득하여 네가 범죄하였도다 너 덮는 그룹아 그러므로 내가 너를 더럽게 여겨 하나님의 산에서 쫓아내었고 화광석 사이에서 멸하였도다**

사단이 하나님의 보좌에 앉으려고 하늘에서 반역을 꾀하기에 바빴다는 것입니다. 이것을 하나님께서 더럽게 여겨서 하나님의 산, 즉 하늘 성소 영광된 찬양의 직임에서 쫓아냈다는 겁니다. 하나님의 멸함을 받았다고 했습니다. 그래서 계12:9에 **큰 용이 내어 쫓기니 옛 뱀 곧 마귀라고도 하고 사단이라고도 하는 온 천하를 꾀는 자라 땅으로 내어 쫓기니 그의 사자들도 저와 함께 내어 쫓기니** 라고 했습니다.

사14:12-15에서 사단을 말할 때에 **너 아침의 아들 계명성이여 어찌 그리 하늘에서 떨어졌으며 너 열국을 엎은 자여 어찌 그리 땅에 찍혔는고 네가 네 마음에 이르기를 내가 하늘에 올라 하나님의 뭇별 위에 나의 보좌를 높이리라 내가 북극 집회의 산 위에 좌정하리라 가장 높은 구름에 올라 지극히 높은 자와 비기리라 하도다 그러나 이제 네가 음부 곧 구덩이의 맨 밑에 빠치우리로다** 했습니다. 물론 여기서도 대제국의 왕으로서 자신을 신격화한 교만한 바벨론 왕을 가리켜서 하는 말이지만, 사단과 동질로서 세상 임금 노릇 하는 사단의 교만함을 말합니다. 하늘에서 하나님의 보좌를 찬탈하여 자신이 하나님이 되고자 반역을 꾀하다 드러난 그 불의로 인하여 하늘에서 쫓겨나 영원한 불못의 구덩이로 빠치우게 된 사단을 드러내 준 내용입니다. 여기까지만 말씀드려도 사단이 어떤 존재인지 알 수 있지요?

그런데 오늘 본문은 뱀이 등장했습니다. 계20:2에서 용을 잡으니 곧 옛 뱀이요 마귀요 사단이라고 했는데, 옛 뱀은 에덴동산에서 하와를 유혹한 뱀입니다. 바로 이 마귀요 사단이 창조 때는 뱀으로 나타났는데, 말세 때는 용으로 나타났습니다. 창조 때는 뱀으로 불리던 사단이 종말의 때는 용으로 불리고 있습니다. 뱀과 용은 사단이 자기 존재를 드러낸 짐승이요. 사단과 동질이요. 사단을 대표한 짐승입니다. 뱀은 사악하고 교활하고 죽이는 독을 혀에다 품었습니다. 오늘 1에서 뱀의 속성이 간교함이라고 했습니다. 간교가 뭡니까? 두 마음을 품고 교묘히 속인다는 말입니다. 뱀의 간교함은 사단의 성품과 딱 맞아 떨어진 짐승이라는 말입니다. 그래서 사단이 뱀의 그 간교함을 이용해 하와를 유혹한 겁니다.

그다음 하늘을 나는 용은, 사단 자신이 하늘의 제왕이라는 것을 부각한 것입니다. 하늘과 땅의 권세를 가진 자로 행세하며 모든 짐승의 제왕으로 군림하여 짐승들을 통해 경배를 받는 하늘 짐승입니다. 짐승이라고 하니까 실제 짐승들만 생각하지 마십시오. 인간이 예수님을 믿고 하나님을 섬기는 것처럼 하지만, 인간 자기 양심과 자기 머리에서 나는 것들로 섬기는 것처럼 하여 인간 종교가 되게 하는 것이 가증한 짐승입니다. 이것의 대표적인 집단이 가톨릭이라는 것은 이미 드러내어 다 말씀드렸습니다. 그리고 기독교라 해도 짐승의 영에 경배하는 것들이 무엇인지 지금까지 여러분이 다 들었으니 알지 않겠습니까?

저는 용이 실제로 존재한 짐승인지는 아는 바 없습니다. 그러나 성경은 눈에 보이지 않는 사단의 정체와 역할을 말할 때 짐승이요 용이라고, 사단의 그 정체를 용으로 드러내 주었습니다. 그래서 우리가 용의 실제의 모습이 어떻게 생겼는지 저도 여러분도 보지 못했지만, 사단이 자기가 어떤 짐승인지 온 세상이 다 알도록 자기를 형상화하여 드러낸 것이 용입니다. 눈에 보이지 않는 영적 존재인, 그러나 실제 존재하는 짐승의 영이라는 것을 피조물 중에서 하나님께 받은 가장 뛰어난 지혜와 예술의 능력과 기교를 세상 모든 인류 속에 넣어줌으로써 경배를 받고 그들을 통하여 자기의 정체, 그 짐승의 형상인 용을 실물처럼, 그 형체를 그려내고 조각하여 새기고 형용을 만들게 함으로써, 그 인간들로 그것들을 섬기도록 하고 있다는 말입니다. 그러니까 용이 사단이요 사단이 곧 용입니다.

 사단이 용으로 자신을 세상에 드러낸 것은, 자기가 권위와 권세와 위엄과 위용을 가진 하늘과 땅의 주인이라는 것과 세상을 지배하는 신이라는 것을 알리는 술책입니다. 그래서 이 짐승에게 지배받고 있는 인간 세계에서 용은 부와 명예와 권세의 상징이 되고 있고, 임금(왕좌)의 상징이 되고 있습니다. 여러분이 실제 존재한 적 없는 짐승인 용의 형상을 그리고 만들고 조각하여 인간이 그것을 신으로 섬기는 것을 보고 있으니, 성경에서 말하는 용의 존재를 분명히 알 수 있는 것 아닙니까? 이보다 더 확실하고 사실적인 것이 어디 있습니까? 그러니까 이 짐승이 하나님 성전에 하나님처럼 앉아서 예배와 경배를 받고 있다는 것을 계시록에서, 살후 2장에서 확실히 가르쳐주고 있으니 그 정체를 알 수 있잖습니까? 다시 말해 사단이 자기의 사람을 성전의 우두머리로 세우고, 그의 앞에 있는 자들에게서 숭배를 받고 있다는 말입니다.

 그러니 혹시 여러분, 이름을 지을 때도 자녀들이든 누구든 '용'자를 이름에 넣어 짓지 마십시오. 물론 한자로 용(龍)을 말하는 용자가 아니더라도, 다른 뜻의 '용'자를 사용한다 해도, 그러나 일생 이름을 용이라고 부르는 것이 되기 때문에 좋지 않다는 말입니다. 그리고 옛 뱀을 마귀요, 사단이라 했는데 사단이라 할 때는 하나님께 대항하여 반역한 자, 대적자라는 뜻이고, 마귀라고 할 때는 인간에게 역사하는 자라는 뜻입니다. 같은 한 존재인데, 하나님께 했을 때와 사람에게 했을 때가 호칭이 다릅니다. 마귀를 헬라어로 '디아 볼로스'라고 하는데, 두 단어가 합쳐진 것으로 '디아'는 둘로, '볼로스'는 가른다는 뜻입니다. 즉, 둘로 갈라놓는 일을 하는 자라는 말입니다. 그러면 누구와 누구를 갈라놓겠습니까? 하나님과 사람의 사이, 사람과 사람 사이를 이간질하여 갈라놓는 것입니다. 그래서 마귀라고 하는 거예요.

   그렇게 하늘에서 하나님께 쫓겨난 사단이 이제 하나님과 사람 사이를 갈라놓으려고 여자 앞에 '디아 볼로스'로 등장한 겁니다. 지금 아담에게 '먹지 말라, 먹으면 정녕 죽는다.' 하신 말씀을 사단이 듣고 있다가, 여자에게 먹는 죄를 범하게 함으로써 '죄의 삯은 사망'이라는 하나님의 법에 걸려들게 하여 사람을 지으신 하나님은 실패가 되게 하고, 사람은 사망으로 끌고 가려고 여자에게 와서 유혹한 것입니다. 하나님께서 아담에게 이르실 때 사단도 듣도록 하셨으니, 여자에게 경계심을 갖지 않게 하려고, 여자에게 다가와 **하나님이 참으로 너희에게 동산 모든 나무의 실과를 먹지 말라 하시더냐** 하고 묻는 척 연기를 합니다. 그러나 여자가 주저 없이 "동산 나무의 실과를 우리가 먹을 수 있으나 동산 중앙에 있는 나무의 실과는 하나님의 말씀에 너희는 먹지도 말고 만지지도 말라 너희가 죽을까 하노라 하셨느니라"고 힘주어 말했습니다. 이것은 하와가 사단이 자기 일을 하도록 문을 열어준 것입니다.

   그래서 **여자가 죽을까 하노라** 한 이 말을 오늘 우리가 깨달아 봐야 할 아주 중대한 것입니다. 사람들은 여자가 "죽을까 하노라" 한 말을, 하나님은 정녕 죽으리라고 말씀하셨는데, 이 여자는 '죽을까 하노라' 즉 '죽을 수도 있고 안 죽을 수도 있다'는 식으로 거짓말을 했다. 여자가 하나님의 말씀을 그같이 경홀히 여겼기 때문에, 사단의 유혹에도 넘어간 것이라고들 말합니다. 그러나 하와가 거짓되게 말한 것이 아니라, 오히려 말씀 말하는 자기들이 뜨지 못한 눈 가지고, 하나님의 뜻을 변질시켜 놓는 큰 거짓말을 거침없이 하고 있습니다. 여자가 자기 맘대로 지껄인 정신없는 여자인 것처럼 몰아붙이고 있다는 말입니다.

여자가 죽을까 하노라 한 것은 절대 그것이 아닙니다. 만일에 여자의 이 말을 그런 식으로 말한다면, 하나님의 창조는 대실패입니다. 그래서 사람들이 두려운 줄 모르고, 하나님을 실패자로 만들고 있습니다. 하나님이 앞뒤 분간도 못 하는 바보요, 그렇게 말하는 자기만도 못한 하나님으로 만들어놓고, 하나님을 믿는다고 말하고 있습니다. 지금 에덴동산에서 하나님과 사람, 사람과 뱀(사단) 사이에 이루어지고 있는 이 모든 대화는, 바로 영적 존재기 때문에, 영으로 하는 대화입니다. 영이 있기 때문에 그 영으로 교통하고 대화하는 내용이에요. 성대로 소리 내어 혀로 말하는 것이 아니란 말입니다.

처음 사람은 하나님과 영으로 교통하고 대화하는 것에는 막힘이 없습니다. 이때는 영의 감각이 혼탁 없는 백 퍼센트 순전하고 온전한 상태입니다. 하나님께서 여자에게 **너희는 먹지도 말고 만지지도 말라 너희가 죽을까 하노라** 하고 친히 말씀하셨어요. 여자가, '하나님의 말씀에……' 라고, 지금 하나님이 말씀하셨다는 것을 분명히 말하고 있지 않습니까? **하나님의 말씀에 너희가 죽을까 하노라 하셨느니라** 하고 하나님이 말씀하셨다고 하지 않았습니까? 그리고 여자가 죽을까 하노라 하는 말에 뭔가 의미심장한 뉘앙스(nuance)가 있다는 것을 영감으로는 분명히 알 수가 있습니다.

여러분이 한번 생각해보세요. 뱀이 말입니다. 우리 인간처럼 언어가 있습니까? 목에 성대나 혀를 사용해 말할 수 있느냐는 말입니다.

뱀이 지금 말하지 못하면 그때도 못했습니다. 바로 여자가 뱀과 대화할 수 있었던 것은, 영의 존재인 사단이 뱀을 통해서 하는 말을 영으로 들은 것입니다. 영으로 교감하고 대화한 것이란 말입니다. 오늘날도 짐승들과 교감하고 대화하는 것, TV를 통해서도 쉽게 볼 수 있잖아요? 귀신은 사람 속에 들어가서 거하기를 원하는 영체이기 때문에, 사람들이 동물 좋아하는 것을 이용하여, 사람 마음을 사로잡고 정신을 장악합니다. 또한 사람에게 붙어살려고 하는 것이 귀신의 속성으로, 사람들이 좋아하는 동물을 이용하여 동물과 교감을 나눕니다. 앞에서 말했잖아요? 짐승의 영이 바로 사단이요. 그의 영들이라고……. 그래서 여자가 뱀에게 들어온 사단과 영으로 교통하고 대화한 겁니다. 아버지 하나님의 뜻, 인간이 하나님의 자녀로 다시 나야 하는 뜻을 이루기 위해, 하나님의 형상대로 지음을 받은 사람도 동참해야 하는, 동역의 일이기에 하나님의 형상대로 지음을 받은 여자가 행할 일을 지금 하는 겁니다.

　여자가 **죽을까 하노라** 한 이 말은 하나님 말씀 가지고 헛소리하고 말장난하는 것이 아니라, 하나님 말씀을 경홀히 여겨 거짓말하는 것이 아니라, 바로 여자의 영, **생영이 된 지라** 하신 그 상황을 그대로 말한 거예요. 하나님의 말씀에 죽을까 하노라 하셨다는 것, 바로 생영이 된 사람이 먹으면 생명을 얻는 길이지만, 죽음으로 가는 길도 있다는 말입니다. 하나님의 뜻은 죽어야 사는 것이기에, 죽어야 사는 그 생명의 법이 하나님께 있어, 사람이 먹으면 죽어야 사는 생명의 법에 적용되어 생명을 얻지만, 그러나 스스로 생명을 거절하여 영 죽음으로 들어가는 일도 있다는, 하나님의 경고 뜻이 들어있는 말씀을 여자가 한 것입니다. 그러므로 사람이 선악과를 먹었음으로써 '죽을까 하노라'의 말씀을 받아들인 것이 되었고, 사단에게는 '네가 하고자 하는 일을 하라.' 는 것을 공표한 것이 되었습니다. 하나님의 형상을 따라 모양대로 지음을 받은 사람의 의지도, 이제 예수님과 함께 죽고, 예수님과 함께 살기 위해서는 사단이 하고자 하는 일을 받아들이겠다는 것을, 사단에게 공표한 것이 되었단 말입니다. 지금 여자가(사람이) 예수님의 돕는 배필의 역할을 하는 것입니다.

제가 여러분에게 당부합니다. 저의 전하는 모든 말씀은 성영님과 함께 그 현장에서 본 듯이 깨닫게 하시고 가르치시는 하나님의 섭리하신 영적인 일을 말하는 것이니, 만일에 여러분이 자기 머리로 듣게 되면, 도무지 이해되지 않을 말이고, 황당무계하다는 생각이 들게 되어 비판의 마음이 들 수 있으니 스스로 조심하기 바랍니다.

하나님의 진리(생명)는 죽어야 사는 것이기에, 지금 하나님과 사람이 함께 그 일을 이루기 위해 섭리하시며 진행해가는 것입니다. 이것이 바로 사람이 하나님의 일을 돕는 배필로 지음 받은 일이에요. 사단은 하나님께 살리는 생명이 있다는 것을 전혀 모르기 때문에, 사람을 죽음에 넣고 사망으로 끌고 가려고, 그래서 하나님이 실패하게 하려고, 속임의 꾀를 가지고 여자에게 왔습니다. 살리는 생명이 하나님께 있어서 그 생명은 사람을 천사(사단)보다 더 높은 하나님의 아들의 생명으로 재창조하신다는 것을 사단은 전혀 모른다는 말입니다. 여자가 **죽을까 하노라 하셨느니라** 말한 것은, 죽지만 하나님께는 살리는 생명이 있다는 뜻이지만, 사단은 그 의미심장한 말의 뜻을 모릅니다. 그것은 사단에겐 감춰진 일이기에 알지 못합니다. 그러니 하나님의 종이라고 나온 사람들에게 감춰진 것이 돼 있다면, 그것이 지금 누구에게 속했다는 것이겠습니까?

　예수님 오신 이후에는 비밀도 아닌데, 감춰진 것도 아닌데, 성영님이 오시면 모든 것을 가르치시고 진리 가운데로 인도하신다 했는데, 오늘날 말씀 전한다고 하는 사람들이 여자의 이 말뿐만 아니라, 창조 속에 넣으신 사단에게 비밀로 하셨던 것들을, 사단처럼 알아듣지 못한 말이나 열심히 하고 있다면, 그가 누구에게 속했는가 말입니다. 그래서 성영님이 불러 세운 것이 아님을 분명히 알 수 있습니다. 하나님이 세운 사람이냐? 그러면 절대로 비밀과 같은 말씀이 아닙니다. 구원은 이루어졌고, 열어주시고 보이시는 성영님이 오셨으니, 이제는 비밀이 있을 수가 없습니다. 더구나 구약만 보면 희미하지만, 신약을 보면 구약이 확실히 보이는 것임에도, 하나님께서 알지 못하는 말들을 왜 하는가 말입니다.

　지금 사단이 여자에게 왜 다가왔습니까? '먹지 말라 먹으면 정녕 죽으리라.' 고 아담에게 하신 말씀을 듣고 여자를, 죽음으로 넣기 위해 온 것입니다. 하나님께서는 하나님의 형상을 따라 창조된 사람이 사단은 멸하고 하나님께 가는 길을 내는 사단의 유혹을 허용하셨습니다. 사람이 선악과를 먹는 불순종의 죄와 죽으리라를 받아들이면, 예수님이 육체로 오실 근거가 되고, 사람은 영생을 얻게 되고, 사단은 사망 권세가 깨지고, 하나님이 심판하실 합법이 됩니다. 사단의 권세는 깨지고 사람은 영생 얻게 되는 이것을 사단은 전혀 알지 못하니, 자기가 자기에게 속는 것인지도 모르고, 여자에게 선악과 먹으라고 꾀러 왔습니다.

　그래서 분명히 알아야 하는 것은 아담은 예수님이 사람으로 오실 것을 미리 보이신 예표이고, 여자는 생영이 된 사람이 예수 그리스도의 생명으로 난다는 예표입니다. 여자가 선악과 따 먹은 것은 사람이 먹지 말라 하신 말씀을 어겼다는 것이요. 아담이 여자에게 선악과를 받아먹은 것은 사람의 불순종한 죄를 예수님이 전가 받는다는 뜻이요, 예수님께서 자기의 지은 죄처럼 대신 죗값을 치르신다는 의미입니다. 하나님께서 창조 때 이처럼 아담과 여자를 통해서 뜻을 확실히 보이시고, 그 뜻을 이루시려고 예수님이 죽으셨다가 사실 때까지 열심히 일하여 오셨습니다.

그런데 "선악을 알게 하는 실과는 먹지 말라 먹으면 정녕 죽으리라"는 말씀은 여자를 짓기 전 아담에게 말씀하셨습니다. 여자는 듣지 못했어요. 그러면 그 말씀을 같이 들은 증인이 있는데, 누구일까요? 사단이 듣도록 공개로 하셨습니다. 그래서 들은 자가 둘이니 이 둘의 증거는 법적 효력이 있습니다. 한 사람의 증거는 효력이 없어요. 성경에 보면 증인이 반드시 둘 이상이어야 합니다. 둘의 증언이 같으면 증언대로 판결이 났지만, 둘의 증언이 다르면 그것은 판결을 내릴 수가 없습니다. 그러므로 하나님이 '죽으리라' 하신 것도 듣는 쪽이 둘이어야 합니다. 그래서 만일에 선악과를 아담이 따 먹었다면, 그것은 하나님의 말씀을 정면으로 도전한 고의적 죄가 되어서 아주 사단과 같게 됩니다. 예수님이 죽으러 오실 수도 없습니다. 그러나 하나님의 계획에는 아담이 선악과 따 먹는 것이 아니라, 오실 예수님을 미리 예표로 보인 것입니다. 그래서 사단에게 감추신 뜻을 아담 안에 넣으셨기에 창3:22에서 **보라 이 사람이 선악을 아는 일에** 아담이 선악을 알게 된 것이, **우리 중 하나같이 되었으니** '예수 그리스도와 같게 되었으니'라고 말씀하신 것입니다.

그러므로 하나님이 아담에게 말씀하실 때 듣지 못했던 여자가 선악과 따 먹은 것은, 허물 죄로 예수님이 오실 수가 있게 되었습니다. 허물 죄이므로 용서받는다는 말입니다. 그러면 아담이 선악과를 따 먹으면 무슨 죄가 된다고요? 대적하는 죄, 고의적 죄, 이 죄는 용서받지 못하는 것입니다. 여자가 따 먹은 것은 무슨 죄요? 허물 죄라고 한다. 그래서 용서받을 수가 있었다는 것 아셨지요? 여자가 따 먹고 자기 남편인 아담에게 건네주자 아담이 어떤 거절도 하지 않고 반응 없이 받아먹은 것은, 사람이 선악과 따 먹은 죄를 예수님께 전가한다는 뜻이었다는 것도 알았지요? 그러니까 이스라엘 백성이 자기 죄를 어디에다 전가했습니까? 흠 없고 정결한 소나 양에게 자기 죄를 안수하여 전가했습니다. 그러면 소나 어린양은 누구를 상징한 것입니까? 멍에를 메고 포도원 밭에서 일하실 예수님과 죄를 지고 죽으러 오실 예수님입니다. 그러므로 아담이 여자가 건네준 선악과 받아먹은 것이 무엇을 의미하는지 분명히 이해됐습니까? 예수님이 사람의 죄를 전가 받아오셔서 죗값을 치르신다는 의미라는 것 아셨습니까?

여자가 사단에게 **죽을까 하노라 하셨느니라** 한 것은 또 한편 '죽을 수도 있고 살 수도 있다'는 뜻입니다. 사람이 육을 위하면 죽고, 영을 위하면 산다는 의미입니다. 그리고 앞에서 말했듯이 사단에게 '네가 하고자 하는 일을 하라'고 문을 열어주는 것이 됐습니다. 생영의 사람이 생명으로 들어가기 위하여 문을 열어준 것이라는 말입니다. 그래서 사단이 예수님께서 육체로 오셨을 때, 죽으러 오신 줄도 모르고 예수님을 죽이려고 혈안이 되어 쫓아다녔습니다. 예수님은 죽어야 사는 법을 가졌는데, 예수님의 죽음은 결국 사단이 자기 무덤을 파는 것임에도, 예수님을 죽이려고 쫓아다녔습니다. 그러니까 예수님께서도 사단에게 요13:27에 **네 하는 일을 속히 하라**고 하셨습니다. 여자(하와)가 사단에게 '네가 하고자 하는 일을 하라.' 고 선악과를 따 먹음으로 문을 열어준 것이 되었던 것처럼, 예수님께서 여자가 문을 열어준 그 바통(배턴, baton)을 받아 **네 하는 일을 속히 하라** 하신 것입니다. 내가 사망 권세 아래에 왔으니, 너의 할 일을 속히 하라고 권리를 주는 것처럼 하셨다는 말입니다.

그러나 예수님은 사단에 의하여 죽는 것이 아니라 하나님의 명을 받고 오셔서 죽을 권리로 죽으셨고 살 권리로 사셨습니다. 요10:17,18에 **아버지께서 나를 사랑하시는 것은 내가 다시 목숨을 얻기 위하여 목숨을 버림이라 이를 내게서 빼앗는 자가 있는 것이 아니라 내가 스스로 버리노라 나는 버릴 권세도 있고 다시 얻을 권세도 있으니 이 계명은 내 아버지에게서 받았노라** 하셨잖습니까? 그래서 예수님은 인간의 죄를 대신하여 죽으셔야 하고, 영광의 몸으로 부활하셔야 영원히 살기를 원하는 자들에게, 영광스러운 부활의 몸을 입게 하시는 보증입니다. 만일 예수님의 죽음이 자발적인 것이 아니고, 사단에 의해서 강제적인 것이었다면, 그것 또한 하나님과 사람이 같이 실패하는 것입니다. 또한, 여자가 하나님의 뜻이 아님에도 선악과를 따 먹었다면, 그것도 하나님의 실패입니다. 또한, 하나님의 뜻임에도 불구하고 선악과를 먹지 않았다면, 그것도 하나님과 여자의 실패입니다. 알아듣습니까?

이처럼 하나님의 엄청난 사람을 향한 뜻, 아버지 하나님의 사람을 향하신 사랑의 뜻을, 오셔서 십자가에 죽기까지 하신 이 사랑의 뜻을 사람이 어찌하면 깨달을까 고민은 해볼 줄은 모르고, 삼위 하나님을 아는 믿음이 되어 예수님과 연합을 이뤄야 함을 성경은 계속 말씀하시는데, 네가 지음을 받은 목적이 바로 예수님으로 살기 위해 지음을 받았으니 생명을 택하라고 그렇게 호소하시는데, 인간은 부정적인 쪽에 너무 강해서 하나님은 왜 선악과 만들어 놓고 먹지 말라 한 것이냐? 안 만들었으면 안 먹었을 것 아니냐? 하와는 선악과 먹으려면 저나 먹지 왜 아담에게 줘서 먹게 하여 죄가 들어오게 한 것이냐? 하는 것만 붙들고 있는 것에 아주 습관 들어버렸습니다. 습관이 되어 아주 그쪽으로 굳어버렸습니다. 그러니 어떻게 자신들의 구원이 완성되겠습니까? 자기 알량한 머리로 하나님을 쥐락펴락하는 설교들, 믿음에 있어서 너무 부정적이고 잘못된 가르침들, 정말 두렵고 참으로 징그러운 일입니다.

어떤 사람이 설교하면서 선악과 사건을 놓고 '아담이 하와에게 뽕 가서 하와가 주니까 그냥 멍청하게 받아먹었다'고, 이런 음욕 적이고 저질스런 설교들을 하니 어떻게 사람의 영이 생명을 얻게 될 수가 있겠습니까? 생명 없는 이런 가르침의 더러운 말들이 사람들의 영혼을 삼키는 블랙홀이라는 것을 아십시오. 영들을 지옥에 보내는 블랙홀과 같다는 것을 알라는 말입니다. 아무튼, 왜곡되고 오염된 유치한 해석들에 대해서는 다 열거할 수 없습니다. 어떻게 다 열거할 수가 있겠습니까. 물론 이들이 하나님을 하나님으로 높여드리는 것은 맞습니다. 하나님의 지으심에는 실수가 없었다고들 말합니다. 아주 완전하다 첫 창조가 완전하게 지어졌다고 말합니다. 하나님의 창조는 완전한데, 하나님이 지으신 이놈의 처음 사람들이 불순종하여 하나님의 창조를 망쳐 놓은 것처럼 말합니다. 그러나 우리는 어떻게 알고 있습니까? 하나님의 전체적인 뜻을 통해서 볼 때, 처음 창조는 미완성이다. 물론 흙으로 창조된 사람으로는, 육체로만 머물게 할 인간이라면, 부족함이 없이 완전하지만, 하나님의 계획은 흙으로 지은 육체는 영원할 수 없으니 물질은 무너지는 것이고, 영원할 수 없다고 배웠잖아요. 그래서 육체 안에 영을 넣어서 그 영에 예수님의 생명을 받아들여 영원한 부활의 몸을 갖게 하시려는 뜻이잖아요? 그래서 예수님이 일차로 부활하여 첫 열매가 되셨잖아요? 그같이 예수님만이 부활이요, 생명이 되신다는 것을 가르치시고 보이시고, 예수님으로 사는 자는 그 생명으로 부활한다는 것을 알게 하셨잖아요? 그것이 하나님의 전 역사의 뜻이요 완성입니다.

그래서 첫 창조는 미완성이라고 했잖습니까? 그런데 사람들은 첫 창조가 완전한 창조였다고 말한다는 말입니다. 그리고 먹지 말라는 하나님 말씀 어기고 먹었다는 비판에만 맞추고 있습니다. 그러나 여러분! 하나님이 '선악을 알게 하는 나무의 실과는 먹지 말라 네가 먹는 날에는 정녕 죽으리라.' 하신 말씀은 하와가 들었다고 했습니까? 하와는 듣지 않았습니다. 하나님이 하와에게 말씀하신 것 아닙니다. 하와에게는 선악과 먹지 말라는 것이 아니라 동산 중앙에 있는 나무의 실과라고만 말씀하셨습니다. 그러면 하와가 아담에게 들었지 않겠느냐고 말들 하고 있습니다. 그러나 아담에게 듣는 것은 실제 증거가 될 수 없습니다. 하나님께서 직접 말씀하셔야 그것이 실증입니다. 예수님께서도 사람의 증거 원하지 않는다 하셨습니다. 성영님으로 말미암아 증거받는다 하셨어요.

그러니까 하나님의 입장(관점)에서 선악과 사건을 볼 눈이 없으니, 그렇게 여자가 말씀 어기고 먹었다는 비판에만 두게 되는 겁니다. 그래서 첫 사람들이 나쁜 것이지 하나님은 이해한다는 듯이 하나님을

제10장 너희가 죽을까 하노라 하신 영적인 뜻 · 235

높이는 것 같지만, 그러나 하나님은 실패하셨다는 것을 시인하는 것입니다. 하나님은 먹지 말라 했는데 여자가 먹었기 때문이라고 하나님을 위하는 것처럼 말하지만 하나님은 그렇게 듣지 않으십니다. 아담은 예수님을 예표하고, 아담이 여자가 주는 실과를 받아먹으니 예수님이 먹은 것처럼 오셔서 죽는 일이 확정되었고, 여자가 선악과를 먹으니, 예수님이 죽으러 오실 길이 났습니다. 이것을 돕는 배필의 관계라고 말합니다. 아담과 하와가 하나님의 뜻을 돕는 하나님의 배필 역할을 한 것이란 말입니다. 그래서 인류는 오직 예수님을 기다려야 하는 영이 되었는데, 마침내 예수님께서 사람으로 오셔서 죽으시고 또 살아나 하늘로 가시고, 성영님을 보내셨으니 하나님의 창조 뜻이 온전히 이루어졌습니다. 할렐루야!!!

그래서 사단이 자기 자신을 신으로 높여 세상 권세를 잡고 인간에게 경배받고자 했습니까? 안 했습니까? 성경에 기록된 로마 역사 하나만 보더라도 로마의 황제들이 자신들을 신이라고 신격화했잖아요. 애굽의 왕들, 바로도 자신들을 신격화했잖습니까? 바로라는 것은 신이라는 뜻입니다. 바로는 하늘이요, 신하는 그 발아래라고 하는 거예요. 그러니까 사단이 권세를 내세워 경배받으며 자기의 일을 열심히 한 것입니다. 아까 이사야 14장을 들었잖습니까? **내가 하늘에 올라 하나님의 뭇별 위에 나의 보좌를 높이리라 가장 높은 구름에 올라 지극히 높은 자와 비기리라** 했잖아요. "하나님의 뭇별"은 하늘의 모든 천사를 지칭하는 말인데, 인간 창조 전에 창조된 하늘의 모든 천사 위에 가장 높은 자로 보좌에 앉아 경배받으며, 과연 하나님과 누가 높은지, 누가 하나님인지 비기어 보겠다, 하나님과 겨루어 보겠다고 하나님의 유일성에 도전했다는 말입니다.

그래서 하늘에서 그 뜻을 이루지 못하고 쫓겨난 사단이 땅에 내려와 하나님이 지으신 여자를 반역죄에 걸려들게 하여 사단 자신이 지배하고 경배받고자 한 것입니다. 여자에게 와서 그러지요? "아니야, 절대 죽지 않아. 너희가 하나님처럼 될까 봐 하나님이 거짓말한 거야" 죽지 않을 테니 하나님의 말씀에 반역하라는 말입니다. 먹으면 죽는 것이 아니라 오히려 눈이 밝아져서 하나님과 같이 된다는 속임으로 하나님을 거짓말쟁이요 망령으로 만들고자 했습니다. 그래서 하나님께서 자기의 백성에게 사단이 범한 죄에 가담한 사람의 죄가 무엇인지 십계명을 주어 알게 하시고 삶을 얻는 법으로 지키라 하셨습니다. 그 첫째가 **나 외에는 다른 신들을 네게 있게 말지니라** 입니다. 나 외에 다른 신이 없으니 네게 다른 신을 두지 말라는 말씀입니다.

그다음 아담이 만물을 다스리라 하신 권세를 사단에게 넘겨준 것이 되었습니다. 사단은 그 권한으로 모든 피조물의 주인 행세를 하며 만물 위에 하나님처럼 앉아 인간에게 섬김받고 있습니다. 인간이 달도 섬기고, 해도 섬기고, 별도 섬기고, 나무도 섬기고, 짐승도 섬기고, 손으로 만들고 조각한 형상들을 섬기고, 다 섬기는 대상이 되었잖습니까? 생명 없는 죽은 신, 그 사단에게 하는 겁니다. 그래서 하나님은 너희는 만물을 지배하고 다스릴지언정 그 어떤 것도 **형상이나 우상을 만들어 섬기지 말라**고 둘째 계명을 주셨습니다.

그다음 사단이 선악과 먹어도 절대로 죽지 않는데 너희가 먹고 하나님처럼 될까 봐서 먹지 못하게 한 것이라고 하나님을 거짓말쟁이로 망령된 자처럼 하여 하나님의 이름을 더럽혔습니다. 그래서 **너는 네 하나님 여호와의 이름을 망령되이 일컫지 말라**는 셋째 계명을 주셨

제10장 너희가 죽을까 하노라 하신 영적인 뜻 • 237

습니다. 그다음 엿새 동안 창조하시고 창2:2, 3에 일곱째 날을 복 주사 거룩하게 하시고 안식하셨다고 했습니다. 하나님께서 처음 사람과 안식에 들어갔는데 사단이 들어와 사람에게 죄를 짓게 하여 안식을 범하였습니다. 하늘을 어지럽힌 사단은 일곱째 날을 범하였으니, 하나님께서 공정한 방법으로 처리할 수가 있게 되었습니다. 그래서 안식일을 거룩히 지키라고, 안식일을 범하지 말라고 넷째 계명을 주셨습니다. 그리고 안식일은 큰 계명이라고 하셨습니다.

그런데 안식의 주인이 누구십니까? 바로 예수님입니다. 예수님이 자기 안에 계시면 안식입니다. 세상을 초월한 평안함이 있어야 합니다. 바로 안식의 주인이신 예수님을 사랑하는 일이 삶의 뜻이 되어야 합니다. 그것이 계명의 뜻입니다. 그다음 부모를 공경하라 하셨습니다. 사단이 자기를 지으신 하나님을 공경했습니까? 공경하지 않았습니다. 하나님께 지음을 받은 피조물인 주제에 자기도취에 빠져 하나님을 대적했습니다. 그러므로 배은망덕한 자입니다. 패역무도한 자입니다. 그러므로 하나님을 경외하는 부모를 대적하는 자식은 배은망덕한 사단과 같은 죄라는 것을 알도록 하셨습니다.

출21:17에 **그 아비나 어미를 저주하는 자는 반드시 죽일지니라** 했습니다. 신27:16에 **그 부모를 경홀히 여기는 자는 저주를 받을 것이라** 했습니다. 레19:3에 **너희 각 사람은 부모를 경외하고 나의 안식일을 지키라** 명하셨습니다.

하나님을 경외하는 부모는 하나님을 대신합니다. 그 부모를 공경함으로써 하나님을 공경하는 뜻을 배우고 알라는 뜻입니다. 그래서 신약에선 부모를 누구 안에서 순종하라고 했습니까? 주 안에서 순종하라 했습니다. 부모 공경한다고 부모가 예수님을 믿지 말라는 것을 순종하라는 걸까요? 하나님 섬기는 것 하지 말라는 것을 순종하라는 말일까요? 부모라도 하나님을 거역하는 것은 타협할 수 없다는 뜻입니다. 예수님께서도 복음 때문에 부모와 자식 간에 불화가 있고 원수가 되기도 한다고 하셨습니다. 그다음 사람을 살인하도록 사주를 누가 했습니까? 사단이 가인에게 동생 아벨을 살인하도록 했습니다. 그러므로 남의 생명을 빼앗는 살인은 악한 행위요. 교만이니 살인하지 말라는 계명을 주셨습니다. 또한, 미워하는 것도 살인이라고 하셨습니다.

그다음 사단은 사람들이 하나님을 배반하고 사단 자신을 섬기도록 영적 간음죄를 짓게 하였습니다. 사단은 음란의 창조자요. 간음의 창조자입니다. 그래서 하나님을 떠난 인간은 사단이 뿌려놓은 온갖 종교와 미신들을 섬기는 영적 간음에 빠졌습니다. 그것이 겉으로 드러나는 일이 바로 육체로 갖는 간음과 성적 문란, 음욕을 좇는 추하고 더러운 것들입니다. 오늘날은 아예 감각이 없는 시대가 됐습니다. 이 성적 죄는 어마어마한 사람들을 나게 하여 지옥 자식이 되게 하는 데 크게 기여하고 있습니다. 이루 말로 할 수 없는 큰 범죄입니다. 사단이 간음의 아비입니다. 그래서 하나님께서는 간음하지 말라, 음행을 피하라는 계명을 주셨습니다.

그다음 사단은 하나님의 것들을 다 도둑질해 간 도적입니다. 인간도 도둑질하고 자연 만물도 도적질한 도적입니다. 강도요 절도입니다. 그래서 도둑질하지 말라는 계명을 주셨습니다. 또 네 이웃의 것을 탐내지 말라는 계명을 주셨는데, 사단이 하나님 자리를 탐냈잖아요?

그래서 탐욕, 욕심은 사단의 것입니다. 필요 그 이상의 욕심, 탐욕, 다 사단의 것입니다. 그래서 엡5:3에서 **음행과 온갖 더러운 것과 탐욕은 너희 중에서 그 이름이라도 부르지 말라 이는 성도의 마땅한 바니**라고 했습니다. 우리 삶에 사용되는 것들도 하나님께서 주신 것의 존중함 없이 함부로 제 것인 양, 자기가 주인인 양 취하고 낭비하는 것은 이기심이요, 탐욕입니다. 내 것이 아니라 하나님의 것이라는 존중의 마음, 감사의 마음을 가져야 하는 것, 아주 작은 물 한 바가지라 할지라도 그런 마음 씀씀이를 가져야 하나님에 대한 존중입니다.

그다음 거짓말쟁이가 누구입니까? 그래서 예수님이 사단을 거짓의 창조자라고, 거짓의 아비라고 하셨습니다(요8장). 사단은 하나님을 거짓으로 모함했습니다. 거짓으로 증언했습니다. 간사한 속임수를 썼습니다. 사람을 해코지하려고 거짓을 지어냈습니다. 이간질했습니다. 거짓으로 질서를 깼습니다. 그래서 이 같은 부류의 거짓은 다 사단의 것입니다. 입만 열면 거짓말 쉽게 하는 것 다 사단의 것입니다. 여러분 거짓을 지어내지 마세요. 어떤 사람은 자기 남편을 속이려고 또는 아내를 속이려고 교회 기도하러 간다. 봉사하러 간다 하며 교회를 빙자해서 거짓말하고 다른 곳에 엉뚱한 짓 하러 다닙니다. 여러분, 거짓말하는 곳에 절대로 예수님의 이름 팔지 마십시오. 엉뚱한 짓 하려고 거짓말로 예수님의 이름 팔지 마세요. 교회 빙자해서 거짓말하고 속이는 일 하지 마세요. 또한, 목회자 팔고, 교회 봉사한다고 기도한다고 빙자하여 거짓말하지 말라는 말입니다. 이것은 하나님의 이름이 있고, 하나님의 일이요. 하나님의 것이므로 하나님께서 절대로 만홀히 여김 받지 않으실 것이요. 용납하지 않으실 것입니다. 너희가 사단의 편이 아니면 사단으로 좇아 나온 것들을 다 깨끗이, 기꺼이 팔

아버리라는 것입니다. 아멘입니까?

　오늘 말씀은 여기서 맺습니다. 말씀을 열어 보이시고 바른 믿음으로 인도하신 삼위 하나님께 모든 영광 돌립니다. 아멘

제 11 장
자기 실체를 봐야 할 책임이 주어진 사람

⁶여자가 그 나무를 본즉 먹음직도 하고 보암직도 하고 지혜롭게 할 만큼 탐스럽기도 한 나무인지라 여자가 그 실과를 따 먹고 자기와 함께한 남편에게도 주매 그도 먹은지라 ⁷이에 그들의 눈이 밝아 자기들의 몸이 벗은 줄을 알고 무화과나무 잎을 엮어 치마를 하였더라 ⁸그들이 날이 서늘할 때에 동산에 거니시는 여호와 하나님의 음성을 듣고 아담과 그 아내가 여호와 하나님의 낯을 피하여 동산 나무 사이에 숨은지라 ⁹여호와 하나님이 아담을 부르시며 그에게 이르시되 네가 어디 있느냐 ¹⁰가로되 내가 동산에서 하나님의 소리를 듣고 내가 벗었으므로 두려워하여 숨었나이다 ¹¹가라사대 누가 너의 벗었음을 네게 고하였느냐 내가 너더러 먹지 말라 명한 그 나무 실과를 네가 먹었느냐

(창3:6-11)

여호와 하나님이 아담과 그 아내를 위하여 가죽옷을 지어 입히시니라

(창3:21)

　우리가 하나님의 말씀을 듣고 배우는 것은, 뜻을 바로 알고, 그래서 분명한 믿음의 가치관이 세워지고, 영적인 능력을 갖추자는 데 있

습니다. 이것이 하나님의 복으로써, 우리가 끊임없이 추구해야 하는 일이요. 사명입니다. 또한, 사단이 하나님의 말씀인 것처럼 속이고 전하는 것들을 분별할 줄 아는, 속지 않는 참믿음의 능력이 되자는 데 있습니다. 믿음은 세상에 속지 않아야 하니, 이기적이고 교만해서는 절대 안 되지만, 세상에 비위 맞추고 종노릇하는 것에서는 벗어나야 하겠다는 말입니다. 이 믿음의 능력이 반드시 따라야 하기에, 그래서 성경의 뜻을 배우는 것입니다.

창3:3에서 여자가 **하나님의 말씀에 너희는 먹지도 말고 만지지도 말라 너희가 죽을까 하노라 하셨느니라** 한 이 말은 하나님께서 분명히 여자에게 하신 말씀인 것 아시지요? '너희가 죽을까 하노라'는 생영이 된 사람이 사단의 유혹으로 선악과를 먹고 죽음(죄)이 들어오지만, 하나님께는 살리는 생명이 있어 그 생명으로 살게 되니, 사단에게 네 할 일을 하라는 선포였다고 말씀드렸습니다. 그다음 사단이 자기 할 일을 하는데, 본문 6에 여자가 선악과 먹어도 결코 죽지 않는다는 사단의 속임의 말을 듣고, 선과 악을 아는 나무의 실과를 보니, 어떻게 보였습니까? **먹음직도 하고 보암직도 하고 지혜롭게 할 만큼 탐스럽기도 한 나무**로 보였습니다.

먹음직한 것은 먹는 육체의 본능을 채워줄 것처럼 보였고, 보암직한 것은 정신의 것을 채워줄 것처럼 보였고, 지혜롭게 할 만큼 탐스럽게 한 것은, 영의 것을 채워줄 것처럼 보였다는 말입니다. 이것은 인간이 영과 혼과 육체로 된 존재라는 것을 분명히 증명해주는 일입니다. 그래서 사단의 말을 듣고 먹음직하고 보암직하고 지혜롭게 할 것처럼 보인 선악과를 따 먹은 사람은 하나님도 알게 되었고, 사단도 알게 되었고, 자기의 실체를 알게 된 자기 본위(자아)의 사람이 되었습니다. 자기 자신에 대해서 자기가 책임져야 할 영적 존재가 되었다는 말입니다. 또한, 사단은 육신의(육체와 정신의) 것으로 인간을 끊임없이 유혹하고 시험하여 육(자기 본위)을 위해 사는 자를 공식적으로 자기의 소유로 할 수 있게 되었고, 이제 사람은 하나님을 섬길 것이냐? 사단을 섬길 것이냐?, 그러므로 영을 위한 삶이냐, 육을 위한 삶이냐 하는 두 길이 나게 되었습니다.

여자가 먹음직하고 보암직하고 지혜롭게 할 만큼 탐스러운 실과를 따 먹은 이것을 요일2:16에서 먹음직한 것은 육신의 정욕이요. 보암직한 것은 안목의 정욕이요. 또 지혜롭게 할 만큼 탐스러운 것은 이생의 자랑을 말한다고 했습니다. 예를 들어 사람이, 돈이 삶의 목적이 되면, 그것은 육으로부터 좇아 나온 육신의 정욕이요, 좋아하고 사랑하여 좇아가게 되는 안목의 정욕이요, 그러므로 우상이 되고 섬기는 이생의 자랑입니다. 명예가 되었든 지식이 되었든 돈이 되었든 입고 먹고 쓰는 이 모든 것들이, 다시 말해 세상 것이 삶의 중심이 되어 있으면, 그것은 육에서 나온 육신의 정욕입니다. 육신의 정욕에서 나온 모든 것은 곧 안목의 정욕이요. 이생의 자랑입니다. '아, 나는 육신의 정욕은 없는데 안목의 정욕은 있어'가 아니고, 육신의 정욕은 안목의 정욕이요. 이생의 자랑으로 하나입니다. 육신의 정욕이 없으면 다 없는 거예요. 육신의 정욕에서 나는 것은, 곧 세상의 보이는 것을 좇는 안목의 정욕인 것이요. 그것은 자기 마음이 좇아가는 우상이요. 그러므로 섬기는 이생의 자랑입니다. 자기를 섬기는 인본입니다.

그래서 믿음은 보이는 세상을 좇아 사는 것이 아니라는 것을, 선악과로 분명히 보이셨습니다. 세상의 것들을 위해 사람이 지음을 받은 것이 아니고, 하늘의 것을 위해 지음을 받았으니, 보이는 것 때문에 보이지 않는 하늘의 것을 외면한다면, 그것은 사단을 따르는 것이 되어서, 그 사단과 함께 멸망으로 들어간다는 것을 보이신 것이란 말입니다. 세상이 무엇이냐? 그처럼 먹음직하고 보암직하고 지혜롭게 할 만큼 탐스러워 보이는 것이라고 선악과를 바라본 것을 통해서 확실히 알게 하셨습니다. 먹음직하고 보암직하고 지혜롭게 할 만큼 탐스러워 보이는 것을 좇는 것이면, 그것은 육체의 정욕이요 안목의 정욕이요 이생의 자랑으로, 곧 자기를 섬기는 것이요, 사단을 섬기는 것임을 알게 하셨다는 말입니다.

그러니 사단과 그 악의 영들이 하는 일이 무엇이겠습니까? 세상을 좋아하도록 마음을 미혹하는 것입니다. 세상에 그 마음이 안주하도록 세상을 좋아하여 사랑하도록 세상이 보암직하도록 먹음직하도록 지혜롭게 할 만큼 아주 탐스럽게 보이도록 하는 겁니다. 이제 믿는다는 사람이 세상과 육의 것들을 먹음직하고 보암직하고 탐스러워 지혜롭게 할 것으로 보고, 그것을 위해 산다면, 그것은 공식적으로 사단을 섬기는 것이 되어서, 사단과 함께 멸망 받는다는 것을 확실히 보게 하셨습니다. 또한, 세상을 바라보면 그같이 먹음직하고 보암직하고 지혜롭게 할 것처럼 탐스러워 보이기 때문에, 세상으로 넘어진다는 것도 보게 하셨습니다(창3:6). 따라서 세상에 속지 않아야 한다는 것, 속지 않는 것이 믿음이라는 것, 우리는 똑똑히 보았습니다. 그러므로 믿음을 위해 에덴동산의 사건들을 통해주시는 하나님의 뜻을 반드시 배우고, 하나님과 사단과 자기를 아는 영적 지식을 가져야 합니다. 에덴과 창조로 주시는 하나님의 뜻을 알지 못하면, 믿음은 겉껍데기밖에 되지 않습니다.

한 가지 중요한 말씀을 좀 하고 가겠습니다. 창2:9에 **동산 가운데에는 생명 나무와 선악을 알게 하는 나무도 있더라** 창3:3에 **동산 중앙에 있는 나무의 실과**라 했는데 여기 '동산 가운데 있다.' 또는 '동산 중앙에 있다.' 는 것은 같은 말로서, 이것은 생명(예수님)을 알고 선(하나님)과 악(사단)을 아는 것이, 하나님이 지으신 인간의 영적 일이요, 인간에게 정해진 일이요, 삶의 중심, 푯대가 된다는 것을 의미합니다. 영적인 일이 인간 삶의 중심이라는 것을 의미한다는 말입니다. 또한, 창조와 동산 중앙에 있는 것을 통해서, 하늘에는 생명을 주시는 선이신 창조주 하나님과 사망으로 끌고 가는 악한 자 사단이 있다는 영적 세계(하늘)를 알려주신 것이요. 영적인 사람에게 사단이 끼치는 것과 하나님이 끼쳐주시는 것이 무엇인가를 알려주시는 하나님의 팻말입니다. 동산 중앙에 있는 선악과와 생명 나무는 하나님의 뜻과 의지가 무엇인지 사람이 따라가야 하는 길에 대하여 세워놓으신 하나님의 이정표요, 계시요, 메시지입니다. 온 인류가 받아야 할 하나님의 뜻이요, 세워놓은 팻말입니다.

그런데 사람들과 또 말씀을 가르치는 사람들의 주장이 '선악과는 하나님의 절대 주권이다, 하나님의 주권을 상징하는 나무로 절대 범하지 말라고, 동산 중앙에다 세워놓았는데, 처음 사람이 먹지 말라는 것을 따 먹고 하나님의 주권을 침범했기 때문에, 하나님께 진노를 사 동산에서 쫓겨났다. 하나님께 저주를 받았다.' 라고 주장합니다. 첫 사람이 하나님께 도전했으므로 타락한 죄인이 되었고, 탐욕의 노예가 되어 하나님의 심판과 저주를 선고받게 되었다고 말한다는 말입니다. 선악과에 대한 이 주장이 사실은 정답인 것처럼 기독교에 뿌리내렸습니다. 또한 이 학설이 맞는다는 것으로 지지를 받는 이것이, 기독교 2,000여년의 역사요, 사정입니다.

그러나 여러분이 잘 아십시오. 만약에 사람이 하나님께 도전한 것이면 그것은 사단과 같은 악으로써 하나님의 용서를 받을 수는 절대로 없습니다. 그리고 또 웃기는 것은, 하나님께 도전했다고 말해놓고는 또 예수님이 오셔서 죄를 대신 갚아주셔서 용서받게 됐다고 하는 겁니다. 그러면 사단도 용서가 돼야 합니다. 그러나 하나님께 도전한 것은 용서받을 수가 없습니다. 지금 자기들이 뭔 말 하는지도 모르면서 지절거리고들 있는 겁니다. 그러나 하나님은 동산 중앙에 선악과를 두시고 이것은 내 절대적 주권을 상징하는 것이니, 너희가 먹으면 심판받는다 하는 것으로 협박하듯이 하여 인간 위에 군림하시는 분이 아닙니다. 육체는 먹는 것이 본능입니다. 사단은 먹도록 끊임없이 유혹할 것입니다. 이런 환경 때문에 언제 먹어도 먹게 돼 있는 사람 앞에, 체질을 너무나 잘 아시는 하나님께서 선악과를 두고 '먹지 마! 먹으면 그것은 내 주권을 범하는 것이고, 나에게 도전하는 것이다' '내가 먹으면 죽는다고 분명히 말했으니까 이것들이 먹나 안 먹나, 내 말을 잘 듣나 안 듣나 보겠다.' 하는 시험대 위에 올려놓듯이 하여 시험이나 해보자고, 선악과 두셨다는 것밖에는 더 되겠습니까? 그것은 속 좁은 하나님, 치사한 하나님이 될 것밖에는 없습니다.

야고보서 1장에 분명히 하나님은 악에, 즉 사단에게 시험을 받지도 아니하시지만, 또한 친히 아무도 악으로 시험하지 않으신다 하셨습니다. 그런데 하나님께서 자기의 주권이나 내세우려고 첫 사람을 이런 시험대 위에 올려놓고 시험하시겠는가? 말입니다. 만일에 그렇다면 하나님께서 사람을 악으로 시험한 것이 되는 것이니, 하나님의 공의는 없는 것입니다. 그리고 인간은 공산당 같은 주권 앞에 속에서는 왠지 편치 않은, 무엇인지 억울한 것 같은, 풀리지 않는 담을 마음에 두고 있는 상태로 할 수 없이 굴복할 수밖에 없는 처지가 될 것밖에는 없습니다. 이것은 인격적인 관계가 되지 않습니다. 그러니까 선악과를 하나님의 주권으로 주장하는 사람들이 뭐라 말합니까? 인간은 억울해도 창조주이신 하나님의 주권 앞에 따지고 물을 수 있는 권리가 없다. 억울함을 말할 수 없다는 쪽으로 몰아갑니다. 그러면 하나님께서 사람에게 하나님의 인격이 있게 해 놓고, 그 인격을 짓밟는 것이 됩니다. 사람의 인격은 없는 겁니다. 인격과 인격의 관계라는 것은, 뜻이나 생각이 맞아서 대화(이해)가 되는 것을 말합니다. 같은 생각을 가지고 같이 길을 가는 것을 말합니다. 그런데 주권으로, 이해되지 않는 행동이나 하시는 하나님으로 만들어 놓다니요! 이 오만한 인간의 머리가 말입니다.

저는 여러분께 분명히 또 말합니다. 저의 이 모든 말씀은 그 같은 그들의 신학이나 학설을 깨는 것이니, 그러므로 지금까지 주권 운운하는 것이나 듣고 그렇게 알고 있는 여러분이 동산 안에 두신 이 모든 영적인 뜻에 대한 제 말씀들이 받아들여지느냐? 그래서 생명의 뜻을 가진 이 말씀을 자기 믿음으로 받겠느냐? 아니면 주권 운운하는 것을 주장하겠느냐? 분명히 선을 그어야 할 것입니다. 다시 말해 주권 운운이 맞다 하는 것이면 제가 전하는 말씀들을 들어야 할 이유 절대 없다는 말입니다. 말의 뜻 알아듣습니까? 그래서 말씀을 말하는 사람들이 창조 속에서 복음이신 예수님, 즉 생명을 보지 못하고, 만나지 못하니까 전부 율법만 보면서 에덴동산의 하나님은 실패하신 하나님으로 세워 놓고, 이제 신약에 와서 예수 그리스도를 보내신 그 사랑만 말합니다. 에덴동산의 하나님은 자기 주권으로 인간을 가지고 장난치는 것 같은 그런 인격 없는 하나님으로 심어주면서 그 사랑스러운 아담과 하와는 정죄합니다. 그래서 열리지 않은 육의 눈으로는 그렇게 겉의 현상만 보고 또 표면만 보기 때문에, 하나님도 겉으로 보이는 하나님만 말할 수밖에는 없습니다.

 그러나 하나님께서는 예수님이 십자가의 구원을 완성하실 때까지 사단에겐 절대 감춰져야 하는 사정이 있다고 했잖습니까? 그래서 구약에 전 역사가 예수님이 오셔서 죽으실 것에 대하여 비밀로 일하심이 담겨 있는 비밀의 역사요, 내용입니다. 그러나 하나님의 지혜이신 이 비밀의 뜻은 하나님께서 자기의 사람들에겐 보이신다고 했습니다. 그런데 이 비밀을 볼 줄 모르니 누가 어떻게 했더니 복 받았다, 여러분도 이 복 받아라, 물질의 복 받아라, 물질의 복 달라고 기도해라, 이런 것이나 연결해주고 있고 인물이 중심이 되게 하는 것 아니겠습니까? 그러므로 선악과 놓고 하나님 주권, 그런 운운하는 것들은 사단과 똑같이 속이는 말이요, 진짜로 자신들이 하나님을 알지 못하는 대적자들이요, 사단의 일을 하는 사단의 배필들입니다. 사단이 뭘 했습니까? 먹으면 정녕 죽으리라 하신 말씀을 듣고 그 속에 하나님의 생명의 비밀 뜻이 들어있는 것은 전혀 모르고 여자를 죽음에 넣기 위해 찾아온 거잖습니까? 그 사단은 오늘날도 똑같이 자기의 사람들을 세워서 사람들을 지옥으로 끌고 가기 위해 자기의 말이 참인 것처럼 가지고 들어와 생명 얻지 못할 말들로 사람들의 영혼에 뿌려 넣고 있습니다.

저는 저 자신이 흐지부지하는 것을 절대 원치 않기에, 여러분도 뻥 뚫리도록 창조와 선악과에 관하여 그동안 충분히 말했다고 생각합니다. 여러분, 제 공치사 같지만 말씀드립니다. 여러분이 이렇게 가려져 있는 성경의 뜻을, 아버지 마음을 알고 열어주는 것을 어디 가서 듣겠습니까? 그러면서 알지 못하면서 안다고 하는 자들은(요9:39-41) 다 바리새인 서기관 사두개인들이 받는 율에 떨어지게 되었는데, 또한 그들이 옳다고 참여하는 자들도 똑같이 그 심판으로 떨어질 것입니다. 그러므로 여러분의 믿음이 참으로 의문이 아니라, 억지로가 아니라, 같은 영이신 성영님으로 믿는 믿음이요. 감사함과 기쁨으로 기꺼이 하나님의 일에 동참하는 믿음이기를 바라는 것입니다.

또 한 가지는 하나님이 아담에게 먹으면 '정녕 죽으리라' 말씀하셨지만, 아담은 사실 죽는 것에 대해 알지 못할 뿐 아니라 알아듣지도 못합니다. 그리고 목숨의 죽음, 즉 육체의 죽음을 말하는 것이 아니기에, 죽으리라 하신 말에 대한 뜻을 알지 못하는 상황입니다. 아담은 지음을 받자마자 눈앞에 보이는 것, 그 사물에 대해서 새로움을 느끼는 그 환경 외엔 이미 말했던 대로 안식이 무엇인지 평안함이 무엇인지 아담 자신은 모릅니다. 아담은 고난이 무엇인지 고통이 무엇인지 전혀 알지 못한 상태이고, 그런 지식도 경험도 개념도 없습니다. 또한, 불안이나 근심이나 염려나 초조 두려움 미움 원망 이런 부정적인 것들이 전혀 없는 상태일 뿐만 아니라 개념이 없습니다. 그러므로 하나님의 뜻과 의도는 이 첫 사람이 예수님의 예표고, 그 예수님과 사람이 어떤 관계인가를 보게 하셨고, 또한 사람이 누구인가? 어떤 존재인가를 보게 하는 데만 뜻을 두셨습니다.

그리고 먹지 말라는 말씀을 불순종한 것은 죄요. 예수님께서 그 죗값을 치르려고 죽으신 것을 통해 죄는 반드시 대가를 치러야 함을 알도록 하셨습니다. 성경은 **사람이 무엇으로 심든지 그대로 거둔다**고 했습니다(갈6장). 이것은 자연법칙이요. 또한, 영적법칙입니다. 하나님은 인간이 자연의 법칙을 보며, 영적인 법칙을 깨닫도록 하셨습니다. 자기 육체를 위하여 심는 자는 육체로부터 썩어질 것을 거두고 성영님을 위하여 심는 자는 성영님으로부터 하늘의 영생을 거둔다고 했습니다. 그러므로 예수님 믿는 사람들이 여전히 세상 것 좋아하고, 세상 죄에서 나오지 않으면, 죄를 심는 것이니, 심은 대로 열매를 거두는 것입니다. 이 창조도, 동산 가운데 두신 생명 나무와 선악과의 사건들도, 뜻을 우리가 잘 깨달아 받아들여 믿고 적용하는 것이지, 하나님은 왜 그렇게 하셨냐? 저렇게 하셨냐? 따지고 헤아려서는 안 됩니다. 흙으로 되었으니 영원할 수 없는 약점을 완전함으로 재창조하여 영생케 하신다는 뜻을 두셨으니, 이 같은 하나님의 뜻과 의지를 받아들여 예수님을 자기의 구주로 영접하여 생명을 얻으라는 것입니다. 알아듣습니까?

오늘 7에 선악과를 먹자 두 사람에게 나타난 일이 눈이 밝아져 몸이 벗은 줄 알게 되고, 곧 무화과 나뭇잎을 엮어 치마를 하였다고 했습니다. 곧이어 8에 여호와 하나님의 음성을 듣고 하나님의 낯을 피하여 나무 사이로 숨었습니다. 그리고 9와 10에 하나님께서 아담을 부르시니 아담이 내가 벗었으므로 두려워하여 숨었다고 했습니다. 첫 사람에게 '죽으리라'의 말씀이 적용되니 나타난 것이 바로 두려움입니다. '죽으리라'가 뭔지 모르지만, 하나님 보기가 두려워 숨은 것으로 나타났습니다.

사람은 입어야 할 영으로 지으셨는데, 그래서 영이 옷 입지 않으면 죽음이요. 어둠입니다. 선악과를 먹었기 때문에 죽음이요 어둠이 아니라, 선악과를 먹고 영이 벗은 어둠에 있는 자신을 알아야 했습니다. 사람이 자기에 대해서 알아야 할 권리가 있으니, 그것을 알게 하는 것은, 사람이 '죽으리라'를 받아들여 선악과를 먹는 일입니다. 그래서 벌거벗은 진짜 자기(영)의 모습을 보아야 합니다. 그리고 알아야 할 권리에 의해 이제 사람이 하나님도 알고, 사단도 알아야 하기 때문입니다. 신악과를 먹으니 하나님도 알고 사단도 알게 되었습니다. 하나님도 알고 사단도 알게 되니 곧 따라서 자기에 대해서도 알게 됐습니다. '정녕 죽으리라' 하신 말씀에 비치니 눈이 열려 벌거벗은 자기 모습이 보였습니다. 그래서 벗은 자기를 보고, 자기가 누구인가를 알게 되었습니다. 그것이 무엇으로 나타났느냐? 두려움입니다. 두려움은 곧 영이 벌거벗은 증상입니다. 자기가 벌거벗은 존재라는, 자기 모습을 보게 된 것입니다. 이해됐습니까?

창2:25에 **두 사람이 벌거벗었으나** 하는 것은 겉에 옷 입지 않은 것을 말하는 것이 아니라, 첫 사람의 영이 벌거벗은 상태임을 말합니다. 벌거벗었으나 부끄러워하지 않았다 했는데, 이때는 영의 벗은 것을 의식하지 못했다. 선악과를 먹기 전엔 벗은 것에 대한 의식이 없었다, 의식하지 못했다, 못한다는 것을 말합니다. 그러므로 벗었다는 것을 알아야 입으려고 하지 않겠습니까? 죽으리라는 말씀이 그 영에 비쳐야 벌거벗었음을 의식하게 됩니다. 그래서 선악과를 먹자 **자기들의 몸이 벗은 줄을 알고** 했습니다. 선악과 먹고 자기 몸이 벗은 것같이 영도 벗은 것을 알게 된 것입니다.

여러분의 이해를 돕기 위해서 다시 설명합니다. 겉에 벗은 것을 알고 두려워하여 숨었다고 하는 것은 여러분! 겉에 옷 입지 않았다고 해서 두렵습니까? 그 표현이 맞아요? 아니지요? 곧 사람의 영이 벗었다는 것 하나님의 생명, 있어야 할 하나님의 형상이신 생명(예수님의 생명)이 없다는 말입니다. 영의 양식, 있어야 할 생명이 없다. 그냥 영만 있으니, 영에 있어야 하는 생명이 없으니, 선악과 먹고 그 영에 '죽으리라'가 임하니 곧 두려움이 들어왔다는 말입니다. 이제 영이 가진 죽음의 두려움은 예수님의 부활하신 생명을 얻어야만 놓여나고, 참 생명의 안식이 있게 된다. 그러므로 흙으로 지은 사람에게 영을 불어넣으신 하나님의 뜻이 여기서 확실히 드러나 보이게 된 것입니다. 인간 실체가 뭐냐? 하나님의 영을 불어넣으신 것은 하나님의 생명, 예수님의 부활하신 생명을 얻게 하려는 것이다. 이것이 사람을 지으신 하나님의 뜻이다. 하나님이 지으신 사람의 실체라는 말입니다.

첫 사람이 하나님의 안식에 들어가 하나님과 하나님의 안식을 경험하게 되었고, 그래서 하나님과 하나님의 안식을 경험한 영이 되었고, 그다음 사단의 유혹하는 말을 받아들여 선악과를 먹고 '죽으리라'의 두려움이 들어왔으므로 사단을 경험한 영이 되었습니다. 선도 악도 아는 사람, 하나님도 알고 사단도 알게 되었습니다. 이제 사람은 하나님도 알고 사단도 알게 되었는데, 그러면 무엇으로 하나님을 안 것입니까? 하나님과 교제했습니다. 그리고 평안함과 풍요였습니다. 사단을 알았다는 것은 무엇입니까? 뱀과 대화를 나누었습니다. 뱀의 유혹을 받아들여, 선악과를 먹고 '죽으리라'가 적용되니 두려움이 들어왔습니다. 이같이 하나님도 경험하고 사단도 경험한 사람은 이제, 사단 쪽이냐? 하나님이냐? 선택의 여지가 있게 됐습니다. 자기 자신에 대한 책임을 져야 하는, 영적인 독립(인격)체가 되었다는 말입니다. 곧 자기 지혜, 자기 수단, 자기 방법, 자기 노력을 하는 인본(자기중심)이, 이제 하나님의 말씀으로 하나님 중심의 신본으로 살겠느냐? 자기중심의 인본으로 살겠느냐? 선택해야 하는 자유의지의 영적인 인격체가 됐다는 말입니다.

여러분, 지금 누구 이야기입니까? 저 창조 때 첫 사람의 이야기입니까? 지금 각자 자기에게 연결하여 듣습니까? 자기가 예수님을 믿기 전엔 다 아담이라는 것 인정하는가 말입니다. 만일에 사람이 **선악을 알게 하는 나무의 실과는 먹지 말라 네가 먹는 날에는 정녕 죽으리라** 하신 이 한 구절만 놓고 본다면, 절대로 그 해답은 나오지 않습니다. 그러니까 '아니, 먹지 말라 했으면 안 먹으면 되지 왜 먹는 거냐? 하나님이 먹지 말라 하지 않았느냐? 그렇게 말씀하셨으면 말씀대로 먹지 않으면 되지, 왜 먹고 죄가 들어오게 한 것이냐?' 하고 꽉 막힌 말 하게 되는 것입니다. 그러면 말씀대로 해야 하는데, 그렇게 말한 자기는 도적질합니다. 말씀대로 해야 하는데, 자기는 가서 간음질합니다. 말씀대로 해야 하는데, 하나님 배도는 또 자기가 합니다.

그래서 이 선악과 사건은 성영님의 지혜, 하나님의 마음을 아시는, 하나님의 사정을 아시는 성영님의 눈이 돼야, 눈앞에 사물을 보듯이 다 보여 아는 것입니다. 필요하다면 하나님의 은밀한 것까지 다 알게 하십니다. 그러니까 하나님의 비밀과 같은 일들은 하나님의 아들만 압니다. 알아들으실 분은 들으십시오. 부활의 첫 열매로 맏아들이 되신 예수님의 형제 된 아들에게는 다 물려주십니다.

그래서 흙먼지로 지어진 사람은, 하나님이 아시는 사람은, 절대로 자기 실체를 봐야 합니다. 자기를 볼 수 있어야 합니다. 자기가 누구인가? 보지 않으면, 하나님을 바로 믿을 수는 없습니다. 그것이 하나님에게서 온 권리입니다. 이제 사람은 육체가 실체가 아니라, 자기를 지으신 하나님과 교제하고, 하나님으로 살아야 하는 영이 실체라는 것을 알아야 했습니다. 자기 실체를 봐야 할 권리를 줬으니, 자기가 누구인가를 눈을 열어 보게 하셨습니다. 벗었으므로 입어야 한다는 것이 드러났고, 영이 자기 실체라는 것이 드러났습니다. 벗은 것은 두려움이요, 수치요, 영원한 죽음이요. 그러므로 이제 사람은 수치를 가려줄 옷을 입기를 원하는 영이 된 것입니다.

두 사람이 선악과를 먹고 눈이 밝아져 자기 실체를 보게 되니, 즉시로 나타난 행동이 뭐였습니까? 자기가 벗었음을 보고 반사적으로 나타난 행동이, 무화과 나뭇잎을 엮어 치마를 하여 입는 것이었습니다. 그 두려움과 수치를 자기가 가려보려고 한 것입니다. 바로 옷 입기를 원하는 영이 되었다는 것, 수치를 가려줄 옷을 입기를 원하는 영이 되었음이 즉시로 나타난 것입니다. 이제 사람은 옷이 될 예수님, 두려움을 벗겨주시고 수치를 가려주실 예수님을 만나기 위해 예수님이 십자가로 올라가시는 데까지 같이 걸어가야 하는 것이 확실히 드러났습니다. 죽음의 두려움에서, 죄의식에서 놓여나 수치를 벗겨주시는 분이 우리의 주 예수님입니다.

예수님은 십자가에 달리실 때 실오라기 하나 걸치지 않고, 다 벗긴 채로 달렸습니다. 우리가 당해야 할 그 수치와 죄를 대신 지고 그렇게 벗긴 채로 달리셨어요. 그러므로 여러분! 예수님을 믿으러 나오는 모든 사람은, 먼저 자기가 누구인지부터 깨달아야 한다는 것 분명히 말씀드립니다. 처음 사람으로 자기 실체부터 봐야 합니다. 자기 영이 벌거벗은 수치로 영원한 영벌에 들어가게 된 실체부터 봐야 합니다. 그래서 자기는 예수 그리스도로 말미암아 완성되도록 창조되었으니, 알고 하나님을 따르든지 사단을 따르든지, 인본으로 살든지 예수님 중심으로 살든지 분명한 선택을 해야 합니다. 이것이 여러분 자신에게 주신 달란트요 사명입니다.

그래서 사람의 영은 이제 여자의 후손으로 오실 분을 사모하고 기다리게 되었습니다. 생명을 그리워하고 목말라하는 간절함을 가진 영이 되었다는 말입니다. 그런데 예수님을 믿으러 나온 사람들이 자기 영의 목말라하는 생명을, 벌거벗은 영이 가진 생명의 소원을 귀 기울일 줄 모르고, 그저 육체와 정신의 소욕을 만족하게 하기 위한 것에 다 맞추고 믿는다 하고 있습니다. 그것이 죽음인 줄도 모르고 영혼이 가진, 생명을 원하는 목마름을 무시하고, 그저 육체와 정신의 것으로 만족 얻기 위해 좇아갑니다. 정신에 걸치는 옷, 육체에 걸치는 옷을 사기 위해서 열심히 동분서주하며 좇아갑니다. 사실 몰라서도 그렇지만 알려줘도 감각 없고, 무지한 경우가 있다는 것입니다. 스스로 가진 무지입니다.

생명 없는 물질과 명예에 자기 목숨을 거는 자, 소망 없는 물질과 명예에 소망을 두고 자랑이 되고자 하는 자, 물질 때문에 다투고 속이고 욕심과 탐욕 가운데 있는 자, 자기 육체를 위해서 먹음직한 것만 찾고 눈에 보암직한 것만 찾아 몸에 두르고 바르고 함으로써, 사람들 눈에 보암직하게 보임으로 자기만족이 되고 자랑이 되고자 하는 자, 다 육체를 위해 사는, 육체 섬기는 자요, 사단을 섬기고 따르는 것이라는 것을 알기 바랍니다.

하나님께서는 선악과로 분명히 우리 눈과 마음이 어디에 있어야 하는지 똑똑히 보이셨습니다. 그래서 핑계할 수 없습니다. 사실 오늘날은 육체와 정신의 만족을 얻고자 사력을 다해 좇아가는 아주 극에 달한 시대가 됐습니다. 아주 집착하는 시대입니다. 그래서 사실, 자기가 누구인가? 어떤 길이 사는 길인가? 하는 말씀을 전하는 것이, 제 개인으로는 얼마나 부담이 되는지 모릅니다. 마음이 다른 세상에 있어서 먹혀들어 가지도 않는데, 말씀을 들을 수 없는 다른 곳에 있는 거기다 말씀을 말한다는 것이 아주 슬프기 짝이 없습니다. 그래서 어느 때는 솔직히 말씀을 말하다가도 그냥 멈춰버리고 싶을 때가 있습니다. 지금 내가 왜 여기 서서 사람들에게 어울리지도 않는, 받아들이지도 않는 말씀을 전한다고 하는 것인가? 말씀 전하다 보면 내가 지금 뭐 하는 것인가 싶어서 멈춰버리고 싶을 때가 있다는 말입니다.

그래서 교회들도 예수님을 믿으면 복 받는다는, 인간이 생각하는 그 복(물질, 건강, 장수, 명예 등)을 말함으로, 시대를 맞추어 주느라 또는 사람들을 모으는 수단으로 타락한 말씀들을 주는 징조들이 계속 있었지만, 저는 무시를 당한다 해도, 듣지 않는다 해도, 하나님의 뜻을 벗어난 말씀을 말할 수가 없습니다. 하나님 뜻을 아는 저의 입장에서는 시대 맞추고, 사람에게 맞출 수는 없다는 말입니다. 또한, 하나님께 맞추는 것이 저에게는 큰 행복이니, 하나님의 비위에 맞는 말씀을 말할 수밖에는 없습니다.

오늘날 처음 사람의 벗었다는 것을 인본주의가 또 어떻게 말하는지 아십니까? 에덴동산에 있을 때는 두 사람이 벌거벗었던 것을 부끄러워하지 않았는데, 죄짓고 나니까 자기들의 성이, 서로 각각의 성이 노출되어서 부끄러워 그것을 가리기 위해 무화과 잎을 엮어 치마를 해 입었다고 말하고 있습니다. 어떤 설교를 듣고 있자면 어쩌면 그렇게 음란한 투의 말들로 잘 연결하는지 아주 유치한, 더러운, 하나님의 뜻과 전혀 상관없는 유(類)들로 어찌 그리 잘 연결하는지 그런 쪽으로는 능력들이 참 뛰어나다 싶은 것입니다. 아담이 하와를 보더니 '뿅' 가서 선악과 따다 주니까, 그냥 얼른 받아먹었다고 하지를 않나, 그런데 또 그런 삼류 소설 같은 말들도 좋다고 아멘 하지를 않나, 하나님의 뜻의 근본들을 아주 삼류 소설쯤으로 여기도록 바꿔놓는 겁니다. 복음의 뿌리를 음란의 창조자인 사단의 것으로 돌려놓는 깃입니다. 창3:21에 하나님이 그들에게 가죽옷을 지어 입히셨다고 했는데, 그러면 하나님께서 벌거벗어 성이 노출되었으니 서로 보기 부끄러울 것이다 생각하고 가죽옷을 지어 입혔다는 것입니까?

그리고 나체족이 속속 생겨나면서 주장하는 것이 뭡니까? '에덴동산의 인간은 벌거벗었으나 부끄러워하지 않았다고 했다. 원래 벗었던 것이 인간의 실체다. 이렇게 인간은 벗고 살 자유가 있는데 뭣 하러 거추장스럽게 옷을 입느냐? 그러니 나체로 돌아가자!'고 에덴동산을 들먹인다는 것입니다. 제가 이런 것들을 들추어 말하는 것은 여러분이 아무것에나 '아멘!' 하고 아무것에나 속는 일들이 없기를 바라서입니다. 그러나 지금까지 벗은 것에 관해 들었으니 잘 알게 되었지만, 에덴의 벌거벗은 것은 육체의 겉옷을 입었느냐 안 입었느냐, 입어야 한다, 안 입어도 된다는 따위나 논하게 하려고 벗었다고 한 것 아닙니다.

영이 없는 흙으로만 지어진 짐승은 죽으면 그대로 끝나버리는 것으로 옷 입고 벗고 할 필요가 없이 사계절의 추위 더위를 다 감당할 수 있도록 아예 털이 있게 하셨어요. 그래서 죽으면 끝나요. 그러나 하나님의 형상대로 지음을 받은 영적 존재인 인간은 짐승처럼 입혀놓지 않으시고, 인간 스스로 추위와 더위를 겪게 함으로써, 추위와 더위로부터 몸을 보호하기 위해 덮는 것, 입는 것의 필요를 느끼게 하여, 옷을 스스로 만들어 입고, 만들어 덮도록 함으로써, 바로 벌거벗은 자기 영혼도 옷 입도록 지음을 받았다는 것을, 깨닫는 방편이 되게 하셨습니다. 하나님의 지혜는 육체가 옷을 입게 함으로써, 영도 옷을 입어야 한다는 것을 깨닫게 하는 데 두셨다는 말입니다.

10에 아담이 **내가 벗었으므로 두려워하여 숨었나이다** 했습니다. '하나님이 먹지 말라 먹는 날에는 정녕 죽으리라 하신 것을 내가 먹었더니 벗었음을 알게 되어 두려워하여 숨었습니다.' 입니다. 그러므로 아담에게 처한 것은 곧 내게도 처한 것이요, 내가 아담이라는 것을 볼 수 있어야, 또한 예수님의 십자가 사건이 곧 내 사건임을 알고 진정으로 받을 수 있는 것입니다. 거기다 우리는 하나님을 아주 떠나 죄악에 빠졌던 행악의 종자로 지옥 갈 자로 죽었던 자들입니다. 그러므로 예수님을 믿는다고 해도 아담을 통해서 자기가 누구인가를 보지 못하고 아버지 하나님의 사랑을 발견하지 못하면, 예수님을 바로 믿을 수도 바른 관계를 맺을 수도 없습니다. 바른 믿음을 가질 수 있는 것이 아닙니다. 믿음은 영적인 것이기에, 인간 자기 생각으로 되는 것도 아니고, 자기 양심 가지고도 되는 것이 아닙니다.

오늘날 사람들이 자기를 볼 눈이 되지 못하니, 믿는 것을 취미 정도로 생각하기도 하고, 자기가 교회 다니니까 예수님이 구원받게 해주신다는, 성경에도 없는 자기 기분이 가진 정도의 막연함으로 다니고 있습니다. 그러나 여러분은 아담을 통해서 예수님은 누구시며, 자기는 누구인가? 예수님은 자기와 어떤 관계인가? 를 보이신 지금까지의 말씀으로 철저히 알고 (아는 데 그렇게 복잡하지도 어렵지도 않습니다) 믿는 것이 되고, 예수님은 내 구주 내 생명이심을 참으로 고백하고, 예수님과 동고동락하십시오. 그것이 여러분을 지으신 하나님의 뜻입니다. 그것이 달란트 남기는 일입니다. 진실로 내게 영생의 생명을 주신 하나님이시오. 구주이심에 대한 그 감사와 사랑을 입으로만 하지 말고, 그 삶을 사는 것으로 하십시오. 그것이 인격적인 관계요, 예수님을 대접해드리는 것입니다. 예수님을 성영님으로 사랑하는 것만이 사랑이요, 그것이 곧 자기를 사랑하는 것입니다. 예수님을 사랑하여 따르는 것이 곧 자기를 사랑하는 것이란 말입니다. 인간은 예수님이 아니면 벌거벗은 채로, 그 영혼이 지옥의 불못으로 들어갑니다. 그래서 예수님으로 옷 입어야 죄악의 옷을 입은 수치와 두려움에서 놓여나는 것입니다. 아멘입니까?

자, 그러니까 첫 사람 아담과 하와가 눈이 열려 벗은 자신들의 모습을 보게 되자 두려워하여 반사적으로 나온 행동이 벗은 것을 좀 어떻게 가려보려고 무엇인가를 찾은 겁니다. 갑자기 찾아온 두려움에서 나온 행동, 어떻게 해결해보기 위해 찾은 것이 무화과 잎으로 치마를 만들어 입은 것입니다. 그러나 하나님께서 불순종의 죄는 친히 오셔서 값을 치르실 것이기에, 두려워하여 하나님의 낯을 피해 숨어 있는 아담을 찾아오셔서 "아담아, 네가 어디 있느냐?"고 부르셨습니다.

하나님께서 지금 아담이 어디 있는지, 어떤 처지에 있는지 몰라서 물으신 것 아닙니다. 바로 '네가 있는 곳이 어디냐? 네가 지금 어떤 처지에 있느냐?' 아담 자신에게 일어난 상황, 자기가 무엇을 하였으며 지금 어디에 있는지 (두려워하는 곳에 있다는 것을 말함), 그 처한 상황을 그대로 아담이 하나님께 고해야 합니다. 하나님께서 아담을 찾아오셔서 '너 왜 먹지 말라는 선악과는 먹고 죄를 지었느냐? 선악과 먹으면 정녕 죽을 것이라고 하지 않았느냐? 왜 불순종했느냐?' 하고 문책하려고 찾으신 것 아닙니다. '죄'를 말씀하지 않았습니다. 아담을 부르시며 '네가 어디 있느냐?'를 물으셨습니다. 아담 자신에게 일어난 일에 대하여 스스로 고하게 하셨습니다. 아담이 자기의 처한 상황을 그대로 고했습니다. 10에 **내가 벗었으므로 두려워하여 숨었나이다** 자기의 벗은 것이 보여 하나님의 소리를 듣고 두려워하여 숨었다는 것입니다.

여러분! 하나님과 아담과 여자의 대화는 반드시 거쳐야 하는 아주 중요한 뜻입니다. 이건 처음 사람의 영혼에 구원의 뜻을 넣어서 후손의 영혼으로 흘러가야 하기에, 여러분이 창2:10-15에 네 개의 강에 넣으신 계시의 뜻을 다 들었으니 알지 않습니까? 그 모든 뜻을 이루실 여자의 후손에 대한 계시의 언약을, 그 영에 넣어야 하므로 하나님은 물으셔야 하고 두 사람은 하나님께 고해야 합니다. 지금 이 대화는 인간 역사에 구원하시는 하나님의 중대한 일이 시작되는 아주 중요한 대화입니다.

하나님께서 이들과 대화를 마치시고 곧 하나님 자신이 수치를 가려줄 옷이 되고, 생명을 내놓으심으로 두려움에서 건지신다는 언약의 표로 양을 잡아 피 흘리고, 그 양의 가죽으로 옷을 손수 지어 입히셨습니다. 가죽옷을 손수 지어 입히셨다는 말입니다. 곧 말라 부스러질 무화과 나뭇잎으로 치마를 하여 자기의 수치와 두려움을 가려보겠다고 했지만, 인간은 자기 자신을 스스로 구원할 수 없는 존재요, 또한 인간의 방법으로 인간의 노력으로 인간의 지혜로 인간의 수단으로 구원받을 수 없다는 것, 그것은 곧 말라 부스러지는 무화과 나뭇잎과 같다는 것을 아담으로 보게 하시고, 수치를 가려 구원하실 이는 오직 하나님 자신임을 양을 잡아 피 흘리고 그 가죽으로 옷을 지어 입히시는 것으로 알게 하셨습니다. 그래서 인간은 에덴, 즉 하늘에서 하나님의 이 엄청난 언약을 받았습니다. 그 언약대로 마침내 예수님이 오셔서 구원을 이루어 완전한 창조가 이루어졌습니다.

그래서 요즘 사람들이 에덴동산 들먹거리면서 나체로 돌아가자 하는 것이 얼마나 우스꽝스럽고 성경의 의도를 깨닫지 못한 무식의 극치요, 수치스러운 자기 죄들을 자랑하겠다는 일이라는 것을 아십시오. 에덴동산은 우리 몸에 옷을 입었느냐? 안 입었느냐? 를 말한 것이 아니라, 예수님 없는 인간은 벌거벗은 자요, 죄로 수치 가운데 있으니, 예수 그리스도로 옷 입어야 한다는 것을 가르쳐주는 뜻입니다. 그래서 롬13:14에 **오직 주 예수 그리스도로 옷 입고** 했습니다. 아버지 나라 그 행복한 나라 가서도 벌거벗고 산다고 하지 않았습니다. 전부 다 흰옷이든지 세마포를 입었다고 했어요.

구약 때도 성전 제사를 담당한 제사장이나 대제사장은 제사 예복을 반드시 입어야 했는데, 머리에 쓰는 관, 겉옷, 속옷, 신발 일체를 하나님께서 재료와 만드는 방법 등을 지시하신 대로 지어야 했습니다. 출28:43에, 하나님이 이르신 대로 지어 입지 않으면 죄로서 죽임을 당한다 하였고, 하나님이 정하신 예복을 입는 것이 영원히 지킬 규례라 하셨습니다. 그러므로 영원한 규례는 예수 그리스도입니다. 예수님이 우리의 입어야 할 옷입니다. 마22장에 혼인 잔치에 청함을 받아 온 사람이, 입고 참석하라고 보낸 예복을 입지 않고 잔치에 참석했으므로, 그 주인에게 쫓겨난 것을 비유로 말씀하셨잖습니까?

또한, 벗고 있는 인간은 무엇이든 입어보려고 열심히 문화를 쫓아갑니다. 그래서 믿는다 해도 그 속에 예수님이 없으면, 말라 부스러질 그런 문화를 쫓아갑니다. 그 속에 평안함이 없고 자유가 없으니 그 두려움에서 벗어나 보려고, 내일에 대한 불안에서 벗어나 보려고 밤낮 열심히 문화를 쫓아 뜁니다. 무엇을 먹을까, 무엇을 마실까, 무엇을 입을까. 눈의 즐거움, 입의 즐거움, 육체의 즐거움, 정신의 만족, 여기에 초점이 되어서 끊임없이 연구하고 쫓아가는 것입니다. 몸에다 걸친 옷은 또 어떻습니까? 인간이 여기에 매여서 미쳐가고 있는 것 같습니다. 옷 잘 입는 것으로 마음의 위안이 되고, 만족을 얻고 도취하려고 하는 겁니다. 바로 영혼의 벗은 두려움을 가려보려는 무화과 잎입니다. 그런 것으로 가려보려고 끊임없이 쫓아가고 쫓아가는 겁니다. 이렇게 인간은 자기 안의 두려움, 벌거벗은 것을 먹음직하고 보암직하고 지혜롭게 할 것처럼 탐스러워 보이는 온갖 세상 문화로 덮어 보려고 하지만, 그냥 말라버리는 무화과 잎이라고, 부서져 버리는 나뭇잎이라고 아담으로 보이셨습니다.

사람이 사람에게서 사랑을 목마른 것처럼 갈구하고 바라는 것이 왜입니까? 그 영에 두려움 때문입니다. 영의 두려움 때문에 끝없이 사랑을 추구하고, 자기가 사랑받고 있다는 것을 확인하여, 기쁨을 얻고 만족해보려는 것입니다. 어느 해 추석 때에 제가 아는 권사라는 사람이 전화를 걸어와 추석 잘 지냈느냐 물으며 하는 말이, 자기는 추석에 오는 이도 없고, 가지도 못해 혼자 얼마나 쓸쓸했는지 모른다고, 너무 쓸쓸해서 우울하기까지 했다고 했습니다. 왜입니까? 자기 속에 두려움이 있기 때문입니다. 아니, 인간이 만들어놓은 그 전통문화에 같이 끼어있지 못했다고 그리스도인이 왜 그런 것 때문에 쓸쓸

합니까? 아니, 왜 그런 것 때문에 우울합니까? '차라리 그런 자리에 끼지 않게 돼서 오히려 정말 좋다. 안 끼면 예수 믿는 것이 그러냐? 저러냐? 하는 그것도 고민스러운 일인데, 끼지 않게 되었으니 얼마나 좋냐!' 할 수 있어야지, 그런데 어떻게 믿지 않는 사람들에게서 무슨 위로를 받고, 그들에게서 무슨 즐거움을 얻는다는 것입니까? 저는 정말 믿는다는 사람들에게서 이런 모습들을 보면, 아주 갑갑하고 예수님을 믿는 것으로 보지 않습니다. 만일에 그리스도인이 그 같은 세상 모임들에서 위안을 찾고, 즐거움을 얻으려는 것은, 벌거벗은 것입니다. 자기 안의 두려움을 그런 것들로 잊으려는 것입니다.

요일4:18에 **사랑 안에 두려움이 없고 온전한 사랑이 두려움을 내어 쫓나니 두려움에는 형벌이 있음이라** 했어요. 그럼 온전한 사랑은 누구에게 있습니까? 인간에게 온전한 사랑이 있을까요? 바로 예수님만이 온전한 사랑입니다. 예수님 없이, 하나님 없이는 온전한 사랑은 없습니다. 온전한 사랑은 바로 하나님의 사랑이에요. 그래서 하나님의 사랑을 경험하지 못하면 두려움에서 벗어날 길은 없습니다. 그러니까 인간사랑 속에서 즐거움을 얻을까 했는데, 그 속에 끼어있지 못했다고, 허전하고 쓸쓸하고 우울했다는 것, 하나님의 사랑을 경험하지 못한 두려움에서 나는 것입니다. **두려움에는 형벌이 있음이라** 했습니다. 그 형벌을 안고 살면서 그런 세상 모임으로 두려움에서 벗어나려 한다면 오히려 두려움을 더 가중하고, 그에 따른 심판을 더 가중하는 것밖에 되지 않습니다. 하나님께서는 인간에게 이 무화과 나뭇잎 같은 인간 문화로 사는 것이 아니라, 해지지 않고 말라붙지 않는 가죽옷, 바로 예수 그리스도로만 산다는 것을 가르치셨습니다.

갈3:27에 **누구든지 그리스도와 합하여 침례를 받은 자는 그리스도로 옷 입었느니라** 했어요. 그리스도와 합하여 옷 입은 자는 고전 15:53에 **죽지 아니함을 입으리로다** 하셨으니, 바로 생명을 가졌고 생명의 옷을 입었으니 죽음의 공포와 두려움, 삶의 공포와 두려움에서 깨끗이 놓여나는 것입니다. 예수님은, 너희에게 있어야 하는 것은, 예수님을 알고 예수 그리스도의 의를 구하고, 예수님의 그 나라 천국으로 지배받아야 하지, 너희가 벌거벗은 자들이 하는 그 염려에 매여서, 똑같이 먹고 마시고 입는 것에만 매여 찾는 것이면, 오히려 세상 사람들에게 밟히고 속고 굴레가 씌워져서, 결국은 버림받을 수밖에 없다고 하셨습니다.

그래서 '너희가 살리라' 하셨고, '주리지 않는다.' 하셨고, '목마르지 않는다.', '내가 네게 장가들어 너를 돕는 배필이라'고 하신 하나님이, 눈으로 보이는 하나님으로 오셔서 말씀하시기를 '그 나라와 그 의를 구하라, 그러면 벗은 자들이 구하는 그것들을 너희에게 더하여 주리라.' 고 하셨습니다. 그래서 영적 부유가 이루어져 영혼이 잘 되면, 예수님과 하나가 되어 예수님만 사랑하는 그런 진실한 믿음이 되면, 생활에 필요한 모든 것이 따라온다고 말씀하신 것입니다. 사단에 의해서 쏟아져 나온 그런 사단 문화, 인간 문화를 좇아가기 위해서 예수님을 부르고 무화과 나뭇잎 같은 것들을 위해, 예수님을 믿는다고 하지 말라는 것입니다.

먼저 예수님을 알고 생명으로 충만하기를 수고하는 자만이 영혼의 추위에서, 영혼의 고독에서, 영혼의 두려움에서 벗어나 참 안식을 누리고, 따뜻함을 누리고, 행복하고 기뻐할 수 있으며, 그가 전하는 예수님, 그것이 바로 선한 행실이요, 옳은 행실로 세마포를 입은 것입니다. 계16:15에 **보라 내가 도적같이 오리니 누구든지 깨어 자기 옷을 지켜 벌거벗고 다니지 아니하며 자기의 부끄러움을 보이지 아니하는 자가 복이 있도다** 하셨습니다. 세상 문화로 치장하는 것으로, 옷 입은 줄 알지만, 그것은 벌거벗은 것이니, 벌거벗은 채로 다녀 부끄러움을 보이지 말고, 예수님으로 옷 입으라는 것입니다.

여러분! 그동안 듣게 된 창세기 말씀을 생각해보십시오. 창조 해놓은 것이 완성이 아니요, 바로 인간이 예수 그리스도를 만나야만 완성이 되도록 창조되었다는 것을 알 수 있었잖습니까? 그렇기에 예수님이 도적같이 오리니 벌거벗은 자로 발견되지 않도록 하라고 하셨습니다. 오늘 이 말씀이 여러분 믿음의 능력이 되기를 바라면서 말씀을 맺습니다.

말씀으로 우리 영혼을 살펴 바른 믿음으로 인도하여 주신 삼위 하나님께 모든 영광을 돌립니다. 아멘

제 12 장
왜 악이 없는 욥에게 그 큰 고난이 있었나?

⁸그들이 날이 서늘할 때에 동산에 거니시는 여호와 하나님의 음성을 듣고 아담과 그 아내가 여호와 하나님의 낯을 피하여 동산 나무 사이에 숨은지라 ⁹여호와 하나님이 아담을 부르시며 그에게 이르시되 네가 어디 있느냐 ¹⁰가로되 내가 동산에서 하나님의 소리를 듣고 내가 벗었으므로 두려워하여 숨었나이다 ¹¹가라사대 누가 너의 벗었음을 네게 고하였느냐 내가 너더러 먹지 말라 명한 그 나무 실과를 네가 먹었느냐 ¹²아담이 가로되 하나님이 주셔서 나와 함께하게 하신 여자 그가 그 나무 실과를 내게 주므로 내가 먹었나이다 ¹³여호와 하나님이 여자에게 이르시되 네가 어찌하여 이렇게 하였느냐 여자가 가로되 뱀이 나를 꾀므로 내가 먹었나이다 (……14~20까지 구절 생략)

(창3:8-20)

제가 과거에 예수님을 처음 믿겠다고 할 때부터 성경을 보기 시작했습니다. 열심히 보기는 했지만, 그때는 성영님의 눈으로 보는 것이 무엇인지 모르는 때였으니까, 자기 눈으로 보지 않았겠습니까? 그때 저에게 선악과 사건은, 하나님이 선악과를 사람 앞에다 놔두고 먹지 말라 하셨지만, 먹었으므로 죄인이 되었다는 것이 왠지 자꾸 못

마땅했습니다. 저의 질문인즉 선악과는 왜 만들어 놓고 인간이 먹는 죄를 짓게 했는가? 이었습니다. 여러 사람의 설교도 그렇고, 또 성경의 뜻을 해석 해놓은 주석들도 제게는 명쾌한 답으로 받아지지 않았습니다. 그러나 나 스스로 깨달을 수가 없었기에, 설교들과 주석에서 선악과는 하나님의 주권을 말한다고 제시한 것을, 제 속은 동의하진 않았지만, 그래도 타당성 있는 답일 것으로 생각하고, 필요할 때는 저도 사람들에게 그렇게 말하기도 했습니다. 그런데 내 마음속에서는 '그것은 사람을 지어 죄짓게 하신 하나님, 사람을 지어서 하나의 놀잇거리처럼 여긴 하나님, 이기적인 하나님밖에 더 되느냐'는 생각이 맴돌아 답답함을 가지고 있었습니다.

사람들의 설교에서 주권만 내세우는 하나님으로만 계속 듣게 되니, 그 하나님은 주권을 앞세워서 인류 위에 군림하시는 하나님, 그런 하나님께 피조물인 인간은 이해가 안 돼도, 의문이 있어도 '왜?'라는 질문을 하고 싶어도, 감히 그럴 수 없는 존재, 무조건 하나님의 주권 앞에 억울한 마음이 있어도, 복종만 있어야(물론 복종해야 하는 것은 맞지만) 하는 존재쯤으로 알고 있을 수밖에는 없었습니다. 그래서 성영님이 저에게 성경을 열어서 보이시기까지는 이런 생각들이 마음속에 그림자처럼 드리워져 있었습니다. 제가 겪었던 이런 경우를 여러분 중에 동감하는 분이 있는지는 모르겠습니다만, 어쨌든 성경의 뜻을 바로 깨닫지 못하면 그렇게 오해를 할 수밖에 없으니, 믿음의 능력도 없을 뿐 아니라, 확신에 거할 수는 없습니다. 실제로 영적으로는 다 그런 가운데 있어, 믿음의 능력들 사실 없잖습니까? 오늘 우리가 읽은 본문도 마찬가집니다.

하나님께서 선악과를 먹은 아담과 여자와 하시는 대화인데, 그런데 이 내용도 사람들이 양심으로 하는 말, 인간 도덕 정도로 여기고 말하고 있습니다. 하나님은 회개하는 자를 용서해주시니 선악과 먹은 죄를 자신의 책임으로 돌리고, 하나님께 회개했다면 '내 탓이다' 하고 회개했다면, 하나님이 이들을 용서하여 주셨을 것이다, 그러면 인간 속에 저주도 죽음도 들어오지 않았을 텐데, 그런데 아담과 하와가 하나님이 회개할 기회를 주셨음에도 불구하고, 회개할 기회를 주시려고 찾아오셨는데도 시로 책임을 전가했다 '하나님이 내게 주신 저 여자 때문에 먹었다.' '뱀이 나를 꾀므로 내가 먹었다.' 고 서로 핑계했기 때문에 하나님께서 아담과 하와에게 저주를 선고하실 수밖에 없었다. 두 사람의 이런 태도가 바로 타락한 죄인의 근성이라고, 이런 정신없는 말들로 하나님의 뜻을 변질시키고 왜곡하여 전하는 것들을 듣는 것입니다. 그러니 이 말이 사람의 양심으로서는 너무나 합리적이고, 얼마나 지당한 말로 들립니까? '아 맞다 맞아! 이들이 하나님께 회개했으면 사랑의 하나님이 용서해주셔서 죄 없게 하셨을 텐데' 하고 맞장구친다는 말입니다.

여기 본문의 대화는 아담과 여자가 선악과 먹은 것에 대해, 하나님께 회개하여 용서받고 끝나야 하는 것이 절대 아닙니다. 우리가 그동안 창조와 에덴동산에 대한 말씀을 계속 들었으니, 이제 여러분이 이 내용을 어떻게 들어야 하는지 감이 있지 않겠습니까? 말씀에 귀를 열고 들었다면 오늘 이 대화의 내용이 '회개하면 용서받았을 것이다'로 끝나는 것이 아니라는 것, 이미 알게 됐을 것입니다. 하나님의 뜻은 이들이 여기서 회개하는 것이 아니에요. 그리고 사람이 회개를 알게 된 것은, 하나님께서 율법을 주셨을 때, 그 율법에 비춰보니 그것이 죄인 줄 알게 된 것이고, 또한 회개도 알게 된 것입니다. 사람들이 말하는 대로 아담과 여자가 만일에 회개하여 용서받고 그대로 에덴에 살 수 있었다면, 하나님께서 창조 이전에, 사람을 지으시기 전에 죄인을 구원하시는 뜻을 두실 필요는 없습니다.

그래서 첫 사람이 말씀을 불순종한 에덴에서의 죄는 예수님이 육체로 오실 수 있도록 한 것이고, 죄를 대신 지고 형벌을 받음으로 값을 치르셨습니다. 그렇다고 우리가 죄를 회개하지 않아도 된다는 말 아닙니다. 첫 사람의 죄를 통해서 우리에게 깨닫게 하시는 것은, 예수님을 믿는다고 하면서 말씀이 말하는 죄를 짓는 것들은, 자기의 삶에서 그에 상당한 대가가 따른다는 것을 확실히 보이신 것이라는 것, 반드시 알아야 합니다. 하나님의 말씀을 무시하고 죄를 지으면, 회개하면 용서야 받는 것이겠지만, 그에 대한 어려움은 따른다는 말입니다.

그러나 에덴동산의 첫 사람은 회개가 무엇인지 아는 지각도 지식도 개념도 없습니다. 인간이 회개를 언제 알았어요? 율법을 통해서 죄라는 것을 알고 회개를 안 것이고, 회개에 대한 지각이 있게 된 것이지, 지금 이 본문에서의 아담과 여자는 회개도 모르고, 핑계할 줄도 모르고, 거짓말도, 책임을 전가할 줄도 모르고, 책임 전가가 무엇인지도 모르는 그런 깨끗하고 순수한 그릇과 같은 때입니다. 그렇기에 첫 사람의 영혼에 하나님의 구원하시는 언약을 새겨 넣을 수가 있었습니다. 아무것도 들어있지 않은 깨끗한 빈 그릇이어야, 영혼에 구원의 언약을 넣을 수가 있습니다. 다시 말하면 첫 사람이 지은 영적 죄가 그 후손들에게 유전되듯이, 영의 두려움에서 놓여나 안식하기 원하는 영의 소원도 유전돼야 합니다.

그래서 하나님께도 사람의 영에도 오늘 읽은 본문의 대화는 반드시 거쳐야 하는 너무나 중요한 뜻으로써, 그 대화를 통해 하나님께서는 구원의 언약을 그들의 영에 담으셔야 하고, 그 생명의 언약은 영에 소원과 사모함으로 새겨져 그대로 인간이 가진 영의 소원이 되어 흘러가야 했습니다. 하나님과 하나님의 사람이 함께 가진 소원이 되어, 그 뜻을 이루기 위해, 그 소원을 따라 예수님이 오셔야 하는 일입니다. 지난 말씀에 언급했듯이 하나님과 첫 사람의 이 대화는 거기에 어떤 것도 개입되어서도, 보태져서도, 거짓이 있어도 안 되는, 죄를 대신 뒤집어쓰는 그런 꾀도 필요한 것이 아닌, 지금 자신들에게 있었던 일을 그대로 내놓아야 합니다. 하나님은 질문하시고 사람은 답함으로써, 하나님께서 말씀하시는 뜻, 곧 하나님의 구원과 생명의 언약에 대한 계시를 영혼에 새겨야 하는 일로서, 이 대화가 인간 역사에 구원하시는 하나님의 일 하심이 시작되는 중요한 절차입니다.

성경 욥기도 말입니다. 오늘 우리가 3:8-20까지 읽었는데, 읽은 본문 내용은 사실 이스라엘에 넣으실 신앙에 대한 계시입니다. 계속 말했지만, 바로 그 욥기에 욥의 삶이 이스라엘이 있기 전에, 이스라엘의 신앙이 겪을 역사를 함축하여 보이신 계시이자 예표입니다. 그러므로 여러분이 욥기를 어떻게 보아야 하는지, 언제 따로 말씀할 기회가 없을 것 같아서, 오늘 말씀을 좀 드리려고 합니다. 여러분이 욥기를 알아야 오늘 우리가 읽은 본문 말씀과 함께 연결되어 구약의 영적 역사가 열리고, 답답한 자기 믿음도 열리게 됩니다. 오늘 말씀과 연결되는 것이라서 이를 계기로 구약의 영적 역사가 열리도록, 욥기를 깊게 다룰 시간은 없으니, 대강 말씀드리겠다는 말입니다. 욥기가 풀리지 않아 답답한 고민을 안고 있는 분이 있었다면, 깨닫는 엄청난 기회가 될 것입니다.

우리는 욥의 고난을 너무 잘 알지 않습니까? 욥기1:1에 **우스 땅에 욥이라 이름 하는 사람이 있었는데 그 사람은 순전하고 정직하여 하나님을 경외하며 악에서 떠난 자더라** 했고 8의 하반에 하나님께서 **그와 같이 순전하고 정직하여 하나님을 경외하며 악에서 떠난 자가 세상에 없느니라**고 욥을 말했습니다. 그러니까 하나님께서 왜 욥에게 그렇게, 하나님만 섬기는 욥에게 그런 고난을 겪도록 하셨는지, 우리로서는 답답한 구석이 있지 않습니까? 도대체 우리 머리로는 이 욥기에서도 이해가 되지 않아 괜스레 원망 같은 것이 들어오지 않더냐 말입니다. 욥은 자신이 하나님의 존전 앞에 산다는 것을 알고, 그 하나님에 대한 높은 경외심을 가지고 삶을 그대로 산 사람입니다.

하나님을 경외하는 삶에 있어서 욥이 자기 양심에 걸리는 일, 양심에 가책을 받거나 후회하는 삶을 살지 않은, 양심에 흠이 없는 사람입니다. 하나님께서 그 욥을 들어 말씀하시길 그와 같이 온전하고 정직하여 하나님을 경외하며 악에서 떠난 자, 세상에서 떠난 자는 세상에 없다고 하셨습니다. 그런데 하나님에 대한 신앙을 가진 자로, 삶에 전혀 흠이 없는 욥에게 하나님께서 그 엄청난 고난을 허락하셨습니다. 그러나 인간 처지에서 보면 욥이 받는 고난이 마땅히 당해도 될 어떤 명분이 전혀 보이지 않아서 이해할 수 없을뿐더러, 여러분, 명분이 보입니까? 욥이 그런 엄청난 고난을 받아야 할 명분이 보이느냐 말입니다. 그러니까 이해가 되지 않을뿐더러 아주 억울하게 당하는 고난인 것 같아서, 하나님께 왜냐고 묻지 않을 수가 없습니다. 도대체 하나님은 욥에게 무엇 때문에 그런 고난으로 괴롭히시느냐는 말입니다.

그래서 욥기를 읽다 보면 무슨 생각이 드는가 하면 '잘 믿으면 뭐해! 하나님 마음대로인데, 착하고 의로운, 오직 하나님만 경외하는 사람 놓고 사단하고 게임이나 하는 것 같고, 하나님 자기 기분 내는 것 같은' 생각이 들고 힘 빠지고 항의하고 싶고, 이해할 수 없는 답답함이 있지 않습니까? '욥 같은 사람이 고난을 받아야 한다면, 나에게도 고난을 주실 수도 있지 않느냐?' 하는 생각 때문에 왠지 찝찝한 마음을 갖게 되는 것 아닌가 말입니다. 성경을 읽는 사람들, 성경의 뜻에 관심 있는 사람들치고 '왜냐? 도대체 왜 하나님은 그러실 수가 있느냐? 그런 하나님이 어떻게 사랑의 하나님이냐?' 하는 의문들과 질문이 있을 수밖에는 없지 않겠습니까?

물론 이런 의문이 많이 제기되어 왔고, 지금도 여전히 풀리지 않는 의문이 되어 있습니다. 그런데 이런 질문에 말씀을 가르치고 전하는 모든 사람이 뭐라고 답하는가 하면, '하나님은 당신이 하시고자 하는 일을 당연히 하시는 분이다. 하나님은 창조주의 주권이기 때문에 인간은 하나님이 하시는 일에 이러냐! 저러냐! 할 수 없는 피조물이다. 이해가 되었든 안 되었든, 피조물인 인간은 그 앞에 복종하는 것밖에 없다. 하나님이 하시는 일을 누가 이렇다저렇다 말할 수 있느냐? 그것이 바로 창조주의 주권이다. 이해가 안 되는 것은 굳이 알려고 하지 말고, 그냥 창조주의 주권 위에 올려놔라. 인간이 억지로 알려고 따지고 묻고 한다면, 그것이 바로 창조주 하나님의 주권에 도전하는 것이 된다.' 고 말합니다.

여러분, 이런 식의 답변 듣지 않았습니까? 여러분은 수년 또는 수십 년 신앙생활 하면서 성경의 이런 내용에 궁금하지도 않았습니까?

여러분은 그냥 다 알게 돼서 궁금한 것이 없었나 봅니다. 제가 과거에, 사람들에게 일관된 이런 답변을 듣게 되었는데, 제 영에 동의가 되는 것이 아니라 속에서 '이것은 아니다.' 하는 거부가 올라오면서 무슨 생각이 드는가 하면 '그렇다면 그 하나님은 공산당과 무엇이 다르냐?' 입니다. 그래서 아버지 하나님께 질문을 많이 했습니다. 마침내 성영님께서 영의 눈을 여시고, 귀를 열어주시고 깨닫는 능력을 주셔서, 하늘의 뜻이 훤히 보이게 되었습니다.

아버지 하나님은, 창조주라는 그 주권으로 어떤 경우든 부정적인 의도를 가지고, 인간을 궁지로 몰아넣지 않으십니다. 사람을 부정적인 곳으로 집어넣으려고, 시험대에 올려놓지 않으신다는 말입니다. 하나님께서는 자기의 인격에 손상 입지 않으십니다. 손상 입으실 일을 하지 않으십니다. 인간이 어떻게 그럴 수 있느냐고, 억울해 하는 일을 하시지도, 있지도 않는다는 말입니다. 분명히 하나님은 창조주이시지만, 인간 위에 군림하시는 주권, 인간이 이해하든 못하든 무시하듯 마음대로 군림하시는 이기적인 주권이 아니라는 것, 이미 말씀드렸습니다. 인격이신 하나님께서는 사람도 인격으로 대하신다고 했지 않습니까? 기록된 성경은 사람이 알지 못하도록 하신 것 아니요, 알지 않아도 되는 것도 아니요, 또한 깨닫지 못할 것을 성경에 기록하신 것 아닙니다. 바로 성영님으로 보고 아는 것입니다.

그러니까 사람들이 선악과도 하나님의 주권을 상징하는 것인데 인간이 하나님의 주권을 범하여 침범했다고 말하고, 욥의 고난도 우리는 이해할 수 없지만, 창조주 하나님의 마음이니 왜 그런 고난을 허락하셨나 하는 것은, 인간이 따질 수 없다, 따지는 것은 주권에 도전하는 것이니, 따지지 마라……. 이런 식의 가르침을 하고 있어서, 사람들의 신앙이 막연하고 확신도 없고, 능력도 없는 영적 생활이 되는 것입니다. 이것이 사단의 작전입니다. 사람들을 혼미하게 하여 삼위 하나님에 대한 믿음과 관계도 물론이거니와 사단의 정체에 대해서 지식을 갖지 못하도록 하는 것에 걸려들었습니다. 그리고 말씀은 크게 몰라도 예수님만 믿으면, 열심히 기도하면, 교회 열심히 다니면서 예배 열심히 참석하면, 구원 얻는다는 식의 가르침을 뿌려 넣는 겁니다. 그렇기에 참으로 생명의 목마름으로 고통 하는 영이면, 생명 없는 거짓 가르침들에 분명히 영에서 거부가 일어나게 돼 있습니다. 이것이 바로 진실입니다. 하나님께서는 그렇게 영이요 생명의 말씀을 목말라하는 영혼을 찾으십니다. 거짓의 말씀도 있고, 참말씀도 있어서 하나님께서 찾으시는 영혼들은 참말씀 앞으로 이끌림을 받게 되어 있습니다.

여러분, 욥기의 욥이라는 사람은 실존했던 인물입니다. 아브라함과 동시대 또는 그 전후에 살았던 사람으로 추정합니다. 그런데 욥기는, 욥이라는 그 개인을 놓고 그렇게 순전하고 정직하여 악에서 떠난 자가 세상에 없다고 했음에도, 하나님께 고난을 받더라는 것을 말하려고 기록된 것이 아닙니다. 바로 아담이 예수님을 예표하는 것처럼, 여자가 예수님으로 구원 얻을 영혼을 예표하는 것처럼, 욥은 이스라엘 민족 속에 담으실 신앙의 그 영적 역사를 예표한 것입니다. 이스라엘 민족 속에 넣으신 그 신앙의 영적 역사가, 어떻게 전개될 것인지를 욥으로 미리 보이신 것이라는 말입니다. 욥 개인으로는 말할 수 없는 고난이었지만, 욥의 신앙은 곧 이스라엘의 신앙으로, 그 신앙이 얼마나 고난의 터널을 걸어가야 할지를 미리 예시하신 것입니다.

욥은 어떤 경우라도 그 신앙이 무너질 수 없습니다. 이스라엘 신앙을 미리 보여주신 것이기에 어떤 고난이 있어도 무너지지 않습니다. 이스라엘이 오직 여호와 하나님을 경외하여 섬김에도 사람으로는 이해 못 할 고난을 겪고 '왜냐?' 하는 그 의문으로 많은 고민을 하지만, 그러나 그 신앙이 결국은 영광으로 나온다는 것을 욥으로 보이셨습니다. 이스라엘이 구원의 언약을 받고 율법과 성전과 제사로 하나님을 섬기는 그 일로 인하여, 사단에게 엄청난 참소와 핍박을 받게 되리라는 것, 이스라엘을 지켜보고만 계신 것 같은 하나님의 행하신 영적 역사에 대하여 욥의 삶을 통해 보이셨습니다.

　하나님께서 이스라엘에 넣으신 신앙은 사단의 끈질긴 참소와 방해와 사주 속에서도, 절대로 끊어지지 않는 한 줄기(삼 겹으로 꼰 줄처럼) 강한 빛이 되어서, 계속 흘러내려 가다 마침내 하나님의 언약은 이루어질 것이라는 것을 보게 하셨습니다. 귀로만 듣던 하나님이 눈으로 보이는 하나님으로 오셔서, 그러니까 '주께 대하여 귀로 듣기만 했는데, 이제는 눈으로 주를 뵈옵는다.' 고 고백을 누가 했습니까? 욥이 했잖아요? 이것이 이스라엘 신앙의 열매요, 결론입니다. 그러면 욥이 실제로 하나님을 눈으로 보았다는 것일까요? 아닙니다. 그러면 보이는 하나님으로 오신 분이 누구십니까? 예수님입니다. 그러므로 욥의 그 고백은 이스라엘의 신앙이 소망하던 결국을 눈으로 본다는 말입니다. 하나님께서 보이는 하나님으로 오셔서 이스라엘을 승리로 일으켜 영광을 보게 하실 것인데, 욥의 신앙이 그것을 보았다. 신앙만이 그 일을 본다는 말입니다. 욥의 신앙은 이스라엘의 신앙입니다. 그 신앙에서 마침내 나타날 일을 미리 예시하신 것입니다.

그러니까 욥23:10에 **나의 가는 길을 오직 그가 아시나니 그가 나를 단련하신 후에는 내가 정금같이 나오리라** 했습니다. 바로 이스라엘 신앙 이야기입니다. 하나님께서 이스라엘의 신앙과 함께하시며 길을 걸어오신 것이요, 그 신앙이신 분이요, 신앙을 통해서 마침내 육신으로 오셨음을 말한 것입니다. 사단의 핍박을 통하여 그 신앙을 연단하신 후에 정금같이 나오게 하신다. 즉 신앙의 결국이신 예수 그리스도가 나오신다는 의미입니다. 이스라엘에 넣으신 신앙의 결국이 바로 예수 그리스도예요. 그 신앙을 단련하신 후에야 예수 그리스도께서 나오실 것에 대한 예언입니다.

그래서 욥기는 절대로 욥 개인의 사건으로 보는 것 아닙니다. 만일에 개인의 사건으로 보고 말하면, 자기 눈으로 보는 성경일 뿐입니다. 욥기를 통해 자기 신앙을 깨닫는 것은 분명히 있어야 하지만, 개인의 사건으로 본다면, 얼마나 우스꽝스러운 부작용이 있게 되는지 아십니까? 자꾸 자기 자신을 욥에다가 결부시켜서 '나도 저런 고난을 하나님이 주시면 어떡해……' 하고 염려하게 됩니다. 그런 염려를 따라서 한편 마음엔 믿고 싶지 않다는 생각이 밀려드는 거예요. 또 한편에서는 '그래도 나는 욥과 같은 고난은 겪지 않았으니까. 욥의 고난과 같지 않으니까 감사해야지 뭐!' 하게 됩니다. 말씀 전하는 선생들도 '여러분, 아무리 그래도 욥과 같은 고난은 당하진 않았잖느냐?' 라고 하지 않습니까? 제가 여러 번 들었습니다. 그러니까 이런 식의 인간적인 위로 받는 데다 끌어다가 자기 위로로 삼는 것입니다. 그러니 종교인의 마음에 위로나 얻는 것인 줄로 알 뿐, 무슨 하나님의 뜻을 볼 것이며 뜻대로 믿는 믿음의 능력을 갖출 수가 있겠습니까?

그래서 욥은 자기에게 왜 그 같은 환난과 고통이 있는 것인지 몰라서 왜냐고 계속 하나님께 물었습니다. 이것이 이스라엘의 물음입니다. 보이지 않는 영적 세계의 일을 알지 못하여 질문하던 모습입니다. 오늘날 우리는 하나님의 전 역사가 기록된 성경이 있기 때문에, 머리부터 끝까지 알 수가 있게 되었지만, 이스라엘은 영적 세계에서 일어난 일 등, 또 일어나고 있는 것에 대해서는 희미한 그림자와 같았으므로, 왜냐고 물을 수밖에는 없었습니다. 욥이 자기에게 임한 이 고난 고통이 왜냐고, 자기 마음에서 풀리지 않는 그 일에 대하여 계속 물었지 않습니까? '우리가 하나님의 백성이면 하나님의 백성이 왜 이런 고통을 받습니까?'를 끊임없이 질문했던 이스라엘의 질문입니다. 그러나 그 속에 심어진 신앙은 무너지지 않고 그 신앙의 결국을 볼 것이라는 것을 욥을 통해 보여주신 이스라엘의 영적 역사입니다.

욥기에서 가장 답답한 것은, 그러면 하나님께서 왜 욥에게 그런 엄청난 고난을 허락하셨느냐? 는 것이지 않습니까? 여러분이 욥기를 읽어보았을 테니 1장과 2장의 그 서막 장은 창조주 하나님과 사단과의 대화 내용이라는 것은 아는 거잖아요? 첫 사람이 사단의 유혹하는 말을 듣고 선악과를 먹자 그것은 곧 다스려야 할 통치 권한이 사단에게 넘어갔습니다. 그 뒤 하늘에서 어떤 일이 일어나고 있는지, 그 장면을 보여주는 내용입니다. 사단의 말을 듣고 선악과를 먹은 사람은 하나님의 말씀을 불순종하고 먹었으므로, 그것은 영적 죄가 되었습니다. 그러나 하나님께서 그 죄를 덮어주신다는 표로 양의 생명을 취하여 피를 흘리고 무엇으로 옷을 입혀 주셨습니까? 해어지지 않는 양의 가죽입니다. 그래서 사람이 하나님께 죄를 가졌지만, 하나님에 대한 신앙과 그 존전에서의 삶이 되면, 사단이 그를 주관할 수가 없었습니다. 예수님이 오시기 전 구약 사람들이 영적 죄는 가졌지만, 하나님의 말씀 앞에서 사는 자는 사단이 자기 소유로 삼을 수가 없었다는 말입니다. 그 외는 다 사단의 소유요 사단이 주인입니다.

그런데 사단이 하는 일이 무엇입니까? 하나님의 사람들을 시험에 들게 하고, 하나님을 실패하게 하여 보좌를 취하려는 것입니다. 그래서 하나님 편에서 하나님을 섬기는 자들을 끊임없이 유혹하여, 자기 소유가 되게 하는 일을 하는 것입니다. 벧전에서 **우는 사자 같이 두루 다니며 삼킬 자를 찾나니** 했습니다. 사단이 하나님의 편에 있는 사람들을 유혹하는 무기가 무엇입니까? 에덴동산에서 무엇 가지고 유혹했어요? 물질, 먹는 것으로, 보이는 것으로, 바로 세상이요, 육의 것입니다. 남성들은 여자, 돈, 권력, 명예 이런 것들로 유혹합니다. 여자들은 부귀, 사치, 그저 자기 몸 아름답게 보이려고 뭐 좋다는 것 다 발라보고 싶고, 몸에다 걸쳐보고 싶고, 육체와 자기 정신을 기쁘게 할 사치나 치장에 마음 쓰게 하는 이런 음탕의 것으로 유혹합니다. 그래서 여자들의 마음이 이런 것에 있다면, 이미 그 마음은 음탕한 것이요. 시험에 들어있는 것입니다.

욥1:7에 하나님께서 사단에게 **네가 어디서 왔느냐** 하고 물으니, 사단이 **땅에 두루 돌아 여기저기 다녀왔나이다** 했어요. 이 말은, '내 권리로 땅을 두루 돌아다녀 보니 땅의 모든 인간이 내게 굴복하여 절하더라. 당신이 지은 땅의 사람들이 당신을 배반하고 다 내게로 오더라.' 하는 비아냥거림입니다. 그러자 하나님께서 **네가 내 종 욥을 유의하여 보았느냐 그와 같이 순전하고 정직하여 하나님을 경외하며 악에서 떠난 자가 세상에 없느니라** 하고 욥을 드러내셨습니다. '다 네게로 나갔지만 욥은 아니다.' 하고 일부러 드러내셨습니다. 이것이 하나님의 의도에요. 사단이 할 일을 하도록 의도적으로 욥을 드러내셨어요. 첫 사람이 먹는 것 때문에, 하나님의 말씀을 어겼습니다. 이것이 죄를 지었든 안 지었든 관계없이 흙으로 된 육체에 붙은 자아의 약점이요 흠이라는 것, 다 말씀드렸습니다.

인간 자아가 바라본 선악과는 먹음직하고 보암직하고 지혜롭게 할 만큼 탐스러움이었습니다. 그 선악과를 따 먹게 된 사람의 자아는 이제 육체의 본능과 하나가 되었고, 먹음직하고 보암직하고 지혜롭게 할 만큼 탐스럽게 보이는 것들을 받아들인 육의 자아(사람)가 되었습니다. 그래서 하나님을 신앙하는 사람은 이제 육신의 정욕 안목의 정욕 이생의 자랑으로 살기 원하는 그 육에서 나오는 것입니다. 육에서 나와 오직 하나님만을 바라는 신앙, 오직 하나님만 섬기는 신앙, 인간이 지음을 받은 본분, 인간이 추구해야 하는 것, 그것은 오직 하나님께 속한 영적인 것이라는 점을 철저히 배우고, 신앙만이 남아야 비로소 예수님이 오시게 되니, 그래서 이스라엘의 신앙이 연단 받을 것을 욥을 통해 보이신 것이었다는 것 욥기가 바로 그것입니다.

정말 참신앙은 고난 속에서 단련되어 나와야 하기에 이스라엘에 메시아 언약을 넣으시고, 그 신앙으로 단련하셨습니다. 이스라엘의 신앙을 단련하신 것입니다. 그래서 욥기 23:10에 그 신앙 고백 있잖습니까? **나의 가는 길을 오직 그가 아시나니 그가 나를 단련하신 후에는 내가 정금같이 나오리라** 메시아가 마침내 풀무에 단련한 정금같이 연단된 신앙에서 나오리라. 그러므로 거기에 사단의 역할이 필요했습니다.

우리도 처음 예수님을 믿으러 나올 땐 그저 내가 바라는 것, '예수님 믿으면 내 집안이 잘되게 해주시겠지!' 하는 등의, 내가 바라는 요구들 때문에 나올 수 있습니다. 그러나 말씀을 듣고 보니 자기의 요구들이 문제가 아니라 더 엄청난 문제, 죄인으로 지옥 가게 되었으니, 영에 생명이 없어 죽게 생겼으니, 하늘 들어갈 의가 없어 하나님의 영광에 이르지 못하니, 참으로 예수님이 아니면 영원한 형벌에 처하는 것을 알게 되어 '아, 예수님이 아니면 안 되는 자신의 죄인 됨'을 고백하게 되지 않습니까? 그래서, 그 고백을 통해 영적 사람으로 나오도록 믿음을 연단하십니다. 육의 사람에서 영의 사람이 되도록 육이 죽는 훈련을 받는 것입니다. 그런데 죽지 않으려고 발버둥을 칩니다. 그러나 예수님을 참으로 믿으려면 자기와 세상을 다 팔아버려야 합니다. 그것이 하늘의 복으로 채움 받는 능력입니다.

그래서 이스라엘은 사단을 도구로 하여 육을 깨시고 신앙이 단련되게 하셨습니다. 사단은 자신이 하나님의 백성을 살리는 단련의 도구가 되고 있는 것을 알지 못합니다. 하나님의 숨겨진 뜻을 알지 못하는 사단은, 자기의 한 꾀를 가지고 하나님 앞에 왔습니다. 사실은 사단이 욥을 무너지게 하여, 자기 앞에 굴복케 하려고, 자기 방법을 다 동원하여 수고하였으나 실패했습니다. 미인계도 써 보았고, 남의 돈도 얼마든지 속여 자기 것이 되게 할 기회도 주었습니다. 배고픈 거지도 보냈고, 아무튼 욥을 유혹하는 데 필요한 방법을 다 동원했는데 실패했습니다. 신앙이 승리할 것을 보였어요. **하나님을 경외하며 악에서 떠난 자가 세상에 없느니라**(욥1:8) 하신 하나님의 이 말씀은 '내 종 욥은 사단에게 굴복할 자가 아니고, 네 머리를 깰 자다. 너의 도전한 게임에 승리할 것이라'는 뜻입니다.

사단이 욥이 무너져야 하나님이 완전한 실패로 돌아가기 때문에, 욥을 무너뜨리는 것은, 하나님을 이용할 방법밖에 없다는 계산을 하고, 참소의 권리가 있다는 당당함으로 하나님 앞에 나온 겁니다. 에덴동산에서 아담과 하와를 무너지게 했잖아요? 그러니까 하나님이 사단 자신과의 게임에서 졌다는 자기 계산으로, 승리감에 도취해서 권리 주장을 하러 하나님께 당당하게(계12:10) 나와서 '하나님이 지으신 첫 사람이 하나님의 말씀을 듣지 않고, 사단 자기의 말을 듣고 하나님 말씀을 어겨 죄를 범하지 않았느냐. 죄의 삯은 사망이라는 하나님의 법에 걸렸으니, 이 범죄자들을 빨리 심판하라. 그리고 생각해보시오. 욥이 까닭 없이 하나님을 경외하겠는가? 하나님께서 그와 그의 집과 그의 모든 소유물을 보호하시고 잘되게 하시니 그렇지. 하나님께서 한번 그의 소유나 그의 복을 쳐보시오. 반드시 하나님을 떠나 내게 굴복한 자들처럼 굴복하고 들어올 것입니다. 하나님이 그에게 넘치도록 복을 주시는데, 경외하지 않을 이유가 어디 있습니까?' 하고 참소와 이간질을 열심히 했습니다.

하나님께서 욥에게 고난을 허락하신 것은, 창조주로서의 주권을 행사하시는 것이 아닙니다. 사람이 사단의 말을 듣고 하나님의 말씀을 불순종하였으니, 사단이 그 권리를 가지고 참소할 수 있는 것을 하나님께서도 인정하셔야 합니다. 이제 예수 그리스도께서 오셔서 그 죄를 대속하여 주실 때까지 사단의 참소와 훼방과 핍박을 받으며, 죄지은 육은 깨어져야 하고, 신앙이 연단되어 정금 같이 나와야 하는 것이기에, 사단을 도구로 사용하시는 뜻도 되었습니다. 사단이, 하나님께 '욥의 모든 소유물을 쳐보라.' 다시 말하면 그의 복을 다 거두시면, 반드시 욥이 정면으로 하나님을 대적하여 욕할 것이니, 욥을 시험해보라는 말입니다. 하나님께서 사단의 요구대로 욥의 모든 소유물을 사단의 손에다 맡기고 욥의 몸은 손대지 말라고 명하셨습니다. 욥의 몸은 성전의 비유입니다. 모세를 통해 지으라 하신 구약 성전을 상징합니다. 성전을 상징하는 욥의 몸은 손대지 말라 하셨습니다.

말씀을 통해 알다시피 사단이 욥의 모든 소유물을 모두 쳐서 욥에게는 오직 자기 몸 하나만 남았지만, 하나님을 부인하지 않고 오히려 **주신 이도 여호와시요 취하신 이도 여호와시오니 여호와의 이름이 찬송을 받으실지니이다** 라고, 여호와의 뜻대로 될지라 고백하며 하나님을 찬송했다고 했습니다. 사단이 욥을 시험에 들게 하려고 했지만, 실패하자 또다시 하나님 앞에 시험하는 자로 왔습니다. 그러자 하나님께서 **네가 내 종 욥을 유의하여 보았느냐 그와 같이 순전하고 정직하여 하나님을 경외하며 악에서 떠난 자가 세상에 없느니라 네가 나를 격동하여 까닭 없이 그를 치게 하였어도 그가 오히려 자기의 순전을 굳게 지켰느니라** 네가 아무리 충동질하여 시험해도 신앙이 승리한다는 말씀입니다.

그러자 또 사단이 '생각해보세요. 다른 목숨은 죽고 자기 목숨은 보존해주셨으니, 주를 욕하지 않는 거지요. 그리고 재산이 중하겠습니까? 목숨을 담은 몸이 중하겠습니까? 소유물하고 목숨하고 바꿀 자가 있겠습니까? 목숨의 몸이 있으니 하나님을 떠나지 않는 것이지, 그의 목숨이 붙은 뼈와 살을 쳐보세요. 틀림없이 하나님을 향해 욕할 것입니다.' 했습니다.

하나님께서 뱀에게 종신토록 흙을 먹어라 선고하신 것은, 하나님을 거부하는 모든 육체는 사단이 자기 소유로 할 수 있는 권리가 있게 되었다는 말입니다. 그러나 하나님 편에 있으면 사단이 주관할 수 없다는 것도 말씀드렸습니다. 그래서 욥은 사단이 소유할 권한은 없으나, 사람은 선악과를 먹은 영적 죄를 가졌으니, 자기가 시험할 수 있는 권리가 있다는 것을 내세워서 욥을 시험해보라고 살과 뼈를 쳐도 정말 그가 하나님을 부인하지 않는지, 하나님이 다시 시험해보라고 격동한 것입니다.

하나님은 사단이 권리를 주장하여 나오는 요구에 욥을 시험하도록 허락하시고 "내가 욥의 몸을 네 손에 부치겠지만, 오직 그의 생명은 해하지 말라"고 명하셨습니다. 생명은 해하지 말라! (욥2:6) 성전을 상징하는 욥의 몸은 발바닥부터 정수리까지 악창이 났다고 했습니다. 발바닥에서 정수리까지 종기로 뒤덮여 진물도 흐르고, 고름도 줄줄 흐르는 상태를 말하는데, 이것은 바로 점도 흠도 없는 소나 양의 피로 거룩케 하신 이스라엘 성전이 결국 부정하게 될 것이라는 의미입니다. 모세에게 짓게 하신 성전, 솔로몬에게 예루살렘에 짓게 하신 성전의 역사가 어떠했습니까? 침략당해 훼파되기도 했고, 이방인들이 점령하여 자기들의 신전으로 삼아 부정하고 가증한 짐승과 피로 제사하여 더럽혀지는 수난을 겪지 않았습니까?

하나님과 언약을 맺은 백성이 이방인의 풍습과 우상을 받아들이고, 하나님만 섬겨야 하는 거룩한 백성이, 지도자들도 백성들도 함께 이방인의 풍습과 우상을 받아들이고, 타락의 일을 일삼았으므로, 외부의 침략을 받고, 성전까지 내어주게 되었습니다. 성전 제사를 맡은 제사장들 또한 타락을 일삼고, 가증한 제사로 성전을 더럽히니, 하나님께서 선지자들을 보내 회개를 촉구하셨지 않습니까? 그러므로 욥의 몸, 살과 뼈를 쳐서 악창이 났던 욥의 몸과 같이, 성전도 물질로 된 사람의 수공(건축) 물이기에, 백성의 타락으로 인해 사단이 권리를 가지고, 해할 것을 보인 것입니다. 또한, 구약 성전은 하나님께서 성소이신 예수님을 깨닫게 하여 만나게 하려는 모형이니, 참이 아니니, 그 역할을 다하면 끝나게 된다는 의미입니다. 그럼, 참이 누구입니까? 참성전이신 예수 그리스도입니다.

하나님께서 물질은 사단에게 붙였지만, 생명만은 해하지 말라 하셨습니다. 그 생명은 하나님의 것으로 사단이 해할 권한이 없습니다. 예수님을 안 믿는 그 목숨의 생명 말고 하나님에 대한 신앙이 있는 생명입니다. 신앙이 있는 것을 생명으로 보시기 때문에, 그래서 사단은 하나님의 생명을 취할 권리가 절대로 없으므로, 생명은 해하지 말라 명하셨습니다. 그러므로 이스라엘의 그 신앙은, 메시아를 만나기 위해, 사단의 핍박과 훼방 속에서 고난을 받으며 흘러가야 했습니다. 에덴동산의 생명 나무가 상징하는바, 생명의 언약, 오늘 읽은 분문 창3:15, 16에 또 20의 말씀에 넣으신 하나님과의 생명의 언약을 가지고 그대로 신앙에서 신앙으로, 즉 생명에서 생명으로 이어진다는 것을 욥을 통해 예표로 보이셨습니다. 그래서 오늘 말씀의 뜻을 정확히 알기 위해서는, 이스라엘 신앙의 역사에 대한 계시를 담은 욥을 반드시 알아야 하기에, 먼저 욥을 대강 말씀드린 것이니 이해가 됐습니까? 이제 욥기를 볼 눈이 열리기를 바랍니다.

다시 본문입니다. 두 사람이 자기의 벗은 것을 전혀 의식 못했는데, 선악과를 먹자 눈이 밝아져 벗은 것을 보게 되었고, 곧 두려움이 들어와 죽으리라 하신 말씀이 자신에게 임한 것을 알게 되었습니다.

그러므로 두려움에서 벗어나기를 사모하는 영이 되었다고 했습니다. 그것이 곧 무화과나무 잎으로 옷을 만들어 입는 것으로 나타났다고 했습니다. 그리고 하나님의 얼굴을 피하여 숨은 아담에게 하나님께서 오셔서 '아담아, 네가 어디에 있느냐?' 부르셨습니다. 아담이 어디에 있는지 몰라서 부르신 것 아닙니다. 아담과 대화하시겠다는 뜻입니다. 아담이 자기에게 처한 상황을 그대로 고하게 하시려고 아담을 이끄셨습니다.

"아담아, 네가 어디에 있느냐?" 하신 것은 '네가 지금 어떤 처지에 처해 있기에, 어떤 처지가 되었기에 숨었느냐? 네가 무엇을 하였기에 내 얼굴을 피해 숨었느냐?' 여러분은 하나님 아버지의 이 물음의 음성이 영혼에 들리지 않습니까? 책망이 아니라 애틋하고 애절하고 잠시도 안 보면 안 되는, 보고 있어야 하는 깊은 사랑이 담긴 이 물으심의 음성이 들리지 않습니까? 저는 '아담아 네가 어디에 있느냐?'고 찾으시는 이 음성이 나에게 하시는 음성으로 들려서 벅차오르는 눈물을 눈에 그렁그렁 달고 '아버지 제가 아담이었군요. 제가 아담이었습니다. 제가 아담입니다.' 눈물로 답한 적이 한두 번이 아닙니다. 그런데 또 아담을 보니 그 아담에게 예수님이 계시더란 말입니다. 그래서 아담에게 예수님도 함께 계신 것을 알았습니다. 이 같은 경험들을 통해 하나님의 마음이 어떤 것인지 다소 알게 된 기회가 되었습니다.

또한, 저는 이 창조의 사건들을 통해서 그 현장에 함께 있었던 것과 같은 영적 경험을 하게 되었습니다. 이 비밀 같은 창조의 뜻을 직접 본 것처럼 보고 알게 되었습니다. 그리고 선악과를 먹고 나무 뒤에 가서 숨은 이 아담의 모습이 눈앞에 그림으로 그려지면서 그가 보이는데 얼마나 순진무구한지 그냥 느껴졌습니다. 하나님이 나를 보나 안 보나 눈치 살피면서 나무 뒤에 숨어있는 어린아이 같은 그 모습이 너무너무 사랑스러웠습니다. 아담에게 그렇게 사랑이 갈 수가 없었어요. 지금도 생각만 해도 그 모습이 생생합니다. 그래서 하나님이 찾아오셔서 '네가 무엇을 하였기에 숨어 있느냐? 왜 내 얼굴을 피해 있느냐?' 하시는 물음에 아담이 10에서 뭐라고 합니까? 지금 자기에게 일어난 일, 자기가 지금 경험하는 일, 자기에게 처한 상황을 그대로 고합니다. **내가 동산에서 하나님의 소리를 듣고 내가 벗었으므로 두려워하여 숨었나이다** '하나님이 먹지 말라, 먹으면 정녕 죽으리라 하신 말씀을 어기고 내가 먹었으므로 내가 누구인지 보게 되어 두려워서 숨었습니다.'라고 지금 자기에게 일어난 일, 자기의 처한 상황을 그대로 하나님께 고한 것입니다.

11에 뭐라고 하십니까? **누가 너의 벗었음을 네게 고하였느냐 내가 너더러 먹지 말라 명한 그 나무 실과를 네가 먹었느냐** 이 물으심은 '누가 너의 벗었음을 가르쳐주는 자가 아무도 없는데, 아무도 말한 자가 없는데, 네가 너의 벗은 것을 알고 스스로 벗었음을 고하는 것을 보니, 네게 먹지 말라 명한 그 나무 실과를 먹은 게로구나.' 여러분! 얼마나 자애롭고 사랑스러운 음성입니까? '아니, 그래, 내가 먹지 말라 한 실과를 그새 못 참고 따 먹은 거냐? 그 죄를 짓고 그래도 양심은 있어서 네가 나무 뒤에 숨었구나.' 이런 정죄가 아니라 자애로운 음성으로 '네가 그것을 먹은 게로구나! 누가 네게 하나님께 불순종의 죄지었구나! 하고 일러준 것도 아닌데, 네가 스스로 네 모습을 보고 고하는 것을 보니, 내가 먹지 말라 명한 그 나무 실과를 먹었구나!' 하나님의 애틋한 대화예요. 먹은 것 몰라서 물으신 것 아닙니다.

지금 아담을 버림받은 죄인처럼 대하신 것이 아니라, 인격으로 대하셨습니다. 사람들이 하나님과 아담의 이 대화를 통해 아버지와 아들과 같은 관계로서의 모습을 눈을 열어서 본다면 정말 좋겠습니다.

12에 **하나님이 주셔서 나와 함께하게 하신 여자 그가 그 나무 실과를 내게 주므로 내가 먹었나이다** 했습니다. 아담의 이 말은 꼭 책임을 회피하는 것 같습니다. 하나님께서 아담의 갈빗대로 여자를 만들어 아담에게 이끌어주셨을 때, 아담의 그 감탄과 환호하던 태도와는 사뭇 다른 모습으로 비치고 있습니다. 한 몸을 이루라 하신 대로 자기 몸에서 나온 한 몸인 여자에 대해 아담이 하는 말은 이기적으로 보입니다. 그러니까 이 사건을 말하는 사람들이 전부 다 '여기서 회개했으면 좋았을 걸, 내가 하나님 말씀 듣고도 먹었으니 잘못했습니다. 용서해주세요.' 했으면 용서받았을 것이고, 그러면 이 땅에 죽음도 안 들어오고, 저주도 받지 않았을 텐데, 아담이 핑계 대고, 그래서 세상에 저주가 들어오고 죄가 들어왔다고 하나님도 알지 못하시는 이런 식의 유치하고, 빗나간 설교들을 합니다.

그러나 아담이 하나님이 주셔서 나와 함께하게 하신 여자 그가 그 나무 실과를 내게 주므로 내가 먹었다고 한 이 말은, 책임을 회피하려고 고자질한 것이 아니라, 여자가 선악의 실과를 먹고 아담에게 주어 아담이 먹게 된 것은, 곧 예수님께서도 먹은 것과 같게 되었다는 의미이고, 예수님을 예표한 아담의 고하는 말은, 이제 그것이 공식적인 것이 되었다는 뜻입니다. 예수님이 먹지 않았지만, 먹은 것처럼 되었다는 선언이라는 말입니다. 창3:22에 **보라 이 사람이 선악을 아는 일에 우리 중 하나같이 되었으니** 바로 그것이 사실화되었다. 공식적으로 되었다는 말이에요. 하나님이 **우리 중 하나같이** 하시므로 예수님도 선악과를 먹고 죄지은 자처럼, 심판을 받아야 하게 되었다는 하나님의 선고와 같은 말씀입니다.

그다음 하나님께서 여자에게 물었습니다. **여자에게 이르시되 네가 어찌하여 이렇게 하였느냐 여자가 가로되 뱀이 나를 꾀므로 내가 먹었나이다** 이처럼 여자가 꾐에 의해서 먹었다는 것을 그대로 고함으로써, 여자를 꾀어 선악과를 먹게 한 사단에게 또한 선고가 내려져야 했습니다. 그러므로 사람을 죄에서 구원하여 생명을 얻게 하시고, 사단을 멸하시는 구원의 역사가 진행될 것을 15부터 말씀하셨습니다.

오늘 여러분이 욥기를 어떻게 보아야 하는지 잘 알게 됐으리라 생각합니다. 이스라엘 속에 넣으신 하나님의 역사, 신앙의 역사가 어떻게 흘러갈 것인지를 미리 함축하여 보이신 예표였다는 것을 잘 알게 되었으니, 이제 욥기에 대해서 오해가 없는 말씀이 되기 바랍니다.
자, 그래서 아담은 누구를 예표해요? 예수님이지요? 또 여자는 누구를 예표해요? 예수님의 생명으로 난 사람, 교회입니다. 욥의 사건은 무엇을 예표 한다고요? 이스라엘 신앙 역사라는 것, 이제 이해되었지요? 여기까지 알게 되었으니 이제 성경을 어떻게 보아야 하는지도 열리게 되었습니다.
오늘은 시간상 여기까지입니다. 오늘 말씀에 이어 다음 주에 연결해서 그대로 들어가겠습니다. 모든 영광 삼위 하나님께 돌립니다. 아멘

제 13 장
뱀에게 흙을 먹어라, 잉태의 고통 크게

[13]여호와 하나님이 여자에게 이르시되 네가 어찌하여 이렇게 하였느냐 여자가 가로되 뱀이 나를 꾀므로 내가 먹었나이다 [14]여호와 하나님이 뱀에게 이르시되 네가 이렇게 하였으니 네가 모든 육축과 들의 모든 짐승보다 더욱 저주를 받아 배로 다니고 종신토록 흙을 먹을지니라 [15]내가 너로 여자와 원수가 되게 하고 너의 후손도 여자의 후손과 원수가 되게 하리니 여자의 후손은 네 머리를 상하게 할 것이요 너는 그의 발꿈치를 상하게 할 것이니라 하시고 [16]또 여자에게 이르시되 내가 네게 잉태하는 고통을 크게 더하리니 네가 수고하고 자식을 낳을 것이며 너는 남편을 사모하고 남편은 너를 다스릴 것이니라 하시고……
[20]아담이 그 아내를 하와라 이름하였으니 그는 모든 산 자의 어미가 됨이더라

(창3:13-16,20)

오늘 말씀은 앞에 말씀과 이어집니다. 깨닫는 말씀으로 받아 참된 믿음이 되는 복이 있기를 바랍니다. 예수님께서 요6:44에서 **나를 보내신 아버지께서 이끌지 아니하면 아무라도 내게 올 수 없다** 그리고 65에 내 아버지께서 오게 하여 주지 아니하시면 누구든지 내게 올

수 없다고 하셨습니다. 그러면 아버지께서 이끌어주시고 오게 하여주시는 것이 무엇입니까? 요6:45에 **아버지께 듣고 배운 사람마다 내게로 오느니라** 하셔서 곧 아버지께 듣고 배우는 것임을 말합니다. 아버지께 듣고 배우는 것은 곧 구약의 말씀을 말합니다. 하나님의 창조와 사건들과 또 율법 속에 넣으신 뜻(예수님과 예수님으로 말미암는 것)을 잘 배우고 그 믿음이 되는 것이 아버지께서 예수님께로 이끌어 주시는 것이라고 하는 것입니다. 그러므로 오늘 말씀도 잘 듣고 배워 예수님께 온전히 들어가는 믿음이 되기를 바랍니다. 예수님과 어떤 것도 걸리는 것 없이 연합된 관계, 확신 있는 믿음이 되어야 한다는 것, 또 강조합니다.

지난번에 13까지 나누었는데 하나님께서 여자에게 "네가 어찌하여 이렇게 하였느냐 물으시니 뱀이 나를 꾀므로 내가 먹었다"고 했습니다. 이처럼 아담과 여자에게 사실을 직고해 받은 하나님께서는 그다음 뱀에게는 질문도 할 필요도 없이 14에 **네가 이렇게 하였으니 네가 모든 육축과 들의 모든 짐승보다 더욱 저주를 받아 배로 다니고 종신토록 흙을 먹을지니라** 하셨습니다. 뱀에게 "더욱 저주를 받아" 하신 것은 하나님이 뱀에게 직접 저주를 선고하시는 말씀이 아닙니다.

사단은 사람이 창조되기 전에 하나님이 되려는 교만과 탐욕을 품고 하나님께 반역하여 스스로가 저주를 가진 흑암에 갇힌 영이 되었습니다. 다시 말해 하나님 위에 군림하려고 했던 것은, 하나님께서 용서하시느냐? 용서하지 않느냐의 문제가 아니라 사단 스스로가 그 교만함을 자기 것으로 했기 때문에, 사단에겐 용서가 해당이 안 됩니다. 그래서 사단이 하나님께 저주를 받았다고, 여러분에게 제가 그렇게 말을 했었습니다. 그런데 하나님께 저주받았다는 말은 하나님에 대하여 크게 잘못 말했습니다. 그렇게 말하고 난 이후부터 저의 마음속에 하나님께서 저주하신 것이 아니라는 느낌 같은 것이 계속 일고 있었습니다. 그러던 어느 날 이 말씀을 다시 살펴보던 중에 하나님께서 사단을 저주하신 것이 아니라, 사단이 스스로 저주를 가진 악한 영이 되었다는 것을 확실히 알게 하여 주셨습니다. 그래서 이 기회에 사단이 하나님께 저주를 받은 것이 아니라, 스스로 저주를 가진 영이 되었다는 것을 정정하여 말씀을 드립니다. 알아들으셨습니까?

그런데 사단이 뱀의 간교함을 이용하여, 속임으로 사람을 유혹하였으므로, 그래서 들 짐승 중에 뱀이 사단의 저주에 든 짐승이 되었다, 사단의 간교함과 동격(사단의 속성과 같은 저주에 속한 짐승)이 되었음을 그같이 **저주를 받아** 하신 것으로 드러내셨습니다. 이제 사단이 뱀과 같은 간교함으로 사람을 속여 묶을 것이요. 자기 존재를 뱀의 형상으로 나타내고 섬김을 받으며, 지배할 것이라는 말씀입니다.

여러분이 잘 아십시오. 하나님은 저주하시지 않습니다. 하나님께는 저주가 없습니다. 누구든지 스스로 저주 가운데로 들어간 것이지, 하나님은 누구도 저주하시지 않아요. 뱀에게 **저주를 받아** 한 것은 저주받은 사단과 함께 동질이요, 그러므로 이제 사단이 짐승의 영이 되었음을 선고하신 것으로, 사단의 정체를 드러내신 말씀입니다. 인간 눈에 보이지 않는 사단은 어떤 존재냐? 바로 뱀과 같은 존재다. 용과 같은 존재다. 그래서 뱀을 통해, 용을 통해 사단의 정체를 알도록 하셨어요. 사단이 인간 눈에는 보이지 않는 저주를 가진 영인데, 여러분이 이 부분도 잘 들으세요, 하나님이 사람을 저주하신 것 아니에요. 말씀을 전한다는 사람들이 자꾸 첫 사람이 선악과 먹는 죄를 범했으므로, 하나님께 저주를 받았다고 그런 엄청난 거짓된 말로 실언을 하는데, 만일에 사람이 하나님께 저주를 받은 것이면, 그것은 하나님과 완전히 끝장난 것이 되어서, 사람은 사단이요, 뱀일 뿐입니다. 하나님이 사람을 저주하시려고 지으신 것 절대 아닙니다. 죄지었을지라도 죄에서 용서하시겠다고 하신 하나님이시지, 저주하시는 하나님이 아니에요. 인간이 사단의 저주를 받아들여 따라간 것입니다. 여러분이 이것을 또한 분명히 아십시오. 하나님은 뱀까지도 저주하신 것 아니에요. 그 저주가 사단으로부터 왔다는 것 기억하지요?

사단이 자기 존재를 형상으로 드러내 준 것이 바로 뱀이요, 용입니다. 그 뱀에게 **네가 이렇게 하였으니** 즉 여자를 꾀어 선악과를 먹는 죄를 짓게 하였으니, **모든 육축과 들의 모든 짐승보다 더욱 저주를 받아** 하셨습니다. 모든 짐승보다 더욱 저주를 받았다는 것은, 뱀이 자기 간교함으로 사단과 뜻을 같이하여 하등 짐승이 사람을 속여 죄짓게 하였으므로, 사단의 저주가 뱀의 저주가 되어서 이후부터는 예수 그리스도로 구원 얻을 모든 인류와 원수가 되었을 뿐만 아니라, 짐승 중에서도 가장 간교한 뱀이, 악한 일에 쓰였으므로, 이제 모든 집짐승이나 들의 모든 짐승도, 악에 쓰일 수 있는 문이 열리게 되었다는 것을 말씀하신 뜻입니다.

하나님께서 첫 사람에게 하나님이 창조하신 모든 것, 하늘과 바다와 육지에 있는 모든 생물을 다스리라는 통치권을 주셨는데, 다스려야 할 짐승에게 오히려 유혹을 받아서 선악과를 먹었으므로, 다스리는 통치권을 짐승의 영인 사단에게 넘겨준 것이 되었습니다. 사단은 땅에 내려온 짐승의 영입니다. 짐승의 영! 그러므로 계시록에서는, 계시록뿐 아니라 성경 전체 속에서도, 사단과 그 악의 영들과 이것들의 종노릇하는 인간을 짐승이라고 표현했습니다. 이같이 사단은 세상 권세를 가진 짐승의 영이 되어, 하나님의 형상으로 지음을 받은 사람에게, 하나님을 섬기지 못하도록 마음을 미혹하여, 짐승으로 살도록 하고 있는 겁니다. 하나님의 형상을 한 사람을, 육의 본능만 있는 짐승처럼 살게 하려는 것이, 사단의 목적이기 때문에, 그래서 인간이 육의 본능(육체와 정신)의 것만 위해 산다면, 그것은 짐승과 다를 바 없고 사단을 따르는 것입니다.

또한, 악의 영들은 사람의 마음을 어둡게 하고, 자연 만물을 신격화하여 절하고 섬기도록 합니다. 인간이 짐승을 섬기고 절하게 하는 것에, 그 마음이 미혹되어서 짐승의 말을 듣고 따르고 있다는 말입니다. 우리가 조금만 지각이 있어 눈을 열어본다면, 전 세계의 샤머니즘이나 종교들이 다 사단에게 속해 있음을 분명히, 그리고 충분히 알 수가 있습니다. 사람이 복음을 듣지 못했을 때는 속을 수도 있지만, 얼마나 어리석고 미련한지 하늘의 복음을 들으면서도, 그 마음을 돌이키지 않습니다. 유일하신 하나님이 천지 만물과 사람을 창조하셨다는 것과 창조된 인간이 죄 가운데 빠져 영원한 지옥 불에 들어가게 되었으나, 하나님의 아들 예수 그리스도께서 그 죄에서 건져 구원해주신 구주시라는 복음을 전해주어도 돌이키지 않습니다.

그것을 로마서 1장에서 **하나님을 알되 하나님으로 영화롭게도 아니하며 감사치도 아니하고 오히려 그 생각이 허망하여지며 미련한 마음이 어두워졌나니 스스로 지혜 있다 하나 우둔하게 되어 썩지 아니**

하는 하나님의 영광을 썩어질 사람과 금수와 버러지 형상의 우상으로 바꾸었다고 했습니다. **그러므로 하나님께서는 저희를 마음의 정욕대로** (자기가 원하는 대로) **더러움에 내어버려 두사** 했습니다. 복음 앞에서도 마음을 돌이키지 않으면, 그대로 버려두시겠다는 것입니다. 인간이 복음이 없을 때는 속을 수도 있었지만, 하나님께서 하나님을 알 만한 것을 인간 영혼에 새겨놓았기에, 그 영에 하나님을 사모하도록 새겨놓았기에, 복음의 빛을 받으면 영의 동(動)함이 일어나, 빛을 따라오게 돼 있는 겁니다. 그같이 하나님을 알게 하신 빛의 복음 앞에서도, 마음을 굳게 하여 돌아서지 않는다면, 그는 이미 악을 사랑하는 자라서 복음을 받아들이지 않는 것이니, 그대로 버려두신다는 것입니다. 요3장에 빛으로 오지 않는 자는, 자기 행위가 악하여 어둠을 더 사랑한 것이라고, 그래서 빛을 미워하므로 오지 않는 것이라고, 분명히 말씀했습니다.

그다음 **배로 다니고** 했습니다. 앞에서 언급했다시피 뱀은 하나님께서 지으셨을 때부터 배로 다니는 짐승입니다. 뱀이 다리가 달린 짐승으로 창조되었는데, 여자를 유혹하여 죄를 짓게 해서 하나님이 그 벌로 뱀에게 배로 다니라고 하셔서 다리가 없어졌구나. 뱀이 배로 다니는 것은 벌 받아서 그렇구나가 아닙니다. 하나님이 '배로 다니고' 하신 것은 뱀의 습성을 말씀하시면서 그 배후에 함께하고 있는 사단이 어떤 존재인지, 짐승의 영인 사단이 인간에게 어떤 영향을 끼치고 있는지를 드러내신 것입니다.

여러분, 짐승을 좋아하고 사랑하렵니까? 그것은 아니라는 것 분명히 알겠지요? 짐승은 짐승의 격이 있고, 사람은 사람의 격이 있습니다. 분명히 짐승과 사람은 구분돼야 합니다. 오늘날 집마다 짐승이

각방을 차지하고 있습니다. 짐승이 주인 노릇 하고 사람이 전부 다 짐승화가 되고, 짐승에게 지배받고 있는 것이 여실히 나타나고 있습니다. 짐승을 의인화하고 인격화하여 한 방에서 함께 살면서 형제요 자매요 자식이요 혈통 관계처럼 되고, 그 집안이 울고 웃게 하는 주인공이 되어 있습니다. 그러니 지금 믿는다 하면서도 짐승을 좋아하고, 이런 관계로 있다면 아마도 이렇게 말하는 나를 적으로 알지 않겠습니까? 얼마나 반발하겠습니까? 그러나 참으로 빛에 거하는 자는 자신의 무지하고 더러운 행위들에 충격을 받고, 어둠에서 벌떡 일어나서 깨끗이 하고, 회개할 것입니다. 만일에 그리스도인의 가정에서 짐승과 이런 누추한 관계가 형성된 것이면 가정에 문제가 끊이지 않을 것이고, 우환이 침범해 들어와 그 가정에서 기거하며 악한 병들을 가져다줄 것입니다. 악의 영들은 짐승을 통해 역사하는 짐승의 영이라는 것을 분명히 말씀드립니다.

그래서 배로 다닌다는 것은 첫째 '속이는 자'라는 말입니다. 둘째 '자기 정체를 숨긴다.' 는 말입니다. '배로 다니고'가 무슨 말입니까? 배가 바닥에 밀착되어 다니니 배가 보이지 않습니다. 배를 보이지 않습니다. 이것이 사단의 속성입니다. 사단은 자신이 속이는 자라는 자기 정체를 숨깁니다. 뱀은 해를 끼치지 않을 것처럼 땅바닥에 바짝 엎드린 자세를 취하고 있지만, 눈에 보이지 않는 곳에 독을 품고 있는 짐승입니다. 입속에 독을 품고 있다가, 순식간에 물어 해를 끼칩니다. 이처럼 사단이 자기 정체를 감추고 인간을 속이는데, 뱀처럼 인간을 죽음으로 끌고 가는 독을 품은 짐승의 영이라는 것을 가르쳐 주는 것입니다.

그러면 무엇을 감추고 무엇을 속이는가? 크게 두 가지로 나누어서 첫째는 사람을 사망으로 끌고 가는 자기 정체를 숨깁니다. 둘째는 사람에게 저주를 가져다준, 저주의 영이라는 것을 숨깁니다. 사람들에게 그 정체를 숨기고, 짐승을 따르고 섬기게 하고, 자연 만물을 신처럼 섬기게 하고, 형상을 만들고 온갖 것으로 우상이 되게 하고, 온갖 종교들을 만들어 섬기게 함으로써, 복을 받고 죽은 뒤에 좋은 곳으로 가는 것처럼 속입니다. 이같이 인간에게 자연 만물을 형상화하고 신격화하여 섬기게 함으로써 배후에 역사하는 악의 영들이 섬김을 받고, 저주 가운데 살다가 영원한 불못으로 떨어지게 하는 자기의 정체를 숨기는 것입니다.

하나님께서 선악과를 먹은 아담에게 "땅은 너로 인하여 저주를 받았다."고 하셨습니다. 본문 다음 17에서 **내가 너더러 먹지 말라 한 실과를 네가 먹었은즉 땅은 너로 인하여 저주를 받고** 하셨잖습니까? 땅이 아담으로 인해 저주를 받았다는 것은 여러분, 저주의 원흉이 누구입니까? 사단입니다. 하나님께서 아담에게 하늘과 땅과 땅 아래의 모든 것을 다스리라는 통치권을 주셨는데, 그 권세가 사단에게로 넘어갔습니다. 그래서 '땅은 너로 인하여 저주를 받았다'고 하셨습니다. 저주의 원흉인 사단이 주인 노릇 하는 땅이 되어, 자연 만물을 지배하고 섬김을 받는 이용물로 삼았으므로, 자연 만물에도 타락이 들어왔다는 말씀입니다.

그래서 그리스도인이 물질을 좇으면, 그것은 사단을 주인으로 하는 육입니다. 또한, 사단이 육신의 정욕, 안목의 정욕, 이생의 자랑으로 삶의 목적이 되게 하고, 그것이 믿는 자가 받을 복인 것처럼 속임을 베풀어 생각을 땅의 것에 집중하게 합니다. 세상을 좋아하게 합니다. 예수님과 관계된 믿음이 되지 못하게 하여, 결국 사망으로 끌고 갑니다. 그래서 하나님께서 사단과 사단의 일에 대해서 누누이 말씀으로 드러내시고, 속지 말라는 것을 계속 가르치시고, 세상 것에서 만족을 얻으려고 좇아가지 말라는 것을 창조 속에서 알려주셨습니다.

그다음 **종신토록 흙을 먹을지니라** 했습니다. 종신토록은 '네가 존재하는 날까지 흙을 양식으로 하라.' 는 말입니다. 그러면 여러분, 흙을 먹으라고 하신 말씀대로 뱀이 흙을 먹습니까? 뱀의 양식이 흙인가 말입니다. 아니라는 것은 모두 다 아는 것입니다. 뱀은 육식동물입니다. 쥐나 개구리, 두더지, 새 등등을 잡아먹습니다. 뱀은 자기 몸보다 더 큰 것도 먹습니다. 그런데 뱀에게 '너 흙을 먹어라.' 하지 않아도 뱀은 이미 본능적으로 흙에서 나는 것을 먹습니다. 하나님의 이 말씀은 뱀이 아니라 사단에게 하신 것입니다. 하나님을 거절한 육체는 세상을 선택한 것이니, 그것은 흙밖에 되지 않는 짐승과 일반으로, 사단의 소유가 될 것을 공식적으로 선포하신 것입니다. 사람이 스스로 선택(자유 의지)할 권리를 가지고, 육의 것을 택했다면, 악의 길을 택한 것이니, 사단에게 먹히는 자가 될 것이라는 말씀입니다. 그러나 육의 것에서 돌이켜 하나님 안에 들어온 자는 영생으로 들게 될 것을 선언하신 말씀입니다.

선악과에서 선은 하나님을 알게 하신 것이요, 악은 사단을 알게 하셨습니다. 사람은 하나님을 따를 것이냐, 사단을 따를 것이냐? 선택하는 존재입니다. 사람은 말씀으로 가르침을 받지 않으면, 육의 본능이 강하므로, 본능의 원함을 따라서 믿는다고 할 수밖에는 없습니다. 예수님을 믿는 사람들이 하나님을 경외하여 말씀을 존중하고 사랑해서 따르지 않으면, 사단의 영들이 자신의 권리로 그와 그의 삶을 저주로 묶어놓는 것입니다. 하나님께서는 사단은 저주받은 짐승의 영이요, 비 인격이요, 뱀과 같은 존재요, 감추고 속이는 자요, 저주를 끼치는 악한 자요, 사망으로 끌고 가는 독을 품은 짐승의 영이라는 것이 명백해졌으니, 사단에게 속하지도 속지도 말아야 하는 것을 드러내 주시고 사단에 대한 지식이 있게 하셨습니다.

그다음 15의 말씀은, 처음 사람의 영에 생명의 언약을 새겨주시는 말씀입니다. 예수님께서 죽으시고 사단의 권세를 깨시려고 여자의 후손으로 오신다는 언약입니다. **내가 너로 여자와 원수가 되게 하고 너의 후손도 여자의 후손과 원수가 되게 하리니** 여자는 앞에서 말했듯이 예수님의 생명을 얻을 자, 이스라엘 신앙입니다. **너의 후손도 여자의 후손과 원수가 되게 하리니** 사단의 후손과 원수인 여자의 후손이 있는데 그 후손이 누구입니까? 예수님입니다. 바로 예수 그리스도께서 신앙의 계보 속에서 태어나실 것을 계시하셨습니다.

사람들이 여기 '여자의 후손' 하신 이 여자를 예수님을 낳은 마리아만 말하는 것인 줄로 생각합니다. 그러나 마리아만 말하는 것 아닙니다. 혈통에 죄를 유전시킬 수 없는 하와(여자, 신앙)가 하나님에게서 나오신 생명을 생산하는 어미요, 그 어미로부터 '여자의 후손'의 언약이, 신앙이 산 자에게로 또 산 자에게로 이어지다, 아브라함과 그 후손 이스라엘의 신앙이 산 자의 줄기에서 생명을 생산할 여자가 나와 후손으로 오실 것을 말합니다. 신앙의 줄기에서 나온 이 신앙, 생명을 생산할 신앙이 산 여자에게 성영님으로 잉태되어 나신다는 이것을 말씀하는 것입니다. 또한, 요4장에 율법(계대 혼인법) 아래에서 생명 얻기를, 생명을 보기를 고대하며 기다리고 기다리던 사마

리아 여자에게, 그 생명의 실체이신 예수님이 찾아가셔서 '율법으로는 생명 얻지 못한다. 남편이 없다는 네 말이 옳다.' 그 남편에게는 생명 없다는 것을 말씀하시면서, 예수님 자신이 여자가 소망하던 생명을 주시는 메시아이심을 드러내시고, 이제 아버지(하나님)께서는 생명이 있는 예배, 산 자의 예배를 찾고 받으신다는 것을 말씀하시고, 신약 시대의 예배에 대한 문을 열어놓으셨습니다.

그래서 여자의 후손은 아브라함의 후손, 이스라엘에 넣으신 메시아 언약의 신앙, 예수 그리스도가 이 땅에 오시도록 하는 사명, 그 사명을 가지고 죄를 사하실 예수 그리스도를 신앙하며 기다린 이스라엘의 신앙과 마침내 예수 그리스도께서 혈통이 아닌 그 신앙이 산 여자에게서 나시는 것까지를 말씀하는 것입니다.

그러면 하나님께서 이스라엘을 왜 여자라고 하셨는가? 바로 예수님은 사람의 혈통에서 나시지 않는다는 것, 남자의 혈통이 아니라 여자에게서 나시리라는 것, 그래서 여자에게서 나시는 후손을 기다리고 맞이하게 하시기 위함이요, 그러므로 남자든 여자든 그 신앙이 있음이 산 자요, 생명을 생산할 여자로 비유된 것입니다. 신앙이 여자로 비유되었다는 말입니다.

그래서 15,16에 **내가 너로 여자와 원수가 되게 하고 너의 후손도 여자의 후손과 원수가 되게 하리니 여자의 후손은 네 머리를 상하게 할 것이요 너는 그의 발꿈치를 상하게 할 것이니라 하시고 또 여자에게 이르시되 내가 네게 잉태하는 고통을 크게 더하리니 네가 수고하고 자식을 낳을 것이며 너는 남편을 사모하고 남편은 너를 다스릴 것이니라**는 말씀을 아담이 듣고, 자기 아내의 이름을 뭐라고 불렀다 했습니까? 20에 "하와"라 불렀다고 했습니다. 하와는 '모든 산 자의 어미' 또는 '하나님에게서 온 생명의 씨를 받은 여자, 생명을 주는 여자'라는 뜻입니다. 아담이 하나님의 말씀을 듣고 자기 아내의 이름을 '산 자의 어머니여' '생명을 주는 여자여'라고 불렀다고 했습니다.

　다시 설명합니다. 에덴동산의 아담은 예수님을 예표하는 자로 지음을 받았고, 그의 통찰력은 대단히 뛰어났습니다. 하나님께서 아담에게 땅을 다스리라는 통치권을 위임하신 뒤, 들의 모든 짐승, 공중의 각종 새, 모든 육축, 모든 생물의 이름을 짓게 하셨습니다. 아담이 그 모양새와 성격에 맞는 아주 적절한 이름들을 붙여준 것을 알 수가 있습니다. 그때 아담이 발견한 것은, 암수로 짝을 이뤄 생산한다는 것입니다. 이것은 하나님께서 아담도 자기에게 맞는 짝이 있기를 소망하게 하신 뜻입니다. 그 소망을 품은 아담을 하나님께서 깊이 잠들게 하시고, 아담의 갈빗대 하나를 취하여 아담과 똑같은 사람을 만드시고, 아담에게 이끌어주셨을 때, 아담이 곧 후손의 생산과 생육을 돕는 배필이라는 것을 직감적으로 알고, 아담 자신은 남자요, 자기 몸에서 나온 사람은 여자라고 칭했습니다.

　생육하고 번성하는 일에 아담 자신은 남자, 즉 씨를 주는 것이고 – 이것이 남자의 뜻이에요. '남자'하는 것이 씨를 가졌다는 뜻이란 말입니다. – 그리고 자기 몸에서 나온 사람은 여자, 즉 씨를 받아서 똑같은 형체의 사람을 내놓는 역할임을 직감으로 알고 그 뜻을 가진 '여자'라고 칭한 것입니다. 자기는 '남자' 자기 몸에서 나온 사람은 '여자'라 칭했다는 말입니다. 히브리어 뜻이 남자는 '씨'라는 말이고, 여자는 '밭과 같다.' '바구니와 같다'는 말입니다. 그래서 아담이 이것을 영의 직감으로 알고 남자, 여자라고 칭한 것입니다. 그러니까 혈통에 죄를 유전시켜 주는 것이 씨입니까? 밭입니까? 씨입니다. 그래서 여자에게서 인간 혈통의 씨, 남자의 씨가 아닌, 하나님 안에 계시던 인성의 생명이, 성영님께서 잉태케 하여 육체로 태어나실 수가 있었던 것이요. 그렇다고 여기서 잉태되신 예수님이 여자의 피를 받았다고 하는 것 절대 아닙니다. 여자의 피도 죄의 피입니다. 여자의 피를 받았다면 구주가 될 수 없습니다. 예수님은 성영님으로 잉태되어 나셨습니다. 그래서 하나님에게서 온 신앙이 있는 처녀에게서 태어나셨으므로, 여자의 후손이심이 증명되었고, 구주이심이 증명된 것입니다. 이스라엘의 신앙을 여자로 표현한 것은, 이스라엘의 사명은 바로 예수 그리스도가 오시게 하는 것이요. 그것은 여자에게서 이루실 것이요. 그래서 신앙을 '여자'라 비유한 것입니다. 이해되었습니까?

아담이 하나님께서 **먹지 말라 네가 먹는 날에는 정녕 죽으리라**(창 2:17) 하신 대로 선악과를 먹자 곧바로 자기를 보는 눈이 열려 벗었음을 보았고, 이내 두려움이 임했습니다. 그리고 벗은 자기 모습이 육임을 직감으로 알았습니다. 하나님께서 19의 말씀으로 본질을 분명히 알려주셨습니다. '이제 너는 흙이니 흙에서 나는 식물을 얻기 위해 땀 흘려 수고하는 가운데, 그 흙의 기운이 다하면 흙으로 들어간다.' 육의 자아(자기 본위)가 된 너희가 이제 그 육의 본위로 산다면, 육체가 흙이니 흙으로 돌아가는 것과 같이, 자기 본위로 사는 영혼도 영이 두려워하는 죽음으로 들어간다는 뜻을 말씀하셨습니다. 그리고 곧바로 두려움에서 건지실 여자의 후손에 대한 언약의 말씀을 하시자, 여기서 아담이 알게 된 것이 '아하! 선악과 먹도록 유혹한 뱀의 머리를(히브리어도 헬라어도 똑같이 머리는 권세, 주인, 임금이란 뜻), 뱀의 권세를 깨실 후손이 자기의 갈빗대로 만들어진 여자에게서 난다는 것이구나. 이 여자의 후손이 뱀의 머리를 깨고 두려움에서 건지신다는 것이구나.' 하고 알아들은 겁니다. 이것을 알아들은 아담이 자기에게서 나온 여자에게 '생명을 주는 산 자의 어미'라는 이름, '하와'라고 부른 것입니다.

선악과를 따 먹은 여자도 그것이 선악과인 줄은 몰랐지만, '동산 중앙에 있는 나무의 실과는 만지지도 말고 먹지도 말라.' 하신 말씀을 어겼으므로, 똑같이 죄는 가졌습니다. 그러나 여자는 혈통에 죄를 유전시킬 수 없는 밭과 같기에, 아담이 여자의 후손이라고 하신 말씀을 듣고, 여자에게서 빈껍데기(흙)인 자신에게 생명을 넣어주실 후손(생명)에 대한 소망이 있다는 것을 알았습니다. 그래서 아담이 이름을 지어 부른 하와, **모든 산 자의 어미가 됨이라** 하는 것은 소생이 있을 때, 어미라는 호칭이 붙듯이, 하와가 후손(생명)이 오시게 하는 어미로서, 그 생명(예수 그리스도)이 오실 때까지, 신앙이 산 자를 낳고, 또 산 자를 낳고 계속 존속된다는 뜻의 이름 하와라 불렀습니다. '산 자'다 하니까 숨 쉬는 모든 인간을 말하는 것이 아니라, 하나님에 대한 신앙, 여자의 후손에 대한 언약을 영혼에 가지고, 그 후손을 기다리며 하나님을 경외하며, 말씀에 순종하여 사는 신앙을 말합니다. 죄가 유전되지 않으니, 혈통과 관계없이 예수님이 여자에게서 나실 수 있는 것처럼, 인간은 죄를 혈통 속에 가졌고 죽음 아래 있지만, 하나님을 신앙하여 경외하며 바라고 섬기면, 그것은 하나님에게서 온 신앙이요, 죄와 죽음에 속하지 않은 산 자입니다. 그래서 오늘날 사람들이 하나님으로부터 온 창조 때의 이 신앙의 뜻을 따라서 예수님을 믿는 것이 아니면 영적 사람은 세워지지 않습니다.

그러면 15, 16의 말씀을 아담만 들었습니까? 하나님께서 사단에게 선고하시면서 우리에게는 구원에 대한 언약을 보게 하셨습니다. 사단에게 선고하신 것은 사단이 들었잖습니까? '여자의 후손이 와서 네 머리를 깰 것이다.' '상하게 할 것이다.' 하니 사단이 자기 머리를 상하게 할 여자의 후손이 될 만한 사람이 나올 때마다 혈안이 되어 죽이려고 했던 것을, 성경에서 보았지 않습니까? 가인을 사주하여 아벨을 죽였잖아요. 혹시 아벨이 여자의 후손이 아닌가 하여 가인에게 죽이도록 했잖습니까?

모세가 태어났을 때, 바로 왕이 여자아이는 살리고 남자아이는 다 죽이라고 산파에게 명령했잖아요. 그런데 모세의 어머니 요게벳이 산 자로 존속된 여자, 하나님 신의 감동을 받은 여자이므로, 모세를 갈대 상자에 넣어 나일강에 띄웠는데, 애굽의 아기 못 낳는 공주가 건져다가 자기의 아기로 삼아서 키워내잖아요. 키워내는데 모세의 어머니 요게벳에게 젖을 물리게 하셨잖아요? 그 젖먹이에게 어머니가 신앙을 심어주었습니다. '너는 히브리 족속이다. 너는 애굽인이 아니다. 애굽의 바로 족속이 아니고, 히브리 여호와 하나님을 섬기는 후손이다.' 알아듣지 못하는 아이지만, 자기의 뿌리를 알도록 여호와 신앙을 말해주었습니다.

그래서 사단이 여자의 후손을 없애기 위해, 이스라엘을 무너지게 하려고, 핍박하고 죽이는 일을 계속해온 것입니다. 예수님이 태어났을 때도 멀리서 동방박사들이 경배하러 왔다고, 왕이 태어나신 별을 보고 왔다 하니, 헤롯이 듣고 자기 왕권을 노리는 자가 태어난 것인 줄 알고, 왕의 자리 빼앗길까 두려워 두 살 아래 남자아이는 다 죽이라고 비밀리에 군대를 풀었잖습니까? 여자의 후손이 될 만한 사람이 나오면, 죽이려고 혈안이 되었던 것입니다. 예수님이 여자의 후손인데, 그러면 예수님 계실 당시에 사단의 후손은 누구입니까? 바로 대제사장, 바리새인, 율법사, 사두개인, 서기관 이들이 사단의 후손입니다. 유대교 지도자들, 유대 사회 전반에 걸쳐서 요직에 있는 사람들, 모두가 다 사단의 후손이 되어서, 예수님을 십자가에 못 박아 죽였으나 다시 살아나셨으니, 예수님의 상하심은 발꿈치 정도이고, 사단은 사망 권세가 깨졌으므로 머리가 상한 것입니다. 그러므로 예수님을 믿어 구원받은 자를 사단이 사망으로 끌고 갈 수 없게 되었습니다.

또한, 너로 여자의 원수가 되게 하리니 하셨으니, 사단이, '여자의 후손'의 언약을 가진 이스라엘의 원수가 되어 그들을 얼마나 괴롭히고 해를 끼쳤는지, 그 역사를 알 수 있잖습니까? 이스라엘 신앙의 예표인 욥을 통해서 그 형편을 알게 되었잖아요. 그러나 예수님께서 오셔서 사단의 머리, 즉 사망 권세를 깨버렸으므로, 구원받은 성도는 참소할 수도, 사망으로 끌고 갈 수도 없습니다. 예수님께서 흘리신 피가 영의 죄뿐만 아니라, 살면서 지은 모든 죄까지도 다 씻어주신 피가 되었으니, 사단이 참소할 근거가 없어졌습니다. 이제 죄짓는 것 원치 않음에도 혹 어찌할 수 없어 지은 죄가 있을 땐, 고백하면 예수님의 피가 그 죄도 씻어버린다고 말씀드렸습니다. 그래서 우리는 자유입니다. 사단이 '야! 예수님 믿고 하나님 자녀라면서, 거룩한 성도라면서 죄짓느냐? 너는 죄인이다' 하고 나올 때, 우리는 '죄를 사하신 예수님의 피가 내게 증거로 있으니, 네가 나를 참소할 근거가 없다. 예수님의 이름으로 명하니 물러가라.' 고 명할 수 있는 권세 있는 자가 되었습니다. 문제는 이런 영적 지식과 삶의 능력이 되지 못하니, 믿음의 능력이 없습니다. 구주이신 예수님이 보이지 않는다는 말입니다. 그래서 예수님이 어떻게 인간 세상에 오시게 되었는지 창세기에서 보이신 이 같은 가르침을 잘 듣고 깨달아 지식을 따라 믿는 믿음으로 능력을 갖추기를 진심으로 바라는 것입니다.

16에 여자에게 이르시되 내가 네게 잉태하는 고통을 크게 더하리니 네가 수고하고 자식을 낳을 것이며 하셨습니다. 사람들이 잉태하는 고통과 수고하고 자식을 낳는다는 이것을 또 어떻게 말하는지 아십니까? 잉태하는 고통을 인간 육체에 결부시켜서 해산의 고통이라고 열심히 말합니다. 사단이 가려놓은 눈을 가지고 육의 눈만 가지고, 이 처음 사람을 통하여 하나님과 사람과 사단의 관계를 알도록 보이신 생명의 뜻을, 어긋난 것들로 열심히 전하고 있습니다. 사단이 눈을 가리고 막는 것에 열심히 속고, 자신이 속은 것을 또 속도록 속이는 말을 열심히 전파하고 있다는 말입니다. 잉태와 해산은 그 의미가 엄연히 다릅니다. 잉태라는 것은 임신이 되었다는 말이고, 해산은 낳는다는 말입니다.

그러면 잉태되었다고 해서 그때 고통을 겪습니까? 저도 아이 낳아 보았으니 압니다. 고통을 겪는다면 낳을 때 산통을 겪는 것은 다 압니다. 그런데 "잉태하는 고통을 크게 더하리니" 하셨으니 '아, 이상하다 잉태했을 때는 고통이 없는데? 아! 해산할 때 산통 겪는 것, 아기 낳을 때 산통 겪는 것을 가지고 잉태하는 고통이라 했는가 보다! 해산의 고통, 맞아! 해산할 때 고통을 겪지.' 이런 식으로 잉태하는 고통에다 갖다 붙여버립니다. 그러니 이런 설교를 통해 어떻게 죄를 깨달을 수가 있으며, 그 귀하신 우리 주 예수 그리스도를 깨달아 알겠으며, 영적인 생명을 깨달을 수 있겠으며, 하늘의 생명을 알 수가 있겠습니까? 여러분, 이 말씀은 아기 낳는 산통을 말하는 것 아닙니다.

그런 육체의 것을 성경은 다루지 않습니다.

또, 어떤 인간은 '인간이 죄 안 지었을 때는 아기 낳을 때 조금 아팠는데, 죄를 지어서 아기 낳는 고통을 크게 더하게 했다'고 귀신 씻나락 까먹는 말장난을 합니다. 죄짓기 전이나 죄지은 후나 상관없이 아기 낳을 때 산통을 겪습니다. 육체는 죄를 지었든 안 지었든 산통 겪습니다. 하나님께서 이따위를 말하려고 잉태하는 고통이라 하신 것 아니고, 바로 영적 고통입니다. 육체의 소욕을 좇아 선악의 실과를 먹은 것은, 영적 죄가 되었고 죽음이 들어왔으니, 이제 자녀를 생산하는 데 잉태된 자녀에게 죄를 유전케 하는 것이 고통이더란 말입니다. 죄를 유전하여 낳아야 하는 고통, 죄가 그대로 잉태된 자녀 속에 유전되어서 또 죄인으로 태어나야 하는 그것이, 인간 속에 들어온 잉태의 고통임을 말씀한 것입니다. 하나님의 영을 넣은 그 영의 소원은 빛이고 생명인데, 죄요 두려움으로 감싸고 있으니 영에 유전되는 그것이 영이 겪는 고통이라는 말입니다.

그래서 이스라엘은 자식을 낳으면 정결 예식을 행했습니다. 죄를 유전하는 영적인 고통, 곧 죄인이 죄인을 낳으니, 부정하다 해서 자녀를 낳을 때마다, 남아는 부정 기간이 7일이었고 성전에 가기까지는 33일이었고, 여아는 66일이 걸렸는데 부정한 기간에는 성전에 가지 못했습니다. 그런데 여아가 남아보다 정결 기간이 배가 되는 것 가지고, 사람들이 '여자가 선악과 따 먹고 남편에게 준 죄가 커서 그렇게 부정한 기간이 긴 것이고, 남편에게 죄짓게 해서 그렇다. 그래서 아주 여자가 문제다 문제!' 하고 나옵니다. 문제는 이런 식의 자기 말로 하나님의 뜻을 가리는 그 말이 문제입니다. 성경을 자기 수준, 인본의 눈으로 보기 때문에 죽었다 깨어나도 성경을 바로 볼 수 없습니다.

만일에 선악과 먹은 그 죄질, 죄의 무게를 하나님께서 정말로 따지신다면, 사실은 하나님께 직접 들은 아담이 더 큽니다. 여자보다 아담이 더 크다는 말입니다. 여자에게는 사단의 유혹이 있었지만, 아담은 자기 의지로 먹었습니다. 그래서 하나님이 정말 죄질을 따지신다면 직접 들은 아담이 더 큰 것입니다. 그러나 하나님께서는 누가 먹었느냐, 안 먹었느냐가 아니에요. 죄질을 따지시는 것이 아니에요. 정결 기간이 남아보다 여아가 더 긴 것은 바로 여자가 예수 그리스도를 낳아야 하는 막중한 책임과 사명을 감당해야 하기에, 구속의 정결 기간(인간 육은 죽음에 내줘야 한다는 의미)이 배가 더한 연단의 의미입니다.

또 한편 남자아이는 아담이요, 아담은 예수님의 예표요, 여자아이는 예수님을 사모하여 기다리는 이스라엘 신앙의 예표입니다. 그러므로 예수님을 예표한 아담도, 신앙을 예표한 여자도 정결례를 거쳐야 성전에 들어갈 수 있다는 의미입니다. 그래서 남자아이는 정결 기간이 하나님의 수를 의미하는 33일이고 여자아이는 인간의 수를 의미하는 66일입니다. 이 기간이 끝나면 반드시 피 흘리실 예수님을 상징하는 어린양을 잡아서 성전에 나가 부정을 벗기는 속죄제를 드려야 했어요.

"내가 네게 잉태하는 고통을 크게 더하리니" 하신 이것은 여자(신앙)에게 잉태하는 고통이 있는데, 그 위에 가중된 고통이 있다. 잉태의 고통이 이중의 고통, 고통 위에 고통이 있다는 말입니다. 후손에게 죄를 유전하는 것과 그 위에 여자의 후손으로 오실 예수 그리스도가 태어나게 하시기 위한 고통임을 말합니다. 예수 그리스도가 오실 때까지 성전 건축과, 율법과 모든 율법의 규례를 지키고, 흠 없는 소나 양을 잡아 피 흘리는 제사 등의 끊임없는 수고를 해야 했습니다. 말로만 듣는 여러분은 실감이 없지만, 죄를 범한 자가 자기 손으로 직접 짐승을 잡아서 죽이는 것이 쉬운 일입니까? 소나 양을 죽인다는 것이 쉬운 일이겠느냐는 말입니다. 피 흘려서 제사 지낸다는 것이 얼마나 번거롭고 큰 과제였는지 이루 말로 할 수 없는 일입니다.

또 여러분은 욥기를 통해서 사단이 이스라엘의 신앙을 무너뜨리려 하고, 여자의 후손이 태어나지 못하게 하려고 했던, 그 고난의 고통을 들었잖아요? 후손이 될 만한 아이가 태어날 것 같으면 다 죽였고, 또 얼마나 많은 선지자와 의인, 즉 산 자들이 핍박을 당하고 죽임을 당했습니까? 이스라엘의 엄청난 고통이었습니다. 죄의 유전으로 겪는 그 영적 고통의 수고와 예수님을 낳아야 하는 그 수고의 고통입니다. 이스라엘이 예수님이 오실 일을 돕는 배필의 역할에 대한 고통입니다. 이스라엘이 배필입니다. 예수님이 오실 때까지 예수님을 기다리며 고통을 겪고, 또 기다리며 고통을 겪고, 또 기다리며 고통을 겪을 수밖에 없는 여자, 이스라엘의 신앙의 수고와 고통이 있다는 예고의 말씀입니다.

이처럼 이스라엘이 사단의 엄청난 핍박과 죽임과 그 고난 속에서 예수님이 오시게 되었으니 그 예수님을 우리가 어떻게 믿고 사랑해야 하겠는가? 깨닫는 믿음이기를 바랍니다. 오늘 뱀에게 **흙을 먹을지니라**와 **잉태하는 고통을 크게 더하리니**의 뜻을 알아보았고, 여러분이 또한 믿음의 능력으로 받은 말씀이 되었기를 바라면서 말씀을 맺습니다.

여기에서 또 이어질 말씀은 다음으로 하겠습니다. 오늘 말씀을 주시고 믿음의 능력이 되게 하신 삼위 하나님께 모든 영광을 돌립니다. 아멘

제 14 장
남편(하나님)은 너를 다스릴 것이라

¹⁵내가 너로 여자와 원수가 되게 하고 너의 후손도 여자의 후손과 원수가 되게 하리니 여자의 후손은 네 머리를 상하게 할 것이요 너는 그의 발꿈치를 상하게 할 것이니라 하시고 ¹⁶또 여자에게 이르시되 내가 네게 잉태하는 고통을 크게 더하리니 네가 수고하고 자식을 낳을 것이며 너는 남편을 사모하고 남편은 너를 다스릴 것이니라 하시고 ¹⁷아담에게 이르시되 네가 네 아내의 말을 듣고 내가 너더러 먹지 말라 한 나무 실과를 먹었은즉 땅은 너로 인하여 저주를 받고 너는 종신토록 수고하여야 그 소산을 먹으리라 ¹⁸땅이 네게 가시덤불과 엉겅퀴를 낼 것이라 너의 먹을 것은 밭의 채소인즉 ¹⁹네가 얼굴에 땀이 흘러야 식물을 먹고 필경은 흙으로 돌아가리니 그 속에서 네가 취함을 입었음이라 너는 흙이니 흙으로 돌아갈 것이니라 하시니라

²³여호와 하나님이 에덴동산에서 그 사람을 내어 보내어 그의 근본 된 토지를 갈게 하시니라

(창3:15-19, 23)

예수님을 믿기 전에 우리는 모두 자기가 누구인지 자기의 본질을 모르는 무지 속에서 살았습니다. 또한, 하나님이 누구이신지도 모르는 가운데, 우리 자신이 하나님을 떠나 사단의 길로 나간 가인의 길에서, 사단의 지배를 받고 사단이 이끄는 대로 영혼의 소망을 마비케 하며, 육신과 정욕의 노예가 되어 살았습니다. 그런 우리에게 복음 안으로 들어와 하나님의 참생명을 얻고, 영생의 나라를 소유하는 너무나도 귀한 복을 주셨습니다. 그러나 이 복을 복이라 여기지 못하는 감각 없는 이들이, 너무나 많다는 것에 안타까움이 있습니다. 사람이 이 영생의 복을 얻으려면 예수님의 생명을 얻어야 합니다. 그 생명 안에서 날마다 사단적인 나를 부인하고, 예수님의 인격으로 변화를 받아가야 합니다.

오늘 말씀은 16하반에 **너는 남편을 사모하고 남편은 너를 다스릴 것이니라** 입니다. 앞에 "여자에게 이르시되 내가 네게 잉태하는 고통을 크게 더하리니 네가 수고하고 자식을 낳을 것이며" 하신 것은 영적 죄를 유전하는 고통이 있게 되었다는 것과 죄를 담당해주실 여자의 후손, 곧 메시아가 오시도록 할 때, 사단의 참소와 훼방과 핍박과 고난과 고통을 겪어야 하는 그 수고가, 예수 그리스도께서 나실 때까지 끊이지 않으리라는 것, 그것이 이스라엘이 겪어야 하는 고통인 것을 말씀한 것이라고 했습니다.

여자는 이스라엘 신앙을 비유하고, "너는 남편을 사모하고"에서 '너'는 여자인데, 그 여자도 똑같이 이스라엘의 신앙 비유라고 했습니다. 하나님에 대한 신앙을 가진 이스라엘은 여자요, 그러므로 하나님께서 자기 아내를 돌봐주고 보호하는 남편처럼 이스라엘의 사명, **잉**

태하는 고통을 크게 더하리니 하신 그 사명을 완수하기까지 돌보고 책임지고 다스리신다는 계시입니다. 하나님과 이스라엘의 관계에 관한 말씀입니다. 하나님과 언약을 맺은 이스라엘을 하나님께서 남편과 같은 관계로 계시면서 다스리고 돌보신다는 계시입니다. 그런데 **너는 남편을 사모하고 남편은 너를 다스릴 것이니라** 하신 이 말씀도 참 많은 오해와 왜곡을 빚고 있습니다. 인간의 남편과 아내의 위치를 말씀한 것처럼 해석을 내려놓았으므로, 하나님의 의도가 가려져 버렸습니다. 인간이, 하나님의 과녁에서 빗나간 것을 '하말티아' 죄라고 합니다. 그런데 하나님을 대신하여 말씀을 전한다는 사람들이, 자기에게서 나는 것들로 덮어씌워 전함으로써, 여전히 죄를 크게 범하고 있습니다. 앞에서 언급한 대로 '아, 여자가 선악과 따 먹고 남편에게도 먹게 하여 아담을 죄짓게 했으니, 하나님께서 그 벌로 여자에게 애 낳는 고통을 크게 더 하셨고, 남자에게 구속받게 하셨고, 남편의 말은 곧 법이 돼서 옳든 그르든 아내는 거기에 무조건 복종하고 따라야 하고, 여자는 남자의 필요 때문에 있는, 부속품 정도로 여겨도 되는, 종과 같은 위치가 되라고 하셨다'는 것처럼 해놓았습니다. 오로지 더러운 인간 자기들을 높이고 세우는 말씀이나 되는 것처럼 더럽히고 있습니다.

성영님이 오셔서 밝히 보이시고 가르치시는 오늘날에도 이런 해석들을 맞는 것으로 받고 있습니다. 왜 그렇습니까? 지금까지 인간의 역사 속에서 남자들 속 깊은 곳에, 다시 말해 피 속에 여자를 경시하며 '감히'라는 의식을 가졌기 때문입니다. 그 상태에서 성경을 보게 되니, 남편은 여자를 다스리라는 것을 말씀하신 것처럼 보이게 되고, 맞는 말씀이라는 생각을 쉽게 해버립니다. 남편을 죄짓게 한 여자를 하나님도 경시하는 것처럼 보이니, 당연히 맞는 말씀인 거지요. 자기들의 본성 안에 뿌리내린 그 같은, 오만한 마음의 눈으로 하나님의 말씀을 보니, 하나님의 의도하신 속뜻은 보이지 않습니다. '여자를 다스려라' 하는 것으로밖에는 볼 수 없고, 그것이 남성의 성향에 맞아 떨어지니 지당한 말씀을 하셨다고 생각하는 겁니다.

이것이 남자들의 숨겨진 이기심의 발로요, 하나님의 뜻을 왜곡하는 인본의 사단적인 것이요, 죄악입니다. 그러니 성경을 말하는 것도, 성경을 해석하고 가르치는 것도, 다 남자들의 특권처럼 여겼고, 그것을 남자들의 전유물과 같은 것으로 여겼습니다. 남자들의 의식 속에 깊게 뿌리내린 남존여비 사상, 남성 우월적인 사상은 충분히 하나님 앞에 사단적인 오만이요, 교만입니다. 하나님께서도 모르시는 권위의식을 가지고, 그것을 자기의 대단한 자존심으로 갖고 있습니다. 그래서 여전히 하나님께는 죄인이요 바리새인이요 서기관입니다.

그러면 제가 하는 이 말이 여자가 너무 불합리하고 억울한 것 같으니, 여자가 성경을 해석해야 하고, 여자가 가르쳐야 한다는 말이겠습니까? 남자 여자 편 가르고 여자의 권리를 찾자고 이것을 말하는 것이겠습니까? 성경의 해석은 남자니까 할 수 있고, 여자라서 할 수 없고가 아닙니다. 또한, 남자니까 말씀 말할 수 있고, 여자니까 말씀 말할 수 없고가 아닙니다. 말씀에 관해서는 이런 성의 구분이나 특권이 있는 것이 아닙니다. 하나님 말씀의 뜻을 바르게 아는 것은, 남자든 여자든 오직 성영님에 의해서입니다. 성영님은 하늘의 진리의 법을 가지고 오신, 진리의 영입니다. 남자냐 여자냐를 구분하여 찾아 임하시는 분이 아닙니다. 예수님의 사람 안에 임하시는 것이요, 성영님이 눈이 돼 주셔야 성경의 뜻을 보고 아는 것이요. 성영님이 말하게 하시면 하는 것입니다.

"너는 남편을 사모하고 남편은 너를 다스릴 것이니라" 하신 것은 분명히 여자에게 이르신 것이지, 아담에게 이르신 것 아닙니다. 여러분, 여자에게 이르신 것 맞습니까? 아담이 아니라 여자에게 이르셨어요. 그리고 하나님께서 아담에게 남편이라 했다면, 여자에겐 아내라 해야 합니다. 부부이면 '남편과 아내'이지 '남편과 여자'가 아닙니다. 여자라 했을 때는 남편의 아내를 일컫는 것이 아니라, 대중적인 의미에서의 호칭입니다. 다시 말하면 여기 이 말씀은 아담에게 '너는 남편이 되었으니 네가 네 아내 좀 다스려라', 그리고 '여자 너에게 이르는데 남편에게 다스림을 받는 위치가 돼라.' 하는 따위의 말씀을 하신 것이 아니라는 말입니다. 남편에게 다스릴 권위나 권리를 부여하신 뜻 아니에요. 만일에 사람들이 말하는 대로라면, 하나님께서 분명히 '아담에게 이르시되'로 말씀을 하셔야 합니다.

그러므로 하나님이 주신 남편과 아내의 관계라는 것은 남자가 여자를 다스리는 주권적인 것이 아니라, 남자나 여자나 하나님의 뜻을 바로 알아서 그 뜻에 함께하는 것을 말합니다. 하나님의 뜻을 돕는 협력자로 배필이 돼서 함께하는 것이 하나님께서 주신 권리입니다. 그 같은 사단적인 것들로 하나님이 명하신 것처럼 하여, 육신에게 적용하는 것이 권리가 아니라는 말입니다. 하나님을 떠나 사는 세상 사람들이야, 어차피 죄 가운데 있으니 할 수 없지만, 그 가운데서 똑같이 살아왔지만, 이제 예수님 안에 들어왔으면, 하나님이 주신 권리를 깨닫고 회복해야 합니다. 사단의 지배 아래 살면서 사단이 가져다준 육체의 정욕의 노예가 되어 살았던 것, 죄악의 포로가 되어 살았던 그 세상 습관, 자기 성향, 취향 등의 옛사람은 다 예수님이 십자가에 못 박아 버렸으니, 죽음에 내줘버리고, 하나님께서 주신 신영한 권리를 가져야 합니다.

남편과 아내의 관계는 창2:18에 듣고 배운 대로 '아담이 혼자 사는 것이 좋지 못하니'가 아니라 **사람의 독처하는 것이 좋지 못하니 내가 그를 위하여 돕는 배필을 지으리라** 말씀대로 '돕는 배필의 관계'입니다. 서로 모습은 다르지만 동등한 인격을 가진 나와 똑같은 사람입니다. 누가 누구를 다스리고 누구를 지배하는 상·하의 관계가 아니라 서로 돕는 배필의 관계라는 말입니다. 남편이 권위를 가지고 아내를 다스리는, 그런 위치가 되라는 것, 절대 아니니 깨어나야 합니다. 다스린다는 것은 어긋남이 있으면 징계도 하고, 매(채찍)를 들 수도 있습니다. 벌을 내릴 수도 있습니다. 그런데 남편이 아내를 징계하고 매를 듭니까? 폭력을 행할 수 있습니까? 벌을 내릴 수 있습니까? 그러면 남자는 전혀 어긋남이 없는 것입니까? 남자가 여자를 때릴 권한이 있습니까? 어린아이라도 이것은 정당하지 않다는 것을 압니다. 그런데 오늘날 기독교가, 하나님이 이스라엘을 남편처럼 돌보시며 다스릴 것이라 하신 이 계시의 말씀을, 남자, 즉 남편의 권위를 말씀한 것처럼 받아들였습니다. 교만입니다.

하나님께서 모든 피조물을 다스릴 수는 있습니다. 인간이 자연계를 다스릴 수는 있습니다. 임금이 백성을 다스릴 수 있어요. 또한, 부모가 자녀를 다스릴 수 있고, 선생이 학생을 다스릴 수 있습니다. 그러나 하나님께서 말씀하시는 아내와 남편의 관계는 누가 누구를 지배하거나, 다스릴 수 없는, 피차 동등한 인격적 관계입니다. 여자를 아담에게서 나오게 하신 것, 여자를 다른 재료로 짓지 않으신 것이 바로 그 이유입니다. **너는 남편을 사모하고 남편은 너를 다스릴 것이니라**는 남편과 아내의 위치를 말씀한 것이 아니라는 것, 분명히 알기 바랍니다. 지금까지 15, 16의 말씀을 듣고 배운 대로, 여자는 하나님의 신앙을 가진, 하나님이 친히 아브라함을 불러 세우시고 키우신 이스라엘에 대한 비유요. 예표요. 계시요. 그 이스라엘을 하나님께서 남편처럼 책임지고 다스리며 돌보신다는 것이요. 그러므로 여자, 즉 이스라엘이 사모할 것은 오직 여호와 하나님이 될 것이라는 말씀입니다.

그래서 하나님께서 이스라엘과의 관계를 말씀하실 때 여자와 남편의 관계로 말씀하셨어요. 호세아에 **내가 네게 장가들어 영원히 살되 의와 공변됨과 은총과 긍휼히 여김으로 네게 장가들며 진실함으로 네게 장가들리니 네가 여호와를 알리라**(호2:19-20) 하셨고, 또 **네가 나를 내 남편이라 일컬을 것이라**(호2:16) 하셨고, 그들의 신앙이 타락한 것을 '음녀'라고도 하셨습니다. 또 **저희가 여호와께 정조를 지키지 아니하고 사생자를 낳았다**(호5:7)고 했습니다. 그래서 오늘 본문에서 아내와 남편이라고 하지 않고, 여자와 남편이라고 하셨고, 다스릴지니라 하신 것으로, 관계를 구체적으로 알 수가 있게 하셨습니다. 그래서 **너는 남편을 사모하고** 하신 것과 15에 여자의 후손에 대한 언약의 말씀으로 이어져 그 후손을 생산할 여자, 즉 이스라엘은 오직 하나님만을 남편처럼 여겨 사모하여야 한다는 계시의 말씀입니다.

그런데 이스라엘의 역사를 보면, 예수님이 오셨을 당시의 종교지도자들, 또 바리새인, 사두개인, 율법사 등이 출현하게 된 그 몇백 년 전으로 거슬러 올라가 그들의 삶을 들여다보면, 여자를 경시하는 풍조가 있었음을 볼 수 있습니다. 예수님께서 **너희가 성경도 하나님의**

능력도 알지 못하는 고로 오해하였도다(마22:29,막12:24) 하셨던 것처럼 이들이 참으로 성경의 모든 뜻을 인간에다 맞출 것으로 오해했던 겁니다. 물론 지금도 다 마찬가지입니다. 그래서 그들이 예수님과 다른 방향으로 가 있었기에, 예수님이 오셨을 때 알아보지를 못했고, 결국 예수님을 배척하고 죽였습니다. 그들이 여기 창세기의 말씀도 똑같이 하나님의 표적에 맞히지 못했습니다.

　오늘 이 15, 16의 말씀도 지금까지 말씀드린 대로, 생명의 언약을 넣으신 복음입니다. 하나님과 하나님 백성과의 관계, 예수 그리스도와 신부가 될 교회와의 관계를 말씀하신 것이지, 남자가 여자를 지배하고 여자는 남자의 지배를 받아야 한다는, 그런 남성과 여성의 불합리한 권위나 위치를, 말씀하신 것이 아닙니다. 그런데도 이들도 똑같이 '아! 여자가 선악과 따 먹고 자기 남편도 먹게 하여, 하나님께 죄 범하도록 끌어들여 남자를 망쳐놓았구나. 남자를 망친 것이 여자구나. 그래서 하나님이 여자를 오직 남편만 바라보고, 남편의 말만 듣고 복종하고 절대로 다른 남자 얼굴 쳐다보는 것도, 얼굴을 보여주는 것도 해서는 안 되고, 오직 남편만 보고, 남편의 지배를 받고 남편의 다스림을 받으라고 하셨구나. 아주 지당하고 맞다. 여자가 아주 문제다 문제!' 하는 식으로 받아들여 여자의 지배자처럼 군림하며 무시하고, 물건 취급하듯 하는 죄악을 행하였습니다. 여자가 얼굴 내놓고 외간 남자 마주치는 것도 죄악시했습니다. 심지어 여자는 혈통 잇게 하는 자식 낳는 도구, 성적인 도구로 취급당하고, 말하자면 여자라는 것 때문에 인권을 무시했습니다.

　저 중동 쪽 이슬람의 종교는, 창조주의 신을 믿고 있습니다. 그들은 신을 '알라'라고 합니다. 하나님의 율법이 그들의 법전입니다. 만약에 지나가다가 다른 차가 자기 차를 부딪쳐 뭐라도 깼으면, 자기도 가서 '이는 이로, 눈은 눈으로'라고 하신 율법의 가르침을 그대로 적용하여 깹니다. 그런데 그들의 종교가 여자의 인권을 얼마나 짓밟고 있는지, 여자가 밖을 나갈 땐 머리부터 발끝까지 싸매야 합니다. 눈만 내놓고 다닙니다. 사단이 그들의 하나님이 되어 있어, 하나님의 법을 잘못 이해하고, 잘못 이용하고 악용하고 있습니다. 얼마 전에는 그 나라의 어떤 여자가, 바지를 입어 종교를 모독했다고, 종교법에 회부가 되었는데, 그 여자가 세계 언론에 사실을 알려서, 여자도 인권의 자유가 있으며, 여자의 자유를 찾고 싶다는 인터뷰가 방송에 보도된 적이 있었습니다. 이같이 여자의 인권이 얼마나 속박되었는지를 수천 년이 지난 오늘날에도 그 흔적을 보는 겁니다. 같은 종교는 아니지만, 같은 오경을 가진 유대인들도 마찬가지로 인간 사상이 주체가 되어, 말씀을 해석했기 때문에, 하나님의 뜻에서 벗어나서 흘러왔다는 것은 마찬가지입니다.

성경에 여자를 인구수에 넣지 않은 것도, 하나님께서 여자를 가치 없게 여겼기에, 남자의 대열에 넣지 않았다고 해석을 했습니다. 그러면 지금은 이렇게 해석 안 합니까? 똑같습니다. 지금 사람들도 유대인들의 해석이나 똑같습니다. 여자를 인구수에 넣지 않은 하나님의 의도는 **남자가 부모를 떠나 그 아내와 연합하여 한 몸을 이룰 지로다**(창2:24)하셨으니 말씀대로입니다. 우리가 예수님께 속하여서 하나가 되어야 한다는 뜻입니다. 연합의 뜻, 예수님 안에 들어가고 예수님이 내 안에 들어오시는 이 관계로 하나가 돼야 하는 의미로 여자를 인구수에 넣지 않았습니다. 너무나 중요한 복음의 뜻을 사람들이 도무지 깨달을 능력들이 없습니다. **한 몸을 이룰 지로다** 하신 그대로 혼인한 여자는 그 남자에게 속하였으니, 인구수에 결혼 적령기가 된 20세 이상 된 남자만 올렸습니다. 여자가 남자에게 속하여 둘이 하나가 된 것처럼, 믿는 자 또한 예수님과 한 몸의 연합이 돼야 한다는 것을 가르치시는 방법입니다.

예수님이 떡 만들어 먹이던 두 표적 사건은 **먹은 자는 여자와 아이 외에 사천 명이었더라**(마15:38) **먹은 사람은 여자와 아이 외에 오천 명이나 되었더라**(마14:21)고 했던, 그 칠병이어와 오병이어 사건이 말씀 그대로 **연합하여 둘이 한 몸을 이룰지로다**의 뜻을 이루시기 위해 오셨음을 보이신 표적입니다. 신부를 맞으러 이 땅에 오신 남자이신 예수님께 나오는 모든 영혼에, 생명을 얻게 하심으로써 예수님과 한 몸을 이룰 것을 나타내신 이적과 표적이었습니다.

그래서 에덴동산의 창조 속에 넣으신 뜻은 나무로 본다면 뿌리와 같고, 이스라엘에 넣으신 역사는 나무줄기와 같고, 예수님이 오신 것은 나무 열매와 같습니다. 예수님이 신부를 맞아 한 몸 되시기 위해 남자(초림)로 오셔서, 신부 맞을 준비를 십자가에서 다 이루시고 하늘로 가셨다가, 성영님으로 다시 오셨습니다. 그러므로 예수님과 뜻이 하나가 된 신부의 자격(번제단과 물두멍을 거친 자)을 갖춘 온전케 된 자들 안에 오셔서 한 몸이 되었습니다. 이제 예수님이 오신 이후는 남자만 인구수에 오르는 것은 끝났습니다. 여자가 남자의 아내로 연합하여 하나로 보신 것도, 인구수에 남자만 오른 것도, 예수님 오신 이후는 끝났다는 말입니다. 하나님께서 사람 혼인에 두셨던 '하나'의 의미는 끝났습니다. 오실 그분, 바로 예수님이 오셨으니 그 의미를 부여하신 것은 더는 필요가 없게 되었고, 이제 개개인이 예수님을 구주로 영접하여 성영님이 내주하시면, 예수님과 한 몸을 이루는 것이니, 예수님이 오신 이후로는 이제 두 종류만 보십니다. 성영님으로 한 몸을 이루었느냐? 육체 가운데 사는 육체의 사람이냐? 그 둘만 보십니다. 그에게 예수님이 없으면 영원한 지옥으로 떨어질 것이요, 그에게 예수(성영)님이 계시면 영원한 영생으로 가는 것, 그 두 종류만 있습니다.

성경에서 이런 영적인 역사를 성영님의 눈으로 보지 못하면, 성경을 문자로만 이해하게 되고 그같이 방향을 잘못 가게 되어, '아! 하나님도 선악과 따 먹고 남자도 먹게 해서 죄짓게 한 그 여자를 가치 없게 여기시는구나.' 하는 생각을 두게 되고, 하나님도 무시하는 여자라는 것을 속에다 은근히 두는 것이고, 아내가 자기 눈에 안 차고 비위에 거슬리면, 그것이 무기가 되어 무시하고, 하나님도 모르시는 자만에 빠져 있었을 것은 충분히 상상이 갑니다. 참신앙의 남자들이 그렇다는 것이 절대 아닙니다. 그 마음이 하나님과 같기 때문에 절대 있을 수 없습니다. 하나님의 뜻을 바르게 알아보지 못한 유대 사회 남자들이 이 같은 성향으로 흘렀다는 말입니다. 아내의 행실이 안 좋거나, 또는 남편 위신에 체면 깎는 행동이 있다거나, 마음에 안 들면 구실을 만들어 정당화하여 이혼 증서 하나 써 주고 내쫓기도 했습니다. 예수님께서 그것을 지적하셨습니다. 음행한 연고도 없이 이혼 증서 하나 써주고 아내를 버리는 것은 저로 간음하게 하는 연고가 된다고 하셨습니다.

그러면 남자 자신은 간음이나 음행의 문제없는 도덕적인 사람이냐? 여자가 간음하면 죽을죄라고 돌로 치거나 내쫓았는데, 남자 자신은 간음하고도 '난 남자니까, 그럴 수 있다. 남자는 용납이 되지만,

하나님도 가치 없게 여기는 여자는 아니다. 남편은 여자 다스리라 했지 여자가 남편을 다스릴 수 없다'는 자만심을 두고, 자신은 죄로 여기지 않은 것입니다. 남자들의 특권처럼 여겼습니다. 나는 당연하고 너는 율법을 범한, 죽어야 할 자라 여긴 겁니다. 이것이 사단의 속성인 교만이요 오만입니다. 요8장에 간음한 여자 사건을 통해서도 드러나고 있습니다. 간음했으면 여자 혼자 했습니까? 여자가 있으면 남자도 있을 것 아닙니까? 그런데 여자만 붙잡아왔습니다. 이것은 이스라엘 유대 사회만의 이야기가 아닙니다. 하나님의 말씀 밖에 사는 사단의 교만한 속성으로 성품이 이뤄진 세상 남성들의 이야기이기도 합니다.

이 자리에 계신 남자 성도들도 대부분 '나는 남자니까 그럴 수 있다'는 그런 이기적인 생각과 성향에 있었지 않았습니까? 또 지금도 '남자니까 그럴 수 있다.' 는 그 피를 가지고 있지는 않습니까? 그래요, 안 그래요? 나는 당연하고 너는 맞아 죽어야 한다고 하는 오만이 있었잖습니까? 그것이 하나님의 속성이고, 하나님에게서 온 것으로 생각한다면 어디 한번 자신 있게 손들어 보세요? 만일에 남자의 특권이나 되는 것처럼 이런 우월적인 교만을 품고 있는 것이면, 그것은 하나님 앞에 오만이요, 더러움이요, 사단과 같으므로, 하늘이 무너져도 구원받지 못합니다. 자기 목숨을 하나님께 바친다 해도 거기에 구원은 없습니다.

그러니까 여자의 주인처럼 군림했던 이 유대 남자들이 메시아를 기다린다고 했지만, 정작 메시아가 오셨는데 아주 깜깜한 소경이 되어서 보지 못했습니다. 눈앞에 있음에도 눈 뻔히 뜨고 보면서도 도무지 보지 못했습니다. 남자가 여자를 다스려야 한다는 오만을 가지고, 여자를 다스리는 정도를 넘어서서 군림하던 교만과 이기심으로 눈멀

어버려서 여자가 낳은 예수님을 알아보지 못했습니다. 천대하고 멸시하던 그 여자에게서 나신 거룩하신 주 예수님을 알아보지 못하고, 똑같이 예수님을 천대하고 멸시하고, 결국 예수님을 십자가에 달아 죽였습니다. 그런 그들을 오늘 15에서 누구의 후손이라고 했습니까? 뱀에게 한 말이지만, 사단에게 입니다. 그래서 사단의 후손입니다. 예수님을 멸시하고 무시하고, 여자를 무시하고, 예수님을 십자가에 달아 죽인 그들이, 남자라고 자부했던 바리새인, 서기관, 사두개인, 성전 제사를 맡은 제사장, 그들이 네피림의 후손, 사단의 후손이라고 말씀했습니다.

남성이든 여성이든 성과 관계없이, 자기 영과 혼과 육체와 삶을 통해 예수님의 흔적을 가지고, 예수님을 나타내는 자가 영적으로 남자입니다. 이 영적인, 영의 세계는 남성, 여성 하는 그런 인간의 성에 대한 것을 나누고 있지 않습니다. 그러니까 아무 데나 남자라고 하지 말란 얘기입니다. 바로 이 땅에서는 예수님의 사람이, 즉 예수님의 제자가 예수님을 대신하는 남자요, 그러나 참생명을 주시는 진짜 남자는 하늘 보좌 우편에 계신 예수님입니다. 남자가 되지도 않았으면서, 하나님 말씀을 말하는 것이, 그런 남자 타령이나 하는 자신들의 특권인 양 나서서, 생명 없는 껍데기들을 먹여주는 짓들을 두려움으로 그치라는 얘기입니다. 이것이 성영님께서 주시는 경고요, 예언입니다. 여자(신앙)만이 여자의 후손을 기다린 여자입니다. 바로 예수님의 제자들이 여자요, 후손이신 예수 그리스도를 만난 여자입니다. 오순절 마가 다락방에 오신 보혜사 성영님으로 생명의 충만함을 얻은 이들이 연합으로는 신부요. 사명으로는 종이요. 제자요. 사도입니다. 그러므로 종이 누구냐? 신부가 누구냐? 바로 예수님의 제자입니다.

그러면 여러분은 제자입니까? 제자들처럼 세상을 뒤로하고 예수님과 함께 있습니까?

'남자는 그럴 수 있다. 하나님께서 남자에게 특권을 주셨다.'고 하는 죄의 특권은 하나님께서 주신 적이 절대로 없습니다. 사단의 것입니다. 그래서 권리를 찾는 것이 무엇이냐? 그런 죄에서 돌이킴은 물론이거니와 내가 예수님을 믿기 전에 지은 죄들일지라도, 그것을 성령님이 들추어 내주시면 애통하여 회개하고 고백해야 합니다. '아니, 예수님이 과거의 죄, 현재의 죄, 미래의 죄까지도 다 씻어주셨는데, 그걸 믿으면 되지 그걸 믿으면 죄에서 용서받는다고 했는데 무슨 회개? 무슨 고백이 필요하냐?' 하는 그런 자기 지식에서 나는 생각들을 내세우는 교만이 필요한 것이 아니고 '하나님, 제가 그 같은 죄를 지은 죄인이었습니다. 더럽고 흉측한 죄밖에 지은 것이 없는 죄인이었습니다. 정말 제가 그런 죄인이었군요. 나 같은 죄인을 위해 피 흘리셔서, 그 피로 내 죄를 씻어주셨으니, 이 은혜가 내겐 너무 커 감사할 것밖에 없습니다. 그런 죄인인 제가 용서받아 자유 얻게 되었으니 감사합니다.' 하는 고백이 자기 속에서 저절로 터져 나올 수가 있어야 합니다. 그것을 고백할 수 있는 것이 인간이 하나님 앞에서 회복해야 하는 권리요, 그것이 하나님 앞에서 자신을 아는 겸손이요, 겸손의 증거입니다. 자기가 죄인이었음을 아는 겸손입니다. 그 겸손 앞에 죄를 짓도록 힘을 준 악한 영들이 붙어 있을 수 없습니다. 하나님의 위로가 영혼에 충만해지는 거예요. 기쁨의 생수가 그 속에서 흘러나오니 성령님께 더욱 의지하여 죄를 보고, 회개하기를 기뻐하게 되는 것입니다. 이것이 예수님의 성품으로 변화를 받는 예수님과 연합된 신부의 자격입니다.

그러나 한편으로는 하나님께서 그 유대인 남자들, 즉 사단에 속한 가짜 남자들에게 여자(신앙)가 그 같은 멸시와 천대를 받는 것을 허락하셨습니다. 사단의 유혹하는 말을 여자(하나님의 말씀을 받은 여자)가 받아들였음으로써, 사단에게 참소와 핍박과 훼방을 받아야 했습니다. 여자, 즉 이스라엘의 신앙이 사단에게 그 같은 참소를 받고 핍박을 받고 훼방을 받는 그 수고의 짐, 영과 혼과 육체의 안식 없는 고통을 겪는 수고의 짐을 지고, 안식을 소망하며 그 고난에서 구원 얻기를 기다려야 했습니다. 예수님이 오실 때가 가까웠을 땐, 여자에게 그 고난이 더욱 기세등등하여 가중되었습니다. 신앙 때문에 받는 고난이 정점에 달하여 도무지 빛이 보이지 않을 때, 비로소 예수님께서 오셔서 여자의 그 고통의 바통(배턴, baton)을 받아 고난의 길을 걸어가셨습니다. 예수님이 '여자'에게서 나셨다는 것은, 바로 연단된 신앙에서 나셨다는 말입니다. 풀무 불같은 연단을 통해 정금이 나왔습니다. 여자의 후손으로 나심을 통해 그것을 알게 하셨습니다. 그 여자, 신앙의 바통을 받아 예수님이 고난의 짐을 지고 걸으셨고, 마침내 십자가 위에서 다 이루시고 승리하셨습니다.

하나님께서 사단에게 **여자의 후손은 네 머리를 상하게 할 것이라** 하셨기 때문에, 사단이, 후손이 될 만한 사람이 날 때마다 죽이기를 힘썼고, 후손을 낳을 여자를 끊임없이 괴롭히고 고통과 멸시를 받게 함으로써, 신앙을 무너뜨리려 했고, 후손이 올 수 없게 하려는 온갖 간계로 여자를 무시하고 경멸했습니다. 사단의 후손인 유대인의 거짓 남자들을 통해서 말입니다. 그러므로 지금까지 잘못 알고 있던, 구약의 영적 역사에 대한 눈을 열고, 선명히 봄으로써 믿음이 되고, 영의 사람으로 단단히 세워지는, 장성한 분량으로 나가야 할 것입니다.

사단은, 남자가 여자의 지배자처럼 군림하게 했고 주인 노릇 하게 했습니다. 이것은 남성의 죄성과 딱 맞게 되어서 거기에 동의하고 동화되어 인류 속에 그대로 흘러왔습니다. 인간이 **너는 남편을 사모하고 남편은 너를 다스릴 것이니라** 하신 말씀을 알든 모르든 관계없이 사단이 남자 속에 심어주었습니다. 사단은 남자나 여자나 성적인 노예가 되게 하여, 남자가 육체의 정욕과 성욕으로 여러 여자를 거느리게 하거나, 부정한 행위로 세상에 얼마나 많은 죄의 씨가 번성하게 하여, 사단이 세운 세상 나라, 코스모스 세상에 기여하게 했는지 이루 말로 다 할 수 없습니다. 인간이 더러운 성욕, 더러운 정욕들로 사단을 도와 사단의 세상을 확장하는 데 열심을 다 한다는 말입니다.

그래서 예수님을 믿는다면 하나님이 주신 거룩함의 권리로 깨끗이 돌아서야 합니다. 남자든 여자든 절대적으로 몸을 단정히 해야 합니다. 이것은 절대적입니다. 남자든 여자든 이기적이고 더러운 성욕의 노예가 된 것은, 음란의 창조자이자 간음의 창조자인 사단에게 자기 몸을 내준 것이요, 사단의 도구로 사용된 것입니다. 그들은 지옥의 불구덩이에 들어가서도 더한 고통, 더럽고 추한 고통이 가중될 것입니다. 이제 예수님으로 구원 얻은 사람은 거룩한 신분이 되었고, 또한 예수님이 신랑이니 신부는 신랑이신 예수님만을 사랑하고 사모하고, 신랑의 말씀만 들어야 하고 그 말씀으로 사는 것입니다. 이것이 **너는 남편을 사모하고 남편은 너를 다스릴 것이니라** 입니다. 예수님과 말씀으로 지배받아 사는 것, 그것이 하나님께서 주신 권리이니, 이 권리가 확실하게 세워져야 합니다.

그다음 17에 아담에게 이르시되 **네가 네 아내의 말을 듣고 내가 너에게 먹지 말라 한 나무 실과를 먹었은즉 땅은 너로 인하여 저주**

를 받고 했습니다. 이것은 하나님이 땅을 저주하셨다는 말이 아닙니다. 하나님이 먹지 말라 하셨는데 아담이 먹었으므로 땅이 하나님께 저주를 받은 것이 아니라, 사단에게 저주를 받았다는 말씀입니다(저주에 관해서는 〈뱀에게 흙을 먹어라, 잉태의 고통을 크게〉에서 언급함). 그리고 **너는 종신토록 수고하여야 그 소산을 먹으리라** 하셨습니다. 그러니까 여자가 선악과를 먹은 것은 '하나님의 말씀으로 다스림을 받아야 살게 된다는 인간의 절대적 위치를 선고받은 것'이 되었고, 아담이 먹은 것은 '먹지 말라'의 말씀을 들었음에도 아내의 말을 듣고 먹었음으로써, 땅이 그로 인해 저주를 받게 되었다는 말씀입니다.

그리고 종신토록 수고해야 소산을 먹을 수 있다(영적인 것을 얻는 수고를 해야 함을 의미). 이제 사람이 육체(영)를 위해서는 사는 동안에 힘쓰고 애써야, 즉 땀 흘려야 소산을 얻는다. 즉 땅에서의 삶은 고달픈 나그네와 같은 삶이라는 것입니다. 이제 사람은 땅이 저주받았음을 반드시 알라는 말씀입니다. 그러므로 저주를 받은 땅의 것들을 위해 산다면, 그도 또한 저주받은 자임을 알라는 거예요. 사람은 이제 그 에덴의 본향을 그리워하는 존재가 되었음을, 아담으로 분명히 보이신 것이 되었습니다. 이것이 사람으로 하늘에 들어가는 길을 가게 하신 하나님의 교훈이요, 교육이요, 방법입니다.

오늘 18, 19는 그 수고에 대한 말씀입니다. '땅이 가시덤불과 엉겅퀴를 낼 것이다.' 육체의 수고와 고달픔이 있다. 땅이 저주받았으므로 순조롭게 내주는 것을 거역하게 되었다는 것입니다. 아담이 하나님이 먹지 말라 하셨음에도, 아내가 주는 것을 먹었으므로 이제 아담은 아내를 위하여 수고로이 땀을 흘려야 하게 되었고, 땅은 아담으로 인해 저주가 들어왔으므로, 거역하듯 엉겅퀴와 가시를 내주게 되었다는 말씀입니다. 여자의 후손이 오시기까지 사단이 엉겅퀴와 가시가 되어 고통을 주고, 고난과 수고로 피와 같은 땀을 흘리는 싸움을 하게 되었다. 땅에서 순조롭게 소산을 내주지 않고, 땀 흘리고 수고해야 거둘 수 있는, 그런 수고와 고통이 따르게 되었다는 말입니다.

하나님께서 처음 사람을 버리시려고 에덴에서 쫓아내신 것이 아닙니다. 오늘 23에서 근본 된 토지를 갈게 하셨다고 말씀하듯이 이제 근본 된 토지를 가는 육체의 고달픈 삶을 통해, 마음의 쉼이 없는, 죽음(두려워하는 것)의 두려움을 가진 영이 되었으므로, 안식을 그리워하는, 안식을 사모하게 된 영적 존재임이 드러났다는 것을 의미합니다.

육의 본능은 땅의 것입니다. 인간은 땅의 성분인 흙으로 지어졌으므로 육의 본능이 더 강합니다. 그 속에 하나님의 영을 넣어 하나님을 사모하는 영이 되게 하셨지만, 땅에서 살기 때문에 하나님을 사모하는 영의 욕구를 육의 본능의 것으로 채워보려고 하는 인간의 약함이 있습니다. 그래서 하나님은 첫 사람이 자기 실체를 보게 하셨습니다. 벌거벗은 것은 수치요, 두려움이요, 무가치한 것이요, 저주임을 보게 하시고, 너는 흙이니 흙으로 다시 돌아가는 것이지만, 그 근본 된 토지를 가는 수고 속에서 안식하기를 원하는 영의 고통과 욕구를 느끼고 깨달으며, 하나님의 안식을 사모하여 소망하게 하셨습니다. 이제 첫 사람을 비롯한 인류는 하나님의 말씀을 들어야 하고, 에덴동산에 생명 나무이신 여자의 후손, 예수 그리스도를 사모하고 기다려야 하는, 그 사명의 길이 되게 하셨습니다. 흙이니 흙으로 돌아가야 할 육체는 사는 동안 수고하고, 고난의 떡을 먹어야 하고, 그 고달픔의 광야에서 안식을 사모하게 하셨습니다.

에덴은 하늘의 모형이라고 말씀드렸습니다. 에덴동산에서는 자기가 수고하지 않았습니다. 모든 것이 갖추어져 있습니다. 하나님 안에 다 있다는 말입니다. 안식이요, 평안입니다. 이제 천 년 시대로 들어가는 사람들이 누릴 행복입니다. 사람이 육체는 땀 흘리고 수고해야 먹게 되고, 여러분 얼마나 수고스럽습니까? 그러나 그 수고하다 끝나는 존재가 아니라 이제 광야 속에서 하나님의 말씀으로만 살게 되는 것임을 배우고 안식이신 예수님을 만나기 위해 걸어가야 하는 길이 되게 하셨습니다.

그러므로 아담과 하와로 보이신 것은, 죄지었다고 그들을 떠나신 것이 아니고, 하나님을 떠나 살 수 없는 본질을 알게 하려고, 삶의 고난의 현장으로 이끄시고, 그 고난 속에서도 그들과 함께하시면서 하나님도 같이 고난의 길에 계셨습니다. 그것을 아는 여러분이기를 바랍니다. 이같이 하나님께서는 사람이, 하나님을 알고 하나님의 보호를 받는 임재 속에 있기를 원하셨지만, 그러나 인간은 하나님을 떠나 살기에 용감했습니다. 지금 예수님을 거절하는 자들도 말할 것 없지만, 믿는다고 하는 자들 속에서도 용감한 사람이 얼마나 많습니까. 그래서 하나님을 떠나 예수님 없이 사는 자의 마지막이 어떤 것이냐, 바로 17, 18에 육체를 위해 사는 자들은 저주의 영이니, 영원히 저주로 들어간다는 뜻을 말씀하셨습니다. 육체가 끝나는 날 육체만을 위해 사는 자의 마지막이 어떤 것인가, 자기 안에 하늘의 생명이 없으면, 일생 평안함이 없이 수고하였으나 결국 그 영은 저주로 들어간다는 선고의 말씀을 하셨습니다.

그래서 하늘이 보이지 않는 어둠에 있는 영혼은, 두려움 가운데에 있기 때문에 무서워합니다. 내일을 불안해합니다. 그 영에 예수님의 생명이 와 있는 영혼은, 영원한 집에 들어가는 것을 보니 두려움 없습니다. 죽음에 대한 두려움 없는 거예요. 기쁘게 갈 수 있는 것입니다. 아멘입니까?

오늘 말씀은 여기서 맺습니다. '너는 남편을 사모하고 남편은 너를 다스릴 것이니라.' 하신 말씀의 뜻을 여러분 모두 깨닫는 말씀으로 받게 된 줄로 믿습니다. 오늘도 말씀을 깨달아 믿음의 능력을 갖추도록 복에 복을 더하신 아버지 하나님께 감사드립니다. 아멘

제 15 장
선을 택한 자와 악을 택한 자

¹아담이 그 아내 하와와 동침하매 하와가 잉태하여 가인을 낳고 이르되 내가 여호와로 말미암아 득남하였다 하니라 ²그가 또 가인의 아우 아벨을 낳았는데 아벨은 양 치는 자이었고 가인은 농사하는 자이었더라 ³세월이 지난 후에 가인은 땅의 소산으로 제물을 삼아 여호와께 드렸고 ⁴아벨은 자기도 양의 첫 새끼와 그 기름으로 드렸더니 여호와께서 아벨과 그 제물은 열납하셨으나 ⁵가인과 그 제물은 열납하지 아니하신지라 가인이 심히 분하여 안색이 변하니 ⁶여호와께서 가인에게 이르시되 네가 분하여 함은 어찜이며 안색이 변함은 어찜이뇨 ⁷네가 선을 행하면 어찌 낯을 들지 못하겠느냐 선을 행치 아니하면 죄가 문에 엎드리느니라 죄의 소원은 네게 있으나 너는 죄를 다스릴지니라 ⁸가인이 그 아우 아벨에게 고하니라 그 후 그들이 들에 있을 때에 가인이 그 아우 아벨을 쳐 죽이니라 ⁹여호와께서 가인에게 이르시되 네 아우 아벨이 어디 있느냐 그가 가로되 내가 알지 못하나이다 내가 내 아우를 지키는 자이니까 ¹⁰가라사대 네가 무엇을 하였느냐 네 아우의 핏소리가 땅에서부터 내게 호소하느니라 ¹¹땅이 그 입을 벌려 네 손에서부터 네 아우의 피를 받았은즉 네가 땅에서 저주를 받으리니 ¹²네가 밭 갈아도 땅이 다시는 그 효력을 네게 주지 아니할 것이요 너는 땅에서 피하며 유리하는 자가 되리라 ¹³가인이 여호와께 고하되 내 죄벌이 너무 중하여 견딜 수 없나이다……(13절 이후의 구절은 생략함)

(창4:1-22)

우리가 창조에서 보게 된 것은, 첫 사람이, 창설하신 에덴으로 들어가 경험한 그 안식은 영에 이루어진 참안식이 아니고, 깨질 수 있는 환경적 안식이다. 하나님의 뜻은 첫 사람에게 이 에덴의 안식을 경험케 하여 진짜 참안식, 깨지지 않는 영원한 참생명의 안식을 주시는 예수님을 만나야 참안식을 얻고 안식하러 들어간다는 것을 에덴으로 보이신 것이라고 하는 것을 잘 알게 되었습니다. 말씀대로 자기 안에 예수님이 계시면, 하늘 아버지께 안식하러 갑니다. 영원히 살러 아버지께 가는 거예요. 그것이 사람을 지으신 뜻이요 목적입니다. 사람의 육체는 흙으로 영원할 수 없기에, 하나님의 뜻은 그 육체 안에다가 그릇과 같은 하나님의 영을 넣으시고, 그 영에 예수님의 부활하신 생명을 얻게 하여, 새로운 몸, 영생하는 몸으로 일으키시는 뜻을 가지셨다는 것도, 잘 알게 되었습니다. 하나님께서 선악과를 사람 앞에 두신 이유도 잘 알게 되었으리라 생각합니다.

이해가 부족한 분들 위해 다시 설명합니다. 눈에 보이지 않는 영의 세계엔, 사람에게 영향을 끼치는 두 영적 존재가 있는데, 창조주로 사람에게 생명을 주시는 '선'이신 하나님과 사람을 꾀어 죽음으로 몰아가는 사단입니다. 그래서 우리가 하나님과 하나님이 하시는 일과 또 사단과 사단의 하는 일을 분명히 알아야 할 뿐만 아니라, 자기가 누구인가도 알아야 합니다. 이것이 하나님께서 사람에게 주신 권리라고 했습니다. 그래서 선이신 하나님과 악한 자 사단을 아는 지식이 있게 하시려고, 선과 악을 아는 지식의 나무 실과를 두셨고, 첫 사람이 그것을 먹자, 하나님도 알고, 사단도 아는 지식이 있게 됐습니다. 또한, 눈이 밝아져 자기들의 몸이 벗은 줄도 알았습니다. 즉 선악과를 먹은 사람은 선과 악을 알게 되었고, 자기가 누구인지 자신의 실체도 보게 되었다. 입어야 하게 된 벌거벗은 자기의 모습을 보고 알게 되었다는 말입니다.

그래서 자기의 벗은 것을 보고 수치와 두려움이 들어왔고, 그것을 가려보려고 즉시 반사적으로 나타난 행동이 무화과 나뭇잎을 엮어 치마를 하는 것이었는데, 이제 사람은 입어야 한다는 것을 드러냈고, 입으려는 욕구를 영에 가졌음을 드러낸 것이라고 했습니다. 그 옷은 선이냐? 악이냐? 자기가 선택할 사항이 되었음을 말한다고 했습니다. 선과 악을 아는 실과를 먹은 사람은 이제 두 길, 육체의 소욕을 좇아 사는 사단이 주인 된 길과 하나님의 말씀을 따라 사는 영의 길, 죽음과 생명의 두 길이 있게 되었습니다.

사람은 영과 육으로 된 존재요. 영을 따르면 하나님이 주인이 되는 것이요, 육을 따르면 사단이 주인이 되는 것이니, 그러므로 영이냐 육이냐? 선택해야 할 자유의지의 인격체라는 것이 드러났다는 말입니다. 이제 사람은 육체가 있는 동안에는 삶에 필요한 정도, 그 이상을 좇아 살면, 사단이 주인임을 알게 하셨습니다. 육체와 정신(혼)만을 위해 산다면, 그것은 망한다는 것을 보이셨다는 말입니다. 사람은 선과 악을 아는 실과를 먹고, 하나님도 알고 사단도 알고(경험) 자기가 누구인가도 알게 되었습니다. 에덴에서 쫓겨난 사람은 이제 사단이 지배하고 있는 세상에 들어가 영과 혼과 육체, 전인이 수고하고 고통을 겪고 애씀이 있는 삶을 살면서, 하나님의 말씀으로 사는 것을 배워야 하게 되었습니다.

그런데 믿는다는 사람들이 '자기가 누구인가?' '어떻게 살아야 하는가?' '믿음은 어떤 것인가?' 를 알려주시는 하나님의 이 같은 창조의 본질을 배워 알고, 삼위 하나님과 관계를 맺은 믿음이 되고, 성영님이 자신도 교회도 유익이 되는 은사를 주시는 것이 돼야 하는데, 이런 질서가 없이 그저 자기 기분과 성향을 따라 방향을 잡고, 그것이 믿는 길인 줄 알고 은사들에만 치우쳐서 속으며 따라가고 있습니다. 물론 그것이 자기에겐 흥밋거리요, 자기만족이요, 우월감이 되어 신앙 생활하는 이유로 삼고 있습니다. 성경에도 없는 성영의 불 받았다는 불 타령이나 하고, 그것이 믿음이 있다는 증거고, 성영님을 받은 증거인 줄 알고 있습니다. 말씀을 들을 때 마음이 뜨거워질 수는 있고, 기도할 때 몸이 더워지는 현상은 있습니다(눅24:32). 그러나 이것은 불이 아닙니다.

다메섹 도상에서 예수님이 사도 바울을 찾아오셨을 때, 어떤 현상이 있었습니까? **홀연히 하늘로서 빛이 저를 둘러 비추는지라** 했지 불이 왔다고 하지 않았습니다. 성영님은 하나의 그런 작은 불덩어리 같은 존재도 아니고, 그렇게 역사하시는 분 아닙니다. 그것은 다른 복음이 성영님의 일인 것처럼 흉내 내어 가져다주는 것들입니다. 성영의 불! 성영의 불! 하는 것 성영의 불 받아서 회개가 터졌다. 은사(병 고치고 귀신 쫓고 방언하는 것 등) 받았다고 하는 것 절대 성영님으로부터 온 것이 아니니 속지 말라는 것, 분명히 말씀드립니다. 불을 받아 회개가 터져 눈물 콧물 다 흘렸어도, 그것은 자기 양심으로 아는 것, 즉 어려서부터 지은 도덕적인 죄들을, 사단이 들춰내 준 그것을 성영님을 받고 회개한 것처럼 속이는 것입니다. 하나님이 원하시는 회개는 근본적으로 도덕적인 것들을 말씀하는 것이 아니라, 먼저 하나님과의 관계의 것, 영적인 것입니다.

오늘 본문 4장은 처음 사람이 에덴에서 쫓겨나 땅에서의 삶을 살면서 가인과 아벨 두 아들을 낳았는데, 그 두 아들로 두 길의 실상이 나타났습니다. 선의 길, 악의 길입니다. 영의 길, 육의 길입니다. 즉 하나님도 알고 사단도 알게 된 사람은, 선이신 하나님을 따를 것이냐? 악을 따를 것이냐? 선택해야 하는 자기 의지에 대한 책임이 가인과 아벨에게서 나타났습니다. 한 사람은 선이신 하나님을 향하여 그 마음이 집중되어 선의 길을 따른 영의 사람으로, 또 한 사람은 육체를 위해 사는 것에 집중되어 악의 길을 따른 육의 사람으로 나타났습니다.

여기 4:2에서 **아벨은 양 치는 자이었고 가인은 농사하는 자이었더라** 했고, 3-5에서 **세월이 지난 후에 가인은 땅의 소산으로 제물을 삼아 여호와께 드렸고 아벨은 자기도 양의 첫 새끼와 그 기름으로 드렸더니 여호와께서 아벨과 그 제물은 열납하셨으나 가인과 그 제물은 열납하지 아니하신지라** 했습니다. 하나님께서 아벨과 그 제물은 받으셨는데, 가인의 것은 받지 않으셨다는 것입니다. 사람들은 이것이 자기 생각에 합리적이지 않다고, 여러 가지 불평과 무성한 말들을 합니다. "하나님이 누구 것은 받고, 누구 것은 받지 않은 것은 뭐냐?" "하나님이 곡식보다 고기를 더 좋아하시는 거냐?" "가인은 정성 없는 제사여서 받지 않으셨고, 아벨은 정성을 다한 제사라서 받으셨다." "하나님 마음대로다." "받지 않은 것은 불공평하다. 받지 않은 것은 너무하다." 하는 등등으로 하나님을 거스르고 우롱하는 교만한 말들을 함부로 합니다.

그러나 죄로 인해 멸망으로 들어갈 사람이 하나님과 화해가 되어 하나님 나라에 들어가려면 죄 없는, 거룩한 생명의 피로 된다고 하는 것, 우리는 너무나 잘 알고 있습니다. 사람이 성경을 열어 읽기만 해도, 피로 모든 물건이 정결케 되고, 피가 생명이고, 육체의 생명은 피에 있고, 피가 죄를 속하므로 예수님의 피로서만 죄 사함이 이루어진다는 말씀들이 성경의 줄기니, 충분히 아는 것입니다. 그런데도 그런 오만한 말들로 하나님을 경멸하듯 하는 것, (제가 과거에 이런 투의 말들을 흔히 들었습니다) 사람이 얼마나 하나님을 경홀히 여기는 것인지, 하나님 앞에서 자신을 스스로 높이는 무지함입니다. 그래서 인간이 자기 생각을 따라 하나님의 일 하심을 판단하고, 말씀 앞에 똑똑한 척 자기 생각을 높이는 것, 심각한 교만입니다.

선악의 실과를 먹고 두려워하여 하나님의 낯을 피해 숨어 있는 아담을 하나님께서 찾아오셔서, 여자의 후손이 죄를 짓도록 유혹한 사단의 머리를 상하게 할 것이라는 엄청난 구원의 언약을 하시고, 곧 아담과 여자에게 해지지 않는 가죽옷을 손수 지어 입혀주심으로 벗은 수치, 곧 두려움을 가려주셨습니다. 하나님이 행하신 이것은 바로 첫 사람이 하나님의 말씀을 범한 죄는 여자의 후손이 오셔서 피 흘려 대속하신다는 뜻입니다. 하나님이니까 능력이 있으니까, 인간을 창조하신 분이니까, 주권으로 그냥 용서해버릴 일이 아닙니다. 그것은 희생으로 생명 얻게 하실 하나님의 뜻이 있기 때문입니다. 사단의 말을 받아들인 육은 죽음에 넣고, 새로운 피조물로 재창조하여 하늘에 드는 것은, 반드시 죄가 없는 육체의 생명을 내놓아야 합니다. 그래서 죄를 모르는 첫 것의 어린양의 생명을 취하여 피를 흘려 죄를 속하시고, 그 가죽으로 옷을 지어 입혀 첫 사람의 수치와 두려움을 덮어주신 것은, 이제 하나님 자신이 그같이 여자의 후손으로 오셔서 어린양처럼 생명을 내놓아 피 흘려 죄를 속하시고, 의로 옷 입혀 주신다는 뜻입니다. 그러므로 여자의 후손이 오셔서 죄를 대속하여 주실 때까지 하나님께 나올 방법은 양으로 피를 흘려 양의 생명을 하나님께 드리는 것임을 알게 하셨습니다.

그러면 아담과 하와가 두 아들 가인과 아벨에게 하나님의 계시를 전했겠습니까? 안 했겠습니까? 여러분이라면 안 하겠습니까? 당연히 전하고 가르쳤습니다. 하나님과 함께 가졌던 경험담을 낱낱이 들려주고 뱀은 하나님께 죄를 짓도록 유혹하는 짐승이요, 속이는 자라는 것, 절대로 하나님을 바라도록 당부하고 가르친 것은 당연합니다. 모세가 하나님께 받은 율법을 이스라엘 백성에게 가르치고 또 가르치고 당부하고 또 당부한 것처럼, 하나님께서 말씀하신 율법을 마음에 다 새기고 그것을 자녀에게도 부지런히 가르치라고 했던 것처럼, 자녀 가르칠 때 어떻게 가르치라고 했습니까? 손목에도 매고, 문설주에다 달아 놓고, 들어가며 나오며 볼 수 있도록, 아침과 저녁에도 걸어가면서도 달려가면서도 읽을 수 있도록 하라고, 그렇게 부지런히 가르치라 하셨지 않습니까? 그러므로 아담과 하와가 하나님의 대리자로서 자기의 자손들이 하나님의 말씀을 듣도록 가르쳤습니다.

세월이 지나 가인과 아벨이 장성하여 하나님께 제사를 드리게 되었고, 가인은 자기가 농사지은 농산물로 제물을 삼았고, 아벨도 자기가 치는 양의 첫 새끼를 하나님께 제물로 삼아 드렸는데, 하나님께서 가인과 그 제물은 열납하지 않으시고 아벨과 그 제물은 열납하셨습니다. 그러니까 사람들이 하나님이 왜 받고 안 받고 하신 것일까를 알아보려는 인격적 태도가 되는 것이 아니라 "아니, 하나님이 두 사람 것 다 받으시면 어디가 덧나시나? 아벨 것도 가인 것도 다 받으시면 되지, 누구 것은 받고 누구 것은 안 받고 하신 것은 또 뭐야? 하나님도 사람 차별하시느냐?" 하는 식의 하나님을 훈계하듯이, 하나님을 가르치려는 듯이, 비웃듯이 하는 말들을 아주 생각 없이 쉽게 내뱉습니다. 얼마나 죄성이 강한지 그 죄성으로 하나님을 대합니다. 지금 자기가 가인이라는 것은 생각도 못 합니다. 그러나 우리는 지금 자신이 가인의 길에 있는가? 아벨의 길에 있는가? 깊이 들여다봐야 합니다.

또 문제가 되는 것은, 가인의 피 없는 제물은 받지 않으시고, 피 있는 아벨의 제물만 받으셨다는, 그 제물만 본다는 겁니다. 그러나 제물만 받으셨다 안 받으셨다가 아니라, 제물 그 이전에 누구를 받고 안 받고 하셨습니까? 본문 4에서 **아벨과 그 제물은 열납하셨으나** 해서 아벨, 사람입니다. 제물 이전에 사람 자체를 '받으시거나 안 받으시거나'입니다. 5에서 **가인과 그 제물은 열납하지 아니하신지라** 해서 바로 사람입니다. 그러므로 그 사람을 받으실 수 없는 것으로 드러난 것이 바로 그 제물입니다. 그 사람을 받으신 것은 그의 삶도 받으신 것이요, 그 제물 드림이 바로 그의 삶입니다. 하나님과 관계를 맺은 삶이었느냐가 보인 것입니다. 그 사람의 제물 드림이 하나님의 표적에 맞히지 않은 것은, 그가 하나님의 말씀(계시) 안에 있지 않았다는 것이고, 그 사람의 제물 드림이 하나님의 표적에 맞았다는 것은, 그가 하나님의 말씀, 즉 계시 안에서 살았다는 것이란 말입니다. 하나님께 제사한 제물은 곧 그가 마음을 어디에 두고 있느냐의 표현입니다. 그러므로 사람을 '받으시고' '받지 않으시고'입니다.

성경이 뭐라고 합니까? **아벨과 그 제물은 열납하셨으나 가인과 그 제물은 열납하지 아니하신지라** 아벨은 하나님의 계시에 의한 영적인 것에 삶의 표적을 두었고, 가인은 자기가 중심이 된 육신의 것에 삶의 표적을 두었으므로, 제물 드림도 자기 방법, 자기 노력에 의한 것이 되어 열납되지 않았습니다. 가인도 아벨도 똑같이 하나님의 존재도 알고, 하나님께 제물 드려 화해의 제사를 해야 하는 것도 다 알고 있습니다. 가인이 제사한 것은, 하나님의 존재를 믿는 행위입니다. 그리고 둘 다 하나님께 제사하여 화해하기 원했습니다. 아주 중요한 일입니다. 우리가 가인인가? 아벨인가? 비춰봐야 하는 정말로 중요한 일입니다. 그래서 아벨은 예수님을 예표하고 가인은 사단의 예표입니다. 가인이 아벨을 쳐 죽인 것은, 사단이 예수님을 죽음(살인)으로 넣으리라는 것을 보인 그림자이지만, 예수님을 믿는 사람들이 '예수님의 피로 나는 죄 용서받았다'고 고백하고 말한다 해도 삶의 목적, 삶의 중심을 어디에 두었느냐? 에서 믿음인지 거짓인지가 드러난다는 것입니다. 예수님을 믿으려면 예수님과 관계가 되기 위한 믿음의 노력이 당연히 있어야 합니다. 자기 믿음의 일이니 구하고 찾고 두드리는 노력이 없다면, 그것은 믿는 것 아닙니다. 사람이 만일에 달래고 비위 맞추고 설득하고 으르고 해서 믿는 척한다면 교만이요, 저주입니다. 그 처지가 보이니 믿게 하려고 안타까워서 그렇게라도 하는 것이지, 그렇게 한다고 믿음 되는 것 아니라는 것 알아야 합니다. 자기가 지금 어떤 처지에 있는지 알기를 원치 않는 무지한 교만이요 저주입니다.

2에 **아벨은 양치는 자**라고 했습니다. 이것은 아벨의 삶을 말해줍니다. 부모의 가르침을 자기 삶의 뜻으로 듣고 하나님의 말씀과 계시대로 살았다는 말이에요. 하나님의 언약하신 계시의 말씀을 깊이 묵상하고, 그것을 준비하는 삶을 살았다는 뜻입니다. 하나님께서 찾아오시면 언제든지, 부모에게 주신 계시대로 양의 첫 새끼로 제물을 삼아 제사 지낼 것을 준비한 삶이었음에 대한 아벨의 믿음을 대변합니다. 그다음 **가인은 농사하는 자라**는 것도 가인의 삶, 육신을 위한 도모에 마음을 쓰고 산 것을 대변합니다. 그럼, 농사하는 자는 다 육의 길이냐? 예수님을 믿지 못한다는 말이냐? 그런 뜻이 아니라는 것, 그의 마음이 어디에 있느냐가 나타난 것입니다. 가인은 부모의 가르침을 가벼이 듣고 말았을 것입니다. 왜냐면, 그의 생각이 보이는 땅의 것에 집중되었으니, 보이지 않는 하나님의 계시는 중요하게 들리지 않았습니다. 저는 가인의 태도가 어땠을지 충분히 상상이 갑니다.

오늘날도 똑같습니다. 목사가 말씀을 통한 하나님의 계시를 넣어주어 믿음이 되게 하려 해도, 그 마음이 다른 것에 붙들려 있어서 들어가지 않습니다. 그러니 마음이 계시(예수) 밖에 있는데, 하나님께 예배가 되겠습니까? 그 사람과 제물(예배)를 받으셨다고 하는 것이, 오늘 아벨과 가인으로 보이신 하나님의 선고입니다.

그다음 5에 **가인과 그 제물은 열납하지 아니하신지라 가인이 심히 분하여 안색이 변하니** 했습니다. 여러분, 가인이 심히 분하여 안색이 변했다고 했는데 왜 그랬을까요? 자기가 열심히 땀 흘리고 노력해서 얻은 곡식을 제물로 드리게 된 만족감, 하나님께서 농사 잘되게 하여 많은 소산을 거두게 하셨으니, 그것을 제물로 드릴 수 있다는 그 기쁨으로 정성 다해서 나왔는데, 자기 생각에는 하나님이 받지 않으실 이유가 없어요. 자기의 제물을 기쁘게 받으실 줄만 알았지, 받지 않으실 줄은 생각도 못 한 겁니다. 이것이 오늘날의 믿는다는 모습입니다. 그런데 열납지 않으셨으니 분한 마음이 치밀어 올라 얼굴에 그대로 나타났습니다. 동생 아벨은 자기만큼 땀 흘리고 노력한 것도 없고, 사방에 널려있는 풀밭에 양을 풀어놓고, 하는 짓이라곤 멍청하게 누워서 하늘이나 바라보다가, 기껏 양 새끼 한 마리 가지고 나와 불에 태워 드린 것인데, 자기가 볼 때 거기에 정성 들인 것 아무것도 없는데, (아벨의 모습을 영으로 봄) 양 새끼 한 마리 가지고 나와 불에 태운 것일 뿐인데, 어떻게 그런 것은 하나님이 열납하고, 자기는 끊임없이 올라오는 엉겅퀴들과 가시들과 싸우며 힘들이고 노력하고 고생해서 얻은 것을, 그것도 가장 좋은 것으로 정성을 다해 준비하여 제물로 드렸는데, 그것은 왜 받지 않으시는가? 오히려 생각해보면 아벨보다 자기가 더 정성스럽고 얼마나 힘들이고, 기쁜 마음 가지고 드렸는데 왜 받지 않은 것이냐? 아무리 머리 움켜잡고 생각해 봐도 이것은 하나님이 불공평한 겁니다.

그러니까 아벨은 하나님 생각을 드렸고, 가인은 자기 생각을 드렸습니다. 이같이 오늘날 하나님이 불공평하다고 생각하는 사람들 많지 않습니까? 자기가 가인처럼 하나님을 대하고 있다는 것은 모르면서 불공평한 하나님만 보는 것입니다. 지금 가인은 자기가 얼마나 힘들이고 정성 들였다는 것 외엔 보이는 것이 없습니다. 그것이 인간 중심입니다. 자신은 전혀 문제가 없다는 생각에 묶여있기 때문에, 분노가 치밀어 오르고 아벨을 향해서는 질투가 일어나고, 하나님을 향해서는 섭섭함과 배신감이 들어왔습니다. 분노의 화살이 아벨에게 꽂혀서 아벨을 쳐 죽여야 자기 기분이 풀릴 것 같은 생각이 들었습니다. 결국, 가인은 죄의 욕구를 따라 죄가 요구하는 대로 행함으로써 아벨을 돌로 쳐 죽여 살인자가 되었습니다.

아담의 선악과 먹은 죄는 하나님과의 관계가 깨진 것이 아니라, 에덴동산의 환경적 안식이 깨진 것이었고, 그것은 곧 예수님의 안식을 예표한 것으로, 이제 사람은 영원히 깨지지 않는 영혼의 참안식을 주시는 예수님을 향하여 걸어오게 되었습니다. 그래서 그것은 죄의 문이 아담에게서 열렸으므로 아담의 범죄라고 말하는 것이지, 하나님께서는 죄라고 표현하지 않으셨습니다. 그것은 영생 얻는 뜻이기 때문입니다. 그래서 아담의 죄는 예수님을 상징하는 어린양의 생명을 취하여 번제로 드리는 것으로 하나님과 화해가 되었습니다.

 가인의 제사는 하나님의 이 같은 표적에 맞히지 않았으므로 하나님과의 관계가 깨져버렸습니다. 그렇게 하나님과 관계가 깨지니 곧 뒤따라서 사람과의 관계도 깨졌습니다. 이웃과의 관계가 깨지니 곧 뒤따라서 11, 12에 땅과의 관계도 깨졌습니다. 그래서 7에 보면 처음으로 하나님께서 '죄'라는 단어를 쓰셨습니다. 여기서 '죄'라고 하신 것은 궁수의 활이 과녁에서 빗나갔다는 뜻입니다. 하나님의 표적에 맞히지 않은 제사에 하나님께서 직접 죄라는 단어를 사용하셨습니다. 그래서 하나님과의 관계가 깨어진 직접적인 것은, 하나님의 표적에 맞히지 못한 제사였고, 하나님은 그것을 죄라고 하셨다는 것을 분명히 알게 하셨습니다. 아담이 아내가 주는 선악과를 먹은 것은, 땅이 저주받게 되어 일생 땀 흘리며 수고해야 소산을 얻게 되었지만, 그러나 그것은 죄를 범한 육의 것들에서 돌이켜 하나님의 말씀으로 사는 길이 되게 하셨고, 가인은 그 자신이 11에서 땅에서 저주를 받았다고 했습니다. 사단과 함께 멸망 받을 육, 사단의 저주를 받은 사람이 되었다는 말입니다.

 이 모든 이야기는 여러분! 믿는다는 모든 사람에게 주시는 하나님의 계시요, 하나님의 의지요, 하나님의 선언입니다. 믿는 삶이 하나님의 표적에 맞히지 않으면, 예수님의 피 흘려 죄 사하신 것은 해당 없는 것임을 분명히 선언하시는 뜻입니다. 그러니까 6, 7에 동생을 죽이려는 마음을 품은 가인에게, 사단이 살인하도록 즉시로 충동질했습니다. 그래서 하나님께서 사단에게 속지 말고 받아들이지 말라 이르시려고, 의로운 자를 살인하므로 사단을 자기 육신 안으로 들이지 않게 하시려고, 가인에게 오셨습니다. 처음 선악과 먹은 것은 하나님의 구원과 영생케 하시는 뜻이 있지만, 의로운 자를 살인하는 죄의 소욕을 따르면, 그것은 사단을 자기 육신 안으로 받아들여 사단의 종자가 되기 때문입니다.

네가 분하여 함은 어찜이며 안색이 변함은 어찜이뇨 네가 선을 행하면 어찌 낯을 들지 못하겠느냐 선을 행치 아니하면 죄가 문에 엎드리느니라 죄의 소원은 네게 있으나 너는 죄를 다스릴지니라 명하셨습니다. "네가 분노를 품고 안색이 변해서 분해하는 것이 왜냐? 너와 제물이 열납 되지 않은 그 책임은 너에게 있지 않으냐. 하나님이 언제 너의 것을 원하여 요구한 적이 있느냐. 네가 하나님을 바랐다면 삶을 얻는 것이 되었을 테니, 하나님 앞에 낯을 들지 못할 것이 없지 않으냐? 하나님과 어찌 얼굴을 마주 대할 수 없었겠느냐. 하나님께 맞힌 것이면 하나님과 얼굴을 마주 대함이 되었을 텐데, 네가 네 생각을 따라 네 것으로 제사에 맞춰놓고 분해하고 분을 품고 살인할 마음까지 두는 것은 왜냐?"는 말씀입니다. "지금 사단이 충동하는 죄가 네 마음 문에서 뱀처럼 똬리를 틀고 앉아 죄짓도록, 살인하도록 충동질하는 것이니 그러므로 네게 있는 죄짓고자 하는 마음을 따르지 말고 너는 죄를 다스리라."고 하셨습니다. 우리가 죄를 엄히 다스리고 경계해야 하지, 죄에 끌려다니며 죄에게 다스림 받는 것이 아님을 알아야 합니다. 죄는 사단의 요구입니다. 사단의 그 요구를 따르면 사단에게 속하고 사단의 종, 죄의 노예가 되는 것입니다.

7에서 죄는 단호히 잘라내는 것이지 끌려다니는 것이 아님을 분명히 말씀하셨습니다. 죄에 끌려다니는 것은 죄(사단)의 종이요, 죄의 노예요. 그러므로 죄는 철저히 미워하고 따르지 않아야 함을 알게 하셨습니다. 사람이 마음속에다 죽이고 싶은 살인의 마음을, 또는 미움을 품고 있으면 그것은 독소가 되어서 즉 뱀의 혀에 있는 독과 같아서 오히려 자기 생명을 죽이는 것이라, 그 속에 영생이 거하지 않는다고 요한일서가 분명히 말했습니다. 무슨 죄가 되었든지 하나님께 어긋나고 말씀을 거스르고, 예수님과 관계에 틈을 내는 것들이면, 단호하게 다스려 잘라내야 합니다. 죄는 다스려야 하지 따라가는 것 아닙니다. 가인은 하나님이 이르시는 충고를 버리고, 아벨을 죽임으로써 자신을 사단에게 내주었습니다. 오늘 우리가 아벨은 선의 길을 택하여 하나님께 들어가게 되었고, 가인은 악의 길을 택하여 사단의 길로 나갔다는 것을 보았습니다.

그다음 11에 **땅이 그 입을 벌려 네 손에서부터 네 아우의 피를 받았은즉 네가 땅에서 저주를 받으리니** 했습니다. 하나님과 완전히 끊어져 안주할 곳이 없이 유리 방황하게 되었다는 말입니다. '영과 혼과 육, 전인이 사단의 저주를 받으리니.' 입니다. 가인은 사단의 밥이 되었습니다. 13에 가인이 **내 죄벌이 너무 중하여 견딜 수 없나이다** 했습니다. 이것이 하나님을 떠난 영혼의 고통이요 영의 호소입니다. 오늘날 이 영의 고통, 영의 호소가 들려야 하는데, 정신도 육체도 세상으로 지배받고 세상 따라가는 것에 마비되어 들리지 않게 되었습니다. 영의 호소, 영의 고통을 듣지 못합니다. 하나님에게서 떠나간 인간의 영이 겪는 고통, 영과 혼과 육체에 들어온 삼중고의 고통, 육체는 온갖 질병들로 시달려야 하고, 혼은 사단의 성품으로 뿌리를 내려 그 성품으로 자라났고, 영은 죄의식의 두려움과 죽음의 두려움에 싸여 짓눌리는 영의 무거운 짐이 되었습니다. 안주할 곳 없어 방황하는 영의 고통, 밤낮 쉼이 없는 안식 없는 곤고함, **내 죄벌이 너무 중하여 견딜 수 없나이다** 호소했던 이 가인의 호소가 곧 우리 영의 호소입니다. 이것이 자신에게 처한 것임을 알아야 합니다. 그래서 예수님께서 너희가 이같이 예수님의 피와 생명이 없으면 죽게 된 존재라는 것을 알고, 심령이 가난한 자가 아니면 안 된다고, 심령이 가난한 자가 복이 있어 천국이 저희 것이 된다고 하셨습니다(마5:3).

16에 **가인이 여호와 앞을 떠나 나가 에덴 동편 놋 땅에 거하였더니** 했습니다. '놋 땅에 거하였다'는 것은 하나님의 심판 아래 있다. 하나님과 화해하기를 원치 않고 원수 맺고 떠나 나간, 자기가 자기의 주인이 된 육체라는 말입니다. 놋 땅이라는 것은 죽음의 땅, 심판의 땅이라는 뜻입니다. 죽은 자, 즉 심판받을 곳으로 나간 하나님을 등진 자의 운명을 말합니다. 17에 가인이 자기 성을 쌓았다고 했습니다. 아담은 무화과 잎으로 자기 벗은 것을 가리려고 했는데, 이제 가인은 죄벌이 너무 중해 견딜 수 없는 그 두려움에서, 자신을 보호해보려고 하나님의 얼굴을 가리기 위한 자기 성을 높이 쌓아 올리는 것으로 나타났습니다.

그리고 성을 쌓고 성의 이름을 아들의 이름인 에녹이라고 했습니다. 아들의 이름으로 했다는 것은, 이제 가인의 후손은 사단의 저주를 가진, 사단에게 속하여 사단으로 사는 자들로 나게 되었다는 말입니다. (바로 저와 여러분이 다 여기에 속했습니다) 스스로 자기가 자기를 지켜야 하는 그 두려움은 곧 자기의 성을 쌓는 행위로 나타났습니다. 이웃과의 관계도 깨지니 누가 나를 죽이러 오지 않을까, 누가 내 것을 빼앗지 않을까, 탐내지 않을까 하는 불안으로 이웃을 견제하여 곧 담을 치고, 그러므로 서로 싸우고 다투고 전쟁하고 미워하고 죽이고 하는 관계가 되었습니다. 바로 깨진 관계 때문입니다.

이같이 자기가 자기의 주인이 된 가인과 그 후예들이 이때부터 무언가를 통해서 자기를 즐겁게 하여 그 영의 고통을 잊고 평안을 가져보려고, 죄의식도 마비시키고, 죽음의 두려움도 떨쳐보려고, 자기를 즐겁게 해줄 것을 만들게 되었습니다. 개발하고, 만들고, 끝없이 끊임없이 연구하여 만들어내는 그것으로 혈과 육이 된 육체가 사는 이유, 힘으로 삼았습니다. 그런 것에 몰두하게 되었습니다. 세상 것 개발하고 세상 것들에 정신을 몰두함으로써 자기의 두려움, 영혼의 고통을 잊어보려고, 그런 것들로 즐거움을 얻어 보려고 하는 자기 노력을 열심히 기울이게 되었습니다.

20에 거기서 육축 치는 자의 조상이 나왔다. 음식, 더 맛있는 것들을 개발하고, 미각의 즐거움, 배부름의 만족함, 자기 즐거움을 삼기 위해, 또한 부를 얻기 위해서 육축을 치는 조상이 나왔습니다. 21에 악기를 만드는 조상이 나왔습니다. 악기를 만들어 다룸으로써 흥을 내고 향락으로 즐거움을 삼고자 했습니다. 살기 원하는 영의 욕구를 음악으로 향락으로 음란으로 마비시키고자 하는 사단이 끼쳐준 사단의 지혜와 능력으로 세속적인 예술을 발전시키고, 세력을 키워나가는 데 몸부림하게 되었습니다.

22에 자기를 다른 것으로부터 지킬 수 있는 도구들, 금속으로 각양 날 선 연장들을 만들어 전쟁 도구나 농업이나 공업 등에 사용할 도구들을 발명한 조상이 되었습니다. 이처럼 하나님을 떠난 가인의 후예들을 통해서, 인간 문화들이 생겨나고 끝없이 개발하고 발명하여 만들어 나가므로, 세속의 문명과 문화를 발전시켜 나갔습니다. 또한, 세상 종교들을 만들어서, 선행을 통해서, 교양을 닦아서, 도를 닦고 수양을 하고 학문 등의 이런 것들로 갈고 닦아, 고상한 품성과 품격 있는 인물이 되어 스스로 자존심을 높여 자기도취에 빠진 만족감을 느끼고, 죄의식과 두려움을 잊어보려고, 벗어나 보려고 하는 하나님을 떠난 인간 속에서 이런 온갖 정신적 문화들이 나오게 된 것입니다. 그것이 오늘에 이르렀습니다.

그러나 세상 어떤 것으로도 죄의식에서 해방될 수 없고, 두려움에서 놓여날 수 없고, 죄악에서 놓여날 수 없습니다. 성경은 하나님을 떠나 사는 인간의 처한 모습을 세밀하게 가르쳐 알게 하셨으니, 그러므로 자기가 누구인지 어떤 처지에 처하였는지를 참으로 알고, 예수님을 자기 안에 모신 삶이 되어 영생에 들어가기를 바라는 것입니다. 자기의 실체를 알 때만이 예수님이 필요한 것도 알게 됩니다. 죄인을 구원하러 오셨다니까 자기가 지금 무엇 때문에 죄인인지도 모르면서 믿음이 될 수는 절대 없습니다.

자기가 죄인이라는 영혼의 경험이 없으면 예수님이 필요한 것에 대해서도 절실할 수 없습니다. 예수님 믿고 구원받았다는 것은 말일 뿐이고, 예수님은 자기 등 뒤로 하고, 믿는 척만 하게 됩니다. 그렇지 않으면 그래도 자기가 세상에서는 알아주는 이런 사람이라는, 자기 잘난 맛을 내려고 다니는 것입니다. 하나님께서 창조와 성경 전체를 통해서 '너는 이런 자'라는 것을 가르쳐주셨습니다. 창조 속에서 오직 예수님을 만나야만 살도록 지음을 받았다는 것에, 눈이 열리고 귀가 열려, 보고 깨달았다면, 오직 예수님을 따르려고 할 것이요. 예수님을 사랑하고 예수님으로 사는 능력이 될 것입니다.

오늘 아벨이 '양의 첫 새끼와 그 기름으로 드린 제사'를 열납하신 것과 창조하신 처음 것의 어린 수양의 생명을 취하여 피 흘리고 그 가죽으로 벗은 것을 가려주신 것은, 하나님 자신이 여자의 후손으로 오셔서 그같이 죽으시고, 죄를 속하여 예수님의 부활 생명을 얻게 하시는 뜻이었다는 것 여러분 모두 믿습니까? 예수 그리스도가 오실 때까지 죄를 가려주신다는 표로 처음 난 어린양을 잡아 하나님께 번제로 드리게 하셨다는 것도 믿습니까? 그래서 어린양은 예수님을 상징하는 것이기에 침례 요한이 예수님을 바라보고 **보라 세상 죄를 지고 가는 하나님의 어린양이로다** 라고 했습니다. 구약의 사람들은 여자의 후손이 오실 때까지 그렇게 그 사람의 죄 대신 처음 난 어린양을 죽여 피를 흘리고 생명을 내놓는 제사로 하나님께서 죄를 덮어주시는 것이 되어 하나님께 들어가는 것이 되었습니다.

어린양을 죽일 때 자기 죄 때문에 억울한 죽임을 당하는 것 보면서 자기 죄를 보게 하셨습니다. 메시아가 오셔서 자기 죄 때문에 죽으실 것과 자기의 죄가 온전히 사해져 자유하게 되는 것을 바라보게 하셨습니다. 흘리신 예수님의 피는 죄인에게만 필요한 피입니다. 세상의 모든 인간에게 필요한 피가 아니라 죄인만이 필요한 피입니다. 예수님의 피를 모른다거나, 잊어버린다거나 뒤로 밀려나게 한다면, 자기가 죄인임을 인정하여 절감하지 못한다는 증거입니다. 그래서 가인으로 자기를 봐야 합니다. 아벨로 자기를 봐야 합니다. 우리가 예수님의 죄 사하신 피, 내게 이루어진 구원의 은혜를 감사하며, 그 피를 가지고 날마다 입으로 간증하며 사는 것입니다. 예수님의 피를 시인하고 간증하는 것입니다. 여러분이 예수님의 피를 잊고 믿는다 하는 일이 없기를 바랍니다.

우리는 오늘 가인과 아벨의 제사, 제물을 열납한 것과 열납하지 않은 것을 살펴보면서, 하나님이 받으신 것은 그가 오직 하나님께 맞힌 삶이었기에 제물도 계시를 따라 드리게 되었다는 것, 그러므로 받으시는 제물, 즉 예배가 되어 생명으로 들어가는 것을 보았습니다. 그러면 여러분 자신은 아벨인지 가인인지 자신에게 물어보십시오. 저는 아벨 쪽에 있습니다.

말씀을 맺습니다. 오늘도 우리에게 사는 말씀으로 양식을 주신 아버지 하나님께 예수님의 이름으로 감사 올립니다. 아멘

제 16 장
내 죄벌이 너무 중하여 견딜 수 없나이다

¹⁰가라사대 네가 무엇을 하였느냐 네 아우의 핏소리가 땅에서부터 내게 호소하느니라 ¹¹땅이 그 입을 벌려 네 손에서부터 네 아우의 피를 받았은즉 네가 땅에서 저주를 받으리니 ¹²네가 밭 갈아도 땅이 다시는 그 효력을 네게 주지 아니할 것이요 너는 땅에서 피하며 유리하는 자가 되리라 ¹³가인이 여호와께 고하되 내 죄벌이 너무 중하여 견딜 수 없나이다 ¹⁴주께서 오늘 이 지면에서 나를 쫓아내시온즉 내가 주의 낯을 뵈옵지 못하리니 내가 땅에서 피하며 유리하는 자가 될지라 무릇 나를 만나는 자가 나를 죽이겠나이다 ¹⁵여호와께서 그에게 이르시되 그렇지 않다 가인을 죽이는 자는 벌을 칠 배나 받으리라 하시고 가인에게 표를 주사 만나는 누구에게든지 죽임을 면케 하시니라 ¹⁶가인이 여호와의 앞을 떠나 나가 에덴 동편 놋 땅에 거하였더니 ¹⁷아내와 동침하니 그가 잉태하여 에녹을 낳은지라 가인이 성을 쌓고 그 아들의 이름으로 성을 이름 하여 에녹이라 하였더라 …… 18-24 중략 ……
²⁵아담이 다시 아내와 동침하매 그가 아들을 낳아 그 이름을 셋이라 하였으니 이는 하나님이 내게 가인의 죽인 아벨 대신에 다른 씨를 주셨다 함이며 ²⁶셋도 아들을 낳고 그 이름을 에노스라 하였으며 그 때에 사람들이 비로소 여호와의 이름을 불렀더라

(창4:10-26)

창세기 4장에 들어와 아벨과 가인 이 두 사람을 통해 우리가 보게 된 것은 인간에게 난 두 길입니다. 한 사람은 하늘의 생명 길이었고 또 한 사람은 죽음을 향하여 가는 세상 길임을 보았습니다. 두 사람 다 환경은 같았지만 추구하는 것은 분명히 서로 달랐습니다. 한 사람은 하나님께 맞히었으므로 영생으로 들어가게 되었고, 또 한 사람은 자기에게 맞추었으므로 하나님과 단절되어 사망으로 들어갔음을 보았습니다. 그러므로 이들을 통해 또한 우리 각자 자신을 보았으리라 생각합니다.

오늘날 세상은 너무나 급속도로 변하고 있고, 점점 더 급속하게 변화될 것입니다. 사람들의 마음속엔 세상으로 꽉 들어차다 못해 철철 흘러넘치는 때가 되었습니다. 그처럼 인간이 돌이킬 수 없는 세속적인 것으로 삶의 뜻이 되고, 목적이 되어 그 세상을 더욱 굳게 세워서 견고케 하려는 데 열심을 내는 것으로 똘똘 뭉쳐가고 있습니다. 또한, 함께 발맞춰 서로서로 힘을 모으고 뜻을 맞추고 세상에서 행복하고 즐겁게 살자고 하는 온갖 이름들을 가진 세속적인 모임들도 얼마나 많이 생겨나고 있습니까? 그것은 그만큼 사람들에게 복음이 들어가기가 몹시 어려운 때가 되었다는 의미입니다. 예수님이 오신 것은 죄 때문에 오셨는데, 안식하기를 목말라 헤매는 영혼을 찾아오셨는데, 세상 문명 발전은 윤택함과 함께 생활에 편리함을 가져다주면서 한편으로는 사람들의 마음을 세상으로 꽁꽁 묶는 역할을 하여, 영혼이 가진 죄의식과 죽음의 두려움을 마비케 하고, 안식하기를 원하는 영의 감각도 마비가 되고 있습니다. 참으로 영혼의 구원을 얻는 것이 심히 어려운 때가 되었습니다.

16세기 말경에 영국의 기독교에서 성경적이지 않은 것에 불만을 품은 사람들이 모여, 그 본토에서 떠나 죽을 고비를 수없이 넘기면서 죽기도 했고, 그 고생 끝에 정착하여 이룩한 곳이 미국입니다. 그래서 그들을 청교도라고도 합니다. 기독교를 토대로 한 독립 국가가 되어 이후에 큰 성장을 이루어서 전 세계로 선교사를 파송하는 복음의 거점이 되었습니다. 그런데 지금은 미국이 세상 문화들로 얼마나 복음을 대적하고 깊이 타락했는지 말로 다 할 수 없습니다. 오히려 세속적인 문화를 세계 곳곳으로 흘러들어 가게 하는 곳도 미국입니다.

미국의 3대 민주주의 원칙이 첫째, 종족 차별하지 않는다. 즉 세계와 우호적 관계로 서로 돕고 잘살자 하는 것이고, 둘째, 종교 자유가 보장됩니다. 그렇게 되니 온갖 문화들과 종교들이 생겨났습니다. 그래서 말씀드린 것처럼 복음이 영의 생명을 살리는 영적인 것으로 들어갈 수 없는 때가 돼 버렸습니다. 그리고 성차별하지 않는다는 겁니다. 여러분, 성적인 문란과 타락에 대해서 말하지 않아도 잘 알잖습니까? 얼마나 문란하고 음란하고 타락한 나라가 되었는지 이제는 극에 달했습니다.

그런데 어떤 대통령이 진화론을 교과서에 넣어서 아이들에게 그것을 가르치게 했습니다. 그러니 인간 조상이 하나님의 형상으로 지음을 받은 것이 아니고, 영이 없는 짐승이라고 하는 것을 받아들이고 있으니 여러분이 생각해보십시오. 짐승의 영이 누구라고 했습니까? 짐승의 영이 누구예요? 사단의 영들이라고 했잖아요. 인간이 하나님께 지음을 받은 것을 거부하고 진화론을 받아들인 그것은 바로 사단에게서 났음을 스스로 인정하는 것입니다. 그러니까 문명은 끝없이 발달해 가는데도 점점 짐승처럼 되어가고 있지 않습니까? 성적인 문란과 타락, 온갖 범죄와 마약이 판을 치고, 나체족이니 동성애니, 이렇게 인간 조상이 짐승이라고 해놓으니까 정말 인간이 짐승처럼 돼가고 있습니다. 그래서 참으로 복음을 받아들일 수 없는 아주 악한 때입니다. 점점 더 극에 달해 갈 것입니다. 그런데 이런 현상이 미국뿐입니까? 이것이 사단의 나라가 돼 버린 온 세상의 형편입니다.

또한, 예수님을 믿는다는 사람들도 사실은 하나님이 말씀하시는 죄에 대하여 자기 영혼의 문제에 대하여 깨달아 볼 감각이 없게 돼 버렸습니다. 알아들어야 할 영의 귀가 없습니다. 예수님을 믿는 것은 그런 세상 물질문명과 문화, 그 같은 것들을 삶의 가치로 여기고, 마음이 거기에 있어야 하는 것을 말하는 것 아닙니다. 하나님이 원수로 여기시는 그런 세속적인 것들에 목마름을 가지고 마음이 좇고 있다면, 그것은 하나님께로 갈 수 없는 가인입니다. 가인의 믿음, 하늘의 믿음이 아니라 땅의 믿음입니다. 가인이 하나님 계신 것을 알았고 믿었지만, 하나님께 들어가길 원했지만, 땅의 믿음이었기 때문에 하늘로 들어갈 수가 없었습니다. 오늘날도 믿는다는 사람들치고 천국 들어가기를 원치 않는 사람은 아무도 없을 것입니다. 그러나 땅의 것 육의 것을 위한 믿음이면, 하늘이 무너져도 천국 들어가지 못합니다. 아벨이 양치는 자였다고 하는 것은, 하나님께 맞힌 삶이었음을 보인 것이요 그러므로 제물을 드릴 때도 예수님을 상징한 어린양으로 피 흘리고 생명을 취하여, 즉 하늘의 것을 내드렸으므로 하나님께 들어가는 자가 되었고, 가인은 하나님에 대한 신앙을 자기에게 맞추었고, 하나님께 자기의 좋은 것, 자기의 노력한 최고의 것을 가지고 나왔으나 하늘에 들어갈 수 없었다는 것 분명히 보았지 않습니까?

오늘날 세상은 인간이 존중받아야 할 권리가 있다는, 민주주의의 원칙에 의해서 종교의 자유가 있습니다. 그래서 국가가 종교 탄압을 한다거나 핍박을 해서 믿지 못하는 이유는 없습니다. 그러나 교회가 믿음이 되지 못하고 있는 가장 큰 이유는 핍박도 아니고, 교회 생활에 열심 내지 않아서가 아니라, 바로 가인처럼 땅의 믿음이기 때문입니다. 가인은 먹음직하고 보암직하고 지혜롭게 할 것같이 탐스러워 보인 거기에서 만족을 얻으려 했던 육의 사람입니다.

그래서 사람들이 가인과 같이 세상 것으로 만족을 얻으려고 좇아가고, 좇아가다가 예수님을 믿게 되었지만, 그러나 말씀의 뜻대로 믿음이 돼야 할 그 믿음도 세상 것을 좇아가기 위해 믿는 것이 되었고, 그것에 맞는 메시지를 원했습니다. 세상을 함께 따라가려는 것에 믿음을 두었습니다. 세상에 맞추어 살려는 것에다 믿음을 두었으니 하나님과는 어둠으로 벽이 세워져 있습니다. 바로 죄로 가려져 있다는 말입니다. 사람들이 만일에 자기의 영적인 모습을 보여준다면 보기 흉측해서 보지 않으려고 할 것입니다.

지금 세상은 사람들이 세상의 매력을 느끼게 하는 것들로 얼마나 큰 힘을 가지고 잡아 끌어들이고, 당기고 있는데 교회가 하늘의 것을 말씀하신 하나님의 말씀을 빙자해서 세상 것으로 바꾸어 말해줌으로써 사람들 마음이 여전히 세상에 머물고 세상을 따라가도록 하고 있습니다. 여러분이 그것을 아십시오. 교회가 믿음을 말하고 예수님을 말하면서도 그 속에는 또 세상을 포장하여 그것을 좇아가도록 노골적이지 않게 은근히 마음을 부추겨 넣어주고 있습니다. 세속적인 명예심과 명성과 물질 욕에서 나오지 못하도록 크게 이바지하고 있다는 말입니다. 그러니까 사람들도 예수님 믿어 세상에서 잘되고 그 잘된 것으로 예수님을 전하려 하는 것입니다. 하나님께서 말씀하시는 믿음과는 상관없이 현세적인 육의 것들이 잘된 것 가지고 '봐라! 내가 예수 믿고 이렇게 잘되지 않았느냐? 나에게 복 주신 분 보고 예수님 계신 것 믿을 수 있지 않으냐? 그러니 너희도 이 예수 믿어라' 하는 쪽으로 복음을 전하려는 것이 되었고, 세상의 것이 잘돼야 그것이 믿음의 복을 받은 것인 양 착각에 **빠졌습니다**. 교회가 오히려 망할 길로 이끌고 있는 것입니다.

예수님께서는 세상으로 부자 되기를 애쓰는 자, 물질을 붙들기 원하는 자들에게 오히려 분명한 예를 보이셨습니다. 영생 얻기 위해 나온 부자 청년에게 '네가 온전하려면 먼저 네 재물을 팔아서 가난한 자들에게 주면 하늘에서 네게 보화가 있을 것이다. 네가 온전하려면 네가 영생 얻기 원한다면 네가 온전해야 할 텐데' 온전한 것이 뭡니까? 자기가 하나님이 말씀하시는 죄인임을 깨닫는 것이 온전한 것의 시작입니다. 그래야 온전한 데로 나갈 수가 있습니다. 죄인임을 깨닫지 못하면 온전할 수 없습니다. 열 번 죽었다 깨어난다 해도 온전해질 수 없습니다. 양심으로 온전하면 온전한 것입니까? 세상 행위로 완벽하다고 온전합니까? 아닙니다. 인간은 하나님께 죄 범하고 하나님을 떠나 자기가 주인 되어 살아온 죄인임을 깨달아야만 온전해질 수 있습니다. 그것이 영생에 들어가는 첫걸음입니다. 그래서 **네가 온전하고자 할진대 가서 네 소유를 팔아 가난한 자들에게 주라 그리하면 하늘에서 보화가 네게 있으리라** 깨닫게 하시는 보화, 예수님이 영생을 주시는 분임을 보게 되는 보화 그 모든 것을 깨닫게 하실 것이라 하신 것으로 인간의 물질 욕심은 하늘의 믿음을 가질 수 없다는 것을 분명히 하셨습니다(마19장).

그래서 예수님을 믿는다는 사람들이 세속적인 것들로 자기 삶에 포장을 잘 씌워서 예수님을 전하려고 하므로, 믿음의 표적이 잘못되었습니다. 세상 것 잘된 것으로 복음 전하는 것 아닙니다. 우리가 믿는 하나님은 열심히 빌고 기도하면 복 준다, 좋은 일 하면 집안이 잘된다, 또 좋은 데 간다 하는 세상이 말하는 그런 샤머니즘적인 땅의 하나님이 아닙니다. 이 세상을 붙들고 세상에 안주하고 그것을 목말라 하라고 가르치시는 하나님이 아닙니다. 그같이 가인의 길, 지옥 길로 나간 인류의 죄를 대신하여 값을 치르시고 구원하여 하나님의 나라를 유업으로 주시려는 뜻을 가지셨다는 것을 끊임없이 가르쳐주고 계십니다. 창조 때도, 이스라엘 민족에게도, 신약시대 믿는 자들에게도, 끊임없이 말씀하여 이르신 것은 하늘의 것입니다. 하늘의 것을 찾으라 하셨습니다.

예수님을 믿는다는 사람들이 구하고 찾고 사모하고 바라는 것은 땅의 것이 아니라 예수님과 함께 주시는 하늘의 것이어야 한다는 것입니다. 예수님이 세상에 육체로 오시게 된 이유가 무엇인지, 믿음이 무엇인가를 듣고 알았을 때는 이런 세상의 물질문명의 것들을 붙들려고 좇아가던 것을, 감각적이고 화려한 것들을 좋아하여 좇아가던 것을, 다 깨끗이 내려놓고 포기할 수 있어야 합니다. 믿음이 무엇인지 믿음을 어디에 두어야 하는지를 성경 전체가 말씀하고 있으니, 분명한 신앙의 주관을 가지고 선을 확실히 긋는 결단이 있어야 합니다. 특히 이 시대는 그 결단이 너무나 요구됩니다. 결단 없으면 예수님 바로 믿을 수 없습니다.

예수님을 믿는 증거는 아담이 자기 실체를 본 것처럼 자기 실체를 봐야 하고, 가인을 통해 자신이 어떤 처지에 있는지 눈을 열어 봐야 하고, 율법을 통해 영 죽을 죄인인 것을 봐야 하고, 그러므로 하나님께 죄 범하고 떠난 영벌에 들어갈 죄인인 자기에게 하나님께서 예수님으로 말미암아 구원을 주셔서 영생 얻게 되었다는 이 구원의 기쁨, 예수님 때문에 사망에서 건져진 그 행복, 하나님이 아버지가 되신 그 기쁨, 천국을 소유한 그 기쁨 때문에 간증하고 복음을 전하는 이것이 예수님을 믿는 증거입니다. 하나님이 말씀하시는 믿음은 시대와 상관없습니다. 환경과도 상관없습니다. 물질과도 상관없습니다. 진짜 믿음은 세상에 맞추는 것이 아닙니다. 그래서 창조 때나 이스라엘 역사 때나 오늘날에나 믿음은 세상을 초월하는 것을 말하고 있습니다.

그리고 또 한편으로는 사람들이 허전하고 괴로운 마음 좀 위로가 될까 해서, 몸에 질병을 치료받고 싶어서, 뭔가 의지하고 싶어서, 집안이 잘되고 싶어서, 자식이 잘되고 가정이 편안하고 잘 풀리는 복을 받고 싶어서, 예수님을 믿겠다고 나오는 이유가 돼 있습니다. 또 사람들이 기대하는 것이 뭡니까? 세상에 지치고 위로가 필요한 자기에게 삶의 소망을 좀 심어주고 힘내서 살아가도록 활력소가 될 말이나 해주는 곳이 교회인 줄 알고 있습니다(이것이 교회가 할 일인 것처럼 비친 연고로). 살려다 보니 힘든 일이 많아서 위로 좀 얻고 의지가 될까 하여 교회 나오는 겁니다.

그런데 여기 제게 와서 말씀을 들으면, 무슨 목사가 그런 쪽에 힘이 되는 말은 전혀 안 하고 만날 죄 소리나 하고 영이 어떻고 생명이 어떻고 알아듣지 못할 소리나 하는 것이냐 하는 것이지 않습니까?

그러나 여러분 아십시오. 교회는 하나님의 말씀을 들으러 오는 곳입니다. 자기가 무엇을 바라고 나오는 것이 아니라, 하나님이 무슨 말씀을 하시는가를 듣고 그 말씀대로 살고자 하는 것이 돼야 합니다. 하나님은 인간적인 위로의 말이나 하시는 분이 아닙니다. 믿는다는 사람들이 만일에 하나님에게서 여전히 그런 밑 빠진 독에 물 붓는 것과 같은 위로나 원하고 있다면, 그것은 아직 하나님과 죄의 관계에 있습니다. 종교인일 뿐입니다. 만일 인간적 위로 때문에 예수님을 믿는 것이면 다 샤머니즘이요, 종교인입니다. 예수님이 오신 것도 그런 인간적인 위로를 위해 오신 것 아닙니다. 그러므로 저는 이 단 위에서만큼은 사람의 위로나 하면서 비위 맞추는 인간의 말을 전함으로써 죄 짓고 싶은 마음은 전혀 없습니다.

그러나 참으로 믿음 되기 원했다면 예수님을 믿는 일과, 믿음에 대해서 지금까지 듣게 된 말씀으로 깨달아 능력을 갖추어 나감으로써 바라던 세상을 내려놓게 될 것이요, 자기가 그렇게 목마름을 가진 인간적인 것들이 다 죄로 말미암은 것임을 깨달아 알게 될 것입니다. 사는 동안에 고난이 있는 것도 믿음 안에서는 다 뜻이 있는 것으로 받아들여 넉넉히 이기며 나갈 수 있는 능력이 있게 될 것입니다. 그러므로 여러분이 참으로 믿기 원한 것이면, 영혼의 것을 위해서 예수님을 믿는 것이 돼야 합니다. 처음에 예수님을 믿으러 나올 때 어떤 모양으로 나왔든지, 이제 모두 하나님의 뜻대로 믿는 그 믿음으로 모아야 할 것입니다.

하나님께서는 자신이 하나님께로 들어갈 수 없게 됐음을 알고 낙심하여 분을 품고 안색이 변하여 있는 가인을 찾아오셨습니다. 이미 자기를 돌아볼 지각이 없는 가인이, 자기와 제물을 받지 않으신 하나님과 또 아벨에 대해 적개심을 가지고 분을 품게 되니, 즉시 사단이 그의 마음에 충동질하기를 '봐라. 네가 무엇을 잘못했느냐? 너 잘못한 것 없잖으냐? 너는 정성을 다했고 최선을 다했는데 하나님이 받지 않으실 이유가 없는데 받지 않으신 것은 하나님이 너는 미워하고 아벨만 사랑한다는 증거이지 않느냐! 그러니 그것이 하나님이겠느냐? 네가 아벨을 죽이면 아벨이 없어지면, 하나님이 아벨 대신에 너를 들이실 것이니 아벨을 죽여라. 아벨을 죽이는 것이 네가 사는 길이다' 하고 속삭인 겁니다. 에덴동산에 와서 여자를 유혹하던 사단은 또다시 가인을 찾아와 가인을 속이며 살인하라고 충동질했습니다.

그러나 하나님이 찾아오셔서 '네 마음에 품고 있는 죄의 소욕을 다스려라. 사단이 죄짓도록 네게 충동질하고 있으니 너는 죄를 단호히 다스리라' 하셨습니다. 가인이 죄를 짓는 것은 하나님의 뜻이 아니기 때문에, 하나님께서 오셔서 가인에게 충고하셨지만, 가인은 결국 살인자가 되었습니다. 가인의 짧고 어두운 생각은 사단의 말처럼 아벨이 없으면, 하나님이 자기를 받아 주시리라 생각하고, 또한 자기가 아벨을 죽여도 하나님이 모르실 거로 생각하고 아벨을 쳐 죽였습니다. 그래서 사람들의 어두운 약점이 뭐냐 '하나님이 설마 이런 것까지 아시려고……' 하는 겁니다. 하나님의 전지성(全知性), 폐부까지 꿰뚫어 보시는 하나님의 전지를 자기 육의 눈의 수준으로 생각하는 겁니다. 이것이 어둠으로 들어간 가인의 모습입니다.

그러나 여러분, 구원은 한 번이라 했습니까? 두 번이라 했습니까? 구원은 한 번입니다. 구원을 잃으면 두 번 다시 없습니다. 가인에게는 구원의 기회가 끝났습니다. 사단이 가인의 귀에 하나님께로 들어가게 된다고 속삭인 말처럼 하나님이 가인을 받으신 것이 아니라, 아벨의 피의 호소를 들으시고, 또다시 가인 앞에 심판하시는 분으로 나타나셨습니다. 가인의 영혼은 죄악의 두려움이 진을 쳤고 그 두려움 속에 갇힌 고통 하는 영이 돼 버렸습니다. 그에게서 터져 나오는 호소가 무엇입니까? 13에 **내 죄벌이 너무 중하여 견딜 수 없나이다** 입니다. 이것이 영의 호소입니다. 죄로 욱여쌈을 당한 영의 호소입니다. 이때의 사람은 영의 뛰어난 감각을 가졌습니다. **내 죄벌이 너무 중하여 견딜 수 없나이다** 영이 겪는 고통을 그대로 호소했습니다.

예를 들어 손가락 하나가 잘려도 그 아픈 것을 온몸으로 느끼잖습니까? 손가락 잘렸으니 손가락만 아프면 좋을 텐데, 그 아픔이 신경 세포들을 통해 온몸으로 번져 들어오면서 온몸이 느끼는 겁니다. 안 그렇습니까? 저는 이것 또한 경험으로 압니다. 숨도 못 쉴 정도로 아픔을 온몸으로 느끼는 겁니다. 바로 그 같은 고통, 영혼에 가진 두려움의 호소입니다. 이것이 하나님을 떠난 인간 영의 고통이요 호소입니다. 그래서 여러분이 '내 영혼이 겪는 고통이요 호소였구나.'를 알아듣는 것이 돼야 합니다.

여러분! 지금 여러분이 예수님을 왜 믿습니까? 이런 자기의 영적 상태를 보고 예수님이 누구신지 앎으로써 믿는 믿음인가? 묻는 겁니다. 자신을 한번 들여다보십시오. 자기가 왜 예수님을 믿는다고 하는 건지 자기에게 물어보십시오. 오늘날 사람들이 영이 가진 죄의식과 형벌에 처했다는 두려움의 고통이 마비되어 감각이 없다시피 되었지만, 그래도 나타나는 것은 죄지으면 벌 받는다는 의식입니다. 죄짓고 나면 양심에서 '벌 받지 않을까?' 하는 죄책감과 두려움이 올라오는 것이 있습니다. 사람들이 그런 말 하잖습니까? 힘든 고통을 만나면 '내가 무슨 죄를 많이 지었기에……' 라고 탄식을 합니다. 이것이 바로 죄를 지으면 벌 받을 것이라는 그 죄의식과 죄책이 그 속에 있기 때문에 그렇습니다. 그래서 예수님을 믿는 사람이 자기가 구원받은 그 은혜가 어떤 것인지, 감각 없는 것처럼 하나님께서 죄라고 말씀하시는 것들을 다스리지 않고 그 죄의 소원을 따라 죄를 짓고 산다면, 그것은 그가 구원이 없거나 그와 동등하기 때문입니다.

그러나 하나님 말씀의 빛이 비치니 죄를 지으면 벌이 따른다는 것을 양심으로 가르치십니다. 성영님이 양심에다 죄를 지적하심이 있을 때는, 그 죄에서 속속히 나와야 성장하도록 인도하시는 것이요. 그 인도하심에 속속히 순종할 때에, 비로소 영이 구원을 얻게 되는 것입니다. 예수님을 믿기 전에 그것이 죄인지 전혀 몰랐던 것, 죄로 여겨지지 않았던 것들이 예수님을 믿고 하나님 말씀에 비춰보니 먹는 것, 입는 것, 보는 것, 쓰는 것, 등등이 하나님과 원수 된 세상이요. 육의 것이 많이 있다는 것을 알게 됩니다. 그래서 성영님께서 그런 죄의 것들에 대한 감각을 주시고 빛을 주실 때, 그 모든 것들에서 깨끗이 하여야 구원 안에 들어가는 것이요. 구원을 얻는 것입니다. 그러나 사실 예수님이 자기 안에 계신 자는 죄가 싫어집니다. 점차 죄가 싫은 것으로 드러납니다. 죄가 얼마나 더럽고 추한 것인지 누가 열심히 안 가르쳐도 구원받은 영이면, 그 영에 오신 성영님으로 압니다. 그래서 죄에 대한 감각이 확실하게 있습니다. 이때는 죄지으라고 떠다밀어도 죄짓지 않습니다. 아무리 작은 것이라도 죄에 민감하여 짓지 않게 됩니다.

14에 가인이 주께서 오늘 이 지면에서 나를 쫓아내시온즉 내가 주

의 낯을 뵈옵지 못하리니 했습니다. 제사의 실패로 하나님과 관계가 깨지니 하나님께 들어갈 수 없게 되었고, 의로운 자를 살인하여 죄악을 행하였으므로 사단을 자기 안으로 받아들인 전적 타락, 전적 부패가 되어 스스로 하나님 존전에 한순간도 있을 수 없게 되었다는 말입니다. '쫓아내시온즉' 하는 것은 하나님이 쫓아내신 것이 아니라, 가인 스스로가 한순간도 있을 수 없게 되었다는 표현입니다. 하나님의 영광 앞에 잠시도 있을 수 없는, 하나님이 쫓아내신 것처럼 하여 쫓겨나갔다는 말입니다.

이같이 하나님과 단절된 인간(가인과 그 후손, 인류)의 영혼은, 하나님에 대하여 전적으로 죽은 자가 되었고, 하나님과 원수 관계가 되었습니다. 따라서 인간과의 관계도 자연과의 관계도 깨져버렸다고 했잖습니까? 이것이 인간의 영, 혼, 육이 겪는 삼중의 고통입니다. 하나님이 가인을 찾아오셔서 죄를 다스리라고 하셨지만, 형제를 죽이는 죄를 범하여 남의 의로운 생명까지 취한 죄악을 행하였으므로 하나님과 완전히 단절되었습니다. 그러니까 영과 혼과 육, 전인이 죄(사단)와 하나, 한 몸이 돼 버렸습니다. 이것이 하나님에게서 떠나 사는 인간의 처참한 모습입니다. 그러므로 인간은 백 퍼센트 죄라고 하지 않았습니까? 인간은 백 퍼센트 죄인입니다.

14 하반에 **무릇 나를 만나는 자가 나를 죽이겠나이다** 했습니다. 이제 하나님 앞에서 쫓겨난 가인과 그 후손, 모든 인류는 영의 죄와 죽음으로 인해 누가 나를 죽이지 않나 하는 두려움과 공포감으로 마음이 쫓기게 되었음을 의미합니다. 불안과 두려움에 쫓기는 마음이 되었습니다. 광야를 홀로 유리하는 자같이 되었습니다. 빛이라고는 조

금도 없는 캄캄함 속에 혼자 헤매는 것과 같은, 길 잃은 유리 방황하는 자가 되었음을 의미합니다. 하나님을 등진 인간은 이제, 영도 혼도 육체도 사망의 권세를 가진 사단에게 온전히 구속된 상태, 죽음의 두려움에서 벗어날 수 없는 상태가 되었음을 의미합니다. 이것이 가인의 길로 나간 인간의 전적 타락이요, 전적 무능이요, 그러므로 사단의 속성으로 길들고 자라 탐욕의 노예가 되고, 음욕의 노예가 되고, 교만의 노예가 되어 자아도취에 빠지고, 불의하고 더럽고, 가증하고 이기적이고, 물고 뜯고 죽이는 처참한 어둠과 죽음의 지옥을 가진 영혼이 돼 버렸습니다.

그래서 인간은 세상의 것들로, 육체의 것들로 만족을 얻어 그 영의 고통을 마비시키고자 주력하여 온 연고로, 오늘날은 감각이 없다시피 되었습니다. 그래서 항상 말씀드리는 것은 자신이 처한 그 같은 영혼의 상태를 추상적으로만 안다고 하지 말고 죄인이라고 하니까 '아, 선악과 따 먹고 죄짓고 하나님을 떠난 삶을 살았다는 것, 수없이 듣는 말이니 그런가 보다……' 하는 이런 귀신들이 실컷 비웃을 추상적인 것으로 알고 있는, 그래서 죄인인 척만 하는 것이 아니라, 성영님께 의지해서 내가 죄인인 것을 보게 해주시라고, 기도하라고 강조하는 이유가 여기에 있습니다.

그러니까 가인과 가인의 후예들이 무엇인가를 통해서 자기를 즐겁게 하여 평안해져 보려고 두려움에서 벗어나 보려고, 자신들을 즐겁고 기쁘게 해줄 것들을 만들고 개발하고, 개발하고 만들고 끊임없이 개발하는 것에 전력투구했습니다. 20, 22에 그것을 말했는데 여기에서 인간 문화들이 생겨나고, 이제 하나님을 떠난 인간의 일, 곧 세상을 세우기 위하여 끝없이 발명하므로 세속의 문명을 발전시켜 나갔습니다. 이렇게 세속 문화를 발달시키고 개발의 노력을 쉼 없이 하는 것은, 인간 속에 있는 두려움과 불안과 죄의식으로 쫓기는 마음을 마비케 하는 데 큰 역할을 하기 때문입니다.

오늘날 현대 문화들은 현대인들의 영혼에 가진 두려움의 감각을 마비케 하는 역할을 잘하고 있습니다. 그렇기에 예수님을 믿는다고 나와서도 자기 기분에 맞는 말하기 원하고, 교회가 기분 전환하는 곳인 줄 알고 코미디 프로가 되기 원하고, 교양강좌 프로가 되기 원합니다. 도덕 좀 가르쳐주기 원하는 것입니다. 자기 자녀들에게도 교회가 세상 지식을 넣어주는 공부에 유익을 주는 곳이냐? 유익을 주는 교회가 좋다고 나옵니다. 아니, 교회가 세상 지식을 가르치는 곳입니까? 안 그래도 세상 지식은 인간 속에 너무 높아서 그 지식을 쫓는 데 전력투구하여 쌓은 바벨탑이 되었고, 자기를 높이고 그 지식 가지고 하나님 말씀 대적하는 일에 열심을 내고 있는데 하나님 대적하는 바벨탑을 교회에서 원한다는 것이 가당키나 하는 것입니까? 교회가 세상 지식이나 쌓게 하는 곳인 줄 아는 것이 믿는다고 하는 사람들이 할 소리인가 말입니다. 귀신의 가르침을 원하는 귀신의 족속들입니다.

예수님을 알고 자신을 안다면 그것은 있을 수 없습니다. '시설이 갖춰져 있느냐? 안 갖춰져 있느냐?' '교회가 어느 정도 문화 수준을 갖춘 시설이 돼 있어야지 어떻게 내가 초라한 교회를 나가느냐? 적어도 내 수준에는 맞아야지⋯⋯.' 이런 수치스러운 말들로 하나님 앞에 죄를 쌓고 있습니다. 외부적인 것들, 교회 시설, 교회 크기, 교인 수가 많은가 적은가 이런 겉치레에 치우친 오만한 소리를 합니다. 교회가 물질 만능이 되기 원하고 세속적이기 원하는 죄의 속성으로 넘쳐나고, 오늘날 목사들도 그걸 맞춰주는 설교 하느라, 시설을 갖춰주느라 분투하고 있습니다. 아주 꼴값들을 합니다.

  자기가 벌거벗은 자로 하나님 앞에 설까 두려워하여 자기 자신을 볼 수 있는 영적 눈을 열어달라고 기도하는 겸손을 가지고 자신을 봄으로써, 날마다 자기를 성찰하고 성영님 의지하여 믿음을 성장시켜 나가야 하는 것이 믿음의 도리이겠거늘, 인간 자기가 어떤 처지에 처해 있는지, 영혼의 고통을 세속적인 것으로 마비시키고, 지금 자신이 가인인 줄도 모르고 잘난 척하는 것입니다. 자기 분수도 모르는 교만한 어리석음으로 믿는다 말하고 있습니다. 하나님께 한번 맞서 보자고 하는 사단의 속성을 가진 죄의 태도들로 믿는다 하고 있다는 말입니다.

  그래서 저는 정말 말씀 전하는 것이 사실 아주 힘듭니다. 시대를 맞추는, 사람에게 맞추는 말씀으로 말할 수는 없는 것이기에, 저의 모든 말씀이 사람들에게는 부딪치는 내용으로 가득 찬 것이니, 그래서 제가 말씀 전하기가 마음이 아주 힘들고 고통스럽기도 합니다. 그러나 사람에게 맞출 수 없습니다. 하나님의 뜻에 맞게 살고자 하는, 살아야 하는 영혼들을 살려야 하므로, 그것이 성영님께서 주신 저의 일이기에 제가 마음이 힘들지라도 사람에게 맞출 수는 없습니다.

  또한, 사람들은 자기 영혼이 처한 분수도 모르고 하나님의 말씀을 듣는 것도 재미있는 설교를 찾고 코미디 위주의 설교 듣기를 원합니다. 그러나 하나님의 말씀을 자기 기분 즐겁고 재미 위주로 듣기 원한다면, 교회까지 올 것 뭐 있습니까? TV 앞에 앉아서 코미디 프로나 보면 되고, 그런 설교들 들으면 되지 않겠습니까? 저는 하나님의 뜻을 말할 때 인간에게 맞출 수는 없고, 또 자기는 말씀과 코드가 맞지 않으니 TV가 제일 맞는 것이지 않습니까? 말씀을 듣고 자기가 누구인가, 자기 실체 자기 정체를 알고 하나님의 뜻을 가진 진짜 믿음이 되어야지, 어디 교회 와서 세상을 찾습니까? 이렇게 말하는 저에게 목사가 너무 냉정한 것 같다, 사랑이 없는 것 같다고 합니다.

그러나 교회가 두 가지, 즉 구원과 세상을 충족시켜 주기 위한 것이면, 그 교회는 가인이요. 백 퍼센트 지옥 자식이 되게 합니다. 교회는 세상을 주는 곳이 아닙니다. 인간에게 맞출 수 없습니다. 정말 깨달아야 합니다. 하나님 앞에 자신이 누구인지 가인의 길에서 살아온 백 퍼센트 죄 덩어리로 지옥 가는 존재였음을 깨닫는 믿음이 되어야 합니다. 자기가 세워놓은 하나님, 자기가 만든 하나님을 찾지 말고 가인에게 처한 영적 상태가 곧 자기의 상태라는 것을 보아야 합니다.

그다음 14에서 가인이, **내가 주의 낯을 뵈옵지 못하리니 내가 땅에서 피하며 유리하는 자가 될지라 무릇 나를 만나는 자가 나를 죽이겠나이다** 했습니다. 내가 하나님 앞을 떠나가면 하나님이 나를 보호해 줄 수 없으니 나를 만나는 자가 나를 죽이겠습니다. 죽음에 대한 두려움 때문에, 여러분! 이것은 육체가 죽는, 목숨이 죽는 죽음을 말하는 것 아닙니다. 목숨이 죽는 것 때문에, 제가 여기서 이 말씀 전할 필요는 추호도 없습니다. 영혼이 저주받았으므로 불 못에 던져져 영원히 고통받게 되었다는 그 영혼의 고통입니다.

11에서 14까지 **네가 땅에서 저주를 받으리니 네가 밭 갈아도 땅이 다시는 그 효력을 네게 주지 아니할 것이요**(다시는 하나님께 돌아올 길이 없게 되었다는 의미) **너는 땅에서 피하여 유리하는 자가 되리라 내 죄벌이 너무 중하여 견딜 수 없나이다 주께서 오늘 지면에서 나를 쫓아내시온즉 내가 주의 낯을 뵈옵지 못하리니 내가 땅에서 피하며 유리하는 자가 될지라 무릇 나를 만나는 자가 나를 죽이겠나이다** 했습니다. 이제 가인의 영과 혼과 육체가 온전히 저주받았으므로 육체 안에 있을 때도, 육체를 떠나서도, 영원히 고통받게 되었다는 영혼이 겪어야 할 고통을 말한 것이요. 죽게 된 그 영혼의 호소입니다. 그러므로 '내가 살인했지만 죽고 싶지 않습니다. 살고 싶습니다. 죽음이 두렵습니다.' 하고 살기를 원하는, 두려움에서 놓이기 원하는 그 영의 욕구, 영의 고통을 가인이 호소한 것입니다. 그런데 가인의 그 영의 호소를 하나님께서 들으셨습니다.

15에 **여호와께서 그에게 이르시되 그렇지 않다 가인을 죽인 자는 벌을 칠 배나 받으리라 하시고 가인에게 표를 주사 만나는 누구에게든지 죽음을 면케 하시니라** 하셨습니다. 여러분! 얼마나 사랑의 하나님이십니까? 하나님께서 사람이 사단에게 속하는 것을 원치 않으셨고, 죽음으로 넣는 것이 하나님의 뜻이 아니기에, 살기를 원하는 그 영혼의 고통 속에, 살기를 원하는 영혼은 살려주시겠다는 구원의 뜻을 넣으셨습니다. 살리는 것이 하나님의 뜻이므로 죄를 지었어도, 살인자라 할지라도 그가 죄지었음을 회개하고, 그 영혼이 죄 때문에 고통하고, 하나님의 용서를 바라고 살기 원하면, 살려주시겠다는 하나님의 사랑의 뜻을 넣으셨습니다. 살고 싶다는 영의 소원을 들으신 하나님께서 죽임을 당하지 않게 하시는 구원의 표를 주시면서, 이제 사단을 따라 나간 모든 인간이 죽음을 원치 않고 살기를 원하면, 구원받기 원하여 하나님께 나와 회개하면, 살려주신다는 하나님의 의지를 가인에게 구원의 표를 주시는 것으로 보이셨습니다. 사단의 길로, 악의 길로 나간 인간에게 기회와 소망을 주시는 것을 알게 하셨습니다.

그러므로 영이 살기를 원하여 호소하는 소리를 들어야 합니다. 여러분! '무조건 나 예수 믿습니다.' 가 아닙니다. 자신이 가인과 같은 처지에 처하였음을, 그래서 살기를 원하는 그 호소를 하나님이 들으셔야 구원을 주시는 길로 인도하십니다. 이것이 바로 '아버지께서 이끌지 아니하면(요6:44)' 입니다. 그러면 구원의 표는 무엇을 상징합니까? 바로 예수님입니다. '내가 예수님 안에 예수님이 내 안에' 오신 관계가 되었으면 이제 사단이 절대로 사망으로 끌고 갈 수가 없습니다. 내게는 사망이 끝났습니다. 이것이 복음이요. 생명입니다. 죄 덩어리로 살아가던 우리에게 의로 딱 옷 입혀주시니 죄가 안 보이는 것입니다. 그러니까 사단이 끌고 갈 수가 없는 거예요. 이것이 성경이 말하는 복입니다.

그다음 25, 26에 하나님께서 죽은 아벨 대신 아담과 하와에게 셋이란 아들을 주셨습니다. 그것을 **아벨 대신에 다른 씨를 주셨다**고 했습니다. 이것은 여자의 후손이, 사단의 머리를 깰 여자의 후손, 예수 그리스도께서 기어코 오셔야 하므로 반드시 그 신앙이 이어져야 하지 않습니까? 그 신앙이 존속되기 위해서 신앙의 사람, 산 자를 주셨다는 말입니다. 그것을 '씨'라고 합니다. 하나님에게서 온, 신앙이 산 자요, 산 자가 '씨'입니다. 신앙의 씨, 하늘의 씨, 생명의 씨. 하나님이 보시는 진짜 생명의 씨다. 신앙, 믿음, 산 자가 씨라는 말입니다. **그때에 사람들이 비로소 여호와의 이름을 불렀더라** 했습니다. 사람들이 하나님을 '여호와여!' 하고 불렀다는 것이 아니라 여호와 이름이 가진 뜻, 다른 씨, 곧 셋이 태어난 것을 통해 '하나님은 우리를 기억하시고 여자의 후손을 보내실 구원을 이루어 가시는 하나님이시다'는 것을 알았다는 뜻입니다. 여자의 후손에 대한 약속을 아벨이 죽었다고 잊으신 것이 아니고, 아벨 대신 다른 씨를 주셔서 언약을 확실히 이루어 가시는 하나님이심을 그때의 사람들이 알았다는 말입니다.

그래서 선악과 먹은 아담에게서 가인과 아벨 두 아들이 태어났고, 두 아들을 통해 선의 길과 악의 길, 두 길을 보게 되었고, 창4장에서는 악의 길로 나간 가인과 그 후예들의 족보가 기록된 것이고, 성경에 족보를 기록한 것은 인간 역사도 성경의 족보가 사실임을 증명한다는 것을 의미합니다. 그다음 창5장은 이제 선의 길, 하나님에 대한 신앙을 가진 셋과 그 후예들의 족보가 기록된 것으로, 이같이 인간에게는 육의 길 영의 길, 두 길이 났고 두 종류로 갈라졌음을 확실히 보이셨습니다.

그러므로 네가 하나님을 따르겠느냐? 사단을 따르겠느냐? 인간은 이 두 길 중에서 어느 쪽이든 속하게 되었는데, 네가 생명을 택하지 않으면 죽음의 길이니, 생명을 택하라고 계속 말씀하셨습니다. 그렇게 살기를 원하는 자는 살려주신다는 표로 창6장에 노아의 방주로 보이시면서, 이제 예수 그리스도 안에 들어오는 자는 산다는 것을 예표로 보이셨고, 그다음 창22장에서 이삭을 **번제로 드리라** 하시고 수양을 준비하여 이삭 대신 제물로 드리게 하시고, 이삭은 살리시는 것으로 대신 죽기 위해 준비되신 분이 예수님이시라는 것을 예표로 보이시고, 이렇게 살리겠다는 것을 계속 나타내셨습니다. 민수기 35장에 이스라엘이 가나안 땅에 들어가 안주할 때에 '도피성' 또는 '도망성'이라는 성을 지으라고 명하셨습니다. 사람을 살인하지 말라는 하나님의 법을 듣고도 그 말씀을 거역하여 계획한 살인이거나 고의로 사람을 죽였다면, 살려두지 말고 죽이되, 그러나 우발적이거나 부주의로 인한 살인이면, 그가 살기 원해서 그 성으로 도피하면, 죽이지 말고 정당한 재판을 받도록, 아무도 죽이지 못하도록 보호하라고 명하셨습니다. 바로 사단에 의하여 그릇 범죄한 우리 인간을 도피성 같은 예수님 안으로 들어오면, 예수님이 대신 값을 치러 그를 자유 얻게 하신다는 뜻을 보이신 것입니다.

또한, 모세에게 율법을 주시고 백성이 지은 죄를 대신하여 '어린양을 죽여 피 흘려라. 번제로 드려라. 이것이 너희가 용서받고 살길이다.' 하시고, 그 어린양 예수님이 오셔서 그같이 피 흘리시고 살리신다는 뜻을 보이셨습니다. 이처럼 성경 전체를 통해서 살리시고자 하는 하나님의 뜻을 점진적으로 나타내셨습니다. 살고 싶은 자는 살려주시겠다는 거예요. 하나님을 버리고 사단을 따라 나갔지만, 죽기를 두려워하여 살고 싶어서 예수께 나오는 자는 살려주시겠다는 것입니다. 그래서 그 실체이신 예수님, 여자의 후손으로 오실 예수님만이 구원의 표요, 구원의 방주요, 살리는 도피성이요, 죽임을 당하는 어린양이라는 것을 깨달아 알도록, 그림자와 같은 모형으로 상징으로 예표로 열심히 보이셨습니다.

가인에게 아무도 죽이지 못하도록 표를 주신 것은, 가인은 육체에 있는 동안 수명을 다할 때까지 살도록 했을 뿐이지, 그는 영원한 죽음으로 들어갔습니다. 땅에서의 수명은 육체가 쇠할 때까지 살도록 보호하셨지만, 가인에게 주신 구원의 표를 통해 보이신 뜻은, 살기 원하여 예수님께 나오는 자는 죽음에서 구원받아 영원한 영생 복락을 얻게 하신다는 하나님의 선언입니다.

　그러므로 하나님의 뜻은, 사람이 누구를 만나는 것입니까? 예수 그리스도입니다. 그래서 오직 예수님께 믿음의 초점을 둬야 합니다. 예수님은 예수님 자신을 아는 것이, 곧 하나님을 아는 것이라 하셨습니다. 예수님을 알지 못하면서 하나님만 알고 하나님만 찾으면, 그것은 자기 스스로 신을 하나 만들어 믿는 것이 될 수도 있습니다. 이처럼 성경 전체가 말씀하는 예수님을 알고, 구원받아야 할 자기를 알고, 믿는 것이 바른 믿음이 됩니다. 인간의 진짜 교만은 자기가 죄인임을 인정하지 않으려 하고 깨달아 보려 하지 않는 데 있습니다. 그러니까 죄에 대해서, 예수님의 피에 대해서 말할 때마다 거부감이 들고 듣기 싫은 겁니다. '뭘 자꾸 죄, 죄 그러느냐 뭘 자꾸 피, 피 그러느냐 하나님의 말씀이 그것밖에 없냐? 우리 마음이 힘 좀 얻고 즐거움이 되는 말 좀 하면 안 되느냐?'고 나오는 겁니다. '어떤 사람의 성공담이나 들려주면서 희망을 얻게 하고 위로가 될 만한 그런 말 좀 하면 안 되느냐?' 하는 겁니다.

　그러니까 세상의 교회라 하는 곳에서 그런 말 들려주는 데 혼신을 다하고 있지 않습니까? 그러나 하나님의 뜻은 죄를 알고 죄를 용서받고 죄에서 떠나 사는 것입니다. 그것이 진짜 행복의 길이라 하셨습니다. 그 속에 하나님의 엄청난 자유와 기쁨이 있고 행복이 있습니다. 하나님께서 성공하게 하십니다. 예수님은 세상 것이 부족하다고 만족하지 못하는 사람들에게, 세상 것 채워 위로나 하려고, 십자가에 달리신 것 아닙니다. 지옥으로 들어갈 그 죄 때문에 오셔서 그 죄를 청산하셨습니다. 그래서 성경 전체가 죄를 말하고, 예수님의 피 흘림과 죄 용서와 구원하심과 영원한 생명을 말씀하고 있습니다. 그러니 예수님 오신 뜻에 관심 없다면 어떻게 자기가 얼마나 부패하고 더러운 죄인인지를 깨달을 수는 없는 것이요. 예수님의 피 흘려 죄를 씻어주신 그 용서받은 기쁨을 알 턱은 없는 것입니다. 하나님의 사랑과 은혜와 진리를 경험할 수는 없는 거예요. 예수님을 믿는다는 것을 감각 없이 하지 말고, 내 죄가 얼마나 더럽고 큰지를 깨닫게 해주시고, 자기 영혼의 모습을 보게 해달라고 기도해야 합니다.

남의 죄만 보고 들추고 하는 것은 능력 아닙니다. 그것은 사단의 속성입니다. 남의 죄만 보고 들추는 것은, 자기 죄는 못 본다는 말입니다. 자기를 보는 눈이 열리는 것이 신앙의 성공입니다. 성영님이 죄인인 것을 깨닫게 해주실 때만이, 하나님이 원하시는 회개를 할 수가 있는 것입니다. 성영님이 죄를 깨닫게 하실 때만이 예수님 오신 목적이 분명해지는 것이요. 하나님 말씀 앞에 자신을 비출 때마다 할 말 없는 죄인임을 보게 되는 것입니다. 그때에 예수님의 피가 나에게 얼마나 귀한 줄 알게 되고, 깨끗이 용서받는 그 자유 때문에, 기뻐 외치고 또 외치고 싶어지는 것입니다. '예수님은 내 구주다. 나는 예수님으로 살았다!' 하는 확신에 찬 그 믿음을 말할 수 있는 것이요. 정말 영혼의 자유를 알고 누리는 것입니다. 그래서 죄를 미워할 줄 아는 능력이 있는 것이요, 그런 나에게 어디를 가든지 환경이 열리는 것입니다. 복을 가진 자가 됐기 때문에, 어디를 가도 두려워할 것 없고, 내 손에 쥔 물질 없어도 필요할 때마다, 채우시는 것을 경험하는 것입니다.

또한, 예수님이 우리의 모든 저주와 질고를 지셨다는 것을 확실히 믿기 때문에 건강할 권리가 있음을 아는 것이요. 악한 병에 걸릴 일 없다는 확신에 찬 믿음이 되는 것입니다. 그러므로 몸이 피곤하여 아파서 누워 있지 않으면 안 될지라도 '아니다, 예수님이 나에게 건강을 명하셨다. 나는 건강한 자다!' 하고 벌떡 일어나면 피곤도 아픔도 물러가는 것입니다. 이걸 모르고 '건강하게 해주세요, 주여 믿습니다. 나 좀 건강케 해주세요.' 하고만 있으면 예수님께서 '너 뭘 믿느냐? 도대체 뭘 믿어?' '예수님이 건강하게 해주실 것을 믿습니다.' 이렇게 믿는 건 믿음이 아닙니다.

예수님은 '무슨 병이든지 낫게 해주세요.' 하고만 있으라는 것이 아니라 이미 나은 줄 믿고 일어나 걸어가라 하셨습니다. '낫게 해주실 줄 믿습니다. 낫게 해주세요.' 그것만 붙들고 앉아 있으니까 마귀가 만날 앓는 소리 하게 하고 마음에 근심 걱정 염려 잡념이 떠날 날이 없도록 하는 것입니다. 네가 죄를 용서받고 구원받은 것을 믿는다면 구원의 길을 걸어가라는 거예요. 좁고 협착한 길 마다하지 말고 가라는 것입니다. 그것이 구원받은 능력입니다. 예수님께서 죄에서도 자유케 하셨고 모든 질병에서도 자유케 하셨습니다. 그러므로 믿는 자에게만 나타나는 자유요, 행복입니다. 그래서 이것을 간증하고 전하는 것입니다.

오늘 가인이 **내 죄벌이 너무 중하여 견딜 수 없나이다** 한 이 고통의 호소가 여러분의 영혼이 가졌던 호소이기에 하나님께서 여러분을 찾게 되신 줄로 믿습니다. 말씀을 맺습니다.

말씀을 주셔서 믿음을 갖게 하신 삼위 하나님께 모든 영광을 돌립니다. 아멘

제 17 장
육의 몸은 부활할 신영한 몸의 모형

⁴⁴육의 몸으로 심고 신영한 몸으로 다시 사나니 육의 몸이 있은즉 또 신영한 몸이 있느니라 ⁴⁵기록된바 첫 사람 아담은 산 영이 되었다 함과 같이 마지막 아담은 살려주는 영이 되었나니 ⁴⁶그러나 먼저는 신영한 자가 아니요 육 있는 자요 그다음에 신영한 자니라 ⁴⁷첫 사람은 땅에서 났으니 흙에 속한 자이거니와 둘째 사람은 하늘에서 나셨느니라 ⁴⁸무릇 흙에 속한 자는 저 흙에 속한 자들과 같고 무릇 하늘에 속한 자는 저 하늘에 속한 자들과 같으니 ⁴⁹우리가 흙에 속한 자의 형상을 입은 것같이 또한 하늘에 속한 자의 형상을 입으리라

(고전15:44-49)

우리 인간은 영적 존재입니다. 영적 존재라고 하는 것은, 하나님의 영을 넣어 창조한 사람으로, 곧 하나님으로 살아야 하는 존재라는 말입니다. 인간은 하나님의 요소와 땅의 요소로 되었습니다. 짐승은 흙으로만 지어져 흙으로 끝나지만, 사람은 흙으로 지은 그 속에다 영원히 존재하는 하나님의 영을 넣으셨습니다. 인간이 영이신 하나님을 인식하고 느끼고 알고 교제할 수 있는 것은, 바로 영이 있기 때문입니다. 그런데 사람은 육신의 정욕과 죄의 정욕에 빠져 죄악 가운데

살면서, 온전히 하나님과 단절되어 하나님을 알 수 없는 육이 되어 버렸습니다.

처음 사람이 동산 중앙에 있는 나무의 실과는 먹지 말라는 하나님의 말씀을 듣고, 뱀을 통한 사단의 유혹하는 말을 받아들여 선악과를 먹었으므로 그것은 곧 롬6:23에 **죄의 삯은 사망**이라는 법에 해당하여 사망의 법 아래에 있게 되었습니다. 그래서 인간 자아는 하나님의 말씀을 불순종하여 사망으로 들어가야 합니다. 그것을 롬6:6에서는 **죄의 몸**이라 했고 롬7:24에서는 **사망의 몸**이라 했고 롬8:10에서는 **몸은 죄로 인하여 죽은 것**이라고 했습니다. 몸은 죄로 인해 죽었다. 사망의 몸이다. 하니 또 흙으로 된 우리 육체를 말하는 것으로 들으면 안 됩니다. 육체가 죽지 않고 그대로 영원히 살 수 있었는데, 아담의 불순종으로 죽게 되었다는 것으로 착각하고 듣지 않아야 합니다. 여러분의 귀가, 듣는 영적 지혜가 있기를 바랍니다. 우리의 육체는 흙먼지로 되었으니 흙으로 돌아갑니다. 흙먼지로 되었다는 것은 언젠가 무너질 때가 있다는 말입니다.

말씀 전하는 모든 사람이 눈에 보이는 현상만 가지고 하나같이 말하는 것은, 아담과 하와가 선악과 먹는 죄를 짓지 않았다면, 그 좋은 에덴동산에서 행복하게 영원히 살 수 있었을 텐데, 먹지 말라는 것을 어기고 먹었으므로, 인간이 이렇게 죄인이 되어 고통을 당하게 되었고, 죽게 되었다고 말합니다. 하나님의 숨은 의도와 뜻을 깨닫지 못한 말을 쉽게 하고, 모든 책임이 아담과 하와에게 있는 것처럼 해서, 사람들이 믿음을 잘못 갖도록 하고 있습니다. 끊임없이 아담과 하와에게 책임을 묻게 하고, 정죄하는 마음을 갖게 하여 첫 사람이 곧 자기 자신임을 볼 수 없도록 하고 있습니다. 따라서 하나님의 뜻을 알지 못하는 소경이 되고, 선악과를 두신 하나님을 오해하게 하는 엄청난 죄를 짓고 있습니다.

저는 오늘 흙인 우리 육체는 죄와 상관없이 영원한 것으로 지음을 받지 않았다는 것을 분명히 말합니다. 창3:19에 **필경은 흙으로 돌아가리니 그 속에서 네가 취함을 입었음이라** 했습니다. 어디서 취했다고요? 사람을 지으실 때 하나님의 형상과 모양으로 된, 형상과 모양이 뭡니까? 영과 인격입니다. 그 영혼이 거할 집(몸)을 먼저 지으셨는데, 그것은 흙에서 취함을 입었다고 했습니다. 그러므로 육체는 영혼이 거할, 영혼을 담은 집과 같은 것으로 **너는 흙이니 흙으로 돌아갈 것이니라** 하심으로 그 육체는 언젠가 다시 흙으로 돌아간다고 하는 흙의 본질을 일러주셨습니다. 사람이 나서 흙으로 돌아가는 것이 죄 때문이 아니라 흙이니 흙으로 돌아간다고 하셨다는 말입니다.

고후5:1에 흙으로 된 육체를 **장막 집**이라고 했습니다. 장막이라 한 것은 임시거처라 언젠가는 무너진다는 말입니다. 언젠가는 낡아지는 것으로 쓸 수 없으니 무너지는 겁니다. 그러므로 육체는 흙이기에 흙의 목숨이 다하면 흙으로 돌아갑니다. 그러나 흙인 육체 안에 담은 하나님의 요소인 영혼은 끝나지 않고 영원히 존재합니다. 그래서 성경은 영혼에 대해서 다루고 있습니다. 저는 오늘 흙으로 된 우리 육체의 본질을 분명히 말씀드리면서, 너무나 중요한 우리 영혼에 대해서 말씀드리려고 합니다. 흙으로 된 우리 육체는 죄를 지었든 안 지었든 죄와 상관없이 우리 영혼이 잠시 거할 집으로 필요했던 것임을 여러분 분명히 아십시오. 하나님은 육체가 영원히 존재할 것으로 지으신 것 아닙니다. 아셨습니까?

하나님께서 사람을 창조하신 목적은 영원히 함께하려는 데 있습니다. 하나님이 낳으신 관계가 되어 하나님은 아버지요 우리는 자녀로, 아버지 집에서 영원히 함께 사는 것입니다. 하나님의 이 같은 뜻에 대해서는 인간이 그러냐? 저러냐? 할 수 없다고 했습니다(롬9장 토기장이 비유 참고). 하나님은 이 뜻을 성취하시려고, 먼저 흙으로 사람의 형체를 만드시고 그 형체 안에다 생기를 불어넣어 사는 영(목숨이 있는 영)이 되게 하셨습니다. 생기로 인하여 육체가 기동할 피가 흐르자, 정신, 즉 혼의 지정의의 인격이 있게 되었습니다. 하여 사람은 영과 혼과 몸의 세 분야로 구분이 되는데, 서로 분리될 수 없고 뗄 수 없는 유기적 관계이면서, 하는 일에서는 각각 그 기능이 다릅니다. 영은, 영이신 하나님을 인식하여 교제할 수 있는, 곧 하나님을 담을 수 있는, 담아야 하는 곳입니다(성영님으로 됨).

그리고 정신이라고도 하는 혼은 '자아', '나'입니다. 나를 말하는 자아는 인격이라고 하는 지·정·의를 담고 있습니다. 지성과 감정과 의지의 부분입니다. 그래서 지·정·의의 인간을 인격적 존재라고 말합니다. 자유의지를 가진 독립체라고 합니다. 그러므로 끊임없이 지식을 추구하고 알기를 원하고, 지식을 받아들여 알고, 느끼고 생각하고 판단하고, 뜻을 정하고 선택하는, 이런 지·정·의의 자유의지를 가졌습니다. 사람은 자기 의지에 대한 책임을 가졌습니다. 인간은 대단한 수준을 가진 존재요, 그래서 '신을 닮았다.' 라고 말합니다. 성경은, 인간은 존귀한 자로 지음을 받았다고 말씀하고 있고, 그렇게 존귀한 자로 창조되었음에도 하나님이 없다고 하는 자는 어리석은 자요, **멸망하는 짐승과 같다**(사단과 그의 영들을 일컫는 것)고 했습니다(시14:1, 시49:12, 20, 시53:1).

그다음 육체는 땅의 것에 감각을 가졌습니다. 오감이라고 하는데 시각, 청각, 후각, 미각, 촉각 이렇게 다섯 가지의 감각으로 세상을 인식하고 원합니다. 이 육체는 혼, 정신이 같이합니다. 육체와 함께 세상 것을 인식하고 원하는 것이 혼입니다. 그래서 하늘의 요소인 영과 땅의 요소인 육체(+혼)는 서로 반대되는 성질을 가졌습니다. 영은 하나님을 바라지만, 육체(+혼)는 오감으로 땅의 것을 알고 느끼며 세상 것을 바랍니다. 그러므로 인간이 영에 관심 없고, 정신이 바라는 것과 육체의 감각적인 것만 바라고 좇아 사는 것이면, 그것은 짐승과 다를 바 없다고 한 것입니다.

　그러면 여러분이 생각할 때 인간이 죄와 상관없이 영이 강하겠습니까? 육(육체+혼)이 강하겠습니까? 사람이 선악과의 불순종의 죄를 지었든 안 지었든 상관없이 인간은 환경적으로나 감각적으로나 흙에서 난 육(육체+혼)이 강할 수밖에는 없습니다. 그래서 죄와 상관없이 인간은 눈에 보이지 않는 하나님보다는, 눈에 보이고 손으로 만져지고 맛으로 느껴지는, 이런 오감의 감각을 지닌 육에게로 끌려갈 수밖에는 없습니다. 육은 오감으로 감각적인 것만 바라고 취하고자 좇고, 그것이 흙으로 된 육의 욕구요 일이니, 그러므로 인간의 자아, 혼의 지정의가 육체와 하나가 되어서, 보이는 것 감각적인 것을 자연스럽게 좇아가는 것입니다. 고전15:47에 **첫 사람은 땅에서 났으니 흙에 속한 자이거니와** 말함으로써, 바로 사람의 자아가 흙에 속한 자아가 될 수밖에 없음을 말해주고 있습니다.

　눈에 보이지 않는 영의 세계는 창조주 하나님이 계시면서 또 하나님을 대적하고 하늘로부터 쫓겨나 공중에 거하는 사단 또는 마귀라고 불리는 우두머리와 그의 무리인 악한 영들이 존재합니다. 사단과 무리는 오로지 하나님의 보좌를 찬탈하려는 것이 목적이 되어, 하나님의 일이 실패되게 하려고, 간계로 하나님의 뜻을 방해하여 하나님이 지으신 사람, 특히 믿는 자들을 사주하여 하나님께 배은망덕하게 하고, 멸망 받게 하려는 일을 끊임없이 하고 있습니다.

그러면 하나님께서 이것을 모르실까요? 하나님이 사람을 짓고 보니 사람에게 하나님을 바라는 영의 쪽보다 육의 쪽을 택할 약함이 있겠구나, 사단이 사람에게 간계를 부려 자기 소유가 되게 하겠구나, 하는 것을 그때 아신 것 아닙니다. 이미 창조 이전에 사단은 하나님과 사람과 원수가 되었습니다. 그러므로 하나님께서는 하나님의 형상대로 지으신 사람과 함께 그 원수인 사단과 무리의 권세를 깨고, 영원한 무저갱으로 집어넣어 버릴 계획을 세우셨습니다. 사람은 첫 창조로 끝내는 것이 하나님의 뜻이 아니란 말입니다. 사단은 멸하고 처음 창조된 사람 안에는 하늘의 생명을 얻게 하여 영생하는 사람으로 재창조하시는 것이 사람을 창조하신 하나님의 뜻이요 계획입니다. 알아듣습니까?

오늘 고전 15:44-49의 말씀이 그것을 말합니다. 첫 사람 아담은 땅에서 나서 흙에 속한 자이기에, 마지막 아담이신 예수님이 살려주는 영이 되었으므로, 그 예수님으로 산다고 한 것입니다. 그러므로 무너질 흙으로 사람을 지으신 것은, 영원히 살게 하는 신영한 몸, 부활의 몸을 있게 하시려는 것입니다. 44의 말씀이 그것을 잘 말하고 있습니다. **육의 몸**(나, 곧 자아)**으로 심고 신영한 몸**(예수님의 생명으로 부활할 몸)**으로 다시 사나니 육의 몸이 있은즉 또 신영한 몸이 있**

느니라 신영한 몸이 있으려면 육의 몸이 있어야 한다고 설명합니다. 그래서 그 육의 몸을 심어야만, 즉 한 알의 밀알이 흙 속에서 죽어 많은 열매를 맺는 것처럼, 곧 육의 몸(육에 속한 자아)이 그 같이 죽어야 신영한 몸으로 다시 산다는 것입니다. 신영(부활할 몸)한 몸이 있기 위해서 육의 몸이 있다고 하는 거예요.

처음 지으실 때 불어넣으신 영에 예수님의 부활하신 생명, 즉 예수님을 죽음에서 살리신 성영님이 오시고, 혼의 지정의로는 아버지와 아들과 성영님을 아는 그 지식의 말씀을 매일 먹음으로 영과 혼이 함께 자라 삼위 하나님과 온전히 관계를 이룬 신영한 몸을 입게 하여, 흙의 몸이 무너지면 흙의 몸과 같은 모습의 신영한 몸으로 부활하여 하나님과 영원히 살게 하시는 것입니다. 그러므로 육의 몸으로 심고 신영한 몸으로 살기 위해서는 육의 몸(나, 자아, 인본)을 죽음에 넣어야 할 선악과를 두시는 것입니다. 육의 몸이라고 하는 것은 앞서 말했듯이 또 흙으로 된 육체를 말하는 것이 아니니 잘 새겨듣기 바랍니다. 뒤에서 말씀드릴 것입니다만 '육의 몸' 또는 '육의 사람'하는 것은 육체에 속하여 불순종의 죄를 지은 자아, 나를 말합니다. 육체의 오감에 하나가 되어서 죄지은 혼을 말합니다. 그래서 자기는 죽고 하나님 말씀을 온전히 순종하신 예수님으로 몸을 입어야 하기에 사람이 선악과를 먹고 죽음을 받아들여야 합니다.

신영한 몸으로 다시 살리려고 오신 분이 누구예요? 예수님입니다. 하나님께서 첫 사람에게 '먹으면 정녕 죽으리라' 하신 것은 바로 예수님께서 오셔서 죽는다는 것을 말씀하신 것으로, 사단에게는 비밀에 부친 것이라 말씀드렸습니다. 첫 사람이 선악과를 먹고 '죽으리라'

를 받아들이면 예수님께서 '죽으리라'의 바통(배턴, baton)을 받아 오셔서 죽으실 것을 말씀하신 뜻이란 말입니다. 먹지 말라 하신 하나님 말씀을 불순종한 죄는, 예수님이 대신 형벌을 받아 죗값을 치르실 것이요. 다시 사신 그 생명으로 사람을 살리신다는 말씀입니다. 그러므로 첫 사람이 '정녕 죽으리라' 하신 것을 받아들이니 곧 예수님께서 사람으로 오셔서 죽으실 수 있게 되었고, 죽으셨으나 다시 살아나셨으니 사람이 예수님을 믿고 영접하면 생명을 얻게 되어, 영의 몸 신영한 몸을 입고 영원히 살게 되니, 하나님께서 이같이 예수님으로 말미암아 사단과 죄는 멸하고 사람은 살리실 뜻을 가지셨습니다.

사람이, 하나님 아버지께서 자녀를 낳으시는 이 같은 사정의 뜻을, 말씀으로 알리고 가르치는 것을 좀 듣고 알았으면, 그 하나님이 아버지시라는 것을 진짜 믿으면 좀 아버지의 뜻을 존중하고 사랑해서 그 뜻에 동참하려는 인격적 의지가 있어야 하는데, '우리의 자세가 이래야 한다.'고 하면 뭘 그리 마음으로 꼭 투덜대야 하고, 사단에게서 들어온 것을 못 버려서, 놓기 아까워서 그렇게도 붙들고 집착하겠으며, 죽음에 내줘버린 죄지은 자기를 뭘 그리 죽기 싫어 여전히 사랑하려고 발버둥을 치겠습니까? 뭘 그리 놓지 못할 것이 있습니까? 그래서 믿음 생활 오래 한 사람들에게서 이런 태도들을 보면 사실 '너는 아직 사단 보고 나 좀 꼭 붙들어 달라고 애원하고 있구나.' 하는 생각밖에 들지 않습니다. 그런 사람들로 인해 믿음이 사람들 속에 잘못 보이고 잘못 들어가는 것입니다.

그래서 첫 사람에게 사단이 다가와서 뭐라고 합니까? '선악을 아는 실과를 먹어도 죽지 않는다. 하나님이 너희가 먹으면 하나님과 같이 될 것 같으니까, 먹지 말라고 거짓말한 것이다. 너희가 먹으면 너희도 하나님 같이 된다.' 하자 그 유혹의 말을 듣고 가서 실과를 바라보니 어떠했습니까? 그야말로 진짜 먹음직하고 보암직하고 지혜롭게 할 만큼 탐스럽게 보였습니다. 사단의 말처럼 보기에도 좋고 먹음직하고 얼마나 탐스러운지, 먹어 보지 않고는 배겨날 수 없을 것 같은 유혹이 들어왔습니다. 그 실과를 바라볼수록 지혜롭게 할 만큼, 즉 사단의 말처럼 정말 하나님같이 지혜로울 것 같은, 하나님의 지혜를 가질 것처럼 보였습니다. 그렇게 바라보다가 사단의 말이 참말같이 들렸습니다. 그래서 지체할 것 없이 그것을 따 먹었습니다. 먹고자 하는 육체의 욕구에 끌려가게 되었고, 지혜롭게 할 것 같은 자아의 욕구에 끌려가 동의하므로 의지를 먹는 것에 둔 것입니다.

먹지 말라 하신 하나님의 말씀보다도 육체의 감각적인 것, 보는 것, 맛보는 것, 자기를 지혜롭게 할 것 같은 그 욕구에 끌려 자기가 먹는 것을 택했습니다. 그래서 예수님이 죽으러 오시는 길이 확실히 나게 되었고, '정녕 죽으리라'의 말씀으로 예수님이 죽으실 것이 확정됐습니다(창3:22). 서두에 말씀드린 **몸은 죄로 인해 죽은 것이라** 한 말이 바로 하나님이 사람을 흙으로 지으실 때, 그 흙이 피가 흐르는 육체가 되면서 생성한 자아, 말씀을 불순종한 지정의의 그 혼을 말합니다. 바로 불순종한 자아(혼)가 죽을 몸입니다. 혼의 자아가 불순종하여 죄를 지었으므로 그것이 '죄로 죽은 몸'입니다.

다시 설명하면 구약 성전에서 가장 깊은 장소가 어디입니까? (지성소) 지성소는 영이신 하나님을 말한다고 했습니다. 또한, 우리 사람도 영과 혼과 몸으로 구성되었는데(살전5:23, 히4:12), 그러면 이 지성소는 우리 영, 혼, 육중에서 어디에 해당한다고 했습니까? (영) 성전과 마찬가지로 우리 영도 가장 깊은 곳에 있습니다. 그것을 그림으로 나타내 보면, 제가 손으로 표시합니다.

첫 번째 원(가장 안쪽의 원), 이것은 우리 영의 위치.

두 번째 원(가운데 원), 이것은 우리 혼의 위치. 그러니 우리 영은 어디 안에 있습니까? 혼 안에 있습니다.

그다음 세 번째 원(바깥쪽 원), 육체입니다. 그러면 육체를 접하고 있는 것이 무엇입니까? 혼입니다. 물론 우리 육체 안에 영혼을 담았지만 이해가 돼야 할 것이 육체 안에 혼이 있고, 혼 안에 영이 있다. 그렇게 보시면 이해가 쉬울 것입니다. 그래서 영을 담고 있는 혼(자아)이 바로 '영의 몸'입니다. 성경이, 영을 담은 혼(자아)을 몸이라고 말하고 있습니다(죄지은 몸을 말할 땐 부패한 육으로 표현). 우리 영혼을 담은 육체를 몸이라고 하듯이 영을 담은 지정의의 혼도 몸이라고 한다는 말입니다.

사람의 영을 담은 몸, 혼이 하나님의 말씀을 버리고, 사단의 말을 받아들여 '선악과를 먹으므로 죽으리라'가 적용되니, 몸(혼, 자아)은 죄로 인하여 죽은 것입니다. 흙으로 들어가면 끝나 버리는 육체를 말하는 것이 아니라, 영의 몸인 혼(자아)이 죄를 범하였으므로, 죄의 몸이요, 사망의 몸이요, **몸은 죄로 인하여 죽었다**고 말하는 것입니다(롬8:10). 그래서 부활한다 할 때, 그것을 몸의 부활이라고 하는데, 흙으로 된 우리 육체가 죽어서 흙으로 들어갔다가 부활 때 다시 흙에서 일어난다는 뜻이 아니라, 몸이 부활한다는 것은, 육체의 그 모습으로 부활한다는 말입니다.

부활의 몸이 되는 것에 대해 다시 설명합니다. 지어진 사람, 그 자기, 혼의 지정의의 자아가 하나님께서 말씀하셨음에도, 사단의 유혹의 말을 듣고 선악과를 먹었으므로, 죄의 삯은 사망이라는 법에 걸려서, 일차는 가인 이후의 모든 인간은 하나님에 대하여 다 죽었습니다. 그러므로 사람은 하나님을 찾을 수도 볼 수도 만날 수도 없습니다. 하나님이 사람을 찾아오셔서 만나주시고 불러주시지 않으면, 사람 스스로가 하나님을 볼 수도 찾을 수도 만날 수도 없다는 말입니다. 하나님에 대해서는 죽었기 때문입니다. 그래서 자기는 하나님에 대하여 죽었음을 알아야 하고, 예수님이 십자가에 못 박혀 죽으실 때, 하나님에 대하여 죽은 자기도 같이 죽었음을 알아야 하고, 예수님이 죽음에서 살아나셨으니 나도 예수님과 함께 살았다는 것을 알아야 합니다. 그러므로 죽은 자기가 살게 된 것은, 오직 그 예수님을 믿는 믿음입니다. 이제 자기 안에서 이 사실을 알고 예수님을 아는 것만이 산 것이요, 예수님을 경험하는 그것이 생명의 능력이요. 말씀을 자기 것으로 받아들여 살고 따름으로써, 예수님의 인격을 이루는 것이 육체와 똑같은 모습으로 부활할 몸을 이루는 능력입니다. 그래서 신영한 몸이라고 합니다.

지정의가 얼마나 예수님의 영이요 생명 되는 말씀을 알고 사랑하고 따르고 사느냐? 얼마나 말씀이 속사람의 능력이 되었느냐? 얼마나 예수님과 같은 영적 자아가 되어 예수님으로 충만하냐에 따라서 그 영광(예수님과 연합의 분량만큼)이 다를 것이요. 병들지도 않고 쇠하지도 않고 죽지 않고 영원히 존재하는 몸으로 부활할 것입니다. 지성도 감성도 의지도 다 예수께 두고 예수님을 사랑하여 그 말씀으로 살고, 오직 예수님으로 충만한 영적 인격이 바로 부활의 몸을 이루는 요소가 되어, 신영한 몸으로 부활할 것입니다. 그러므로 예수님을 믿는다 해도 자기 안에 예수님이 계시지 않으면 부활은 없습니다. 그래서 사람이 하나님이 말씀하시는 사람의 길을 믿고 받아들이지 않으면, 사단이 들어갈 형벌에 떨어지는 것입니다.

그러므로 성경이 몸이라고 한 것을 무엇으로 깨달아야 하는지 이제 이해됐습니까? 물론 성서에서 '인간의 혼이 몸이다. 몸이라고 하는 것이 바로 혼을 말한다.' 하고 딱 꼬집어서 말하고 있진 않습니다. 또 성경에 그렇게 말한 데가 어디 있느냐 하지 않겠어요? 그러나 하나님의 뜻을 성영님께서 깨닫게 하시고 보게 하시면 물이 흐르듯 자연스럽게 말씀이 열려서 쉽게 압니다. 하나님을 삼위라고 하는 것도 성경에 그렇게 말하진 않았지만, 성경 전체 속에서 근거가 되는 것은 얼마든지 있으니 하나님을 삼위일체라 말하는 것입니다. 그래서 하나님이 삼위일체라는 것을 부인하거나 인정하지 않으면, 그것은 이단이라고 합니다. '삼위라는 말이 성서에 어디 있느냐? 그런 말이 어디 있느냐?' 한다면 그것은 성경을 아는 자가 할 수 있는 말이 아닙니다.

믿음의 조상 아브라함을 말할 때, 그 사람은 진리를 추구한 사람이었다고, 성경에 그것을 콕 집어 말하지 않았어도 그가 얼마나 진리를 추구한 사람이었는지는, 성영님의 눈과 마음으로 얼마든지 들여다 볼 수 있습니다. 그래서 그를 본 것처럼 말할 수가 있는 것입니다. 그러므로 아브라함처럼 진리를 추구하는 진리의 사람은 성경 속에서 그 아브라함을 만날 때, 동질감을 느끼고 굉장한 친근감을 느끼게 됩니다. 그렇기에 영적 자아가 부활의 몸이 된다는 것도 성영님으로 아는 것입니다. 믿음을 도우시기 위해 오신 성영님으로 감춰진 것과 같은 하나님의 영적인 뜻을 보고 깨닫고 아는 겁니다.

　우리가 분명히 알 것은 하나님은 영이시오, 하나님의 일도 영적인 것입니다. 그래서 영의 일은 영으로만 보고 압니다. 영의 일은 죽은 육의 눈으로 보이는 것 아니요, 사람의 지혜로 알 수 있는 것도 아닙니다. 하늘이 땅이 될 수 없는 것과 같습니다. 그래서 이 로고스의 말씀에서 하나님의 영적인 뜻, 생명이 충만하게 되는 레마의 말씀을 깨닫는 것은, 오직 성영님으로만 된다고 말씀드렸지 않습니까? 성영님이 바로 우리의 눈입니다. 성영님이 우리 지혜입니다. 우리 입의 혀를 잡아 말하게 하십니다. 성영님으로 영이 거듭나면 영적인 일이 기록된 성서의 모든 말씀의 뜻을 성영님으로 보고, 듣고, 깨닫고, 믿고, 말하게 되는 것입니다.

　예수님이 십자가 위에서 흘리신 피로 자기의 죄악을 깨끗케 하시고 사망에서 구원해주셨음을 믿고 기뻐하는 자, 영생 얻게 하려고 죽으시고 사신 예수님을 사랑하여 따르기 위해 말씀을 깨닫기를 원하는 자에게, 성영님이 눈이 되시고 지혜가 되어 주십니다. 깨달아 믿음으로 받은 모든 하늘의 것은 그의 영혼의 생명이 되고, 능력이 되고 영광이 되는 것입니다. 예수님이 천국이심을 보게 하시고, 사단과 악한 영들의 정체와 하는 일들을 보게 하시고, 알게 하십니다. 말씀이 빛이니 말씀(빛)이 내게 있으면 어둠의 것들은 다 보여 아는 것입니다. 그래서 성영님으로 성경을 보고 깨닫는 자만이, 하나님의 믿음을 가진 자요, 참말을 하는 것입니다.

　첫 사람에게 있었던 사건들은 사람이 예수님과 연합되어야 하므로, 그것을 가르치시기 위한 것이요, 하나님의 뜻을 알리시는 것이지만, 그 후손인 가인이 동생을 살인하는 악은 하나님의 계획도 뜻도 아닙니다. 그것은 사단이 가인에게 동생을 죽이도록 사주한 사단의 뜻입니다. 그래서 하나님께서는 가인이 그 죄악을 범치 않게 하시려고 찾아오셔서 '죄를 범하면 죄의 하수인이 되는 것이니, 사단이 너로 죄짓기를 원하지만, 너는 죄를 다스리라'고 명하셨습니다. 그럼에도 가인은 형제를 살인하는 악을 행하였기에, 가인과 가인의 길로 나간 모든 인류는 하나님에 대하여는 전적으로 죽었고, 아주 부패한 육이 돼 버렸습니다. 그래서 아담 이후의 가인부터 인류는 하나님에 대하여 죽었으므로, 전적으로 부패하고 타락한 육체가 돼 버렸습니다. 죄를 짓고 타락으로 부패한 육체(+혼)는 하나님과 원수 관계일 뿐만 아니라, 자신의 영과 혼도 원수 관계가 되고, 영과 육체도 원수 관계가 돼 버렸습니다. 그러므로 영은 타락하고 부패한 죄 속에 갇혀서 고통하게 되었고, 육체에서 떠날 때는 서로 원수였던 영과 혼이 합쳐져 사망의 몸으로 부활하여 지옥의 불구덩이에서 영원히 고통받게 되었습니다. 그래서 하나님께서 사람들로 돌아올 기회를 주시려고, 자신에게 처한 이 같은 형편에 대해서 전하고 가르침에도 불구하고, 말씀을 듣고도 듣지 않은 자처럼 하는 것이면, 그것은 그가 스스로 지옥을 선택한 것이 되었기에, 그 책임이 자기에게 돌아가는 것입니다.

사람에게 인격이 있게 하신 것, 그 지정의로 하여금 삼위 하나님을 알고, 하나님을 경외하며 뜻을 사랑하여 따르게 하시려는 것이라는 것, 삼위 하나님과 관계를 이루는 삶을 통해 참생명을 얻고, 하늘의 행복과 기쁨을 누리게 하시려는 것이라는 것 누차 말씀드립니다. 의지와 뜻을 오직 예수님께 두고 지성으로는 예수님을 깊이 알고, 감정으로는 예수님을 사랑하고 인격적인 사귐의 관계 속에서 오직 예수 그리스도로 자라가게 하시려는 것이었습니다.

그런데 완벽히 육으로 타락한 인간, 하나님을 떠나 사단과 한패가 돼버린 인간은 그렇게 사단과 함께 세상을 높이고 세워나가는 것에 주력했습니다. 육으로 타락한 인간의 지성은 육체가 끝날 때 함께 끝날 세상 지식을 끊임없이 추구하여 좇아가고, 지혜롭게 할 만큼 탐스러운 것을 좇아 그렇게 세상 지식과 세상 지혜의 경지를 정복해보겠다고, 그래서 인간 승리를 해보겠다고, 최고가 되어 보겠다고, 바벨탑을 쌓는 문명으로 하나님과 겨루어 하늘에 닿아 보겠다고 좇아가고 있습니다. 그래서 세상 지혜가 뛰어나고, 세상 높은 학문을 하여 지식을 쌓았어도, 그것으로 하나님을 아는 것 절대 아니라는 것, 강조하고 강조합니다.

그런데 또 믿는다는 사람들이 세상 알기 위한 공부를 참으로 열심히 합니다. 세상을 아는 일에 목숨을 걸다시피 하여 공부하며 학식을 높이고 있습니다. 그런 세상의 것들로 영광을 얻기 위해서 그렇게 엄청난 공부들을 하고 있습니다. 세상 것을 더 추구하기 위해서, 그것을 놓고 기도하며 예수님을 믿는다 하고 있습니다. 그것은 예수님을 이용해서 세상을 발전시켜 보고자 하는, 그래서 자기 욕망을 채우기 위한 일이라는 것 반드시 아십시오. 제가 이것을 말함은 자기 영광을 위하여 예수님을 믿고 이름을 불렀다면, 하나님의 심판을 피할 수 없다는 것을 미리 경고해두기 위해서입니다.

고전3:18-21에 바울이 이것을 분명히 지적했습니다. **너희 중에 누구든지 이 세상에서 지혜 있는 줄로 생각하거든 미련한 자가 되어라 그리하여야 지혜로운 자가 되리라 이 세상 지혜는 하나님께 미련한**

것이니 기록된바 지혜 있는 자들로 하여금 자기 궤휼(간사한 꾀, 교묘한 속임수, 궤변)에 빠지게 하시는 이라 하였고 또 주께서 지혜 있는 자들의 생각을 헛것으로 아신다 하셨느니라 그런즉 누구든지 사람을 자랑하지 말라 만물이 다 너희 것임이라 했습니다. 만일에 믿는다는 사람이 예수님이 진정으로 자기의 자랑이 되지 않고, 세상의 지혜와 지식이나 명예 등을, 또는 사람이 자랑이 되면, 무엇이든지 우상이 돼 있으면 그것은 여기 바울을 통해 성영님께서 하신 이 말씀이 그를 판단하는 말씀으로 그 앞에 설 것입니다. 그래서 세상과 세상의 것은 아무것도 자랑할 것이 없다는 것을 명심하십시오.

 육이 된 자아, 지성과 감정과 의지는 세상의 것들에서 행복을 찾고 기쁨을 찾고 즐거움을 찾으려고 모든 의지를 동원하여 좇아갑니다. 죄로 타락한 인간은 정신의 만족을 위하여 육체의 안일과 향락을 위하여 열심을 다해 이뤄보려고 좇아갑니다. 탐욕의 노예가 되어 권력을 탐하고, 명예와 권세와 부에 집착함으로써 물질을 쌓고, 쌓는 것으로 기쁨이 되고 만족해보려는, 이 같은 타락의 일을 위해 애씁니다. 그러므로 믿는다는 사람이 이런 죄의 삶이면 그는 절대로 예수님 믿는 것 아닙니다.
 사람이 처음에는, 예수님을 믿으면 천국이요 믿지 않으면 지옥 간다는 것이 맞는 것 같기도 하고, 또 맞지 않는 말 같기도 하여, 믿음이 요동할 수 있습니다. 또 예수님은 죄인을 구원하러 오셨다고, 죄인의 구주시라고 하니 자기를 비롯해 사람들도 나쁜 짓 하고 죄짓는 것들을 보니, 죄인은 맞는 것 같아서 믿기는 믿어야 한다고 생각은 합니다. 그래도 또 어느 순간 맞지 않는 말 같은 의심이 드는 겁니다. 그래도 자기 안에 하나님을 바라는 영에 의해서 왠지 믿지 않으면,

안 될 것 같은 불안한 마음이 있기 때문에, 믿는다고 하는 쪽으로 방향을 두기는 합니다. 그래서 예수님을 믿는다는 것은, 그런대로 받아들일 만한데 여기 예수님의 교회에 나와 말씀을 들으면, 자기에게는 부담되는 말, 자기 정신으로 듣기에는 너무나 거북스러운 말, 자기의 생각하고는 전혀 반대되는 말, 자기 양심으로 생각해 봐도 도대체 옳지 않은 말을 하는 것 같아 듣는 것이 매우 불편한 겁니다.

그러니까 말씀을 듣다가 자기 속에서 즉시 말씀을 대적하는 마음이 올라옵니다. 이런 불평 저런 불만이 올라옵니다. 왜 그렇습니까? 하나님을 알지 못하고 살아온 타락한 자아가 그렇게 반항하는 것입니다. 하나님과 원수 된 부패한 육의 자아가, 즉 자기중심적인 자아가 즉시 나서서 대적하는 것입니다. 하나님의 말씀을 버리고 살아왔던 자기 방식과는 맞지 않으니, 거부하고 맞서는 것입니다. 먹음직하고 보암직하고 지혜롭게 할 만큼 탐스럽기도 한 것을 택하여, 오로지 그것을 위해 살아온 타락한 육의 자아가, 하나님의 말씀을 여전히 거역하게 하려고, 하나님과 원수 된 자격으로 맞서 올라오는 것입니다. 그러나 분명히 인식해야 하는 것은, 예수님을 믿기 전에 살아왔던 나는 하나님과 원수를 맺고 산 삶이었다는 것입니다.

그러므로 예수님을 믿는다면 예수님께로 깨끗이 옮겨 앉아버려야 합니다. 그래서 인간은 하나님을 따라 살 것이냐? 그렇게 자기가 하나님이 되어 살 것이냐? 선택해야 하는 존재입니다. 이제 자기가 영을 따를 것인지 육을 따를 것인지 결정해야 합니다. 그 결정을 영이 하는 것 아닙니다. 육체가 하는 것도 아닙니다. 바로 영과 육 사이에 있는 나를 말하는 혼(자아)이, 즉 지정의의 자아가 영을 따를 것인지 육을 따를 것인지 결정하는 것입니다. 자기 의지를 어느 쪽에 두었느냐에 따라서 영의 사람이냐 육의 사람이냐 하는 것으로 갈라지는 것입니다. 성경은 영을 따르라고 분명히 그 길을 제시했습니다. 육을 따르면 그 길은 멸망으로 가는 길이라고 알려주었습니다. 영의 사람은 하나님의 쪽이요. 육의 사람은 사단 쪽이라는 것을 분명히 말하고 있습니다. 그래서 인간이 예수님을 모셔 들여 예수님으로 살게 되면, 그것은 자기가 이 땅에 태어난 자로서 마땅히 행할 복이 있는 자입니다. 그 영과 혼이 육체에서 떠날 때 하나로 합쳐져서 영생으로 들어갈 것이요. 예수님의 생명이 그 안에 없는 자는 사단이 들어갈 지옥으로 그 영과 혼이 하나로 합쳐져서 들어가 영원히 고통받고 고통 하는 영혼이 될 것입니다.

그러므로 누구든지 예수님이 아니면 살 수 없는 존재, 오직 예수님으로만 살 수 있는 영적 존재라는 것을 알고, 영을 따름으로써 부활할 신령한 몸으로 날마다 성장하기를 바랍니다. 아멘입니까?

오늘 이 말씀에서 인간은 영과 혼과 육체로 된 존재인데, 영은 무엇이냐? 혼은 무엇이냐? 육체는 무엇이냐? 하는 이 세 분야에 대해서 잘 이해가 되었으리라 생각합니다. 말씀을 계속 반복하여 읽고 새김질함으로써 아주 깨끗이 이해가 돼 버리는 복이 있기를 바랍니다.

이 말씀을 주셔서 우리의 믿음을 바로 갈 수 있도록 인도하여 복 주신 사랑하는 아버지, 사랑하는 구세주 예수님, 사랑하는 성영님께 영원한 감사를 올려드리며 말씀을 맺습니다. 아멘

제 18 장
본토 친척 아비 집을, 떠나야만 예수님이 보임

¹여호와께서 아브람에게 이르시되 너는 너의 본토 친척 아비 집을 떠나 내가 네게 지시할 땅으로 가라 ²내가 너로 큰 민족을 이루고 네게 복을 주어 네 이름을 창대케 하리니 너는 복의 근원이 될지라 ³너를 축복하는 자에게는 내가 복을 내리고 너를 저주하는 자에게는 내가 저주하리니 땅의 모든 족속이 너를 인하여 복을 얻을 것이니라 하신지라 ⁴이에 아브람이 여호와의 말씀을 좇아갔고 롯도 그와 함께 갔으며 아브람이 하란을 떠날 때에 그 나이 칠십오 세였더라 ⁵아브람이 그 아내 사래와 조카 롯과 하란에서 모은 모든 소유와 얻은 사람들을 이끌고 가나안 땅으로 가려고 떠나서 마침내 가나안 땅에 들어갔더라

(창12:1-5)

믿음은 젖과 꿀이 흐르는 가나안 땅에 들어가는 것입니다. 오늘날 우리에게는 하나님 나라 천국입니다. 하나님 나라에 들어가는 자의 기본이 되는 행동은, 먼저 본토 친척 아비 집을 떠나는 것입니다. 본토 친척 아비 집을 미련 두지 않고 떠난 자만이 천국 길이요, 하나님의 보호와 돌봄을 받습니다. 제가 진실을 말합니다. 그래서 오늘 우리의 믿음에 있어 본토 친척 아비 집을 떠나는 것이 무엇인지, 본문

말씀을 중심으로 하여 말씀을 드리겠습니다.

구약 시대에 죽음을 보지 않고 하나님이 데려가신 자와 하늘로 들려간 두 사람을 볼 수가 있는데, 한 사람은 창세기 5장에 기록된 에녹입니다. **에녹이 하나님과 동행하더니 하나님이 그를 데려가시므로 세상에 있지 아니하였더라**고 했습니다. 히11:5에 **믿음으로 에녹은 죽음을 보지 않고 옮기었으니 하나님이 저를 옮기심으로 다시 보이지 아니하니라 저는 옮기우기 전에 하나님을 기쁘시게 하는 자라 하는 증거를 받았느니라** 했습니다. 하나님께서 에녹을 데려가셨으므로 에녹을 세상에서 볼 수가 없었다는 것입니다.

그다음 열왕기하 2장에 엘리야입니다. **두 사람이 행하며 말하더니 홀연히 불수레와 불말들이 두 사람을 격하고 엘리야가 회리바람을 타고 승천하더라** 해서 엘리야가 선지자의 사명을 마치고 불수레와 불말, 즉 하나님의 사자들에 의해 많은 사람이 보는 가운데서 그대로 하늘로 승천했다는 겁니다. 구약의 이 두 사건은 예수님과 또 믿는 자들에게 있을 일에 대한 예표적 사건입니다. 엘리야 선지자의 승천은 바로 예수 그리스도께서 부활하여 하늘로 승천하실 것을 미리 보이신 예표입니다. 선지자는 하나님께 말씀을 받아서 하나님의 백성에게 전해주는 사명입니다. 엘리야 선지자는 구약의 모든 선지자를 대표하는 인물로, 하나님의 참 선지자로 오신 예수님을 예표한 자입니다. 구약에서 왕과 대제사장과 선지자는 오실 예수님을 예표한 것입니다. 그래서 예수님이 왕이요, 대제사장이요, 선지자라고 말씀하는 것입니다.

엘리야의 승천은, 예수님의 승천을 미리 보이신 예표이므로 마17장에서 예수님께서 세 명의 제자를 데리고 높은 산에 올라갔을 때, 거기서 예수님의 얼굴이 변형되어 해같이 빛나고, 옷이 빛과 같이 희어지며 누구와 말씀을 나누었다고 했습니까? 모세와 엘리야입니다. 하나님께 율법을 받은 모세는 율법의 대표입니다. 율법은 바로 예수님께서 오셔서 죽으셔야 한다는 것을 말했어요. 율법이 인간에게 죄를 보게 하여 죄인임을 알게 하고, 율법의 정죄로 심판 아래 놓였다는 것을 알게 합니다. 사람으로 오신 예수님도 율법 아래 오셨으므로 율법의 요구인 심판을 받게 되었다는 것에 대하여 모세와 대화하셨습니다.

그다음 모든 선지자의 대표인 엘리야는 율법 아래 오신 예수님도 똑같이 하나님의 심판을 받아 십자가의 형벌을 받고 죽지만, 하나님께서 다시 죽음에서 일으키신다는 것, 구약 선지자들의 예언을 모두 이루시고 예수님을 하늘 보좌로 올리셔서 만왕의 왕이요 만주의 주가 되시는 권세와 영광을 얻으신다는 것을 대화하셨습니다. 예수님이 오시기 전, 구약의 사천 년 역사를 통해 오실 예수님에 대하여 예표로, 상징으로, 제사로, 절기로, 선지자로 언약하시고 보이셨던 구약이 예수님이 오시자 전부 집중되어 예수님께로 넘어왔습니다. 구약의 율법과 선지자로 말씀하시고 나타내시던 일들을 예수님께서 다 이루시는 때가 되어, 이제 율법과 선지자의 역할은 예수님께 바통(배턴, baton)을 다 넘기므로 그 사명의 끝이 나고, 예수님께서 구원하시는 때가 되었음을 대화하셨습니다.

그래서 엘리야 선지자의 승천은 예수님의 부활과 승천을 예표하여 보인 사건이고, 하나님이 데려가시므로 세상에 있지 않았던 에녹은, 예수 그리스도를 믿는 성도, 즉 외적으로나 내적으로나 말씀과 성영님으로 충만한 자는 세상에 있으나 그 영혼은 이미 하늘의 하나님께로 들어가 있다는 것을 보이신 사건입니다. 이것을 여러분이 믿습니까? 그러면 그 사건이야 믿지만, 여러분 자신은 어떻습니까? 자기 영혼이 아직 세상 영입니까? 아니면 아버지 하나님께로 들어가 있습니까? 성영님이 오신 우리 영은 시공을 초월합니다. 왜냐면, 성영님이 내 영에 오시니, 성영님이 내 영이 되었습니다. 두 개의 컵에 담긴 물을 하나의 컵에 부으면 혼합되어 구분할 수 없듯이, 우리 영에 오신 성영님도 같은 이치입니다. 바로 성영님이 내 영이시라는 말입니다. 그러므로 성영님이 내주하신 영은 이미 하늘에 앉히신 바 되어 하늘 보좌에 들어가며 나오며 꼴을 얻는 것입니다(요10:9, 엡2:5-6).

창세기 5장에 **에녹이 하나님과 동행하더니** 했습니다. 에녹은 하나님이 계신 것을 믿으면서부터 경외하는 삶을 살았습니다. 온전히 하나님 중심의 삶이 되어 하나님을 기쁘시게 하는 것으로, 자기의 기쁨으로 삼았습니다. 하나님께서도 에녹과 함께 있기를 기뻐하여 그와 동행하셨는데 하나님이 에녹을 데려가셨다는 것입니다. 그것은 바로 에녹이 하나님을 기쁘시게 한 증거라고 했습니다. 하나님을 기쁘시게 한 증거가 뭐냐? 하나님이 데려가신 그것입니다. 그래서 우리 믿음의 증거는 반드시 하나님이 우리를 데려가시는 것입니다. 육체가 죽고 나서 그 증거가 있는 것이 아니라 지금 현재 자기 안에서 성영님의 증거를 받았느냐? 그러므로 그 확신 가운데 있느냐는 것입니다(고후13:5, 롬8장).

에녹이 므두셀라를 낳기까지는 하나님에 대한 믿음이 없이 자기의 주관대로 살았는데, 65세에 므두셀라를 낳은 후에는 하나님이 계신 것을 믿게 되었고 마음을 다하여 경외하는 삶을 살았습니다. 오직 하나님만 바라며 영과 혼과 육의 전인을 하나님께 두고 사는 그것이 최고의 기쁨이요. 행복이요. 하나님과 얼굴을 마주하여 함께 있기를 갈망하게 되었습니다. 그 마음의 소원을 따라, 하나님의 얼굴을 마주 대하는 관계, 얼굴과 얼굴을 마주 보는, 아버지와 아들과 같은 관계로까지 올라간 것입니다. 그러므로 하나님께서 '에녹아, 나와 같이 있자.' 고 에녹을 하나님의 집으로 영접해 들이셨다는 것을 말씀합니다. 에녹의 믿음은 하나님의 얼굴을 마주 대하는 관계까지 올라가 그대로 하나님께로 들어갔다는 말입니다.

이 말씀은 영적인 이야기니 새겨듣기 바랍니다. 에녹이나 엘리야가 예수님과 관계없이 하나님 보좌로 들어갔다는 말이 절대 아니니…, 예표로 보이신 사건들이니 새겨들으라는 말입니다. 하나님 보좌에 들어가신 분은 오직 예수님뿐입니다. 그래서 예수님은 하늘 보좌에 들어가 하나님 우편에 계신 것을 성경이 증거하고 있습니다. 그러나 에녹은 하나님이 그를 데려가시므로 세상에 있지 않았다. 하나님이 저를 옮기심으로 다시 보이지 않았다고만 했고, 엘리야는 회리바람을 타고 승천하더라고 했어요. 그렇기에 하늘에 하나님 보좌로 들어간 것이 아니니, 그 이상 넘어가지 말라는 말입니다. 예수님께서 엘리야 같이 부활 승천하신다는 예표요. 예수님으로 구원받은 영혼들은 하나님이 데려가신다는 것을 보이신 예표예요. 알아듣습니까?

이 얼마나 행복한 일이요. 얼마나 엄청난 복입니까? 바로 에녹의 이 사건은 오늘날 우리에게 예수 그리스도 안에서 삼위 하나님을 사랑하고 말씀을 따라 사는 자는, 에녹과 같이 죽음을 보지 않고 하나님께로 들어간다는 것을 예표로 보이신 것입니다. 에녹은 특별한 사람이라서 그렇게 하나님을 기쁘시게 하는 자로 죽음을 보지 않고 하늘에 들어간 것이 아닙니다. 에녹도 우리와 똑같은 사람입니다. 우리가 살면서 겪는 모든 것들을 똑같이 겪은 사람입니다. 사단이 지배하고 있는 세상으로부터 온갖 유혹도 받고, 세상으로부터 비난도 받고, 믿음을 지키려고 힘든 싸움을 해야 했던, 우리와 똑같은 사람이었다는 말입니다. 그러나 그가 하나님이 계신 것을 믿었기에 그 믿음은 어떻게 나타나는가? 사람이 참으로 하나님에 대한 믿음이 있다면, 그 삶은 어떻게 나타나는 것인지 믿음이 무엇인지를 에녹으로 보이셨습니다.

그러면 여러분은 예수 그리스도 안에서 몸의 부활과 함께 영생한다는 것을 믿습니까? 그렇다면 여러분이 에녹과 같은 믿음이 되어 자기 삶으로 그 신앙을 드러내며 살고 있을 것입니다. 우리는 모두 에녹이 되어야 합니다. 그래서 날마다 하나님께 가까이 감으로 그대로 아버지께 들어가야 합니다. 그러면 에녹의 삶을 성경이 구체적으로 언급하지 않았는데 어떻게 그렇게 말할 수가 있느냐? 그의 삶에 대한 해답은 성서 안에 다 있습니다. 성경을 보는 눈만 열리면 에녹의 삶뿐만 아니라 성서 속에 나오는 인물들의 삶도 다 보입니다. 성서가 믿음에 대한 모든 것을 가르쳐 보이기 때문에, 말씀을 보는 눈이 열리기만 하면, 에녹이 어떻게 살았는가를 볼 수 있습니다. 말씀은 빛이니 말씀이 열린 사람은 말씀의 빛으로 사람들의 영적 상태도 다 봅니다. 아무리 저 사람이 열심인 것 같지만, 그 믿음이 거짓인지 참인지 영적인지 세상 적인지, 교만한 것 다 들여다봅니다.

그러니 이렇게 사람이 말씀만 열려도 사람들의 영을 파악할 수가 있는데 예수님께서는 어떠하셨겠습니까? 요한복음 2장에 많은 사람이 예수님의 행하시는 표적을 보고 예수 이름을 믿었다고 했습니다. 그러나 예수님은 그들에게 자기 몸을 의탁하지 않으셨다고 했어요. 왜냐? 모든 사람을 아셨기 때문입니다. 예수님의 행하시는 표적을 보고 그들이 예수님을 믿는다고 했지만, 얼마 후에 예수님을 십자가에다 못 박으라고 외칠 자들이라는 것을 아셨습니다. 그들의 속을 다 아시므로 예수님께서 자기 몸을 그들에게 의탁하실 수가 없었습니다. 그래서 성영님으로 말씀이 열리면 성경 속 인물들의 삶도 비쳐서 알 수 있습니다. 이렇게 하나님께서는 사람이 하나님에 대한 믿음이 있어야 하나님께 들어간다는 것과 오직 믿음으로만 하나님을 기쁘시게 하는 것이요. 하나님께 가까이 가는 것이요. 죽음을 보지 않고 그대로 하나님께 들어간다는 것, 그러므로 믿음은 이것이다! 하고 에녹으로 보이셨습니다.

그리고 그 믿음은 어떻게 나타나는가를 믿음의 조상인 아브라함으로 보이셨습니다. 창12:1에 **여호와께서 아브람에게 이르시되 너는 너의 본토 친척 아비 집을 떠나 내가 네게 지시할 땅으로 가라**고 명하셨습니다. 그러면 여러분이 성경 읽어 보았을 테니까, 예수님을 믿는다면서 성경 읽지 않는다는 것 저는 믿고 싶지 않습니다. 자신이 하나님께 죄인으로 지옥 가야 하게 되었는데, 하나님의 아들로 오신 예수 그리스도께서 구원해주셨다는 그 복음을 듣고 모두 예수님을 믿기로 했다면, 믿음을 어떻게 가져야 하는지 알기를 원해서 성경을 읽어 보지 않았겠습니까? 하나님의 뜻에 대해 알기를 원하게 되어 있으니, 성경 보지 않는다는 것 제가 믿고 싶지 않다는 말입니다. 배가

고플 때 자연스럽게 밥을 찾아 먹는 것과 똑같은 이치이기 때문입니다. 그러니 여러분이 알지 않겠습니까? 하나님께서 아브라함에게 너의 본토 친척 아비 집을 떠나라 하셨을 때 아브라함이 그 말씀을 좇았습니까, 좇지 않았습니까?

아브라함이 처음 자기에게 말씀하시는 분이 누구이신지는 알지 못했습니다. 그러나 너의 본토 친척 아비 집을 떠나라는 말씀이 들릴 때 순종해야 할 것을 알았습니다. 요3:21에 예수님께서 **진리를 좇는 자는 빛으로 오나니** 하신 말씀처럼, 아브라함은 진리를 깊이 추구하는 마음과 절대자이신 신을 마음에 그리고 있었기 때문에, 하나님께서 부르실 때 그분이 곧 절대자 신으로 하나님 되심을 직감으로 알게 되었고…, 다시 말해 아브라함이 하나님의 마음과 같은 마음을 가졌기에 신의 말씀이신 것을 알았다는 말입니다. 자기와 자기의 마음을 알고 계신 그분을 따를 것을 즉시 동의하고 말씀에 응하여 좇아갔습니다. 아브라함은 어떤 질문도, 이유도, 핑계도, 지체함도 없었습니다. 이것이 믿음입니다. 하나님의 말씀에 동의하는 것이 믿음입니다. 믿음은 동의요 행동입니다. 행함입니다. 하나님께서는 일을 행하실 때, 사람의 동의가 없이는 일하시지 않습니다. 하나님과 사람이 함께 동역하기를 원하셨으므로, 말씀을 믿고 동의할 때 일하십니다. 그러므로 말씀 앞에 즉각적인 동의가 일어나야 합니다. 지음을 받을 때 하나님을 그리워하고 사모하는 영이 되게 하셨으므로, 그가 진리, 절대자의 신을 추구하는 자라면, 그 영에 동함이 일어나 기뻐서 '아멘입니다.' 하고 나오게 되어 있습니다. 그래서 사실은 하나님 말씀 앞에 나와서도 그 영들이 감각 없이 꼼짝 않는 것을 보면, 참 많은 안타까움밖에 들지 않습니다.

하나님께서는 사람이 참으로 믿는 것이냐? 믿음의 조상인 아브라함으로 보이셨습니다. 인간은 죄인이요, 예수님은 죄인의 구주요, 그러므로 자기가 죄인으로 예수님을 믿는 것이 분명하다면, 더 무슨 말이 더 필요하겠습니까? 참으로 믿음이면 하나님의 모든 말씀에 동의가 일어나 행함으로 나가게 되어 있습니다. 아브람이 하나님의 음성을 듣고 거기에 동의가 일어나니 어떻게 했습니까? 행동으로 나타났습니다. 행함으로 나타났습니다. 이것이 믿음입니다. 믿음은 나타나는 것이지, 행함의 요소가 없으면서 믿음이라 하는 것은 거짓입니다. 절대 거짓입니다. 아브람이 하나님을 믿으니 그 믿음은 무엇으로 나타났습니까? 하나님이 떠나라 하니까 그대로 떠났습니다. 어디로 가야 하는지, 어느 길로 가야 하는지, 어느 방향인지, 아는 바 없이 그냥 떠나라 하는 말씀을 좇아서 가다 보니 가나안 땅에 이른 것입니다.

히11:8에 기록하기를 **믿음으로 아브라함은 부르심을 받았을 때에 순종하여 장래 기업으로 받을 땅에 나갈 새 갈 바를 알지 못하고 나갔으며** 했습니다. 믿음은 어떤 것인가? 예수님을 따르는 우리 믿음은 어떻게 나타나는가? 하는 것을 믿음의 대표인 아브라함으로 보이셨습니다. 그러므로 누구든지 참으로 예수님을 믿는 것이면, 성영님은 그에게 떠나라는 지시를 내립니다. **본토 친척 아비 집에서 떠나라는** 지시가 반드시 있습니다. 또한, 십계명이 믿는 자의 삶의 기본이요 기준이므로, 그 계명이 말씀하는 것을 따르는 것이 곧 본토 친척 아비 집을 떠나는 일입니다. 우리의 믿음은 어떤 것인가? 하는 것을 보이시려고 대표가 된 인물이 바로 구약에는 아브라함이요 신약은 베드로인데, 그래서 아브라함은 믿음의 조상이요, 베드로는 수제자라 합니다.

다시 반복합니다. 참으로 예수님을 믿는다면, 믿는 자는 하나님 자녀임을 안다면, 그 믿음은 하나님의 말씀에, 마음에서 즉시 동의가 일어나게 돼 있습니다. 아브라함은 **너의 본토 친척 아비 집을 떠나라**는 말씀이 들릴 때, 말씀하신 분이 절대자 하나님이심을 직감으로 느낀 것 외에는 하나님에 대해서 아는 바 없었지만, 의심치 않고 지체함 없이 떠나는 것으로 행동의 동의가 일어났습니다. 그런데 오늘날 우리는 창세 전부터 영원한 아버지 나라의 일까지 기록된 성경을 주셨습니다. 거기에 우리가 원하기만 하면, 성영님께서 이 성경의 믿음을 가질 수 있도록 도우시는 때에 있습니다. 그러므로 우리가 참으로 믿음에 있는지 자신을 봐야 합니다. 예수님께서 베드로에게 **너는 나를 따르라** 했을 때 베드로가 어떻게 했다고 했습니까? 자기의 생업으로 고기 잡던 그물을 그대로 버려두고 예수님을 따랐다고 했습니다.

또한, 이스라엘을 하나님께서 애굽에서 끌어내실 때에 어떻게 하라고 하셨습니까? 우리 다 배웠습니다. 즉시 떠날 만반의 준비를 하라고 했습니다. 옷매무시를 단정히 하여 허리를 띠로 동이고 신발을 신고 손에는 지팡이를 잡고 급히 유월절을 먹으라 하셨습니다. 애굽에서 다시 말하면 세상에서 나갈 때 지체하지 말라는 말입니다. 애굽(세상)에 미련을 두면 잡혀버릴 수 있으니 지체해서는 안 된다는 뜻입니다. 세상은 끈질기게 우리 마음을 잡아두려 하므로, 말씀에 즉시 즉시 순종이 일어나야 세상에게 놓임을 받기 때문입니다. 왜 그런지 알지 못할지라도 하나님의 말씀이면 그대로 동의요, 행동으로 일어나야 그것이 믿음이요 천국(예수님)으로 들어가는 것입니다. 참으로 예수님을 믿는 믿음이면 아브라함처럼 베드로처럼 즉시 말씀에 동의가 일어나야 합니다. 아브라함에게 본토 친척 아비 집을 떠나라 하셨을 때 아브라함이 주저함 없이 떠났던 것처럼, 우리가 예수님을 믿는 것이면, 본토 친척 아비 집을 떠나야 합니다. 반드시 떠나야 합니다. 믿음은 조상에게 명하셨으면 후손에게도 명하셨습니다.

그러면 본토 친척 아비 집을 떠나는 것이 무엇일까요? 아브라함이 살고 있던 본토 친척의 지역은 우상의 도시로 우상을 섬겼습니다. 그렇기에 부모나, 아내나 남편이나 자녀가 우상을 섬기면 바로 그 우상에서 즉시 떠나야 합니다. 바로 1계명에서 4계명의 죄들에서 깨끗이 돌이켜 떠나 나와야 합니다. 사람이든 장소이든 지역이든 그 죄들에서 깨끗이 떠나지 않으면 구원의 길은 갈 수 없습니다. 혈육을 의지하던 것에서 떠나 하나님만을 의지하는 것입니다. 사람을 의지하고 사람을 기대하던 것에서 떠나, 모든 소망과 기대는 오직 예수님께 두고 말씀을 따라 사는 것입니다. 세상 것들을 좋아하고 사랑하던 것에서 떠나 오직 예수님만 사랑하는 것입니다. 세상의 모든 소리에서 떠나 하나님의 말씀만 듣는 것입니다. 세상의 문화에서 떠나 예수 그리스도의 문화를 가지는 것입니다. 왜냐하면, 세상도 좋고 하나님도 좋다고 할 수 없고, 세상도 사랑하고 하나님도 사랑한다고 할 수 없기 때문입니다. '예, 저는 세상은 사랑하지 않습니다. 예수님만 사랑합니다.' 말은 그렇게 하면서 여전히 세상에 눈과 귀와 관심을 두었다면, 그것은 떠나지 않은 것입니다. 믿음 아닙니다.

세상은 어둠이요, 하나님은 빛이요, 빛과 어둠은 분명히 나누어진 것이지 함께 융화할 수 없다 하셨습니다. 그래서 세상의 것들로 노예가 되어 있는 것, 종이 되어 있는 것들에서 그 마음과 행동이 떠나라는 것입니다. 네가 예수님을 믿는 자면, 그 믿음을 본토 친척 아비 집을 떠남으로 보이라. 그것이 하나님을 기쁘시게 하는 증거입니다. 네가 믿음이 있다고 말하지만, 네가 믿는 자라고 말하지만, 하나님께서는 그 말이 아니라 본토 친척 아비 집을 떠났느냐입니다. 애굽과 이스라엘을 구별하실 때 명대로 순종했는지 재앙으로 구별하셨습니다. 예수님을 믿는 우리는 절대로 세상을 따를 수 없습니다. 그 마음과 행동이 확실히 돌이키고 떠나지 않으면 멸망에 들게 됩니다.

본토 친척 아비 집은 사단이 주인 된 코스모스의 세상입니다. 아브라함이 하나님의 명대로 그 세상을 뒤로하고 말씀을 좇았을 때 가나안 땅에 이르렀습니다. 아버지 나라의 길과 세상 길은 분명히 나누어졌습니다. 서로 반대되는 길이니 절대로 같은 길로 갈 수 없습니다. 예수님을 믿는다면서 아직도 세상을 좋아하고 세상 길에 있으면 그곳은 멸망입니다. 아무리 그가 예수님을 믿는다고 말할지라도 그 말이 증거가 아니라 그가 있는 곳이 증거입니다. 세상 것을 좋아하고 위한다면 자신이 죄인 됨도 깨달을 수 없고, 세상에 굳게 붙잡혀 돌이킬 힘을 잃습니다. 일곱 귀신의 힘으로 붙잡히니 그 영혼은 심판에 대한 두려움이 있어도 돌이킬 수가 없게 됩니다. 그래서 히10장이 **오직 무서운 마음으로 심판을 기다리는 것과 대적하는 자를 소멸할 맹렬한 불만 있으리라**고 말했습니다.

창19장에 소돔과 고모라 성의 죄악이 극에 달했습니다. 음란의 그 부르짖음이 하나님의 귀에까지 크게 들렸습니다. 그래서 그곳을 멸하시려고 하나님의 사자, 천사들이 내려와서 아브라함의 조카 롯과 그의 아내와 두 딸에게, 하나님께서 하늘에서 불을 내려 멸하실 것이니 성에서 급히 나가라고 재촉했습니다. 그런데도 지체하자 상황이

급하니 천사들이 그들의 손을 잡아 끌어내며 생명을 보존하려면 빨리 산으로 도망하라고 했습니다. 산은 모세를 통해주신 율법과 여호와 하나님이 계신 성전의 상징입니다. 율법과 성전은 하나님의 심판에 놓인 죄를 알게 하고, 죄에서 건지시는 생명의 뜻을 알게 하십니다. 그러므로 이 사건을 통해 주시는 하나님의 경고는, 복음을 듣고 예수님을 믿기로 하였으면, 지체하지 말고 속히 세상과 죄들에서 떠나 나오라는 경고입니다. 세상과 죄들에서 떠나지 않으면, 소돔과 고모라 같은 멸망에 들어간다는 것을 보이신 사건입니다.

천사가 롯의 가족에게 당부하기를 생명을 보존하려면 돌아보지 말고, 들에 머무르지 말고 산(예루살렘 하나님의 집 상징)으로 도망하여 멸망함을 면하라 했습니다. 그런데 롯의 처가 어떻게 했습니까? 뒤를 돌아보았습니다. 뒤를 돌아보자 무엇이 되었습니까? 소금 기둥이 되었다고 했습니다. 여러분은 왜 소금 기둥이 되었는지 깨달아 뒤돌아보지 않는 능력 갖췄습니까? 뒤를 돌아보자 그냥 쓰러져 죽었다고 해도 되고, 그냥 그대로 굳어버렸다고 해도 될 텐데, 왜 엉뚱하게 소금 기둥입니까? 구약에 모든 사건은 후세 사람들에게 주시는 교훈이요 경고입니다. 뒤를 돌아봄으로 소금 기둥이 된 것은 우리에게 주는 큰 경고입니다. 소금의 특징은 짠맛으로 변하지 않습니다. 짠맛이 소금입니다. 짠맛이 없으면 소금이 아닙니다. 그러나 소금의 짠맛은 변하지 않습니다. 천사가 돌아보지 말라 했음에도 롯의 처가 돌아보았음으로써, 그는 소돔과 함께 멸망 받았다는 것, 그같이 말씀하셨으면 말씀대로 된다는 것을, 변하지 않는 소금으로 기둥이 되게 하여 경고가 되게 하셨습니다.

하나님의 언약은 민18:19에 **변하지 않는 소금 언약**이라 했고 대하 13:5에 **소금 언약으로** 라고 하셨습니다. 그래서 하나님의 말씀과 언약은 절대로 변치 않고 그대로 이루신다는 것을 상징하여 제사 예물에 소금을 치라 명하셨습니다. 롯의 아내가 뒤를 돌아본 고로 소금 기둥이 된 것은, 소금의 짠맛이 변치 않듯 하나님의 말씀과 언약 또한 불변하여 말씀대로 된다는 것을 보이셨습니다. 그래서 소금=언약입니다. 천사가 돌아보지 말라고 했는데, 롯의 처는 그 말을 경홀히 여겼습니다. 왜 그랬을까요? 마음에 세상이 있었기 때문입니다. 세상 것에 미련을 두었기 때문에, 돌아보지 말라는 말은 순간 마귀에게 빼앗기고, 자기 마음에 끌려 돌아보았습니다. 돌아보지 말라는 그 말을 새기고 산을 향해 열심히 뛰어야 하는데, 마음이 뒤엣것에 있으니 앞산은 가려 보이지 않고 뒤에 두고 온, 세상 것들이 눈앞에 왔다 갔다 한 겁니다.

어디에는 금붙이들을 감추어 놓았고, 장롱 서랍엔 통장이 들어있고, 집은 애지중지 온 힘을 다해 영원히 살 것처럼 꾸미고, 집 안의 모든 살림살이를 준비하느라고 일평생 마음을 다 쏟아 힘쓰고 살아왔는데, 얼마나 애쓰고 지금까지 힘써 이룬 재산이요 재물인데, 만일에 그것들이 불타면 너무 아까운 것 아닙니까? 그러니까 '아이고, 설마 아니겠지! 이건 말도 안 돼' 하는 생각을 하는 중 고개가 자동으로 돌아갔습니다. 고개를 돌려 보는 순간 하늘에서 유황과 불이 비같이 내려 자기 집이 불타는 것을 보았습니다. '아유, 정말 다 타네, 정말 다 타네!' 하는데, 그대로 소금 기둥이 되어 버렸습니다. 여러분! 기둥이 되었다는 말입니다. 소금이 롯의 아내, 그 여자의 형상대로 된 것이 아니라 기둥이 되었다고 했습니다. 왜 기둥입니까? 기둥이 무엇입니까? 여러분. 건물이 무너지지 않도록 버팀목 역할을 하는 것이 기둥입니다. 어떤 것을 매달아 놓기 위해 세운 것이 기둥입니다. 또한, 우리가 대통령을 표현할 때 한 나라의 기둥이라고 말하기도 합니다. 또는 너는 이 집안의 기둥이다, 기둥이 무너지면 다 무너진다. 그만큼 중요한 위치라는 것을 말하기 위해 기둥이라고 표현합니다.

바로 이 소금 기둥은, 하나님의 말씀은 온 인류 속에 세워놓으신 기둥임을 말씀합니다. 하나님께서 심판하시겠다고 하셨으면 그대로 심판하실 것이요, 구원하시겠다고 하셨으면 구원하실 것이요, 복 주시겠다고 하셨으면 복 주실 것이요, 말씀하신 그대로 그 말씀이 마땅한 곳으로 돌아간다는 뜻입니다. 그래서 예수님께서 롯의 처를 생각하라고 말씀했어요. 소돔과 고모라 성의 멸망은 하나님을 거역하고 떠난 인간의 타락상이요. 예수님께 돌아오기를 거절하는 자는 이처럼 하나님의 심판에 들어갈 것을 예표로 보이신 것이고, 또한, 소금 기둥은 예수님을 믿는다는 사람들이 세상을 따르고 세상 것에다 마음을 쓰고 살면, 그같이 함께 멸망으로 들어간다는 것을, 걸어 놓으신 경고입니다.

하나님께서 에덴동산의 중앙에다 선악을 알게 하는 나무와 생명나무를 두시고, 그것이 인간의 중심이 돼야 할 것을 알리신 바가 된 것처럼, 소금 기둥이 된 것도, 오늘날 복음 듣고 예수님을 믿으러 나와서도 마귀가 주인 된 세상을 여전히 돌아보는 자, 세상 것들로 마음이 붙들려 있는 자, 함께 심판에 들어간다는 것을 보이신 교훈이요 경고요 절대 변하지 않는다는 것을 알도록 걸어 놓으신 법입니다. 그러니 자신을 보십시오. 롯의 아내와 같은 모습으로 믿는다고 하는 것 아닌지 말입니다. 마13장에 길가 밭, 돌밭, 가시떨기 밭이 바로 롯의 처입니다. 예수님을 믿기로 했으면 말씀을 잘 배워서 삼위 하나님을 바로 알고 인격적인 관계를 이룬 믿음이 되는 것이 사명인데, 우리 마음에 오직 예수님만 계시는 성전이 되는 그것이 달란트로 주신 사명인데, 그런데 어쩌자고 여전히 세상에게 종노릇을 해야 하겠습니까? 어찌 세상 것들의 노예로 있어야 하는가 말입니다.

하나님께서는 **본토 친척 아비 집을 떠나라** 하셨습니다. 그래서 떠난 자만이 에녹입니다. 본토 친척 아비 집을 떠나라는 것은 소금처럼 변할 수 없습니다. 본토 친척 아비 집을 떠난 자만이 아브라함의 후손이요 에녹입니다. 아버지께 점점 더 가까이 갈 수 있는 수단이 바로 본토 친척 아비 집으로부터 떠나는 일입니다. 세상의 온갖 소리로부터 떠나 나와서 하나님 아버지의 말씀을 듣기를 원해야 합니다. 성경에 하나님의 사람 중에 세상에서 떠나게 하지 않은 사람은 한 사람도 없습니다. 세상의 것이 마음에 있으면 하나님을 담을 수가 없습니다. 세상이 마음에 있으니 소금 기둥이 되었지 않습니까? 하나님께서는 자기 백성을 세상 것들에서 떠나게 하심으로써 구별하셨습니다.

아브라함을 떠나게 하셨고, 모세를 세상으로부터 떠나게 하여 미디안 광야로 보내셨고, 이스라엘은 사십 년 동안 광야에다 가두시고, 노예근성과 종의 근성을 버리게 하시며, 오직 여호와 하나님의 입에서 나오는 말씀으로 살리라는 것을 배우게 하셨습니다. 침례 요한은 하나님의 말씀을 받기 위해서, 오직 하나님께 마음과 귀를 두고 말씀을 듣기 위해서, 세상의 소리와 보는 것을 벗어나 세상의 문을 닫고 광야로 들어가, 메뚜기와 석청을 먹으며 생활했습니다. 예수님의 제자들은 세상 문화와 동떨어진 삶을 살다가 삼 년 반 동안 예수님의 사람이 되는 훈련을 받았으며, 사도 바울도 다메섹 도상에서 예수님의 부르심을 받고 혈육과 의논하지 아니하고, 왕래하지 아니하고, 오직 성영님을 따라서 삼 년 동안을 은둔 생활하며 성영님과 교제하는 시간을 가졌습니다. 그래서 다시 세상으로 들어가 하나님의 일 하는 하나님의 사람들이 되었습니다.

세상이 마음에 있으면 그 속에 예수님은 없습니다. 하나님께서 아브라함을 떠나라 하시더니, 그가 세상을 마음에 붙들고 있는지, 하나님보다 더 위에 두고 있는지, 그 마음과 믿음을 시험해 보시려고, 아들 이삭을 주시고 그 아들을 번제로 드리라 하셨습니다. 번제라고 하는 것은 몸을 각을 떠서 피를 땅에다 흘리고 불로 태우는 것을 말합니다. 아브라함은 하나님의 요구에 이해할 수는 없었지만, 그분은 진리이시며, 억지가 아니시며 절대자 신이심을 믿었습니다. 아들을 자기 목숨보다 더 사랑하고 아끼지만, 하나님 위에다 둘 수 없는 자신을 또한 아는 사람이었습니다. 자기의 믿음은 세상도 자기 자신도 아들도 아니라, 오직 여호와 하나님이시며, 그의 말씀에 순종해야 하는 티끌 같은 인생일 뿐인 것을 알았고, 또한 후손의 언약을 하셨으니, 이삭을 번제로 드려도 다시 살리실 줄을 믿고, 순종으로 믿음을 나타냈습니다. 이해가 안 된다고 왜 그러냐? 그럴 수가 있느냐고 하나님을 가르치듯 할 수 없는, 자신의 본질을 아는 겸손을 나타냈습니다.

여러분! 하나님께서 요구하시면 이해가 되지 않는 것일수록 그것은 복입니다. 정말 복입니다. 저의 목숨을 담보할 수만 있다면, 담보해서라도 말씀드리고 싶은 것이 저의 마음입니다. 인간이 진짜 복이 있으려면, 하나님이 정하신 길을 따라가는 것 외에는 없습니다. 그것을 아버지께선 너무나 잘 아시기에, 그 복의 길을 따라오라고 성경 말씀을 주셨습니다. 이것을 아브라함으로 보이시고, 아버지께서도 이삭을 번제가 되게 하려는 것이 아니라, 하나님을 참으로 믿는가를 보셔야 했습니다. 아브라함이 하나님에 대한 절대적 믿음과 순종이 되어야 하나님의 독생자를 보내시는 그 언약 관계가 확실히 이루어지는 믿음의 조상이 되는 것이었습니다.

이같이 에녹으로, 아브라함으로, 베드로로 믿음이 무엇인지, 믿음을 어떻게 가져야 하는지, 믿음의 후손인 우리에게 분명하게 보이셨으니, 그 믿음으로써 후손이면 아버지께서는 그의 삶에 따라다니시며 지키고 보호하시고 방패가 됩니다. 여러분, 본토 친척 아비 집을 떠나지 않고는 어떠한 방법으로도 가나안에 들어갈 수 없습니다. 떠나야만 가나안으로 들어가는 길로 인도를 받습니다. 본토 친척 아비 집 떠나지 않으면 예수님은 보이지 않습니다. 예수님이 보이지 않는데 어떻게 만날 수 있습니까? 빨리 속히 떠나야 한다는 것 여러분이 명심하기를 바랍니다.

오늘 말씀은 여기서 맺습니다. 오늘도 말씀으로 우리를 견책하시고 깨닫게 하신 하나님 아버지께 감사드립니다. 아멘